民聲

復刻本說明

* 本書收錄《民聲》雜誌第一期至第三十三期，係依香港龍門書店於一九六七年十二月發行之《民聲》（雜誌）第一期至三十三期合訂本進行全套復刻。每期皆採對齊開口，裝訂邊留白較多，為原書原始狀況。
* 本期刊為復刻本，內文頁面或有少數污損、模糊、畫線、空格，為原書原始狀況，不另註。
* 本期刊為復刻本，目錄與內文有部份不符、未依內文順序排列、頁碼有少數重複或跳號，為原書原始狀況，不另註。

【導讀】無政府主義的「烏托邦」——劉師復與民初的《民聲》雜誌

陳正茂（國立宜蘭大學博雅學部教授）

一、前言：劉師復與無政府主義在中國

無政府主義作為近代社會主義範疇中的一支，[1]對於近代政治、社會及思想的變動，影響極為深遠。近代中國的無政府主義運動，亦於二十世紀初葉，由留學法、日等國學生，介紹移植到中國來。當時就組成團體而言，約可分為三派：一為部分旅居日本的中國留學生所組成的「社會主義講習會」，二係遠寓法國巴黎的另一群留學生所籌組的「世界社」，三是主要活動在國內的「晦鳴學舍」。[2]上述三個團體，分別發行了《天義》、《新世紀》及《民聲》等宣傳刊物，極力鼓吹無政府主義，在近代中國無政府主義運動史上，扮演著啟蒙者的角色，而經由這些團體的鼓吹，也拉開了近代中國無政府主義運動的序幕。[3]

清季中國知識份子在時代變局強烈的刺激下，因為對現實政治的不滿及在近代西方激進思想的導引下，知識份子乃由抗議而離心，更轉而尋覓積極激進的參與，[4]形成晚清瀰漫著破壞主義的激進思想，包括俄國虛無黨的理念和手段；與西方的無政府主義思潮，也順應著這股歷史潮流，逐漸的引進中國。一九〇七年六月，於

1 A. Fried, Socialist Tough (NewYork Anchor Book, 1964) pp.328-330.
2 R. A. Scalapino, The Chinese Anarchist Moyement (University of California Press, 1961) p.2.
3 朱文原，〈無政府主義思潮與辛亥革命〉，《三民主義學報》第十三期，頁一一二。
4 張朋園，〈清末民初的知識分子（一八九八－一九二一）〉，《思與言》七卷三期（民國五十八年九月十五日），頁一四四－一四五。

日本及法國留學的中國學生，無獨有偶的創辦了兩份鼓吹無政府主義的刊物《天義》和《新世紀》；隨後又有真正宣揚無政府主義的《民聲》創刊，從而，使得中國近代的無政府主義運動，邁入一個更高層次的理論與活動階段。而無政府主義於民國初年的再度興起，實有其特殊時代背景使然，辛亥鼎革的不徹底，「二次革命」反袁之失敗，革命黨內部對袁之妥協，在在使部分革命黨人失望，從而使他們逐漸傾向無政府主義。[5]

一九一二年五月，劉師復、林君復、鄭佩剛等人所組織的「晦鳴學舍」，在廣州西關存善東街八號成立，該社「為中國內地傳播無政府主義之第一團體。」[6]「晦鳴學舍」基本上是以劉師復一人為主幹，尤其他在發行的言論喉舌《晦鳴錄》及其後改名為《民聲》的刊物上，大量撰寫了宣揚無政府主義的文章，形成了在辛亥革命後迄於五四運動；甚至到一九二〇年代初期，影響中國思想界頗為深遠的所謂「師復主義」。他具體地闡述了無政府主義的內涵和最高原則，系統的提出無政府主義在政治、經濟、教育、道德各方面的主張，構築了無政府社會的烏托邦，並指出其實現之手段，主要表現在：一、為無政府主義正名，標榜自己的學說是「無政府共產主義」。二、提出無政府主義的最高原則在於反對強權，實現個人的絕對自由。三、在政治方面，提出政府為萬惡之源，因此要廢除政府、國家及其附屬之法律、軍隊、警察、官吏等制度。四、在經濟方面，提出廢除資本制度，實行共產主義，建立「各盡所能，各取所需」的社會。反對封建道德和宗教，主張教育自由。五、勾畫無政府主義理想社會的美好遠景，指出實現無政府主義的四階段，即：教育傳播——抵抗擾動——平民大革命——世界大革命的步驟和手段。由上可知，師復的無政府主義已經形成了較為系統的理論體系。[7]

基本上，從道德啟蒙到無政府主義的系統宣傳再到無政府主義與工團主義的結合，是師復一生的思想軌

---

5 蔣俊，〈民國初年的無政府主義思潮〉，收入山東大學文史哲研究所中國哲學史研究室、山東大學哲學系中國哲學史教研室編，《中國哲學論叢》（濟南：山東大學出版社，一九八六年），頁一四三—一六九。

6 師復曾致書無政府黨萬國大會，報告中國無政府主義者建立和發展無政府主義組織，以及傳播無政府主義思想的經過，並向大會提出五項建議：一、組織萬國機關；二、注意東亞之傳播；三、與工團黨聯絡一致進行；四、實行萬國總罷工；五、採用世界語。〈致無政府黨萬國大會書〉，《劉師復文集》（台北：帕米爾書店出版，民國六十九年三月初版），頁二五七—二六五。

7 張九海，《執著的烏托邦追求——劉師復無政府主義研究》（北京：中國社會科學出版社出版，二〇一一年版），頁四十八—四十九。

跡，在《民聲》時期，他全面系統地闡述了無政府主義的理論主張。「互助進化論」是師復無政府主義的理論基礎，綜觀師復一生，對提倡「互助論」的克魯泡特金（Prince Peter Alekseevich-Kropotkin），引為宗師崇拜不已，他說克氏為吾黨中泰斗、[8]吾黨之先覺也。[9]另外，師復無政府主義的核心理念「絕對自由」，亦是無政府主義者的基本價值，無政府主義者的一切思想和行為都是以個人絕對的自由為基礎的。[10]而師復構築絕對自由美好的社會為：提倡政治自由，廢除國家政府，個人絕對自由。實現經濟自由，廢除資本制度，實行共產主義。追求道德自由，破除傳統道德，提倡個人道德。推行自由教育，重視平民教育（教育平等），反對教育強權。[11]

整體言之，師復的無政府主義思想是以互助和勞動為基礎，以絕對自由為核心理念，在政治、經濟、道德、教育全面鋪開，設計了無政府主義的理想烏托邦，並指出了通向這一理想的步驟和方法，形成其理論體系。他的無政府主義比任何早期無政府主義者豐富和完善，是中國無政府主義理論的較高形態。[12]檢視師復的無政府主義思想，可說他融合了文化激進主義與現代啟蒙思潮，具有歐化傾向及對傳統文化、現實秩序的徹底否定，高揚自由、平等、科學、民主諸理念，構築其無政府主義的烏托邦，且還初步傳播了社會主義思想。他是探索中國社會現代化出路的一次積極嘗試，是中國近代社會主義傳播的一個重要階段和流派。對辛亥前後的反封建專制有著啟蒙的作用，為早期共產主義在中國的傳播，也起到鋪墊作用。但在五四以後，由於不能為中國社會提供現實的發展方案，而逐漸淡出歷史舞台，最後為馬克思主義所取代。[13]

總之，師復及其《民聲》，從辛亥至五四，如同師復短暫的一生一樣，劃過長空倏忽而逝，然其理念與主張，在滔滔歷史洪流中，仍有其價值存在，他留給後人豐厚的思想遺產，不管是在民初至五四的這段風雲詭譎

8 師復，〈駁江亢虎〉，《民聲》十五號（一九一四年六月十三日）。
9 師復，〈近世無政府黨之師表〉，《師復文存》（廣州：革新書局，一九二七年版），譯述部分，頁五。
10 師復，〈論社會黨〉，《師復文存》，同上註，頁四十三。
11 張九海，《執著的烏托邦追求——劉師復無政府主義研究》，同註7，頁八十一。
12 楊奎松、董士偉，《海市蜃樓與大漠綠洲——中國近代社會主義思潮研究》（上海：人民出版社，一九九一年版），頁一〇七。
13 張九海，《執著的烏托邦追求——劉師復無政府主義研究》，同註7，頁二八〇。

年代；抑或是爾後國共在中國政治舞台的逐鹿爭鋒，甚至是整個二十世紀中國革命的歷史進程，他對中國革命提出的另類思考，都有其啟迪的歷史意義在裡頭。[14]本文之作，即以師復生平活動為經，以其無政府主義思想建構為緯，勾勒這位無政府主義大師傳奇一生及其思想梗概。

二、師復的生平、思想與《民聲》創刊始末

劉師復（一八八四—一九一五），原名紹彬，後名思復，字子麟，廣東香山人。一九〇一年為提倡改革，在香山創設「演說社」。一九〇四年留學日本，次年加入中國同盟會，為革命黨員，他曾組織激進的「支那暗殺團」，自為團長，準備暗殺李準、鳳山等清吏要員。於此期間，他受到日本無政府主義思想和俄國虛無黨人的影響，熱衷於暗殺活動，曾跟一位俄國人學習製造炸彈，為以後的暗殺活動做準備。[15]一九〇六年，同盟會謀在廣州起義，派師復回國進行。不久，師復與朋友在香山辦女子學校，給女子以教育的機會。一九〇七年，師復暗殺廣州提督李準失敗被捕入獄，於一九〇九年始出獄。[16]據其弟劉石心之回憶說：「香山監獄時期，我常能把他（師復）需要的書籍帶進去，其中包括從香港轉來的《新世紀》，這是在巴黎出版的一種宣傳無政府主義的刊物。他看得很上心，有時還講些內中的道理給我聽，他讚揚無政府主義的思想是崇高的。」[17]

辛亥革命成功後，師復天真的以為民族革命已成，是應該走向社會革命的時候了，因此他主張捨棄暴力革命為政治之手段。[18]師復思想之所以有如此巨大的轉變，一則受到「新世紀派」及俄國大文豪托爾斯泰和平主義的影響；再則試圖解決辛亥革命後的紛擾有關。馮自由於《革命逸史》書中即指出，師復「鑒於舊日同志之

14 周麗卿，〈政治、權力與批判：民初劉師復派無政府團體的抵抗與追求〉，《國史館館刊》第四十二期（二〇一四年十二月），頁二十八。
15 曹世鉉，《清末民初無政府派的文化思想》（北京：社會科學文獻出版社出版，二〇〇三年七月一版），頁二〇二。
16 文定，〈師復先生傳〉，《師復文存》，同註9，頁一—八。
17 葛懋春、蔣俊、李興芝編，《無政府主義思想資料選》（下）（北京：北京大學出版社出版，一九八四年版），頁九二九。
18 〈附錄一：回憶師復〉，王聿均訪問，謝文孫記錄，《莫紀彭先生訪問紀錄》（台北：中央研究院近代史研究所出版，民國八十六年六月初版），頁四十二—五十三。

熱中權利，乃發憤宣傳無政府學說，以為敝屣功名之倡。」[19]師復既然對民初政府及官員黨人產生不滿之心，乃提倡道德救世之說，進而促使其組織宣揚道德修養的「心社」。「心社」發起人為師復、鄭彼岸、莫紀彭諸人，曾立戒約十二條，包含：不食肉、不飲酒、不吸煙、不用僕役、不坐轎及人力車、不婚姻、不稱族姓、不作官吏、不作議員、不入政黨、不作海陸軍人、不奉宗教等。[20]從其內容看來，很明顯的，「心社」是個強調以道德來改造社會的一個組織。

「心社」力圖建立一種苦行僧和清教徒式的生活，該社成立之目的乃是「本堅卓之志，就簡單之途，立為戒約，互相切磋，期破壞一切偽道德惡制度，而以公道的真理的新道德良制度代之。」[21]「心社」的十二條戒約，充分體現師復所強調的，欲成就高尚之人格，保清明之志氣，必自斯十二條戒約開始做起。「心社」的十二條戒約雖屬個人的道德規約，但它與後來「晦鳴學舍」的社會革命宗旨之間，仍具有密切的關係。原因是，師復認為，道德改良是社會革命的初步，而社會革命又是其無政府主義的主要內容。師復曾在廣州《平民日報》、《天民報》闢所謂「心社析疑錄」專欄，討論〈社約〉和公開鼓吹巴枯寧、克魯泡特金的無政府主義思想，由於青年好奇心的驅使，不少廣州青年都對師復和「心社」活動有所印象。[22]由此可知，「心社」成立後，對廣州的青年界，還是有其一定的影響力。

除「心社」外，一九一二年五月，師復也於廣州發起組織「晦鳴學舍」，主要成員有師復、丁湘田、無等、抱蜀、無為、天放、石心、世元、鄭彼岸、鄭佩剛、黎昌仁等。成員間，強調共同勞動、共同生活和學習，並以宣傳無政府主義為職業，是為中國內地傳播無政府主義之第一團體。[23]一九一三年八月二十日，「晦鳴學舍」在廣州出版旨在宣傳無政府主義的《晦鳴錄》週刊（後改稱《民聲》），「晦鳴學舍」也改稱「民聲

19 〈心社創作人劉師復〉，馮自由，《革命逸史》第二集（台北：商務版，民國六十六年六月台三版），頁二〇七。
20 〈心社趣意書〉，《社會世界》第五期（一九一二年十一月十五日）。葛懋春、蔣俊、李興芝編，《無政府主義思想資料選》，同註17，頁二三五－二三九。
21 同上註。
22 秋雪，〈回憶劉師復和「心社」活動〉，《廣州文史資料》第五輯（一九六二年）。
23 師復，〈致無政府社會黨萬國大會書〉，《民聲》第十六號（一九一四年六月二十七日）。

社」）。《晦鳴錄》（一名《平民之聲》：La Voco de la Popolo），該刊僅發行兩期後，即遭袁世凱政府以「標榜共產主義，反對軍國主義、工團主義、反對宗教主義、反對家族主義，……種種悖謬之語」勒令學舍解散刊物停版。[24]因政府之查禁，《晦鳴錄》於內地無法生存，不得已，乃遷往澳門，並從第三期起（一九一三年十二月二十日）改名為《民聲》，形式包括華文及世界語兩部分，主張「倡導社會革命，促進世界大同」為宗旨。[25]易名為《民聲》後，也是出了兩期，仍不見容於葡澳當局。[26]正不知該落腳何處時，適逢原社會黨員徐安真從上海來澳門參加編輯工作，在徐的建議之下，《民聲》於一九一四年初遷往上海公共租界，社址位於僻靜的南成都路樂善里一座石庫門房子裡，為避免查禁，對外宣稱係在日本東京出版，並由鄭佩剛在外灘美國郵局租一信箱，作為與各地通訊聯絡之用，可以說，在滬上的《民聲》彷彿以地下刊物的模式出版發行。[27]此一不得已的做法，《民聲》在第五號的〈編輯啟事〉中記載：「中國內地之現象，豺狼當道，民賊塞途，本報主義既為所忌，故不便明設代理，惟望閱報諸同志輾轉傳播或介紹知友來函訂閱，或閱畢即轉示他人，務使多一人知有本報，即吾主義可早一日普及。」[28]由此可見，《民聲》的問世是在極艱困的環境下發行的，它必須透過各種偽裝，才能躲過政府的檢查。

《民聲》的編務，可說是由師復一人獨挑大樑，師復除大量撰寫無政府主義的文章外，還要兼顧以通信的方式與讀者互動，在刊物上討論有關無政府主義的問題。至於譯介外國無政府主義的著作或各國革命風潮，則大部分由新加坡的梁冰弦和在廣州的黃尊生供稿，「世界語專欄」則委由許論博、盛國成二氏先後負責。

---

24 〈晦鳴學舍解散之令文〉，《申報》（上海版）（一九一三年九月二十一日）。

25 《晦鳴錄》第一期（一九一三年八月二十日）刊頭。

26 〈函請葡官解散晦鳴學舍〉，《申報》（上海版）（一九一三年十一月十八日）。

27 Edward Skinner Krebs, Liu Ssu-fu and Chinese Anarchism, 1905-1915 (Ann Arbor, Michigan: University Microfilms International, 1982), pp.291-316., Martin Bernei, Liu Ssu-fu and Anarchism in China: A Note for the Reprinting Version of Min-Sheng.

28 〈編輯啟事〉，《民聲》第五號（一九一四年四月十一日），頁一。「二次革命」後，「心社」和「晦鳴學舍」均遭解散，師復遠走澳門，繼續出版《民聲》週刊。《民聲》宗旨為：「持無政府共產主義，反軍事，主張職工聯盟，反宗教，反家庭，主張素食主義，萬國新語，和世界之和諧。支持所有新的科學發明，只要是增進人類幸福的。」R.A.Scalapino, The Chinese Anarchist Moyement (University of California Press, 1961) p.112.

當然，《民聲》的主幹還是首推師復，《民聲》僅發行三十三號即停刊，而師復在其上即發表了近五十篇文章（譯文還不算），其系統地闡述了自己的無政府主義思想，建構了所謂的「師復主義」，奠定在中國無政府主義運動中的宗師地位，師復所寫的無政府主義文章，後來以《師復文存》輯結成冊行於世。[29]

《民聲》問世後，除政治上的打壓外，最致命的打擊是經濟上的窘迫，經費來源瀕絕，連生活維持都成問題。據鄭佩剛回憶：「當時經濟情況已陷於危急，兩餐不保，能有兩小塊燒餅或一小碗白水麵，或以醬油拌的飯充飢，就算不錯了。」[30]可見同仁生活之窘迫，幾乎已至斷炊之境。在三餐不濟的情況下，《民聲》雖苦苦撐持，但內部也開始發生矛盾，社內同仁屢因經濟問題與師復衝突，最可悲的是，師復的肺病也到了末期，在個人與事業前景均遭惡運之際，師復給遠在加拿大的鄭彼岸信最能道出淒涼心境：「現在《民聲》垂危，幾將易簀，余之憂《民聲》比憂病更甚。倘《民聲》嗚呼，余又成為不治之癆病，則師復將與無政府主義同葬支那之黃土而已。」[31]預知將死，言來不勝唏噓！

民初政壇的暗殺頻仍，讓師復死心絕望，所以其在《晦鳴錄》刊登的〈無政府淺說〉文中，即直指政府為「剝奪自由擾亂和平之毒物」，可見其對政府存在之深惡痛絕，也為其無政府主張之堅定信念定調。[32]師復不但反對政府，也反對任何有組織、有紀律的政黨，他認為政黨只是利用多數黨員之聲勢，製造黨魁之名譽，所以主張不應建立政黨，應該要強調個體之自由獨立。[33]是以，「二次革命」反袁時，師復認為那都是孫、袁或黃興的「以暴易暴」之舉，並不能得到真正的幸福。[34]因此，他不贊成「二次革命」，反而是，只有透過和平方式的社會革命以改造社會，才能使人民得到真正的幸福。[35]

29 蔣俊、李興芝，《中國近代的無政府主義思潮》（濟南：山東人民出版社出版，一九九一年五月一版），頁一七五。
30 葛懋春、蔣俊、李興芝編，《無政府主義思想資料選》，同註17，頁九四八。
31 同上註，頁九二六。
32 師復，〈無政府淺說〉，《晦鳴錄》第一號（一九一三年八月二十日）。收入葛懋春、蔣俊、李興芝編，《無政府主義思想資料選》，同上註，頁二七〇。
33 師復，〈論社會黨〉，《民聲》第九號（一九一四年五月九日）。
34 師復，〈答英白的信〉，《民聲》第八號（一九一四年五月二日），頁十一。
35 師復，〈政治之戰鬥〉，《晦鳴錄》第一號（一九一三年八月二十日）。

師復雖曾加入過革命黨，但經過辛亥革命的衝擊後，其對「革命」之定義，已有自己的主張，他在〈無政府共產主義宣言書〉這篇重要文章中，特別提到革命的意義：「革命者，非但起革命軍之謂也，凡持革命之精神，仗吾平民之實力，以與強權戰鬥之一切行動，皆曰革命。」[36]這就把革命的主體放到平民身上，而突顯其與革命黨不同的革命路線。師復是個對自己主張信念相當堅持的人，為了把無政府主義說成是最革命、最正確的理論，師復對其他社會主義派別與馬克思主義都進行了批評和攻擊。他說：「無論其為國家主義或國家社會主義，均為無政府主義之障礙，吾人欲實現吾主義，一方面與政府戰，又一方面與此種謬說戰，必先戰勝此種謬說，然後吾主義能得平民多數贊同。」[37]易言之，他把各派社會主義與馬克思主義都當作敵人，認為只有批判這些理論，才能使無政府主義定於一尊。

一九一四年間，師復和江亢虎在無政府主義問題上展開了一場論爭，在這場爭論中，師復以江氏不主張生產機關公有，不主張廢私產，違背社會主義之原則，故江氏所主張非社會主義；且江氏對於政治主張限制軍備，採用單稅，對於產業，主張營業自由，財產獨立，皆屬國家的社會政策，故決不能竊社會主義之名。[38]師復更指責江氏理論自相矛盾，政治投機。[39]除批評江亢虎外，對孫中山的民生主義即社會主義說，他也不假辭色的說：「孫、江的主張不過是資產階級的社會政策，是冒牌社會主義，倘若讓這些觀點流行，實社會主義前途之大禍也。」[40]另外，在批評孫中山和江亢虎的文章中，對馬克思主義亦採取批判態度，他從一切財產歸公的主張出發，反對馬克思關於生產資料公有制的理論，並把馬克思主義貶稱「集產主義」。他說：「社會主義者，廢除私有財產而歸公之請也。……若集產之說，則生產機關歸公，而所生產之物仍屬私有，是僅得財產公有之半面，即不啻不完全之社會主義，不啻為失其真相之社會主義矣。」[41]

36 師復，〈無政府共產主義宣言書〉，《民聲》第十七號（一九一四年七月四日），頁二。
37 師復，〈答蔡雄飛〉，《民聲》十八號（一九一四年七月十四日）。
38 師復，〈答李進雄〉，《師復文存》，同註9，頁一九〇。
39 師復，〈政府與社會黨〉，《師復文存》，同上註，頁六十九。
40 師復，〈孫逸仙、江亢虎之社會主義〉，《民聲》六號（一九一四年四月十八日）。
41 師復，〈駁江亢虎〉，《民聲》十五號（一九一四年六月十三日）。

此外，師復對馬克思主義關於分配問題的理論，也持不同看法，他認為直接按需求來分配較合哩，反對馬克思按各人勞動之多寡而異其酬給的主張。他更反對馬克思主義的國家學說和關於無產階級專政的理論，他說：「蓋吾人以為社會主義當向社會謀解決，不當向政治謀解決，以社會問題而乞靈於政治，是自失其社會主義之價值，故目之為『半面的社會主義。』」[42]總之，師復以自己的理論為中心，將江亢虎的社會民主主義和孫中山的主觀社會主義（師復亦曾嚴厲批評孫氏的平均地權說和產業國有政策）視為「社會政策」，也將馬克思主義視為「不完全的社會主義」（國家社會主義），是屬於低層次的社會主義，而自己的「共產社會主義」才是最正確的。[43]

師復從成立「心社」到「晦鳴學舍」，均試圖以道德改造人心、改造社會，作為其救國救民之途徑。「心社」與「晦鳴學舍」之成立，標誌著無政府主義者在國內活動的里程碑，這兩個組織和活動是有區別的。「晦鳴學舍」揭櫫綱領性的八條主張，包括共產主義、反對軍國主義、工團主義、反對宗教主義、反對家族主義、素食主義、語言統一、萬國大同，[44]它是較側重於對外活動；而「心社」則屬於個人內心的道德涵養。「晦鳴學舍」成立後，主要工作是從事《新世紀》上登錄文章的輯結成冊，如《無政府主義粹言》、《新世紀叢書》、《無政府主義名著叢刻》、《軍人之寶筏》等。[45]換言之，「晦鳴學舍」初期活動是以介紹「新世紀派」的無政府主義言論為主，發表自己的意見倒是不多。[46]一九一四年七月，師復在上海成立「無政府共產主義同志社」，在上海的帶動下，其弟劉石心在廣州也成立了「無政府主義傳播社」；楊志道則於廣西南寧創立「無政府主義討論會」。除在國內活動外，在新加坡、加拿大等地也展開無政府主義的宣傳活動。[47]正當師復

42 師復，〈駁江亢虎〉，同上註。
43 中國人民大學中共黨史系中國近代政治思想史教研室編，《中國無政府主義資料選編》（一九八二年版，校內用書），頁一八五。
44 師復，〈編輯緒言〉，《晦鳴錄》第一號（一九一三年八月二十日）。
45 〈「民聲」小史〉，《民聲》第三十號（一九二一年三月十五日）。
46 師復日後致力於無政府主義運動之推展，主要仍是受「新世紀」的影響，其《民聲》雜誌堪稱是《新世紀》的續集。「師復在港息影三年，專研究巴黎新世紀報倡導之無政府主義，極為精進。」馮自由，〈心社創作人劉師復〉，《革命逸史》第二集，同註19，頁二〇六。
47 朱文原，〈無政府主義思潮與辛亥革命〉，《三民主義學報》第十三期，同註3，頁八—九。

的無政府主義活動蓄勢待發之際，死神也悄悄的降臨師復，一九一五年三月二十一日，師復終因肺病辭世，享年僅三十一歲。

師復去世後，《民聲》編務由林君復承擔，遠在新加坡的梁冰弦亦常供稿協助，一九一六年十一月，《民聲》出至二十九號時，因經費拮据無法維持而停刊。一九二一年三月十五日，《民聲》在廣州再次復刊，此即所謂的後期《民聲》，從第三十號到第三十三號，只發行四號後又再度停刊。其中，第三十號的「增刊號」，刊載了陳獨秀與區聲白之間的無政府主義論戰，是這短短四號中最精彩的亮點。[48] 附帶一提的是，「晦鳴學舍」除出版《民聲》外，還印行過十幾種宣傳無政府主義的小冊子，如《無政府淺說》、《平民之鐘》、《夜未央》、《總同盟罷工》、《伏虎集》、《兩個工人的談話》、《民聲社紀事錄》、《民聲叢刻》等，這些小冊子與《民聲》一起流傳於各地，為無政府主義在中國的傳播立下很大的功勞。當時，《晦鳴錄》及《民聲》以及由他們編印的大量出版物，因為都是國內出版，流傳方便，且大多數都是免費贈閱，所以傳布較廣。據「民聲社」統計，一九一六年的十一月當中，先後發出《民聲》各期共一萬冊，《平民之鐘》五百三十四冊、《無政府淺說》五百三十四冊、《總罷工同盟》七百冊、《軍人之寶筏》五百冊、《無政府主義》七百冊。[49] 五四時期宣揚無政府主義的活躍份子，泰半都是《民聲》及師復的信徒。總的說來，師復的「晦鳴學舍」與其後改名的「民聲社」，可說是民初在國內影響最大的無政府主義團體。

三、「師復主義」的論述與建構

師復短暫的一生，窮畢生之力在闡揚無政府主義的思想與建構其心目中理想的共產主義。師復發表在《民聲》上的文章，雖然龐雜零散，有些言論甚至出現互相矛盾的情況。例如，師復一再強調道德問題是無政府社會革命的初步，[50] 但他又明確反對個人無政府主義的必先改良個人，然後可以改良社會的觀點，師復說：「若

48 曹世鉉，《清末民初無政府派的文化思想》，同註15，頁二二五。
49 〈萬國社會風潮〉《民聲》第二十九號（一九一六年十一月二十日）。
50 師復，〈答凡夫書〉，《民聲》第五號（一九一四年四月十一日）。

欲人人於有政府之世先具無政府之道德，此可決其不能亦可不必也。」[51]因此，他對早期的道德救世主張做了極大修正，他認為人類道德之不良，乃社會之惡劣所造成，所以必先改造社會，才能改變道德。基本上，師復後期的思想，實已把「道德」問題排斥於無政府主義運動之外了。[52]客觀說來，從一九一三年八月至一九一五年三月，是師復無政府主義理論成熟和廣泛傳播時期，這一時期，其早期道德救世的觀點有所改變，其認識到僅靠道德力量是非常微弱的，實現無政府主義不一定要等到人們的道德極度高尚。[53]此前後不一的現象，可窺見其理論尚未建構完整。

再如有關廢除姓氏上的說法亦復如此，他一方說：「廢姓者當以破除家族為前提，必能破除家族者方可謂實行廢姓。」但另一方又說：「乃一己之自由，若對於他人，則稱之可也。」在家族問題上也是如此，他同意家族革命的意義，但在批評其他社會黨時又說：「家族主義雖為強權之一種，然其細已甚」。易言之，他不認為破除國界和破除家族具有同等的地位及價值，如此，廢除家族主義等道德革命已非其最高目標。[54]諸如此類前後不一的言論，在《民聲》雜誌上時常出現。雖說師復在建構無政府主義理論時，偶有互相矛盾之處，但隨其對無政府主義學說的進一步思考，其思想逐漸成熟，也愈發朝向系統化發展，最後形成後世所謂的「師復主義」。綜觀「師復主義」的基本內容，大約有如下四點：

（一）無政府共產主義之原則

清末民初由西方傳進中國之眾多無政府主義，如社會主義、世界社會主義、無治主義等之主張，師復是深置不滿及認為不確切的，他以為只有以克魯泡特金的無政府共產主義為依據，將各種無政府理論先行統一起來，才是最根本重要的。師復對克氏的無政府學說宣傳最力，曾將克氏的無政府共產主義學說歸納為三點：

51 師復，〈答恨痴〉，《民聲》第十號（一九一四年五月十六日）。
52 師復，〈答恨蒼〉，《民聲》第二十號（一九一四年七月二十五日）。
53 師復，〈答恨蒼〉，同上註。
54 師復，〈論社會黨〉，《民聲》第九號（一九一四年五月九日）。

一、一切生產盡脫資本勢力之束縛，凡共同勞動之結果（即所生產之物），勞動者得自由取用之（是為經濟上之自由）；二、脫政府之束縛，而自由組織各種公會及團體，由單純以至複雜（是為政治上之自由）；三、脫宗教的道德束縛，以達於無義務、無制裁之自由境域，人群生活之關係以互助之感情維持之（是為道德上之自由）。[55]此外，在〈無政府淺說〉中，他反覆申論無政府主義「不但理論正確，且必可以實行。」他說：「無政府則剷滅私產制度，實行共產主義，人人各盡所能，各取所需，貧富之階級既平，金錢之競爭自絕，此實生活平等，工作自由，爭奪之社會一變而為協愛。」[56]師復於〈無政府共產主義釋名〉中，解釋無政府主義原名Anarchism，其定義為「主張人民完全自由，不受一切統治，廢絕首領及威權所附麗之機關之學說也。」[57]而在〈無政府共產主義同志社宣言書〉、〈無政府共產黨之目的與手段〉等文章中，師復亦反覆強調，無政府共產主義社會是人類最理想的社會，並說該社會的基本原則有二：

一為廢除政府，個人完全自由：師復認為有政府組織，根本無益於人類，「吾人飢則食，寒則衣，能耕織以自贍，能築室以自安，能發明科學以增進社會之幸樂，無取乎政府之指揮也，亦無需乎政客之教訓也。」反而有了政府之後，設種種法令以絕吾民，人們舉手投足間，都遭此網羅陷阱之羈絆而自由全失。師復說：「吾人本能互相親愛，政府乃倡為愛國之論，教練行凶殺人之軍隊，以侵凌人國為義務，於是宇宙之同胞互為仇敵而和平全失。是故政府者，剝奪自由擾亂和平之毒物也。」師復更認為「政府果何自起乎？曰起於強權。野蠻之世，一二梟悍者自據部落，稱為己有，奴役其被征服之人，復驅其人與他部落戰，互為敵國，此國家之由來，政府之從出。」[58]由此可見，師復既然認為國家僅是一二梟雄主觀意志創造的產物，政府則是國家的幫兇及作為一切罪惡的根源，故其主張「國家廢除論」之思想甚明矣！師復在厭惡國家的同時，他把自由看得高於一切，因此他幻想的無政府主義社會是一個擺脫任何束縛因而獲得完全自由的境界。那裡沒有法律、軍隊、

---

55 師復，〈克魯泡特金無政府共產主義之要領〉，《民聲》第十七號（一九一四年七月四日），頁八。
56 師復，〈無政府淺說〉，《晦鳴錄》第一期，頁三－八。
57 師復，〈無政府共產主義釋名〉，《民聲》第五號（一九一四年四月十一日）。
58 葛懋春、蔣俊、李興芝編，《無政府主義思想資料選》，同註17，頁二七〇－二七一。

監獄、警察、官吏、首領、代表、家長、宗教和信條、沒有強迫和壓制；甚至人們自願組織的公會也沒有領導人，沒有職員、章程和規則，更無所謂義務制裁。[59]師復的這種「絕對自由論」，是其反抗黑暗專制政權、爭取個性解放、宣揚自我覺醒的最佳寫照。

二為廢除資本制度，實行共產主義，建立各盡所能各取所需的社會：師復強烈的反資本制度，認為其是平民第一仇敵，更是社會罪惡之淵藪。他說：「吾人之反對資本制度，乃主張廢除資本之私有，非但反對大資本家而止。」[60]他主張廢除一切財產的私有，「凡一切生產機關，今日操之少數人之手者（土地工廠及一切製造生產之器械等等），悉數取回，歸之社會公有，本各盡所能各取所需之義，組織自由共產之社會，無男無女，人人各視其力之所能，從事於勞動，勞動所得之結果（衣食房屋及一切生產），勞動者自由取用之，無所限制。」[61]他認為只實行生產資料的公有還不夠，若不實行生活資料的公有，仍然是不平等的，是僅得財產公有之半面，還是不完全之社會主義。[62]師復以排斥強權為根本，而強權之危害於社會，最顯且最大者，即為資本制度。因此，師復說：「凡無政府黨必同時主張社會主義。」[63]

（二）實行無政府主義為人性之要求

師復認為，人類有一種先天存在的良心，那就是互相親愛。由於政府剝奪了人們的自由，製造了人與人之間的侵凌和殘殺，人類的這一本性也被戕伐。在未來的社會中，「無私利之可圖，無金錢之可爭，吾人本來之良心，自然發達，相互扶助，各事其業，以工作為幸樂，以無業為恥辱，斷無不盡所能而徒取所需之人。」[64]換言之，實行無政府主義是人性的要求，也是人性的復歸，只要有少數先覺者，將無政府之真理傳播給眾民，

59 葛懋春、蔣俊、李興芝編，《無政府主義思想資料選》，同上註，頁三〇五—三〇六。
60 同上註。
61 同上註。
62 師復，〈答悟塵〉，《師復文存》，同註9，頁一七〇。
63 《民聲》第五號（一九一四年四月十一日），頁一—二。
64 師復，〈答李進雄〉，《民聲》第十一號（一九一四年五月二十三日）。

使家喻而戶曉之，自然無所謂阻力。[65]師復雖然對無政府主義懷有莫大的憧憬，但他並不認為所有的人都能接受無政府主義，因此，在強調良心的人性論外，他還主張階級論，他以是否參加勞動為標準，把人類劃分為勞動階級與富貴階級。勞動階級包括農人、工人、苦力、雇役以及家無恆產的教師等。富貴階級包含地主、商業家、工廠主、官吏、議員、政客等。師復說：「共產主義、無政府主義，質言之，實即勞動階級與富貴階級戰鬥之主義。故吾人傳播無政府主義，自然以勞動階級為主要範疇，至於對富貴階級，吾人不但不必希望傳播，且當亟謀所以顛覆之。」[66]師復的「階級論」說，比起社會黨人把智愚也當階級；甚至當作社會不平等的根源之混亂思想相比，已進步甚多。他批評社會黨綱領時說：「今世所謂智愚，特比較的形容詞耳，非如貧富貴賤之顯示區別者也，富貴者雖愚，亦儼然居愚民上，貧賤者雖智，終不能受制於人，是則智愚又何階級之可言。智愚的形成，非有他種原因，貧富階級使之然耳。」[67]

師復的人性論，在一定程度上，是受其階級論所制約，例如他認為無政府主義所代表的不是全人類的「良心」而只是勞動階級的「良心」，且他一直認為階級是由少數強者違背人的本性製造出來的，而階級鬥爭的目的正是為了恢復人的本性。同時，他主張的階級鬥爭，在內容上與馬克思主義者的階級鬥爭也不相同，他把政治鬥爭排除於階級鬥爭之外，只強調階級鬥爭是一種自發的「直接行動」。[68]

（三）無政府主義運動的內容和手段

平情而論，與他的前輩和同代人相比，師復對無政府主義社會的構想和與之有關的內容及其手段的設計方面，有其一套自己完整的理論論述，也較多地體現他自己的特點。一九一四年七月，師復在《民聲》發表了闡述其無政府主義思想最重要的文章〈無政府共產黨之目的與手段〉一文，這是一個綱領性的文件，在該文中，

65 葛懋春、蔣俊、李興芝編，《無政府主義思想資料選》，同註17，頁二七三。
66 同上註，頁三二六。
67 同上註，頁二九六－二九七。
68 蔣俊、李興芝，《中國近代的無政府主義思潮》，同註29，頁一八一。

師復提出了十四項具體主張，全面且完整的述說自己所追求的無政府理想社會，對政治、經濟、教育、文化各方方面面均有所描述。舉例言之，如第十一項，無論男女，由學校畢業至四十五歲或五十歲，從事於勞動，此後休養於公共養老院。凡人有廢疾及患病者，由公共病院調治之。又如第十三項，每人每日勞動時間，大約由二小時最多至四小時，其餘時日，自由研究科學，以助社會之進化，及游息於美術技藝，以助個人體力腦力之發達。[69]

師復認為無政府主義運動當以破壞為主，不應有「預定之建設事業」，他批評社會黨建設育嬰院、學校、醫院、養老院、農工廠、公園等計畫時說：「無政府黨方竭其心力以謀推翻強權之不暇，尚有何餘力、有何餘財，以作此補苴彌縫、舉一漏萬之建設乎？」無政府黨專以推倒強權為職志，除傳播主義實行革命外，其他皆非無政府黨之事。[70]他認為凡是與直接實行無政府主義無關的行動都不應參加，這就形成師復特殊的政治「冷淡主義」。辛亥革命的推翻滿清、「二次革命」的反袁鬥爭，針對這些重大的歷史事件，師復都表現了驚人的冷漠態度。[71]他沉浸在「舉世界帝王君主總統悉數擯去之」的遐想中，對當時反對帝制君主總統的鬥爭視為隔靴搔癢不屑一顧。

師復認為政治是污濁的，政治鬥爭只是政治家爭權奪利的工具，不能給人民帶來任何幸福與利益，師復這種幻想在政治鬥爭之外消滅政治，即為政治冷淡主義的具體表現。與此思想相對應的，是師復反對建立有組織、有紀律的政黨，他說：「無政府主義者是極端反對管理代表權而主張絕對自由的，所以不應建立政黨，更不應有黨綱，不要有章程，也不要組織和紀律。」總之，「無政府黨之行事，皆自由獨立，不受指揮，不俟全

69 〈無政府共產黨之目的與手段〉，詳列無政府共產黨人所欲達到的十四個目的有：無一切政府、無軍隊警察與監獄、無一切法律規條、廢除宗教、廢除婚姻制度、廢除財產私有權、廢除錢幣、一切生產要件歸之社會公有、自由組織各種公會、人人皆從事勞動、人人皆自由取用勞動所得之結果、兒童皆入學校教育、廢疾及患病者由公共病院調治、年老者皆休養於公共養老院、學校教育採用萬國公語。四種手段為：一、傳播主義；二、抵抗、擾動、暴動與暗殺；三、平民大革命；四、世界大革命。師復，〈無政府共產黨之目的與手段〉，《民聲》第十九號（一九一四年七月十八日），頁六－七。

70 葛懋春、蔣俊、李興芝編，《無政府主義思想資料選》，同註17，頁二九八。

71 同上註，頁二七七。

體之議決。」[72]他認為任何組織、紀律或決議，都一定要異化為束縛自由的「強權」，因此，保持各自為政的鬆散狀態最為合適。[73]既然反對一切有形的束縛，那麼其對無政府主義運動的內容和手段的主張為何呢？一九一四年七月，師復在「無政府共產主義同志社」的〈宣言書〉中，再一次說明無政府共產主義的意義為：「滅除資本制度，改造共產社會，且不用政府統治者也。」[74]質言之，「即求經濟上及政治上之絕對自由也。」並表明，「吾人為欲實現無政府共產之社會，所用之唯一手段則曰『革命』。」[75]

至於具體做法，師復認為用三種方法進行之：一、以報章、書冊、演說、學校等等，傳播吾人主義於一般平民，務使多數人曉然於吾人主義之光明，學理之圓滿以及將來組織之美善；及使知勞動為人生之天職，互助為本來之良德。[76]二、在傳播時期中，各視其時勢與地方情形，可採用抗稅、抗兵役、罷工罷課、暴動、暗殺等手段抵抗擾動之。[77]三、平民大革命，即傳播成熟，眾人起事，推翻政府及資本家，而改造正當之社會也。師復將無政府主義的平民大革命與世界大革命連結，他認為「世界大革命以歐洲為起點，一旦起事，或數國合舉，或一國先舉，其餘諸國必皆聞風響應，工黨罷工，軍隊倒戈，歐洲政府將次第倒斃，吾黨之在南北美及亞洲者，亦當接踵而起，其成功之迅速，必有不可思議者。」[78]

師復將無政府主義運動分為兩個階段：傳播階段和平民大革命階段，而傳播階段又可採用兩種手段，和平手段（文字宣傳）與激烈手段（抵抗、擾動），不過，他認為在當時的中國，應以文字宣傳的傳播階段為主，激烈的平民大革命，以中國當時之情勢似尚未至，[79]因此，文字宣傳是師復無政府主義活動的最重要內容。師復把無政府主義內容局限於文字宣傳，又把文字宣傳的對象局限在少數知識分子，這就把無政府主義運動束縛

72 同上註，頁二九五。
73 蔣俊、李興芝，《中國近代的無政府主義思潮》，同註29，頁一八三。
74 〈無政府共產主義同志社宣言書〉，《劉師復文集》，同註6，頁五十三。
75 同上註，頁五十四－五十五。
76 葛懋春、蔣俊、李興芝編，《無政府主義思想資料選》，同註17，頁三一六。
77 同上註，頁三一七。
78 同上註，頁三一六。
79 同上註，頁三二一。

在一個極其狹小的圈子中，使它遠離了現實社會，此舉，隱然已為無政府主義在中國的沒落留下伏筆。

師復之所以會有此觀念想法，是因其一向主張無政府主義是一個改造世界、改造人類的主義，故只須研究世界無政府主義運動的發展，而不必去注意中國的現實。因為「將來世界革命之起點必在歐洲，以彼中數國傳播極廣，革命之時機已漸成熟故也。然則吾黨在中國之工夫，即預備為歐洲響應之實力是矣。」[80]換言之，中國只要靜待歐洲無政府革命的爆發，就可得到解放。師復把改造中國的希望寄託在外國革命上面，把本屬空想的無政府主義推向更不切實際的境界。一九一四年，第一次世界大戰在歐洲爆發，師復曾滿懷希望地預言這次大戰後必將掀起社會革命的風潮。的確，大戰後革命風潮席捲了歐亞各國，但它不是師復期待的無政府主義的成功，而是共產社會主義的勝利。[81]

（四）工團主義的重視與補充

師復除對無政府主義的堅定信仰外，在他去世前不久，對無政府主義運動的內容做了一個重要的補充，即所謂的工團主義。工團主義的思想早在辛亥革命前即已傳進中國。一九〇七年，由張繼翻譯的《總同盟罷工》一書即其代表作。對工團主義的認知，師復在《晦鳴錄》第一期的〈編輯緒言〉，曾提出該刊綱要為：「共產主義、反對軍國主義、工團主義、反對宗教主義、反對家族主義、素食主義、語言統一、萬國大同」以及「一切新發明之科學」。[82]在〈編輯緒言〉中，師復雖然喊出工團主義的口號，但未對這個口號多做解釋。一九一四年，師復來到上海這個中國工人階級最集中的地方，儘管他有著嚴重脫離現實的傾向，但工人階級的鬥爭還是對他產生了影響。

一九一四年，上海工人一再罷工，要求增加工資，最後取得了有限的勝利。罷工本身，象徵工人的覺悟，他們團結一致，終達目的，但在過程中，也暴露了組織方式的落後。工會中常有資方介入，工會的行動往往為

80 師復，〈答蔡雄飛〉，《民聲》第十八號（一九一四年七月十一日）。
81 蔣俊、李興芝，《中國近代的無政府主義思潮》，同註29，頁一八五。
82 師復，〈編輯緒言〉，《晦鳴錄》第一期（一九一三年八月二十日），頁一－二。

其操縱。針對這一情況，師復認為乃因工人知識低下、組織不善，此乃中國工運不發達的原因，欲增進工人知識，不能不先有團體，所以他提出了「結團體、求知識」的六字工運方針。依師復之設想，工人應當按行業組成工團或工會，工會應與資本家劃清界限，不能為資本家所利用，也不要與資本家所立的公所會館同處一地。工團中最要緊的事情是舉辦平民學校，也可兼出一工人報紙，以學校和報紙為宣傳陣地和聯絡中心。復由各分業之工團，聯為一總工團，以為全體之機關。[83]

另外，師復還一再囑咐工團主義進行當注意三點：一、當前應以要求增加工資及減短工作時間為主；二、工團當以工人為主體，以養成其獨立戰鬥的能力，工團當從基層組織做起，由小而大，不可徒騖虛名，成為沒有實力的團體；三、工團之宗旨，當以革命的工團主義為骨髓，而不可含絲毫之政治意味。[84]師復對工團主義的提出，標誌其把克魯泡特金的無政府主義與歐洲的工團主義結合起來，開展其對工人的平民教育活動和工團主義組織，進而構成具有自己特色的無政府主義思想體系。師復的這種以無政府主義為目的，以工團主義為手段，在工人運動還處於萌芽階段的民國初年，其訴求的「結團體、求知識」之口號，還是有其一定的積極意義。[85]

總的說來，「師復主義」的出現，象徵著中國無政府主義經過辛亥革命前的醞釀到民國初年社會黨人的鼓吹，又發展到一個新的階段，他較前此各派的無政府主義有著更加系統和完整的論述，把中國無政府主義更加教條化和世界化了。「師復主義」較無「天義派」的農民氣質，也乏「新世紀派」民主革命的訴求，他更在乎的是無政府主義的原始教條、原則和體系的完整，而對中國的實際缺乏關照。換句話說，師復提倡的無政府主義理論很少有中國特色，更多的是歐美無政府主義的翻版，他力求使中國的無政府主義運動與世界無政府主義運動結合為一體，把中國無政府運動當作歐美無政府主義運動的一部分，並把改造中國的希望寄託在歐美的無政府革命上面。

---

83 師復遺稿，〈上海之罷工風潮〉（後記），《民聲》第二十三號（一九一五年五月五日）。

84 同上註。

85 蔣俊、李興芝，《中國近代的無政府主義思潮》，同註29，頁一八七。

從這層意義上說，「師復主義」將中國的無政府主義更加的精緻化和充分的世界化了，但諷刺的是，它也更加遠離中國的現實，更加教條化和宗教化了。「師復主義」使中國的無政府主義發展到了頂峰，但沒有與中國社會的現實基礎結合，也使它快速的走上僵化和沒落之路。從一九一四年到二〇年代中，是「師復主義」在中國最盛行的時期，它的諸多有關無政府主義的主張，一直是中國無政府主義者奉行的圭臬。而師復本人，不僅被視為中國無政府主義理論的教主，而且還被當作無政府主義最完美的人格者加以崇敬。可以這麼說，「師復主義」是中國無政府主義的主要形式和典型代表當不為過，「師復主義」的出現，啟發了國人繼續向西方尋求革命真理的動機，它基本上是五四時期，各種社會主義思潮傳入的前奏。[86]

四、《民聲》雜誌的言論述評

透過雜誌形成一種思想動員的力量，是對政府當局的一種抵抗，也因而受到當局的迫害，《民聲》雜誌問世期間，其命運即是如此。在《民聲》發行的三十三期中，前二十九期的內容就屬師復的文章最多，連譯述在內超過五十餘篇，這些文章當然都是以闡揚無政府主義為主，也是「師復主義」的思想展現。後期《民聲》雖僅發刊四期，但卻是無政府主義思想主張形成理論的關鍵時期，尤其是區聲白和陳獨秀的書信論戰，將無政府主義者與馬克思主義者理論之爭帶到最高潮，本節的《民聲》雜誌言論述評，即聚焦於此。

首先，在後期《民聲》的文章中，對馬克思主義者所謂的「平民的獨裁政治說」，《民聲》有著非常精彩的批判與辯駁。基於繼承師復「平民主義」的立場，《民聲》對馬克思主義者的無產階級革命的階級鬥爭說，提出了不同看法，《民聲》指出「階級鬥爭應是使支配階級與平民立於平等地位，而非再製造一新的支配階級。」[87]因為「無產階級推翻資本階級和保障資本家的貴族階級之後，自己即躍登政治舞台上，行使政權，這時候至尊無上的執權者，Dictator其實已經不是平民了。」[88]在《民聲》看來，「什麼『階級專制不同一人或

86 同上註，頁一八七—一九三。
87 〈評平民的獨裁政治〉，《民聲》第三十二號（一九二一年五月十五日），頁三。
88 〈無政府共產派與集產派之歧點〉，《民聲》第三十號（一九二一年三月），頁十二。

一部分人專制』這些話，事實上已經告訴我們是偽的了。」[89]蓋無產階級專政乃一不折不扣之專政，仍是少數者的英雄主義，最後的弊端是生出少數者的壓制。因此《民聲》呼籲，少數自覺者應當要喚起民眾，真正進行運動的是民眾本身，否則就容易產生夾雜權力的政治慾。[90]

其次，更犀利的是，《民聲》還把批判矛頭，指向當時世界上第一個共產國家俄國，在〈評平民的獨裁政治〉一文中，該刊首先引用考茨基對俄國革命的描述，指出「俄國雖說是平民的獨裁政治，但其實是布爾什維克黨一黨的獨裁政治，並且是一黨中少數指導者的階級獨裁。」《民聲》繼而說：考茨基指列寧曲解了馬克思的「平民獨裁政治」，所謂獨裁政治實有兩種：一為作為政治「形式」的獨裁統治；一為作為「狀態」的獨裁統治，馬克思講的是後者的「狀態」獨裁統治，亦即「平民趨向資本主義制度爛熟一方面，其數漸次增加，從政治上德謨克拉西得了優勢，自然成了平民獨裁政治的狀態」；而列寧卻把它解讀為「形式」上的「權力集中」的獨裁政治。[91]《民聲》會特別提出考茨基的學說是有其目的的，因為列寧的無產階級專制，引發個人自由與民主被剝奪，以及少數專制的問題，而列寧將社會革命摻雜於政治革命中，更令無政府主義者質疑。《民聲》言：「革命除了政治革命就沒有別的麼？雖稱社會的革命，也要帶政治的革命色彩，這是甚麼道理？革命越是政治的越暴虐。」[92]

《民聲》強調，他們對於政治之終極目的是廢除統治權，消滅任何形式的政治；對於經濟之終極目的是由生產者以自由組合的種種團體機關，直接處理產物，依公道的法則分配之。而馬克思主義者在政治及經濟的根本主張與他們大異其趣，馬克思主義者在政治方面主張保留統治權，變更貴族式的政治為平民專制政治；在經濟方面主張取所有屬於資本主的生產機關而盡屬於國家，由國家強迫人民從事於生產的勞動，而給以相當的「工值」。[93]所以，《民聲》根據他們的基本主張與觀念，對馬克思主義進行了尖銳的批評，尤其著重在批判

89 〈「階級戰爭」和「平民專政」果適用於社會革命嗎？〉，《民聲》第三十三號（一九二一年七月），頁五。
90 〈評平民的獨裁政治〉，《民聲》第三十二號（一九二一年五月十五日），頁三。
91 〈評平民的獨裁政治〉，《民聲》第三十二號（一九二一年五月十五日），頁一—二。
92 〈評平民的獨裁政治〉，《民聲》第三十二號（一九二一年五月十五日），頁三。
93 〈無政府共產派與集產派之歧點〉，《民聲》第三十號（一九二一年三月十五日），頁十一—十二。

馬克思主義的「階級戰爭」與「平民專政」這兩點錯誤上，認為其不適用於社會革命，不能救社會的死亡。無政府主義者認為馬克思主義者的有產階級與無產階級甚難區分，而馬克思主義者的社會過去的歷史，都是階級鬥爭史之說，恐怕也未必盡然。[94]

不僅如此，《民聲》還認為馬克思主義的「平民專政」比「階級戰爭」更帶有危險欺騙之性質，他們不客氣的說到「平民本是平民，一經專政，魔皇立現真形了。」因此，他們指責馬克思主義者所說的「階級專政，不同於一人或一部分人專政」根本就是騙人的、虛偽的；在馬克思主義主張的「平民專政」制度下的社會，只會走向「死亡」，而不會走向「生發」。[95]《民聲》除猛烈批評馬克思主義的「階級戰爭」與「平民專政」之說外，還嚴厲指責一九一七年俄國「十月革命」後的布爾什維克獨裁政治，認為俄國的布爾什維克政權，無法實現「自由社會」的理想，只會出現強調權力集中的「權力國家」。《民聲》對布爾什維克的批評最為中肯，也最足為後人警惕者，即他們非常清楚的指出，俄國所謂的「平民的獨裁政治」，實即「布爾什維克的一黨獨裁政治」，並且是「一黨中少數指導者的獨裁政治」。[96]

最後，對列寧的「國家消亡論」，《民聲》也不無挖苦的說，一個權力集中的國家是不可能「自滅亡」的，因為「一回粘著權力的人，對於權力便生執著心，很不容易去離開權力了。」[97]《民聲》更評論道：「俄羅斯革命取這般方向前進，自然比較沙爾（皇帝）的壓制政治高出萬萬。」[98]好一個「高出萬萬」，換言之，早在一九二〇年代初期，以《民聲》為代表的中國無政府主義者，已看出俄國共產黨專政要比過去沙皇專制要「高出萬萬」，證之後來史實，《民聲》所作的結論，真是一針見血的卓見。《民聲》一直強調他們「排斥所

---

94 〈「階級戰爭」和「平民專政」果適用於社會革命嗎？〉，《民聲》第三十三號（一九二一年七月十五日），頁三。
95 〈「階級戰爭」和「平民專政」果適用於社會革命嗎？〉，《民聲》第三十三號（一九二一年七月十五日），頁五。
96 〈評平民的獨裁政治〉，《民聲》第三十二號（一九二一年五月十五日），頁一。《民聲》也尖銳批評了布爾什維克主義，在〈無政府共產黨與布爾札維克主義〉譯文按語中，譯者即指出，無政府主義者對於蘇維埃俄羅斯的態度，大多數是反對他那種「集中的、高壓的、武力的、獨裁的政治。」〈無政府共產黨與布爾札維克主義〉，《民聲》第三十一號（一九二一年四月十五日），頁七。
97 〈評平民的獨裁政治〉，《民聲》第三十二號（一九二一年五月十五日），頁二。
98 〈評平民的獨裁政治〉，《民聲》第三十二號（一九二一年五月十五日），頁二。

有的壓制和窘迫，向自治方面進行的，就是企望自由社會的實現。」他們指出，若是取集權方向，「不過造出國家社會主義底窘迫機械的社會」，在俄羅斯的那些社會主義者，主張平民獨裁政治，建設集權的組織，他們的努力就是促使這樣的社會出現。而這樣的社會是無政府主義者所極力反對的。[99]歷史證明，俄國確實是走上了中國無政府主義者早在一九二一年就已預見的「權力國家」之路，而且還愈走愈偏、越走越遠，而終至在二十世紀的尾聲解體。

在後期四期的《民聲》中，因著區聲白與陳獨秀的論爭，將無政府主義者與馬克思主義者的論戰帶到最高潮。區、陳之間，一來一往的六封信辯駁，可說代表了這個時期無政府主義者與馬克思主義者的共同意見，因此，任何研究一九二〇年代初期中國無政府主義運動及馬克思主義運動的學者，對於區、陳二氏的爭論都非常重視。美國著名學者史卡拉匹諾（Robert A. Scalapino）在他與George T. Yu合著的《中國無政府主義運動史》一書中，即把區、陳的爭論稱之為一場既富有誘人的魅力，又富有知識意義的論戰。[100]基本上，繼承中國無政府主義創始者劉師復衣缽的黃凌霜、區聲白等，他們宣揚克魯泡特金的「無政府共產主義」學說，否定一切權力，攻擊俄國「十月革命」和由「十月革命」所建立起來的無產階級專政的政治制度，主張實現「無政府共產主義」，否認任何集中和紀律、領導和服從，他們從極端的個人主義出發，鼓吹個人的「絕對自由」，反抗一切權威，反對國家、反對專政、反對建立有嚴格組織紀律的無產階級政黨。《民聲》猛烈攻擊馬克思主義，認為其不僅束縛個人的自由生活，也束縛了自由思想的發展。上述《民聲》所反對的一切，係因這些東西都與「絕對自由」相對立，只有取消這些東西，無政府共產社會才能建立，也才能充分地發揮個人的「絕對自由」。《民聲》所「理想」的未來社會是個集合種種「自由的社團」組織而成的「無政府共產社會」。[101]

為了實現「無政府共產社會」，《民聲》主張要廢除國家，推翻政府，去除一切強權。[102]至於如何做到，

99 〈評平民的獨裁政治〉，《民聲》第三十二號（一九二一年五月十五日），頁四。
100 Robert A. Scalapino and George T. Yu, The Chinese Anarchist Movement (Berkeley, California‧‧Center for Chinese Studies, Institute of International Studies, University of California,1961), pp.55.
101 葉麟，〈無強權主義的根據及無強權的社會略說〉，《新潮》二卷三號（一九二〇年四月一日），頁四三六－四六四。
102 凌霜，〈馬克思學說的批評〉，《新青年》六卷〈政府和國家〉，《北京大學學生週刊》第十七號（一九二〇年五月二十三日）。

《民聲》認為唯有用革命的手段為之，此革命乃師復所說的「平民大革命」，而非馬克思主義者所說的階級鬥爭之法。[103]相反的，陳獨秀則認為個人的「絕對自由」根本不可能存在，且強權不一定就是罪惡，強權之所以可惡，是它的用法不當，而非性質使然。而在人類歷史發展中，國家是階級矛盾的產物，是執行統治階級意志，對被統治階級實行專政的工具。他們表示，其最終目的也是沒有國家的，但在階級沒有消滅以前，他們卻極力主張要國家，而且還是要強而有力的無產階級專政的國家。既然要推翻資產階級統治，那就要更強力奪取政權，而為了要進行革命和建設，必須要加強人民群眾的組織和紀律，加強集中和領導，這是馬克思主義與《民聲》最大的分歧點。陳獨秀進而批評《民聲》所提出的理想社會——沒有國家、沒有政治、沒有法律，沒有一切強權的「無政府共產社會」，只是一種「脫離實際的幻想」，只是一些「動聽的名詞」和「美妙的幻影」罷了。[104]綜上所述可知，《民聲》的基調非常清楚，即他們不贊同俄國馬列主義，在階級、國家以及權力的主張上，他們反對階級壓迫，將其視為一階級強加於另一階級的強權，也就是新支配者取代舊支配者產生的新壓迫，由此立論看來，《民聲》還是獨具慧眼且相當有遠見的。[105]

五、結論：烏托邦的幻滅——「師復主義」的時代意義

基本上，師復在《民聲》上所論述的無政府主義文章，可歸納出兩個重要地方：一是無政府主義和其他社會主義的差別是什麼？二是無政府社會革命的手段和方法是什麼？針對第一個問題，師復認為社會民主黨（指馬克思主義者）是主張集產主義，而無政府黨則主張共產主義，而他定義「共產主義而兼主張無政府者」是為「無政府共產主義」。[106]所以，無政府主義是「公名」，而無政府共產主義是「專名」，即無政府主義包括無

五號（一九一九年五月），頁四六八。

103 蔡韋編著，《五四時期馬克思主義反對反馬克思主義思潮的鬥爭》（上海：人民出版社出版，一九六二年二月初版），頁一〇四。

104 陳獨秀，「討論無政府主義」（專欄），〈陳獨秀答區聲白的信〉、〈陳獨秀再答區聲白書〉、〈陳獨秀三答區聲白書〉，《新青年》九卷四號（一九二一年八月一日），頁三—五、十三—十四、二十四。

105 周麗卿，〈政治、權力與批判：民初劉師復派無政府團體的抵抗與追求〉，同註14，頁二十七。

106 師復，〈答悟塵〉《民聲》第二十號（一九一四年七月二十五日）。

政府共產主義；且無政府主義也包括社會主義，但社會主義不能包括無政府主義，師復說，他是屬於無政府主義中一個無政府共產主義者。

在區別無政府主義與其他社會主義方面，師復指出孫中山的民生主義具有強烈的國家社會主義性格，並判斷其對國家權力之性格的深刻把握方面缺乏認識。因此，師復藉由批判其平均地權說和產業國有政策後提出質疑：「如果孫中山所說的國有化政策被認為是社會主義，那麼，清朝政府與袁世凱政府的國有化政策是不是社會主義？」[107]至於對江亢虎的批駁更是猛烈，在《民聲》上，他曾撰〈答江亢虎〉、〈駁江亢虎〉、〈江亢虎之無政府主義〉等多篇文章批評江說。師復認為「江氏不主張生產機關公有，不主張廢私產，根本違背社會主義之原則，故江氏所主張非社會主義。」[108]總之，在《民聲》中，透過對社會黨人的質疑和師復的答辯方式，明確揭露社會黨人在觀念上的種種謬誤。另外，師復對平民教育也甚為重視，他主張平等教育的主要內容是科學教育和平民教育，對科學教育來說，他認為當時中國科學尚處幼稚階段，欲發展科學教育，宜鼓吹留學向西方取經。[109]而平民教育的經營，師復主張以工人階級為主要對象，他提倡通過普通日報、畫報、小說報、科學報的刊行，來提高工人的識字率，但他也一再聲明，在學習方法上應注意教育對象的水平以及各種環境因素。[110]

整體而言，師復一生之思想，可謂經歷三個時期的演變：辛亥革命前的思想仍以民族主義為思想主軸，此為第一期；辛亥以後則以批評家族及封建社會為主，並進而提倡道德文化運動，此為第二期；一九一三年後，其思想漸趨成熟，訴求改以進行無政府社會革命，而以宣傳無政府共產主義者自居；兼亦推動無政府的工團主義運動，此為第三期。在民初三大無政府派中，師復的「民聲社」無疑是影響力最大的，「民聲社」推動的教育、世界語、工人運動等，都成為一九一五年前後，國內最大的社會運動力量。師復之死，雖然使無政府派一

107 師復，〈孫逸仙江亢虎之社會主義〉，《民聲》第六號（一九一四年四月十八日）。
108 師復，〈駁江亢虎〉，《民聲》第十五號（一九一四年六月十三日）。
109 師復，〈答悟塵〉《民聲》第二十號（一九一四年七月二十五日）。
110 師復，〈答悟塵〉《民聲》第二十號（一九一四年七月二十五日）。

時歸於沉寂，但到五四時期又再度興起，可以這麼說，民初的「師復主義」所扮演之角色，是承接清末無政府主義至五四新文化時期無政府主義之間的重要橋樑。

然由於嚴苛的政治現實，導致其後與馬克思主義的工人運動領導權之爭落居下風。而其強烈的反強權、反政府之訴求，在民初的政治形勢之下，使其成為政府嚴厲取締打壓之對象，自然大大壓縮了自己的生存空間。在與馬克思主義的論戰之後，無政府主義最終因為提不出解決中國社會現實問題的具體方案，而逐漸淡出歷史舞台，勢力於此開始衰落。到了一九二〇年代末，無政府主義者雖還出過一些《革命小叢書》及《自由叢書》，宣傳無政府主義，但它的運動卻已大致消亡了。[111]關於中國無政府主義運動的衰亡，有人說是「形勢比人強」，是「中國現實的政治狀況決定了無政府主義的空想只能是全部幻滅。」[112]

雖然如此，但師復及其代表的《民聲》和後來所形成的所謂「師復派」、「師復主義」，在民初政壇上仍有其重要的象徵意義，他不但提出了社會革命作為民主政治的思想、概念延展及實踐的可能性，更提供一種用「平民革命作為政治革命之超越與再造」來思考中國革命發展不可或缺的視角。[113]大陸學者張九海即評論說，師復是中國近代無政府主義思潮的範本式人物，被稱為「中國的普魯東」。師復無政府主義是對民國初年社會現狀的一種疏解，是對辛亥革命後現實政治的一種反動，是在救亡與啟蒙的雙重變奏中對政治制度和文化價值的一種選擇。[114]

五四時期，師復無政府主義為黃凌霜、區聲白等人繼承，並被尊稱為「師復主義」，奠定師復在中國無政府主義運動的先覺和導師地位，其影響甚至超過了馬克思、列寧的科學社會主義和基爾特社會主義，在這三家

111 蔡國裕，《一九二〇年代初期中國社會主義論戰》（台北：商務版，民國七十七年四月初版）頁四一七。
112 周子東，〈無政府主義在中國〉，《社會科學》（上海版）一九八二年第二期（一九八二年二月十五日），頁二十八。鄭學稼則指出，中國無政府主義運動，大概消亡於一九二〇年代末，到了一九三〇年代中期抗日戰爭發生後，在中國的政治和思想舞台上，已沒有無政府派的蹤跡了。鄭學稼，〈劉師復和他的思想〉，《中共興亡史》第一卷（下冊）（台北：中華雜誌社，民國五十九年一月初版），附錄十，頁九〇三。
113 周麗卿，〈政治、權力與批判：民初劉師復派無政府團體的抵抗與追求〉，同註14，頁二十八。
114 張九海，《執著的烏托邦追求——劉師復無政府主義研究》，同註7，頁三。

社會主義中可以說是獨占鰲頭。[115]至於師復所辦的《民聲》，更是民國初年中國無政府主義的機關報，[116]也是一九二〇年代批評馬克思主義的主要陣地。[117]中國的無政府主義運動，在師復逝世後曾沉寂一陣子，五四時期的無政府主義者再度繼承了師復的衣缽，將無政府主義的理論更加系統化。可以說，師復的無政府主義，是中國無政府主義學理最完備、行動最堅決、影響最廣泛的表現形態。[118]而師復個人的影響，也誠如日本研究者的評價，狹間直樹說他是民初最高水平的社會主義理論家。丸山松幸認為其對進步青年的影響力與陳獨秀可以匹敵不相上下。[119]思想巨人是不寂寞的，師復烏托邦的無政府主義思潮，雖抵擋不了現實政治和社會需求而淡出歷史舞台，然其思想主張仍可提供一條中國未來路向的不同選擇，由此角度觀之，師復及其「師復主義」，仍有其時代意義存在的。

115 徐善廣、柳劍平，《中國無政府主義史》（湖北：人民出版社，一九八九年版），頁三。
116 貝馬丁（Martin Bernei），〈劉師復與中國無政府主義〉，《民聲》第一期至第三十三期合訂本，代序，頁五。
117 蔡國裕，《一九二〇年代初期中國社會主義論戰》，同註111，頁二八三。
118 張九海，《執著的烏托邦追求——劉師復無政府主義研究》，同註7，頁二。
119 曹世鉉，《清末民初無政府派的文化思想》，同註15，頁二二六。

《民聲》全套三十三期總目錄

第十五期

無政府共產主義
巴黎之自由市府
駁江亢虎
風雨雞聲錄
答樂無

第十六期

無政府共產主義
致無政府黨萬國大會書
巴枯寧之百年祝典
答樂無
答飄飄

第十七期

無政府共產主義同志社宣告書
無政府共產主義
無政府黨萬國大會之先聲
江亢虎之無政府主義
安那其
克魯泡特金無政府共產主義之要領
答無吾
再答耑任
風雨雞聲錄
克魯泡特金之著作

第十八期

麵包略取
江亢虎之無政府主義
風雨雞聲錄
彼等非大人先生也
答蔡雄飛

第十九期

麵包略取
無政府共產黨之目的與手段
廣州無政府共產主義同志社告同志書
答蔡雄飛

民聲

第一期至第三十三期合訂本

（雜誌）

Liu Ssu-fu And Anarchism in China

a note for the reprinting version of

MIN-SHENG

Min-sheng (民　聲) was very much the creation of one man Shih Fu (師復) originally called Liu Ssu-fu (劉思復). Issue number 23 contains a biography of him and it is unnecessary to supply the details of his life here. Suffice it to say that before the Revolution of 1911 he was an active and courageous revolutionary with a particular interest in assassination. After 1911 he devoted the rest of his short life to the propagation of anarchism in China. In this work he was helped by Cheng Pi-an (鄭彼岸) *ming* Yün-o (雲鶚), Mo Chi-p'eng (莫紀彭), Lin Chün-fu (林君復) and others. Most of the group except for Shih Fu himself had been leaders of the Hsiang chün (香軍), the revolutionary army that liberated Hsiang-shan from the Ch'ing. One method of propaganda used by Shih Fu and his followers was personal example. In 1912 they organised a society called the Hsin-she (心社) Conscience Society which insisted on its members living in extreme simplicity. From its headquarters in Canton 10,000 copies of a list of the Society's ten strict regulations were distributed. These made a great impression all over China. Written propaganda was also considered very important. Several pamphlets many containing translations from Western Anarchist literature were published, *Min-sheng* itself being part of this general campaign.

In 1912 Shih Fu also founded a society for education and propaganda known as the Hui-ming hsüeh-she(晦鳴學舍)and the following year he began the publication of the *Hui-ming-lu* (晦鳴錄) Record of the Hui-ming hsüeh-she which was also entitled *P'ing-min chih sheng* (平民之聲) Voice of the Common People. The journal had sections in both Chinese and Esperanto, the latter being headed *La Vôco del' Popolo*. Two numbers were issued on the 20th and 27th of August 1913. The capture of Canton on the 7th of September 【by Lung Chi-kuang (龍濟光)】 after the failure of the Second Revolution forced Shih Fu and the others to flee to Macao. There the group managed to publish number 3 on December the 20th 1913, this time under the title *Min-sheng*, the Esperanto title being corrected to *La Vôco De La Popolo*. The Government of Yüan Shih-k'ai soon put pressure on the Portuguese authorities and Shih Fu was forced to move once more.

This time *Min-sheng's* office was established in the International Settlement in Shanghai. There is however some doubt as to where the Journal was actually printed. On the cover of numbers 4 to 22 it is stated that the Journal was printed in Tokyo. However colleagues of Shih Fu have written that he not only wrote and edited the Journal, but that with the help of four of his sisters he set his own type because it was against his anarchist principles to employ others to do his own work. This description is convincing and it seems likely that a fictitious foreign address was given in order to avoid legal difficulties. *Min-sheng* number 4 which has the date December 27 1913 was probably issued rather later. Numbers 5 to 22 were issued weekly from April to August 1914. In this period Shih Fu was also the moving spirit behind the foundation of Anarchist Communist groups in Shanghai and Canton. However in the Autumn of that year, undermined by hard work, a rigidly spartan life and tuberculosis, his health broke down and on the 27th of March 1915 he died.

Min-sheng number 23 published on May the 5th 1915 was a special memorial edition to Shih Fu. It and the three succeeding issues in 1915(24 to 26) were produced by his devoted disciple Lin Chün-fu. Three more issues came out in Shanghai at sporadic intervals during 1916. From then until 1921 no further numbers appeared. However the Min-sheng Press (民聲社) continued to publish Anarchist pamphlets at least through 1917.

The Journal was revived in Canton in 1921 following Ch'en Chiung-ming's capture of the city. Ch'en was an old friend and protector of Shih Fu. Although never an Anarchist himself he was attracted to anarchism and many of his closest friends and advisers were followers of Shih Fu. In March 1921 a group of these which included Mo Chi-p'eng, Shih Fu's younger brother Liu Shih-hsin(劉石心)and Cheng Pi-an's younger brother Cheng P'ei-kang (鄭佩剛) re-established *Min-sheng* which came out monthly with occasional supplements at least until July (number 33). It is unlikely that many further issues were published although the Journal could conceivably have continued until Ch'en Chiung-ming was driven out of Canton in January 1923.

Although the first man to propagate Western anarchism in China Shih Fu was not the first man to propagate it in Chinese. Chang Chi (張 繼) published the translation of an article sympathetic to anarchism as early as 1903. From 1907 to 1911 there were two main centres of Chinese anarchism. One was in Tokyo where Liu Shih-p'ei (劉師培) and his wife Ho Chen (何 震) published two succesive journals *T'ien-i-pao* (天義報) and *Heng-pao* (衡 報). Although these journals contained translations from several Western works, as an excellent classical scholar Liu Shih-p'ei tended to base his anarchism on traditional Chinese thinkers such as Hsü Hsing (許 行) and Pao Ching-yen (鮑敬言). He was also influenced by the Buddhism that so attracted his close friend Chang Ping-lin (章炳麟).

The other centre of Chinese anarchism, in Paris, was much more influenced by Western thought. In theory at least its leading figures Li Shih-tseng (李石曾) and Wu Chih-hui (吳稚暉) were totally opposed to Chinese tradition and were devoted to modern science. Their journal *Hsin-shih-chi* (新世紀) was largely concerned with the introduction to China of Kropotkin's anarcho-communism. Shih Fu who seems to have been converted to anarchism by *Hsin-shih-chi* in 1909 and 1910 clearly followed the Paris group. Nevertheless his name and that of his closest friend Pi An, and the similarities between the ten prohibitions of the Conscience Society, and the vows of Buddhist monks and laymen strongly suggest that he was also influenced by Buddhism.

In February 1912 Wu Chih-hui, Li Shih-tseng and Chang Chi founded the Chin-te-hui (進德會) Society for the Promotion of Virtue. This society was similar to but more moderate than Shih Fu's Conscience Group. Among other things its leading members pledged themselves not to become involved in politics, but inexorably they were all drawn into public life. Shih Fu became the only Anarchist leader who remained consistant in his rejection of politics. As such he gained great respect from the large number of people who were attracted to anarchism at that time. His personality, activities and propaganda established a firm Anarchist base in Canton. Despite constant repression important Anarchist trade unions and cultural groups existed there to the 1930s or even later. Ch'en Chiung-ming's respect for him and Ch'en's affection for several of Shih Fu's followers made anarchism crucially important in South China during the May the 4th period. At Changchow (漳州) the new movement was encouraged by Liang Ping-hsien (梁冰絃) Ch'en's chief of Education a disciple of Shih Fu and a contributor to *Min-Sheng*. Anarchist enthusiasm in Changchow and all over China for the Russian Revolution was vitally important at the beginning of the Chinese Communist movement. Ch'en Chiung-ming's Anarchist sympathies meant toleration and encouragement for all radical thought in areas under his control. Ch'en Tu-hsiu (陳獨秀) was invited to Canton and he re-established there his magazine *Hsin-ch'ing-nien* (新青年). However by 1921 Ch'en Tu-hsiu was beginning to attack anarchism which as he wrote 'is now so rampant among youth' (近來青年中頗流行的無政府主義). The supplement to *Min-sheng* number 30 contains some of the Anarchist O Sheng-pai's (區聲白) replies to Ch'en Tu-hsiu's attacks. Thus Shih Fu and *Min-sheng* are not only of great importance to the history of Chinese anarchism but also to the history of twentieth century Chinese radical thought as a whole.

University of Cambridge
August, 1967

Martin Bernei

劉師復與中國無政府主義

「民聲」雜誌影印本代序

劍橋大學 貝馬丁撰

「民聲」雜誌是民國初年中國無政府主義的機關報，那差不多是劉師復（原名思復）個人的產物。「民聲」第廿三期刊載了師復的傳畧，這裏不必詳記他的生平了。辛亥革命以前，他是對暗殺最感興趣的積極而勇敢的革命者。辛亥革命後，他奉獻了餘下的短促的生命，從事於無政府主義在中國的傳播。「民聲」的工作，得到了鄭彼岸（名雲鶚）、莫紀彭、林君復等人的幫助。除了師復本人，這些人都曾是「香軍」的領導者——香軍是從淸政府手中解放香山縣的革命軍。師復和他的隨從者在傳播上的方法之一是以身作則。一九一二年他們組織了「心社」，心社要求社員過極度簡單的生活。設在廣州的總部，曾經派發一萬份刋印着十項嚴格的社員禁則，這給予整個中國極大的印象。文字上的傳播方式也是受注重的，西方無政府主義作品的中譯，用小冊子刋行了，而「民聲」本身便是傳播運動的一部份。

一九一二年他們組織了「晦鳴學舍」，那是一個教育和宣傳的團體。次年開始出版「晦鳴錄」，也叫做「平民之聲」。這雜誌分中文和世界語兩欄，那年的八月二十和廿七日出版了兩期。二次革命失敗後，九月七日龍濟光佔領了廣州，「晦鳴學舍」被封，師復和他的友伴們逃到了澳門。十二月二十日他們在那裏出版了第三期，這一期是用「民聲」爲刋名的。後來由於袁世凱政府對澳門當局施以壓力，師復又被逼遷移了。

其後「民聲」的辦事處改設在上海公共租界。可是「民聲」的印刷地點是有疑問的。第四期至第廿二期的封面是說在東京印刷的，而師復的友伴却曾說過師復和他的四個姊妹一起幹排字的工作，那是爲了僱用別人工作有背於無政府主義者的原則。這樣的敍述可以解釋民聲的出版地點問題。他們所以用假託的外國地址，該是爲了避免法律上的各種糾紛。民聲第四期說是在一九一三年十二月廿七日出版的，但實際的出版日期可能很要遲些。第五至廿二期是在一九一四年四月至八月每週出版的。這期間，師復是上海和廣州兩地無政府主義共產派的精神領袖。就在那年秋天，在辛勞的工作、律己極嚴的斯巴特式的生活和癆病的侵蝕下，他再不能支持下去，在一九一五年三月廿七日便逝世了。

民聲第廿三期在一九一五年五月五日出版，那是紀念師復的專號。這期和後來的三期（廿四至廿六期）是半月刊，由師復的學生林君復主持。一九一六年二月、九月和十一月還在上海不定期的出版了三期（第廿七至廿九期），以後一直到一九二一年都不曾再出版了。可是最少到一九一七年爲止，民聲社還是繼續刊印了不少傳播無政府主義的小冊子。

民聲在廣州復刊是一九二一年陳烱明占領了該城以後的事。陳氏是師復的老朋友和保護人。他雖不是無政府主義者，但許多接近他的朋友和顧問都是信從師復的。一九二一年三月，在莫紀彭、劉石心（師復胞弟）和鄭佩剛（鄭彼岸胞弟）等負責下，民聲以月刊方式復刊，並附印不定期的增刊。復刊號是銜接以前出版的第廿九期，出版至同年七月的第三十三期。這以後似乎不再出版了，雖則在陳烱明於一九二三年一月被逐出廣州以前，這雜誌本來是可以繼續出版的。

師復是在中國傳播西方無政府主義的第一人，然而卻不是第一個用中文傳播無政府主義的人。早在一九〇三年，張繼（溥泉）便曾經出版同情無政府主義的論文。一九〇七年至一九一一年，中國的無政府主義者有兩個活動中心：一個是在東京。那裏劉師培和他的夫人何震曾出版了天義報和衡報，這兩個刊物都登載西方作品的中譯。作爲漢學家的劉師培，他有意要在古典思想家如許行、飽敬言的傳統上建立無政府主義。劉氏也受佛教的影響，這正如他的摯友章炳麟的受佛教影響相似。

另一個傳播中國無政府主義的中心是在巴黎，那是較受西方思想影響的。最低限度在理論上，他們的領導者李石曾（煜瀛）、吳稚暉（敬恒）是全盤反對中國傳統而委身於現代科學的。他們的雜誌「新世紀」主要是介紹克魯泡特金的無政府共產主義於中國。師復之信仰無政府主義，明顯的是受了一九〇九年至一九一〇年巴黎中心的「新世紀」的影響。雖則從他本人的名字，他摯友「彼岸」的名字，他創立的心社的十大禁則之與僧徒守廟之類似各方面看來，都暗示着師復也同時受着佛教的影響。

一九一二年二月，吳稚暉、李石曾和張繼組織了「進德會」。這和師復的心社近似，但遠較溫和了。例如他們的領導份子雖誓言不置身政治，而終於不能謝絕政治生涯。師復便成了無政府主義領導羣中唯一能貫澈到底拒絕參預政治的人。單是這一點，已使他贏得了當時衆多的無政府主義信徒們的敬仰。他的人格、活動及傳播工作，使得無政府主義在廣州建立了强固的據點。雖則不斷的遭到鎮壓，但重要的無政府主義組織及文化羣體一直到三十年代還存在着。陳炯明對師復的尊重及對跟隨他的人們的好感，使得在五四運動時期的南中國，無政府主義有高度的重要性。在福建的漳州，由於梁冰絃的鼓吹又出現了新的傳播運動。梁氏是陳炯明的教育廳長，是師復的學生，也是民聲的撰稿者。從共產主義運動在中國的萌芽階段來說，無政府主義者在漳州和全中國所表現的對俄國革命的熱情是極其重要的。陳炯明對無政府主義者的同情，也意味着在他的轄區下對激進思想的容忍和鼓勵。陳獨秀被邀請到廣州，在那裏他使得「新青年」復刊了。然而到了一九二一年，陳獨秀以爲「近來青年中頗流行的無政府主義」是應該攻擊的了。民聲第三十期增刊也刊載了無政府主義者區聲白對陳獨秀的反擊。可以說，師復與民聲雜誌，不單在中國的無政府主義的歷史上有高度的重要性，同時在二十世紀中國的整個激進思想史上也是重要的。

目次

按：本頁頁碼依據編號次序應爲三七二號，原書誤植（七八三），下頁接三七九，爲保存原樣起見，不予更改，卽以此頁列爲「三七八」，其三七二至三七七頁，係編頁時漏列，非缺。合併註明。　龍門書店誌

苐一期至二十九期合本

民聲

稚暉署

重刊民聲例言

滿清倒，民國立，二三同志薄宦游，整舊業，相與論道於一室，於是有晦鳴學舍之結合，更思以其講論者廣諸世人，此晦鳴錄所由作也，晦鳴錄取譯他詞，其義不顯，在世界語欄內則名曰 La Voco de La Popolo，譯言平民之聲也，第三期後，求名言之一致，始更名曰民聲，今取自晦鳴錄一二期至民聲二十九期，合爲一冊，付梓重刊，以便於取携。

民聲所主張者無政府主義也，所攻擊者現社會制度也，自俄羅斯 Bolshvikism 成功後，世人非難現社會者日衆，而表同情於無政府主義者亦日多，惟求諸十年前民國初建，名流鉅子，矜往伐誐，新知以爲由此可想望太平，視民聲之所主張所攻擊爲不近性情，雖賢者不免，而民聲遂爲空谷足音也，今爲重刊，自首至末，除世界語及無關重要之告白外，其他文字雖片語隻詞，率仍其舊，以存當日面目與精神也。

民聲以師復著述爲主幹，二十二期以前，師復以個人精神貫注全局，雖間有投稿，師復多爲删定之，每稿脫一期，師復必抱病一次，殆昔人所謂嘔盡心肝始已者也，師復之生命，僅及於二十二期而告終，其後同人爲繼續前人之精神，續刊至二十九期止，民聲遂暫告一結束，後有繼起，由三十期引至千萬期，在所希望，今之斷自二十九期者，敢謂自茲以前，尙爲師復個人精神所及貫注云。

此次重刊費用，由汕頭某君助三百元，不足，復向廣州某君借出，每冊擬取回紙墨郵費若干，除歸還借款外，餘數率撥爲傳播事業。

新世紀二十一年二月十日

重刊人K G謹識

落紅不是無情物
化作春泥更護花

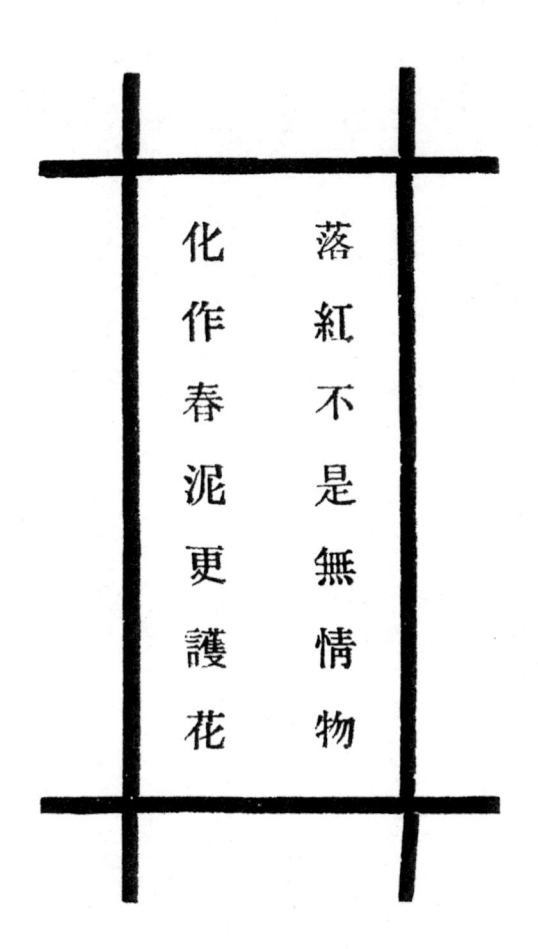

第一年　一九一三年八月二十日　第一期

晦鳴錄

（一名平民之聲）

七日一期　華文及世界語

倡導社會革命促進世界大同

報費

中國每期二仙全年一圓
各國每期五仙全年二圓
五角　香港澳門青島等
每期三仙全年一圓五角
（一律郵費在內）

編輯及出版所　廣州存善東街八號晦鳴學舍

編輯緒言 Deklaracio

師復

二三人相聚讀書論道於一室。名之曰晦鳴學舍。又取其所讀論者借鉛槧紙墨布之於外。從而名之曰晦鳴錄。其在宇宙直微塵耳。非所敢列於當世報章雜誌之林也。雖然眞理之在天地本無所間於遠近大小。惟潛心澄慮不爲物蔽者乃得之。故二三人之勞雖微。苟能以正確之眞理爲準的。不詔於一家之學說。不囿於一黨之瞀見。獨立不倚以達吾良心上之是非。其所言乃往往足以代表眞理。而爲人人心中所欲言。斯則所謂「平民之聲」矣。

晦鳴錄既以平民之聲自勉。其言論即直接爲平民之機關。今天下平民生活之幸福。已悉數被奪於強權。而自陷於痛苦穢辱不可名狀之境。推原其故。實社會組織之不善有以致之。欲救其弊。必從根本上實行世界革命。破除現社會一切強權。而改造正當眞理之新社會以代之。然後吾平民眞正自由之幸福。始有可言。晦鳴錄所論列。即悉本此旨。斯非嘵嘵

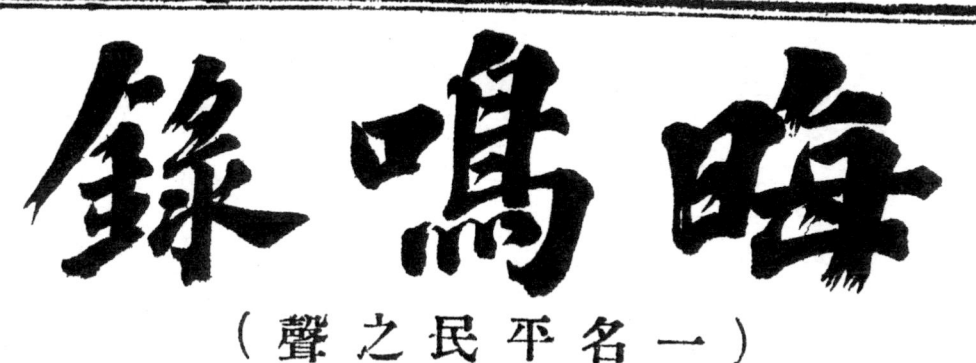

優美之平民之聲乎。

今敢約舉所紀載之綱要於下。

共產主義。

反對軍國主義。

工團主義。

反對宗教主義。

反對家族主義。

素食主義。

語言統一。

萬國大同。

此外凡一切新發明之科學。足爲生活改良人類進化之母者。亦得附載。並以希望語言統一之故。特設「世界語部」。一方面傳達世界語於支那。一方面披布支那社會之眞相於全世界。復以世界語及華文兩者徵集文件。互譯而並載之。使東西兩文明日益接近。行將導東亞大陸之平民與全世界之平民攜手而圖社會革命之神聖事業。支那泱泱大國。固不乏深識遠慮之士。其諸有以教我乎。

無政府淺說 Klarigo pri anarhismo

師復

政府果爲何等之物乎。果於吾人類有何等之利益乎。吾人飢則食。寒則衣。能耕織以自贍。能築室以自安。能發明科學以增進社會之幸樂。無取乎政府之指揮也。亦無需乎政客之教訓也。自有政府。乃設爲種種法令以縲吾民。一舉手一投足。皆不能出此網羅陷阱之中。而自由全失。世界之人類皆兄弟也。吾人本能互相親愛。政府乃倡爲愛國之論。教練行兇殺人之軍隊。以侵凌人國爲義務。於是宇宙之同胞互爲仇敵。而和平全失。是故政府者。剝奪自由。擾亂和平之毒物也。

政府果何自起乎。曰起於強權。野蠻之世。一二梟悍者自據部落。稱爲己有。奴役其被征服之人。復驅其人與他部落戰。互爲敵國。此國家之由來。政府之從出。自今思之。無價值已甚。彼時獸性未去。固無怪其有此。顧今則已由獸域而進於人境矣。以光天化日之人境。而留此獸域之產物。果何爲者乎。

政客乃爲之辯曰。政府之作用。將以爲民禦外侮。平爭端。而非以淩人也、則詰之曰、凡政府皆不淩人、又安得有所謂外侮、必政府本為淩人之物、然後得藉禦侮之說以自飾、且即以禦侮言之、兩國相爭、必有勝敗、果勝者為能禦外侮為良政府乎、則其能勝者必其能淩人者矣、今世之所謂列强皆是也、至於人民之爭端、亦非政府所能平之也、夫政府所執之法律、不過集錄社會固有之習慣而已、(此為近世無政府大家克魯泡特金之說)使習慣而可敬守也、則已無所可爭、既有爭矣、又豈其固有之習慣所能平之者乎、爭之根源固別有在、不清其源而欲治其流、吾未見政府之能也、今世界政府之惡已顯著矣、歐美之民已漸知政府之無用而厭惡之矣、無政府主義之發明、既如旭日當空、無政府之世界、不難實現者也、

顧世人之聞無政府說者、胸中往往有數疑問同時並起、今當有以解其惑、

疑者曰、無政府則無法律、無法律則秩序破壞而擾亂以起、釋之曰、法律非能止社會之擾亂者也、擾亂之起由於爭、人之有爭、由於社會組織之不善、非法律所能為力、觀于都市之地、法律最嚴密、而爭訟犯罪者最多、鄉野之地、往往為法令所不及、而爭訟犯罪者絕少、此法律無益於社會之明證、人之生也、必求滿生活之慾望、生活之慾望在衣食住、衣食住賴乎物產、物產者土地生之而人力成之者也、故論正當之道理、凡能出力以致此生產者、當然能滿足其生活之慾望、乃事實則不然、社會之私產制度既成、有金錢者斯得最高之生活、而不必為出力生產之人、人見金錢之萬能也、於是相率而金錢是爭、紛紜擾攘、孳孳屹屹、無或出此、爭之而得則驕奢淫佚、視同類為牛馬、不得則弱者轉溝壑、狡者習詐偽、拙者賣身(奴婢妾)賣力(僱傭及車夫)賣皮肉(娼妓)以為苟且之生活、其强悍不馴者則鋌而走險、以刼掠為生涯、視殺人為兒戲、於以成今日悲慘黑暗罪惡危險之社會、究其原因、則莫非私產制度為之階梯、有法律曷足濟乎、無政府則剷滅私產制度、實行共產主義、人人各盡所能、各取所需、貧富之階級既平、金錢之競爭自絕、此時生活平等、工作自由、爭奪之社會、一變而為協愛、既無所可爭、又何擾亂之足慮哉、

或又謂人民程度不一。教育未普及。一旦無政府未明眞理
者尙多。必有率其舊社會之惡習慣以爲不秩序之行爲者。
此說爲反對急進派者最普通之論。卽今日之心羨無政府
主義者。亦往往懷此心理。以爲必俟敎育普及然後無政府
可實行。因之不敢主張急進者比比然也。不知人類道德之
不良。由於社會之惡劣。社會之惡劣。由於有政府。若萬惡之
政府旣去。人類道德必立時歸於純美。不必俟久遠高深之
敎育者也。何以言之。强盜刼掠。今世之所謂不道德之行爲
也。然盜之源。起於貧。人之有貧。由於富人之壟斷財產。富人
之所以能壟斷世界公有之財產。而貧民莫敢誰何者。以有
政府法律爲之保護也。若無政府則私產制度同時廢絕。世
界之產物。世界之人共作之共用之。旣無貧富之階級。强盜
刼掠之事。自然絕跡於世矣。殺人者。今世之所謂不道德之
行爲也。然殺人之原因。十八九由於爭財。否則爭色。財之爭
由於私產制度。以財產爲私有。色之爭。由於婚姻制度。以婦
人爲私有。而二者之所以存立。又無非根據於政府之法律。
(所謂民法)若無政府則私產絕。婚姻廢。財與色均無可爭。
殺人之事。又必絕跡於社會矣。又如自私自利不顧公益。亦
今世最普通之不道德行爲也。惟將來無政府之世。無私產
無家族。社會爲個人之直接團體。個人爲社會之單純分子。
人人各爲社會盡力工作。所獲得之幸福。(卽以工作而得
之衣食住交通等等)已與人共享受之。所作所爲。無一非
爲己。亦無一非爲人。此時旣無公私之可言。卽私利亦無非
公益。則不謀私利之公德。又自然人人皆備矣。其他種種。凡
今日所稱爲不道德云云。罪惡云云者。苟一考其所以致此
之原因。必由於惡劣之社會有以致之。而非其人之罪。無政
府卽所以改革此惡劣之社會而剷滅今日所謂罪惡。所謂
不道德之根苗者也。至謂無政府之眞理愚民未易徧曉。此
則先覺者之責任。但能將此種無政府組織之良善。用種種
方法。竭力傳達於衆。使家喻而戶曉之。自然無所謂阻力。而
此事亦非甚難。蓋由今日以至於無政府。其間必費多少時
日。多少精神以從事於主義之傳達鼓吹。當傳達鼓吹之時。
卽所以使人知無政府之眞理。及乎知者漸衆。羣起而推翻
政府。此時縱有少數不明眞理者。無政府黨人不難設法曉

之。蓋此種道理。非有深妙玄微之處。實人人所能知。人人所能行。最要之道德格言。不外「各盡所能。各取所需。」二語。使之知固易。行之亦不難者也。倘或有一二梟悍之人。故意與衆爲敵。敢於破壞公理者。是謂拂乎人性。爲社會之公敵。人人得而擯斥之。既能推翻強力之政府者。豈並此區區而不能去之哉。是故今日欲實行無政府。惟有竭力傳達。才者從事於鼓吹及實行之務。不才者亦請先自信之。此實爲今日凡知有無政府之名詞者所當留意。斷不必袖手以望教育普及者也。今日教育之不能普及。由於經濟之不平等。經濟之不平等。由於政府之保護私產。故有政府之世。斷無教育普及之理。（歐美諸國名爲教育普及。實則仍爲富人教育普及耳。）且有政府之教育。大抵與自由教育之原理相反。一般國家主義軍國主義等盲學說。盤踞於人心。實無異爲無政府之敵。故謂教育普及而後可實行無政府者。無異謂地球諸星盡滅而後可無政府也。

或又曰。好逸惡勞。人之天性。共產社會。各盡所能。各取所需。設人之好逸樂者多。惟取所需而不盡所能。將若之何。則應之曰「好逸惡勞人之天性」。此語蓋大不然。凡人居室既久。便欲遊行。苦坐既疲。卽思運動。此無他。人之耳目心思四肢百體。皆有運動之本能。無時或息。故斷不能無所作爲。不必人之強迫也。且人類由獸域而進于人境。其最顯而易見之差別。卽在於兩手。人之有手。卽表示其天賦工作之良能。故「好動爲人之天性」。實可斷言。至今人之好逸樂而惡勞苦。則有由矣。私產制度。階之厲也。私有財產之制既行。貧富之懸隔日甚。金錢之勢力日大。富者驅策貧民。如牛馬。社會上。凡百職務。爲人類生活所不可一日缺者。（如農工等）富者皆不必自作。而惟貧者獨任之。富者逸而樂。貧者勞而辱。不知不覺之中。遂造成社會上一種好逸惡勞之心理。（實卽好富惡貧）而富者於個人一身之事。亦可以金錢買他人之臂力腿力。（如僕役車轎夫等等）以代其四肢百體天然之運動。又復加以烟酒聲色賭博種種。懶人之生活。以消遣其無聊之光陰。爲之既久。精神銷鑠。生理損耗。由是人身體魄腦髓天賦好動之本能。亦因之而消失。謂爲好逸惡勞。亦固其所。至於貧者終日勞苦。爲社會効無量之血汗。曾不得絲毫之報酬、耕田者飢、織布者寒、造屋者無片瓦、廚夫製精美之饌而自食乃餕餘、凡勞力所得之結果、皆爲富者所掠奪、無論如何勤勞、祇以供少數富貴者之犧牲、而一己不與焉、而社會中多數之同胞不與焉、愈勤苦而所得之幸福愈寡、則其失望而懶、固人情所應爾、蓋與其偷惰片刻、尙得片刻無聊之安逸、猶愈於盲勤以供富者之淫樂也、嗚呼、此豈人之罪、實貧富不平等所造成之果耳、罪惡哉金錢、幸福之蟊賊、犯罪之根苗悉在於此、故無政府必反對私產、同時以共產主義代之、私產既廢、自無因貧而爲人奴隸之人、凡人皆躬親力役、不至習爲驕奢淫逸、柔弱不能事事、且人人平等、無有富貴尊卑之別、自然無視工作爲賤役之理、人人各執一業、合之而成協助之社會、凡所工作、皆以供全社會之生活、人與我同在其中、而非徒供少數人之犧牲、愈勤勞則生產愈豐、而社會之幸福愈太、亦即一己之幸福愈大、此時尙有人好逸惡勞、吾不信也、且今人每日工作時間八時至十二時不等、勞動過甚、致害生理、雖有可以省力之機器、而富者以僱值廉賤之故、不肯出資購器以代人工、若共產之世、己無金錢貿易之關係、凡百工作皆可以機器代之、人但司其機關、雖甚汚穢及辛苦之役、皆無難變爲安閑之事業、即克魯泡特金所謂穢濁之礦坑、亦可使之精美與大學之試驗所相等者、蓋既無資本家之靳其金錢、自然事事皆可利用科學之結果、而所謂文明之幸福、不至爲富貴者之專利品、勞力與時間、同時並省、無所謂苦、蓋惟有樂耳、試觀今日之世、富貴者逸樂不事生產、以大多數官吏商賈海陸軍人律師警察奴隸娼妓盜賊流氓乞丐棍徒、以及今人類半數之婦女、(凡以上各種無益於社會生活之人、統而名之曰游民)所需之衣食住、均責之於農工兩類之人、工人之中、又耗其一部分於無益之物及殺人之具、以一人而養三四人、(世界人類職業之統計、難得確數、然以上所指游民、必居農工兩類之三四倍、平均計之、即以一人而供三四人之所需、亦即以一人而養三四人也、是今人大多數皆見養於農工者、而反視農工爲賤役、農工所得之幸福、必不及各種游民、寃哉、不平之社會、)焉得而不勞、若彼時人人工作、苦樂平均、加以各事利用機器、又無戰艦砲台軍械等等耗損。人人皆從事於人生正當之工作。其時物產之膨脹。必不可思議。據法國無政府家某氏統計布算之結果。謂將來每人每日作工二小時。已足供社會之所需。今姑假定爲一倍之數。每人每日作工四小時。時間短小。工事輕易。勞動之苦惱。將變而爲游藝之幸福矣。今人逸樂無聊。亦往往爲游獵旅行游戲體操等等消遣之事。然則每日作工數小時。亦不過消遣之類耳。又何不肯工作之足慮乎。

又有慮無政府時代人類既無競爭。社會將無進化者。不思進化乃天演之原則。而上爲人類之公性。斷無退而不進之理。世界之進化。全賴科學。今人之發明科學。豈皆爲競爭私利計者。蓋大抵懷改良社會圖謀進化之心耳。顧今日發明科學之所以難能者。則以有私產之故。人非富者。不能得最高等之教育。既得之後。又以謀衣食之故。暇時無多。而器械試驗之助力。亦非有資本者不能。歐美科學研究會及科學發明家。往往藉富人之資助。此科學爲金錢所操縱之明證。若行共產。則教育平等。人人皆有科學之智識。所謂發明。非復少數人所專有之事。每日工作之時既短。研究之時自多。復。人人可得試驗之器械。斯時凡思想之縝密者。必能潛心研究。科學之發明。比之今日。將有一日千里之勢矣。且今人困於私產制度之下。日謀衣食。但求得多金而已足。其猥瑣齷齪之態。不可嚮邇。若彼時則生活豐贍。處於協愛之社會。思想必異常高尚。無有不思爲社會謀幸福者。何不進化之足法。

此外又有一最普通之疑慮。卽恐一國無政府。他國遂從而侵割之是也。疑此者大抵習慣於有政府之下。迷信政府爲萬能。而不知政府亦人耳。非有萬能。所謂禦侮者。不外倚賴軍隊。軍隊習慣於服從命令。已無獨立性質。一旦驅以禦侮。其視聽命令之心。必重於禦侮之心。故不足恃。若人民自爲防衛。純出於保障人道。抵抗強權之公理。故必視政府之軍隊。爲有力。觀於千七百九十三年。法國大革命時。以平民抗拒聯軍。千八百八年。西班牙人戰退拿破崙第一。此皆以人民抵禦外侮之最著而有徵者。是可見禦侮不必久練之兵。而以軍國主義爲名。提倡擴充軍備者。皆不過爲政府之私利。而非專以禦侮也。不寧惟是。平民既有推倒政府之能力。

可以勝一國之軍隊。即可以勝他國之軍隊。且無政府黨無國界。既推倒一國之政府。且將分其餘力助他國之無政府黨。以推倒他國之政府。今日無政府黨已徧布各國。一國之政府去。其他各國之無政府黨。必相繼而起。各謀去其政府此時。凡所謂政府者。方自顧不暇。豈有餘力以侵略無政府之國哉。試觀今世所稱司戰大神之德皇維廉第二。對于無政府黨尙爲之恐怖。至有「無政府黨能合萬國爲一團體各國政府不能合萬國爲大同盟」之言。於此可見政府之力遠出人民之下。顯然無疑者也。

以上反覆申論。皆所以證明無政府主義不但理論正確。且必可以實行。然則聞斯說者又何庸鰓鰓過慮乎。

政治之戰鬭 La politika milito

師復

（贅言）此論爲去月秒所著。其時討袁軍聲勢方盛。今則袁世凱大有戰勝之勢。記者所望袁氏退位一語。已成畫餅。惟本論主旨。在論政治戰鬬與社會主義之衝突及證明政治之禍民。至於兩方面之是非勝敗。皆以爲無評論之價值。無論孰勝孰負。眞理則亘古如一也。

江西戰事旣肇。舉國汗駭。討袁討袁之聲不絕於耳。記者屛營深念。獨漠然無所動於中。惟日夜怵惕。哀我平民。此次又不知糜幾許斤肉。流幾許升血而已。

或有問於予者曰。袁世凱當討否。當應之曰。持國家主義。作政治家言。討袁可謂無背。誠若自眞正之社會主義論之。則未開戰以前。吾反對開戰。既開戰後。事已無可挽回。惟望袁氏速退。以期戰禍之早息耳。

雖然。記者之望袁去。謂袁去則戰禍或可早息。非謂袁去即人民可自由也。凡有政府之世。人民必無眞自由。今國民黨討袁之辭曰。破壞共和。謀叛民國。此語在國家主義範圍內。自然名正而言順。若按之社會主義。則破壞共和謀叛民國者。卽藐視國會違背約法之謂。吾人意見。以爲國會與法律皆在當廢之列。藐視云。違背云。皆不過政治問題。與社會主義無關。主張社會主義者。不應藉爲口實。凡有政府。皆爲萬惡。袁氏雖去。豈遂無類於袁氏者起而代之。卽使繼袁者決勝於袁。亦不過其惡之大小畧有比較。如五十步與百步之說耳。以欲得一罪惡畧減之總統之故。而犧牲無量數人民。

之生命以易之曾謂持社會主義者肯作此宣言耶近有味於此義者以爲討袁亦爲抗强權爭自由之一種與社會主義無背則試問去袁之後是否仍立政府仍設總統政府總統是否强權當有强權之世人民能否有眞正之自由論者苟能自返及此當可憬然悟矣去今兩年間比利時之社會黨（卽政治派之社會黨）爲爭普通選舉之故運動總同盟罷工其勢甚盛獨無政府黨竭力反對之其事不久遂寢總同盟罷工者社會革命惟一之利器而無政府黨所視爲神聖之事業者也今比之無政府黨獨反對之亦以普通選舉乃政治問題而非社會根本的改革無此重大之價值故耳夫普通選舉在政治問題中其事之重大視易一跛扈之總統相去何可以道里計比之無政府黨且不欲與爭今討袁問題亦不過政治問題之一在政治家視爲大莫與京之事又何怪其不惜犧牲一切而爲之若以主張社會主義無政府主義者亦信口附和鼓吹政治之戰鬭獨不慮世界之無政府黨反對軍備黨之從旁竊笑乎李石曾先生者中國提倡無政府主義之先進也其爲言曰吾對於兩方面均不以爲然善哉庶幾準度眞理之言矣抑不獨石曾先生也中國社會黨特國家社會主義與無政府主義之中立派耳其宣言亦有曰世人狃於政治革命之形式而昧於社會革命之精神以爲兵力萬能何求不得長此以往吾儕小民惟日供一二英雄魁傑之芻狗而已其言亦未嘗不痛切而有味也然則參觀各中立者之言論討袁問題與社會主義無涉亦較然明矣

或者曰子以討袁與社會主義無涉然則社會主義不妨左袒專制之總統乎則應之曰社會主義排斥一切總統一切政府何有於專制之總統萬惡之袁氏吾人目的必有一日舉世界之帝王君主總統悉數擯去之此時微論袁世凱縱有千萬化身之華盛頓亦必不能乞社會革命黨之姑息特今尙未至其時吾人當鼓吹準備之事正多惟日孳孳猶恐不給更何暇及此隔靴搔癢之政治競爭乎

抑吾更有一說以告吾平民討袁之起起於政治之競爭也以政治競爭之故而至惹起彌天之巨禍然則政治乃不祥之毒物可謂信而有徵矣國會者政治家所稱爲人民之代

表也苟國會誠可以代表人民自當設法彈劾袁世凱使之去位以免人民之禍今則未聞有此卽間有一二提倡離京開會之說者亦以被抑於多數不能實行然則國會又顯然不能代表人民明矣是故討袁戰事發生愈足見政治之無益國會之無能世之迷信政治迷信國會者亦可翻然知返決心從事於反對政治之社會革命乎

世界通信 Korespondajo

古巴 Jaquvtti 君由哈巴那來信

墨西哥共產黨革命之風潮

古巴無政府黨之近況

巴西之惡政府

……最近無政府之運動殊爲可喜據墨西哥革命之報告大有一日千里蔓延全國之勢革命黨已據有數省勢力日厚政府之軍隊令無鬬志望風逃遁

日革命黨中多數爲排斥私產之共產黨每至一地卽盡散其最大商店所壟斷囤積之貨品復取私有財產之文劵及一切奴隸契約盡付一炬此次革命之起因由於各政黨要求收回總統所私賣於英德法各國公司之土地不能得志致生衝突演攘奪總統之怪劇互相仇視革命黨共產黨乃乘時而起墨國四方之人民亦皆響應同時爆發其勢遂不可收拾（譯者案政治競爭往往足爲革命之原因墨西哥各政黨互爭總統共產革命黨乃乘之而起今中國政黨之爭位其現象與墨略同乃不聞有眞正之革命黨乘時起事而從前之革命黨則大多數認錯題目附和政治之戰鬬何度量相越若是之甚耶）

吾哈巴那城中政府之遏抑無政府主義甚力然亦出有一七日報及一半月雜誌七日報名（無政府黨）雜誌名（壯士）均爲無政府黨之機關內容極佳

南美之無政府黨雖仍爲惡法律所壓制然亦頗有進步出有種種雜誌日報用西班牙文發行傳播事業殊形發達

巴西政府常以强力對待各工人之敢爲正論以攻擊大盜者（按大盜蓋指政府）且設種種苛法增加工人及貧民之負擔各報常危言痛論宣布其罪狀於世界並警告各國人如欲自由不宜遷居於彼國云……

介紹世界語萬國團體　師復

(一)宇宙人羣聯合會 Univeisala Homara Unio

本會爲絕對自由之組織。無章程，無規則。無會長等等。惟由各國各地之同志自由組織地方董事部。聯絡會員。近接柏林董事部來信、據述將辦一中央機關雜誌。兼載法德英意西班牙五種文字。每篇皆與世界語對譯。內容論列工人勞動時間、工人價值、罷工、省減人力、反對法律等問題。不日可以出版。並商託鄙人在中國創立董事部。一俟復函商定辦法。再行發表。柏林董事部地址如下。S-ro Karl Behrle, Stialauer Allee 20, Berlin 0.17.

介紹大同雜誌 Revuo „Universala Unuiĝo"

本誌爲保加利亞大學教授 D-ro D.T.Kacarov 博士所發起。嗣因巴爾幹戰事改由俄羅斯出版。以世界語兼英語(或兼俄語)發行。爲無定期之雜誌。本報記者前承該雜誌編輯人函託爲中國代理。前數日復接一信。知第一期業已出版。並已由西伯利亞寄運來華。想不久當可遞到。定價每冊五角。連郵費七角二分。今將該報宣言書及第一冊內容節譯於下。

大同思想既深入於人心。和平博愛之聲。洋溢寰宇。近世賢哲竭力倡導此主義者。在印度有羅馬克利。在俄有託爾斯泰。在波斯有阿伯意芬。其他前後相繼。從事於此者尤難更僕。以故關於此主義之進行狀況。世界人士無不注目。其進行之途徑。實以世界宗教愛情之神嚮導之。(譯者案此語意謂愛情爲人類生活之原。其義足取一切宗教而代之。故比擬之曰世界宗教。)所謂愛情之神者何。要求世界革命。謀人類正當之生活。即毀滅現社會所根據之一切强權。而以正當的新社會代之是也。同人等有見乎此。用特發刊本誌。爲世界大同主義之機關。所記載之綱要如下。

哲學上及宗教上進行之狀況。改簡生活及勞動團。素食主義。聯合主義。土地改革論。世界和平。自由教育。衞生學及醫學之新路。種族大同。言語大同。萬國大會。萬國團體。編輯及發行所 S-ro N. A. SeJerman, Lubotin, Harkova gub. (Ruslando)

第一期內容。新宗教之進行(一培克主義 Behaismo)。德國樂園殖民地。俄國露保田殖民地。奧國新邑殖民地。萬國世界語素食會。荷蘭素食殖民地。米古非食品之傳道者。卡利福尼大學之實驗與果食家。美洲阿甸之單稅試行地。美洲哈里敦殖民地。法國古意西家族聯合地。公共之罪惡。萬國統一。一九一二年各國聯合主義之進行。大學校與和平。萬國聯合會宣言書。德國士拉烏郡之牧師教育。瑞士之新兒童教育學會。

荷蘭之人道學校．英國黑里之自由學校．德國大羅西之音律體操　士齊耶牧師Schleyer（譯者案士齊耶即伏蘭團VOLAPÜK新語之創作家在十年前頗盛行之一種國際語也）　世界語專門研究會及董事部　意大利道利那言語學會　德國夢根附近之世界語樂土（或譯花都）Parkurbo Esperanto　第九次萬國世界語大會　「禁食」即醫藥　萬國敎員大會　萬國動物衛生學大會　一九一二年之萬國大會　一九一三年之萬國大會　及其他．．．．

編輯啓事

晦鳴錄之發刊曾於前數月登出廣告嗣因購置印機鉛字等件手續繁多且排字印刷皆由同人自任工作是以蹉跎至今始克出版同人深爲抱歉讀者諒之

本報第一期贈閱以後取閱者須先寄報費

凡定報者報費請由郵局滙寄若因郵滙不便中國內地可用郵票代銀各國及香港澳門等處可用郵局復信小銀票（即reply coupon）代銀

凡代理本報者以報費二成酬勞

凡從前曾寄郵票一角索取本雜誌者一律寄奉五期

贈報廣告

同人欲徧達吾輩主義於全國故對于公共團體如學校學會書報社各黨會社團之機關等一律贈送惟仍須繳回郵費本省全年二角五分各省全年五角凡函附郵費及蓋有該學校或團體之正式印章者當即按期寄贈

晦鳴學舍贈書廣告

凡欲索取本舍刊贈各書物者請函入下列郵票即當寄上

無政府主義名著叢刊三分　軍人之寶筏一分　傳播無政府及世界語繪畫明信片十幅一角

晦鳴學舍印刷費樂助者

本學舍同人　一千二百圓　陳廉伯一百圓　復生五圓　世一二十圓（由橫濱寄付）　夢覺十圓　恨強二圓　鐵儒二圓　悟元一千一百圓　林景雲二百圓　覺任二千圓　素靈一圓　天則一圓　眞眞十四圓（由四川寄付）　冠卿五圓　乃賡二圓（由東京寄付）　寄凡五圓

計助款共四千六百六十七圓已出版書一萬五千冊傳播信片一萬張均由某店承印近特購備印機鉛字自行印刷以期傳播事業之擴充亦所以副樂助者之盛心也

第一年　二十世紀第十三（一九一三）年八月二十七日　第二期

晦鳴錄

（一名平民之聲）

七日一期　華文及世界語

倡導社會革命　促進世界大同

報費

中國每期二仙全年一圓
各國每期五仙全年二圓
香港澳門青島等　五角
每期三仙全年一圓五角
（一律郵費在內）

告白費

普通廣告欄每行一角半
世界語通信欄每次一角
繼續登刊者每期遞減十
分之一　代譯世界語告
白不取譯費

編輯及出版所　廣州存善東街八號晦鳴學舍

政府與社會黨

La registaro kala socialistoj

師復

去年十二月間新「社會黨」發表未及一月即被袁世凱下令解散。至本月四日「中國社會黨」黨員陳翼龍在北京被逮鎗斃。袁氏復下令解散全國社會黨。先後八越月間以大總統命令解散社會黨者二次。斯誠支那共和國惟一之特色。足以自豪於五洲萬國而有餘者也

去年被禁之「社會黨」。其宣言含有無政府的意味。以無政府之影見惡於政府。所謂罪有應得。無足爲怪。若「中國社會黨」者。其黨綱則贊同共和。其章程則規定不妨害國家存立。當去年新社會黨被禁時。其首領曾徧布宣言。自稱其黨宗旨正大。手段穩健。袁總統所贊成。趙總理所保護。據此云云。已足見其黨領對於政府之忠順。當不至爲政府所嫉忌。乃曾幾何時。終不免大總統之震怒。而受解散之處分。斯豈其黨領之忠順尚有未至耶。抑社會黨之名詞固

非有政府時代之字典所應有耶。眞正社會黨決非政府所能解散而「中國社會黨」則固吾人所不能遽認爲眞正社會黨者卽解散又何足惜特以岦岦愚氓斯醉心迷誕之「集會自由」曾用寸許之大字端端楷楷寫在所謂約法之上者其價值不外如是吾人於此當亦可以洞見「政府」之與「人民」「法律」之與「自由」固純然兩不相容之物而勿復再作政治神聖之夢想矣。

袁氏之禁社會黨也根據於軍警執法處之宣布曰陳翼龍擬以猛烈手段對待政府計與虛無黨聯絡以圖乘間起事曰擬曰計曰圖均非有事實發現是否爲共和法律所能干涉又陳氏卽有罪應否牽連及於全國之社會黨在好談法律者尙不難振振而有詞但吾人素不慣與政府研究法律故對於此等問題均不欲深論惟讀袁氏之命令眞有令人捧腹而不能自已者袁氏之言曰「社會黨……亦非文明各國但研究學理之社會黨可比」袁氏自詡能悉外情亦知所謂文明各國者均有社會黨之類時時大張旗鼓亦明知「禁社會黨」之惡名將貽笑於萬國乃不惜設身處地爲所謂文明各國者下一轉語意謂各國之社會黨不過研究學理非有異志故各國政府能容之若中國社會黨則大逆不道不可同日而語故禁之亦不得爲專制于此足見袁氏尙時時存一所謂文明各國者在其心目中凡事皆欲攀躋於文明各國之林而不敢翹然獨異此誠吾人所欽佩不已者獨惜袁氏眼中所見文明各國之社會黨尙有未諳袁氏以爲各國社會黨惟許研究學理獨不知今日運動能工明日提倡暴動之社會黨遍於歐陸亦得謂但研究學理否所謂文明各國亦曾以大總統命令解散之否又不知各國社會黨之外尙有所謂無政府黨皆公然集會宣言反抗政府各國亦皆以大總統命令解散之否聽者苟疑吾言則記者雖陋斗室破篋中尙有法文英文之社會黨無政府黨報紙數張可以質證滿紙非運動能工卽鼓吹暗殺某處爲無府府黨之機關某日爲無政府黨之大會其大逆不道不知視陳翼龍何如而英法之政府固未聞以軍法鎗斃其黨員封禁其報館而解散其機關也袁氏欲學文明各國而不能盡肖此則吾人于欽佩之餘不能不繼之以失笑者矣（軍警

執法處之宣布謂「大總統交查社會黨首領陳翼龍勾串外國黨綱妨害邦交一條」云云黨綱而可以勾串勾串黨綱而至於妨害邦交尤爲千古未有之奇聞袁氏幕府多才措詞之陸離光怪令人如入山陰道上目不暇給眞不能不嘆觀止矣。

(附注)「社會黨」與「中國社會黨」之別時人往往混淆今特附注明之未革命之前中國無所謂社會黨也去年一月一日南京政府成立時江亢虎始發起「中國社會黨」于上海其黨綱有八一贊同共和二融化種界三改良法律尊重個人四破除世襲遺產制度五組織公共機關普及平民敎育六振興直接生利之事業獎勵勞動家七專徵地稅罷免一切稅八限制軍備倂力軍備以外之競爭據此八者實無異一普通政黨殊無取名社會黨之價值推彼黨宣言不自認爲政黨不運動選舉不謀握政權且間或宣言贊成無政府主義然既不入議院不握政權試問所謂改良法律專徵地稅限制軍備等黨綱將從何實施乎既贊成無政府又安得有所謂贊同共和專徵地稅等等政客話頭乎黨綱與宣言自相矛盾至於如此則其內部實力決不能鞏固蓋有必然者及去年十月該黨開聯合大會於上海一部分主張政府社會主義（俗稱國家社會主義）之黨員提議改爲政黨一部分主張無政府主義之黨員又提議删改黨綱期合於眞正社會主義爭論至烈黨領乃爲調停之計於章程中加入「於不妨害國家存立範圍內主張純粹社會主義」及「黨員得以團體或個人從事政治之活動」二語其矛盾乃視前益甚所謂「純粹社會主義」其界說若何雖不得而知然吾聞各社會大家及各國大詞典所下「社會主義」之定義曰社會主義者廢除私有財產制度而以生產之機關屬之社會之謂也今所謂純粹社會主義無論屬何學派想必不能出乎「社會主義主張以生產機關屬之社會」之定義社會二字卽爲個人及國家之對待名詞然則國家存立範圍內安得有所謂純粹社會主義乎且其黨綱之贊同共和專徵地稅破除遺產（而不主張共產）限制軍備（而不主張廢除軍備）等詞果得謂

之純粹社會主義否乎至黨員得以團體名義從事政治之活動一語尤與不認政黨不運動政權之宣言相違戾欲取調停而自忘矛盾其不滿人意固有由也以是之故大會既畢兩派終不能復合憤憤(即沙淦)等乃出而別組一黨名曰「社會黨」而無「中國」之名其黨綱目有六一消滅貧富階級(實行共產)二消滅貴賤階級(尊重個人)三消滅智愚階級(教育平等)四破除國界五破除家族六破除宗教此等黨綱及其組織吾人亦多未能滿意之處然比較上視「中國社會黨」爲較善矣此黨發表未及一月袁世凱即據偵探吳天民之報告下令解散之於是呱呱墮地之社會黨名義上遂不能公布於內地惟於上海設一交通機關(法界大馬路卜鄰里口四百七號)進行上尚未有何等之表見最近始發刊一機關月報名「良心」始出第一期耳若中國社會黨其本部亦在上海(英界大馬路福康里口)「人道週報」爲其機關據所報告支部已有四百餘處黨員達五十餘萬然吾料所謂五十餘萬之黨員不獨深明社會主義者絕無而僅有卽求能了解其黨之黨綱者度亦不及萬分之一也最近被殺之北京支部幹事陳翼龍政府謂爲圖謀內亂其是否不可知惟謂北京爲其本部陳氏是其首領又謂其黨綱三條此則尚未知該黨之眞相者也今因論總統下令解散社會黨事遂附敍「中國社會黨」與「社會黨」之沿革歷史及其現狀如此

萬國社會風潮

(譯萬國社會雜誌)

Socia movado de tutmondo

美國　美國邇來罷工風潮愈演愈劇實美國亙古所未有大同工黨者革命之總機關也爲 Haywood, Ettor, Gionannitie, Quinlan, Tresca, Lessig, Seizabet Gnrley, Flyun, Rabinovocv等所組織此數人皆熱心之社會革命家奔走經營苦心孤詣欲聯合全世界工人爲一大團體故特組織此工黨雖一載未滿而其成績之斐然可觀者則有 Lawrenee, Mass. 紡織工人之罷工 Little Faels 之罷工紐約刀匠之罷工等近更有Paterson 絲匠之罷工堅持十七星期至今未已罷工人數幾達二萬 Flyun 及 Bryd

兩君特將罷工者之子女遷往紐約。蓋此處已有三百餘家。願爲Paterson同志料理子女也。此等兒童到紐約後。卽入星期學堂。此學堂爲無政府黨人所創辦。從中鼓吹革命。灌輸無政府主義之新學理。吾知今日之埋頭窗下者。他日必爲旋乾轉坤之奇才也。維時萬惡之資本家官吏及警察等。恐一己之權利不保。悍然將工黨之職員盡行逮捕。各同志聞之。竭力運動各職員以是得脫虎口。然尙有 Quinlan 者。政府已判定爲造謠煽亂。故至今尙繫縲絏。Quinlan 常謂該處官吏。爲世界官吏中之最野蠻惡劣者。此時輿論對於政府之勃戾。咸爲激昂。倘仍不將 Quinlan 釋放。鐵道工人及火車之司機者。必同時罷工。而此城居民計有十五萬。倘一旦罷工旣成。全城必爲之黯然矣。

比國　本年四月十四日。比國工黨總同盟罷工已成事實。此事於九閱月前由社會黨運動擧事。未幾響應者十萬人。全國煤鑛亦同時罷工。比國煤鑛實爲經濟界之命脈。以是擧國騷然。政府諸人傍徨失措。立遣軍隊往各處鎭壓。恐不足恃。(注意)更助之以憲兵。憲兵者比政府所恃以爲干城者也。類多無賴之傖卑不足道。而工黨則極守秩序。民心傾向之。卽鄰邦亦爲援助。荷蘭有社會黨三十家。願挺身爲比國同志料理子女。此固爲博愛之良德。而比國人能以其所最愛之珍寶(卽其子女)託於異國素不相識之人者。蓋亦曉然於博愛眞理之故。於此亦足徵社會主義之深入人心矣。　　(涓聲譯)

師復案。此次比國之大同盟罷工。其原因由於社會黨在議院爭普通選擧案(改革限制的選擧法使全國人皆有選擧權之謂)爲政府黨所勝。遂運動全國總同盟罷工。以爲要求之武器。比之無政府黨及贊成無政府主義之工人。則竭力反對之。以爲爭選擧問題。殊無總同盟罷工之價値也。蓋總同盟罷工本爲社會革命之惟一利器。惜比之社會黨用之不得其當。故茲事實吾人所不取。惟其運動之勇猛。主張之堅毅。與夫荷蘭社會黨之一視同仁。則誠足令人起敬矣。

德國　普魯士織匠罷工約已有十星期之久。惟將來能否爭勝。尙未可必。蓋其同業中仍有違約在附近各地工作者。

團體未結可慨也。

俄國　世界著名之虎狼國俄羅斯。其處置革命黨。往往放逐之於冰天雪窖之西伯利亞每年多至不可勝數夫人皆已知之惟此「絕地」之生活如何吾人究未能知其底蘊。茲得該處來函力言此地之苦況。罄竹難書。概而言之被流者皆有不服水土之病且每月祇給費三元房租尚且不足。欲出而自謀生活。則此地一片荒野無工可作。惟有束手待斃而已。

滿州　五月一日。哈爾賓進步工黨首領三人接得秘密通信云滿州鐵道管理處之參謀部。決意將其三人逐出滿州境外。并不許其居留於各通都大邑且令地方警察拘留之接信後其中一人倖免於難。餘二人皆不知下落考其被逐之原因。蓋爲彼輩傳播社會主義於該地并組織工黨故也。

英國　愛爾蘭反對地方政府暴動之日益劇烈。其原起似關於新舊教之競爭。實則由於法律保護地主太甚平民被抑苦不堪。言因惹起此次劇烈風潮也。

英國女子名德非臣 Davidson 者。爲爭女子參政權。不惜犧牲生命以殉之。於前日賽馬之期。當萬衆之前橫臥於地。以阻英王之馬。遂死焉。

（論博譯）

師復案悲哉英之女權黨。君等前仆後繼犧牲幸福犧牲生命。以爲此味同嚼蠟之參政權之代價。試問即使一旦如願以償。姊爲議長妹作議員。於君等正當之生活。究有何益。徒自陷於萬惡政府之地獄而已。君等既具此苦心。具此毅力。苟一轉移間。退而從事於神聖之社會革命。不亦吾人所馨祝膜拜者耶。女權黨可以起矣。

法國社會黨莎爾若望Jean Jaures　小吏

秋涓譯

…………未發梳氏提出反對軍備主義。Anti-militarisme 及發揮無政府主義主張促進。其演說竟謂國旗爲汚點所漬成遍佈通牒于軍隊其詞畧曰。國旂者壓制之符號。致汝於不自由者也。當以汝固有之手足。碎之蹴之唾之汚之。又曰主將者專制之魔鬼以臭銅爲徽而自尊者也。其當以授汝之鎗礮之斫之。更以汝禦不相識人之炮（意謂國際戰爭）無意識蓄敵兵既不相識又素無仇怨也）攻大都會及大市一區洗除一切奸商富豪之利器（謂金錢貨物皆資本家之利器）掠之奪之其靡有遺使貧富之階級於以平蓋金錢也政府也皆造成社會階級者也皆奸商富豪之保障而壓抑平民之槍炮也盡以汝武力劃之夷之毋使毒於世界嗚呼六洲稱樂土萬國盡同胞微爾武力不及此汝等其知天職之所在乎……

師復案右爲秋涓君投稿「莎爾若望小史」之一節莎氏爲法國社會急進黨首領曾爲國會議長於一九零六年與政府提携通過政教分離案實行削除教會之政治權財產權教育權封閉教堂二萬餘所時人多稱之惜全篇所敍莎氏生平大抵欲借政治能力以達社會主義之目的實吾人所不取不能不有所割愛惟其反對軍國主義勇猛精進有足多者故特節而錄之且足見法國之言論自由比較上實爲他國所不及不然以莎氏反對軍國主義之通佈直接勸導軍人反抗強權言詞之激烈至於如此苟在中國其胸腹久飲槍彈矣東西共和國度量之相越爲何如耶

再至吳稚暉書

師復

此書雖爲私人函札惟其中所論關於無政府黨之作議員實爲重要之事實近日好談「半面的社會主義」者往往謂借政治能力可以達社會主義之目的此等邪說實足爲社會主義之玷張繼與吳稚暉皆中國提倡無政府主義之先進前數年在「新世紀」操筆政時持論至激烈乃張繼既作議員吳稚暉亦時周旋於國民黨間既與政黨日益接近卽無異與社會黨無政府黨日漸疏離及討袁事起其原因本由於政治之競爭原爲社會主義所不取而張氏旣竭力主持吳氏亦日日著論鼓吹以主張無政府主義之人提倡有政府之戰鬭尤足駭人聽聞記者於此不禁爲無政府主義痛哭故特附錄此書於此閱者幸毋以明日黃花見誚也

近於報中展轉得讀答書爲述進德會及六不會源流至悉諄諄不倦領教無量惟進德會及六不會之先後繼起其時復適在滬瀆於其歷史及規則與乎溥泉先生之未與聞六不會事及六不會全與議員問題無涉均願能知之前書亦

並未齒及六不會一字。至此間諸同志。多屬進德會員。且皆愛護之若神聖。固斷不至有昧于規則如來書所謂蔑視。或苛責者。幸勿以此爲慮。前書所以涉及進德會者。徒以誤憶溥泉先生爲丙部會員之故。蓋不獨復一人有此誤。曾詢進德會員數人。其誤憶亦與復同也。嗣於民立報中得讀先生「可以休矣」一文。據說溥泉先生實非進德會丙部會員。得此一語。復前書對于溥泉先生之第二疑問。本可以立時取消。惟復仍有不能盡解者。先生爲溥泉先生辨明語中。略謂溥泉先生亦屢欲改入丙部。第爲政界中人所阻。卒未實行。云云。復竊謂先生此語過矣。人之進退。各有自由。溥。泉。先。生。不。欲。入。丙。部。則。已。如。其。欲。也。豈。其。不。能。行。使。一。已。之。自。由。何。至。爲。他。人。所。阻。更。何。至。爲。政。界。所。阻。夫以出處大節。宗旨所關。乃亦見撓於政界。不能如願。豈不貽人笑柄耶。溥泉先生之不入丙部。其用意或別有所在。非淺識所敢知。若謂爲政界所阻。鄙人雖愚。竊謂溥泉先生磊落丈夫。未必如此。今先生竟以此說宣布。苟有人反詰一語。曰。設。溥。泉。先。生。欲。爲。革。命。黨。欲。爲。無。政。府。黨。政。界。中。人。從。而。阻。之。溥。泉。先。生。亦。受。其。所。阻。否。先。生。又。將。何。以。代。白。耶。抑更有進者。復前書對于溥泉先生之作議員不能釋然。其最要之理由。實。以。溥。泉。先。生。爲。提。倡。無。政。府。主。義。之。人。曾。竭。力。排。斥。政。治。不。應。反。置。身。於。政。治。上。之。生。活。也。溥泉先生之言論著作。具在。反對政治。反對議會。言在耳而墨未乾。一旦言行相反。苟非有絕大之理由。必不出此。復愚無以自釋。故欲請教於先生。不幸先生答書於此未置一辭。致鄙人滿腹疑團。至今仍未能釋然。今日歐洲之社會黨與無政府黨。其宗旨本非絕對反對。徒以社會黨運動政治。欲以議會之力達社會主義之目的。無政府黨則排斥政治。以爲無濟。而相率從事於社會之運動。社會黨之異於無政府黨者以此。其受無政府黨之攻擊唾罵不絕。亦即以此。今溥泉先生雖未標揭無政府黨之名。然讀其著作。固儼然極端排斥政治之一人。忽然運動政治。其理由所在。無人不欲聞之。往者見民立報所載溥泉先生歷史中有「自光復後先生以爲無政府主義不適用於今日之中國」一語。世或即以此爲溥泉先生作議員之原因。惟以鄙意度之。此語必非出自溥泉先生。有可斷言者。蓋。無。政。府。主。義。乃。

世界的主義・無所謂適用於某國與不適用於某國・無政府黨之提倡無政府・以爲世界無論何國・皆當無政府・非專爲一國說法者也・溥泉先生於七八年前提倡無政府主義・尙以爲適用・獨至今日乃以爲不適用・有是理乎・今日一般人之心目中・固多有以爲無政府主義不適用於今日之中國者・其意不外曰中國今日尙未至實行無政府之時而已・此則何止中國・卽以今日號稱進化極速之法蘭西・亦未必卽日遂能達到無政府・然則亦將謂無政府主義不適用於今日之法蘭西乎・故復以爲「無政府主義不適用於今日之中國」一語・反對此主義者不必論・苟其人稍有無政府主義之常識・未有肯出此言者也・曩者白蘋洲先生又嘗來書論玆事・略謂無政府黨不妨作議員・其意以爲將來之無政府實行・卽由各國議員之主張無政府者決議解散政府・此言亦未免過於重視政治・視議員爲有莫大之能力・不曰各國之人民決議解散政府・而曰各國之議員決議解散政府・是明認議員爲能代表民意矣・而未思無政府主義固不認有所謂代表權也・卽姑置是不論・夫待至各國之議員大多數皆爲無政府黨・其難固甚於河淸・而欲各國之無政府黨一旦舍其今日反對議會政治之宗旨・轉而運動選舉・此已屬必不可得之數矣・以上本無關於本題・第以欲研究溥泉先生所以爲議員之故・反覆而不可得・故不惜絮絮言之・吾輩主意在討論眞理・溥泉先生不過借爲藉口之題目・故以爲不妨詞費也・先生達識・當必有以敎我・又鄙人已宣布廢姓・此後如賜答書・幸勿再如前書於名字上冠以舊姓・尤爲幸甚・師復白・七月某日・

（附錄師復致吳稚暉第一書）近聞溥泉先生當選參議院議員・並被推爲議長・旣忤平昔素志・復戾進德會會約・先生與爲至友・不審以爲何如・此間同志對於此事惶惑萬狀・而曾入進德會者尤爲憤激・今日政海惡潮・陷吾民於痛苦・國人醉心權位・訟言運動・不復知學問道德爲何物・其禍殆有甚於傳染・長此以往・光天化日之人類不難立返於獸域・三二賢者方當卓然獨立・爲之表率・並宜以有用之光陰致力於社會・爲吾人類謀眞正之幸福・乃不此之圖・竟相率而逐海濱之大臭・其如吾道何・其如爲人之責任何・先生等道義素交・似不宜坐視・師復恐見以爲

先生當勸其卽日自辭參議院議員一席日月之過於君子無損否則宜宣布昔日主張無政府之宗旨今已改變並同時宣布自請出進德會以謝同志狂妄之見自知無當幸先生有以敎之師復白五月某日

(吳稚暉答書)比於黃鐘日報讀先生惠書所以商榷於張溥泉先生之進退者甚至佩服佩服惟時人於進德會及六不會之規則都未了故夷視者有之苛責者亦有

之前因陳仲芳先生之投書雖已略加說明然誤會者猶多今當更爲先生之貴友一詳述之進德會在舊歷壬子正月初間以李張汪三君之名與賤名發起規約共分五級(一贊成員)不狎邪不賭博(二普通會員)不狎邪不賭博不置妾(三特別甲部會員)不狎邪不賭博不置妾不作官吏(四特別乙部會員)不狎邪不賭博不置妾不作官吏不作議員不吸煙(五特別丙部會員)不狎邪不賭博不置妾不作議員不吸煙不飲酒不食肉發起之時溥泉先生正爲南京參議院福建代表故僅列名特別甲部刊布於當時之上海民立報六不會者因當時歡迎袁總統之輩反對不作官吏不作議員兩規約在海舟中由唐少川先生等所發起所謂六不會卽不狎邪不賭博不置妾不吸煙不飲酒不食肉其如何分級弟輩未預聞不能析言後因彼會久無聲息恐其墜廢故取其名目登報聲明收入進德會凡普通會員自願不吸煙者於會標加注四不字樣更願不飲酒加注五不更願不食肉加注六不故六不會今與議員問題無關卽溥泉先生亦未嘗預聞六不會僅此奉覆吳敬恒頓首(案此書答非所問)

(師復致張繼書)去月杪報上見參議員題名先生裒然居首初以爲或者有所不實乃不數日而先生竟軒然揭幕而登議長之臺矣師復驚聞之下神經震眩半月爲之不寧故延至今日始能執筆奉詢二事(一)先生昔爲主張無政府主義之一人無政府主義絕對不認政治爲有益於社會之物今先生忽以身馳騁政治場中是否昔日無政府之宗旨今已改變(二)先生發起進德會自爲丙部會員會設不作官不作議員之信約今忽爲中華民國參議院議長是否已宣布出會取消進德會丙部會員之資格以上兩問題望卽日見答並登報宣布以釋羣疑因對於先生爲議員一事不獨愚陋如師復惶惑而不能解卽多數有識之同志亦無不相視愕然莫名其妙而曾入進德會之會員則尤駭怪而兼憤激故也雖先生個人之

行動原無受朋黨質問之責任特以先生爲人所共知之無政府黨又爲進德會發起人今一旦舍其素抱不惜投身於向日所絕端反對之政治塲中世人將以爲無政府黨之所謂眞理進德會之所謂良心皆屬無用之物可以束之高閣棄如敝屣此其影響不可謂細師復雖愚竊爲此懼惟先生有以教之師復白五月某日

世界語問答　世界語之歷史之文學及其機關

拉底惠斯 Ladeveze 著

師復 Sifo 譯

第一章　國際語思想史

第一節　由來

第一問　關于國際語 Internacia Lingvo 之思想何自來乎。

答　各國語言不同以一人而盡通世界語言固屬勢所不能即兼通數國亦殊非易事而大勢所趨又不能不與他種語言互相交際因之各思想家各科學家莫不注意於國際語問題相率研究發表意見者已非一日且不止一人獨惜 Leibnitz, Deacartess Bacon, Byron 及其他諸人論理的計畫雖多然大都取法於速記不能暢達嚴明故無永久國際語之價值

第二問　吾人何不選擇一種古語或今語以爲國際語乎

答　古語(拉丁希臘等)之不適用。(欲知其詳當讀 Be-o aufront 氏著之「拉丁文可爲國際語乎」 Cu la lingv. internacia povas esti la latina? 壹書) 以其語言不合于論理學之軌範且欠簡明科學家病之故此種古語雖或能適於古代簡單之思想及人事而決不能適于今日之吾人

今語之不能用一以各國語言均有同一之價值無論選用何國必不能得其他各國之同意二以今世各種語言皆無一定之規則及不易之正例故於論理學上之缺點殊多

第三問　關于國際語之種種學說其略可得聞乎

答　關于此節最要之著作莫如 Couturat及 Leau 兩教授所著「普通語之歷史」 Historio de la lingvo universala 一書其中所載學說及計畫不下百五十種其據爲根底者或取拉丁文或取法文或合取英文與法文同時復設

為符號速記羅馬字等不一而足。

(未完)

師復啓事

(一)本誌言論無論為自撰為譯述或為投稿概由師復一人負完全責任至其宗旨已備載於第一期編輯緒言中外間或有以為心社機關者雖非大謬然亦微有誤會蓋心社社約只為個人道德問題而與社會無涉晦鳴錄則以倡導社會革命促進世界大同為宗旨純為研究社會問題而不但拘拘於個人道德而止故謂晦鳴錄宗旨與心社無衝突則可謂晦鳴錄為心社機關則不可

(二)師復現在除發刊本雜誌及致力傳播吾人主義外一切社團報館概與師復絕對無關係外間或傳某社某報與師復有關係者皆訛言也

(三)師復去年與同志數人發起「心社」取絕對自由主義無章程無規則亦無一切組織各憑一己良心以相集合倘有假冒混充或信道不篤以致背約者心社亦無從干涉世人不察凡從前曾列名或冒名心社者其所作所為苟有不是皆舉而歸咎於心社甚而責備及師復個人殊不知心社既為無章程無規則之團體於社友個人之行為從不過問無論為發起人為社友為贊成人苟其人既甘心違背社約或為無意識不道德之行為不合心社宗旨者即為自絕於心社之明證即不必認為心社之人於心社本體實無絲毫損礙心社不能為之代負責任師復個人更不應代負責任惟師復一已則敢自信敢設誓白日毀星球滅師復終不敢犯不食肉不飲酒不吸烟不用僕役不乘轎及人力車不婚姻不稱族姓不作官吏不作議員不入政黨不作海陸軍人不奉宗教之十二神聖社約及一切與心社宗旨衝突之事然即使他日師復一旦喪心病狂倒行逆施亦惟師復個人自絕於眞理為社會萬衆千秋百世所唾罵而於心社本體仍絲毫無損世有恒言設使克若泡特金(最近無政府黨之泰斗)一旦變為何才夫(俄羅斯革命黨之漢奸)亦無損於日月經天江河行地之無政府主義即此理也再心社所有只有十二社約之眞理此外絕無設施絕無舉動凡心社社友以個人名義舉辦他種事業者皆由個人自負責任與心社全體無涉幸勿以個人之故或誤會之以某事某事由心社所舉辦也

民聲

法國無政府黨大會記 Anarhiista Kongreso en Pariss

譯倫敦無政府報「自由」 Free dom

無政府之聲浪近已洋溢全法其進步幾一日千里惟國中有一派名獨產黨 Individualist 者會藉無政府之名行强盜之行邑市貨財大肆刼掠刼掠未已繼以屠殺此等舉動與資本家之對於工人無以異凡眞正之無政府黨皆不直之然若輩以爲無礙眞理也人民對此咸爲憤激怨懟之聲四起不知者且歸咎於眞正之無政府黨而神聖的無政府主義之前途遂不無窒礙黨人有見於此特召集全國黨人於本年八月之十五六七等日大會於巴黎之工團會所 Maison des Syndiques 商議今後進行之方針並藉此以披露無政府黨之眞相闡明無政府主義之眞理俾世人曉然於無政府黨之光明正大不致指鹿爲馬盲從誤會也赴會者極一時之盛各處派來之代表已一百三十名以上獨產黨欲從中破壞卒不遂乃開會其提議之問題有六

一、無府黨機關之組織傳播之方法及進行之手段

二、反對軍國主義之進行

三、工團黨與無政府黨之關係大同盟罷工

四、反對國會主義之運動

五、無政府支派之糾正個人復仇科學狂

六、籌備將來「萬國無政府黨大會」兒童教育同志救助

開會後討論之結果如下

一、議決聯合所有無政府黨之小團體爲一大同盟會蓋如此方足展拓無政府之勢力鼓盪無政府之風潮以抵敵蒂固根深之政府及資本家也新世紀報 Les Temps nouveaux（法國無政府黨之唯一機關報其宗旨則倡導無政府主義直接鼓吹革命罷工抗稅抗役等急激舉動政府嫉之如仇屢欲禁之然懾於黨人勢力卒莫如之何今日法

國之社會風潮如火如荼未始非該報之力也)爲革命的總機關僉議由各事務所(小團體)擔任經費俾持久遠同志那勞又倡議黨人對於兒童應導以無政府之思想並宜各任介紹書報之責

二格利夫氏宣讀反對軍國主義 antimilitarism 之意見書對於現列戎伍之同志則加以撫慰勸其不必逃藉蓋軍人未必爲令惡也(按此指軍隊革命)

三此問題最足惹人注目因某工黨與無政府黨曾小有衝突以是有人預料此次大會爲工團黨與無政府黨分裂之導線不知事實殊不然無政府黨於各種進行手段中主張「工黨活動」黨員藏羅氏于新世紀報中曾宣言曰「吾願兩黨今後之感情日益融洽相與攜手一致進行嗚呼我諸同志汝其堅乃心志厲乃戈矛共殲除此萬惡之政府毋使遺毒于人間」故兩黨仍互相提攜如故

四藏羅氏述反對國會主義 antiparlismentism 之意見對于反對選舉一問題討論良久多數主張當選舉時爲激烈之舉動

五卑西律氏演說畧謂我神聖的主義最光明者也吾儕自應尊之敬之若輩(指獨產黨)祇圖個人私利聖賢其口盜跖其心已自消滅無政府黨之資格我神聖的主義自有眞相彼所謂獨產主義豈能以假亂真耶語畢衆皆激賞在座之獨產黨幾無以自容兩派遂從此分離矣

六議決遇難黨員與其家屬之救助方法及其他各問題議畢休會隨將大會之結果及無政府之真理刊爲傳單散佈各處以爲傳播之助

法國無政府共產黨與獨產黨之分離

La disigo de la komunista anarhiisto kaj individualisto el Francujo　譯萬國社會雜誌

此次巴黎之無政府黨大會果獲得最良之效果矣無政府黨之理想與意見各有不同大會時之言論亦不一致然對於重大之根本要義則無不宗旨一貫者也無政府黨之大別爲共產革命黨 Komunisea revolucio-emulo 與獨產黨 Individualisto (或譯個人黨)此次大會二派實行分離無政府一貫之宗旨卒無所搖動實共產

黨之力也。

個人主義Individua li smo（或譯獨產主義）反對改良社會惟主張改良個人增進個人之幸福以爲人類不應犧牲個人以謀一羣之自由世間萬有對于個人悉當退處於無權凡有足爲個人之障礙物者宜悉數劃除之此種理論不免導青年於殘殺利用殺人手段以奪取財貨彼掠奪勞動家工作所得之利益之大半已則安坐而不事事之資本家眞可謂之獨產黨也

此豈無政府之謂哉無政府黨人決無反抗强權而自代之之野心亦非有求脫貧苦而自享富貴之慾望（按無政府黨乃犧牲一已之樂利而謀大衆平等之幸福者也）此中區別不可不審蓋今日吾人所排斥之暴行世俗不察固有歸咎於吾黨之全體者也

今而後亂苗奪朱之事吾知其可以免矣

按個人主義 Ind i vidua li smo（或譯獨產主義）爲近日一種學說其淵源均出於都市主張個人純粹獨立之自由絲毫不受社會之牽制蓋與共產主義立於相對之地位者也獨產黨Indiv i dua li sto（或譯個人黨）卽爲主張此學說之人不料末流所及竟有利用之以爲殺人刼貨之舉者此則利用及誤會此主義者之流失若其本來之學說則尙未嘗有此主張也讀者須分別觀之

無政府黨中除此貧而覬覦富貴之獨產黨一派外皆眞正之無政府黨人人抱眞正之無政府主義者也

黨內無章程無强迫之義務而一黨之中其目的宗旨乃無一或異雖間有意見不能一致亦不過各人思想之自由固無損於精神之統一此吾無政府黨所以常保其和睦也彼詆毀吾黨以狂妄好亂無秩序云云者詎非無稽之談耶

世界語第九次萬國大會紀事 IXa Universa la Esperanto-Kongreso en Bern

今年八月二十四二十五二十六等日開世界語第九次萬國大會於瑞士倍倫 Bern 城各國來會者一千一百餘人城中裝飾之輝煌市民及與會者之興高采烈不可殫述會標屋頂上綠色之星旗與皓潔之雪山相映可稱雙絕會場設在加　仙Kaz i no 花園廿四日下午二時行開會禮柴門

博士與各董事各代表相繼入座。衆起立唱「希望」歌。選定主席及書記、次由書記報告各國慶祝大會之函電。多通中羅馬尼國函內陳述此次巴爾幹戰爭。同志有死於軍中者。故未能到會云云。次披露國際團體及各國政府之遣代表與會或陳述報告者多起。次由 Saussu re 君演說。畧謂柴門博士洞見人類生活於地球之上未來之年月。當較已過之歷史爲長。聯絡交際。發舒感情。國際公語在所必要。是以有世界語之發明。斯語公布於世。已歷二十五年。其間經歷之風潮阻力。不可勝計。今則確認其已去幼稺時代而入成人自立之時代矣。此新時代中所當注意者。爲以下首要各會。(一)語言研究的。如「世界語語言董事會」及其「學會」Esperan tista Lingva Komitato kan gia Akademio 書記在會長之所在地。(二)傳播的。如「世界語萬國會」 Iute nacia Asocio Esperantista 中央事務所在巴黎。(三)實用的如「寰球世界語會」 Universala Esperanto-Asocio 中央事務所在日內瓦。此外則關於每年萬國大會之組織是也。次各代表員以各國語及世界語致祝。演說名言宏論。不可勝紀。代表到會者。有奧太利、匈加利、比利時、英倫、愛爾蘭、蘇格蘭、葡萄牙、丹麥、芬蘭、法蘭西、日爾曼、西班牙、其勃賴他、意大利、荷蘭、保加利、俄羅斯、瑞典、與大利亞洲、馬來羣島、美利堅等處。次衆致二十五年紀念金章於柴氏。並東花贈品於其夫人。再唱希望歌。散會出會塲後。四人一列。導以音樂。結隊游行。觀者爲之塞途。(未完)

紅旗黨大會記　La Ruguloj en Rern

當第九次世界語大會期內。紅旗黨員於八月三十日假倍城大學會議。蒞會者八國。(法德匈牙利西班牙瑞士美利堅保希米阿耳忌利) 各團體之代表。有巴黎「自由星」Internacia Asocio "Liberiga Stelo" 「平民大學世界語團」 Crupo Esperantista de l' Universite Populaire「世界語工團聯合會」 Federation Syndicale Esperautiste 及「自由星」蘇脫維耳 Sotteville 里昂 Lyon 先士 Sens 等分部(案「自由星」 Internacia Asocio "Liberiga Stelo" 乃國際團體紅旗黨之一部。成立於千九百零六年。由「和平自由會」"Paco-Libereco" 及「世界語勞動團」"Esperantista Labor i staro" 兩團體所合併者也其宗旨如下(一)用文字鼓吹反對軍國宗教及社會上一切信條及成見以期推陷資本主義之社會（譯者案資本制度之社會者 Kapitalisma socio 卽由資本制度所造成貧富階級之社會也）(二)廣設傳播社或研究會傳播世界語於萬國黨互助黨社會黨及無政府黨間(三)傳播自由思想於世界語學者(四)輔助各國非世界語之勞動主義團體爲彼等交通聲氣之介紹該會通信地址如下 S-ro F. M. Strub, 77, Rue Lafayette, Rouen, France 或 S-ro R. Luboviko, 49, Rue de Bretagne, Paris, Frauce.)

三時開會主席賴蒙 Raimond 君演說組織萬國聯合會事畧謂紅旗黨近年以來支團日增進步殊速萬國聯合會 Internacia Federacio 之組織今其時矣惟吾黨中無政府黨社會黨工團黨等派仍宜統一若於會內分立各種特別團體不免卽現危象蓋今日在勞動社會中世界語主義之傳播尚未滿足也旋請各代表演說　（未完）

寰球世界語禁酒會之成立

La Abstinentaro en Bern　譯禁酒會機關報

當本年八月倍倫第九次世界語大會期內各國戒酒會員於廿六日假倍城大學開會某君演說發起寰球世界語禁酒聯合會以助禁酒及世界語之進行當卽舉人起草章程經衆公決章程如下　一寰球世界語禁酒會 Tutmonda Esperantista Abstinenta Ligo 宗旨所以促禁酒之進行及傳播世界語於戒酒家　二會員年納會費半士彼美（半元）　三會員得創設分部　四本會機關報爲 "La Internacia Abstinenta Observanto"（萬國禁酒視察）　五本會幹事部以會長書記會計及各國評議員組織之　幹事部由會員公選各國評議員 Konsilantoj 責任最重在各國擔任傳播襄助進行及隨時具報告於本會現被選之評議員共十五人法國二人英國二人匈牙利二人瑞士一人德國四人奧大利保希米一人中國一人中國被舉者爲師復君該會書記通信地址如下　S-ro G. Broekhof, Bomlitz, Hannover-Germanujo

師復附白本會乃聯合世界各國之禁酒分會而成實萬國禁酒運動最要之團體凡中國世界語同志抱戒酒主義願進斯會者請即函告並具會費大洋五角（另匯費半角）鄙人當樂爲介紹也又本會機關報每月兩冊報費全年壹元半每季四角如有欲閱者鄙人亦可代訂

風雨雜聲錄

荷蘭無政府黨之活動　La movado de anarhi ismo en Holando　〔一A. Kloek君通信〕　荷蘭無政府黨之團體不下五六十各城邑幾皆有之團內無章程無規則亦無強迫之義務純以自由意志結合開會時自由到會自由擔任傳播事業會費亦自由認助無一定之限制凡入會者各竭其至誠盡一己能力之所至爲道德的及經濟的襄助各團體各依其會議之結果竭力鼓吹凡大都市皆各有多數分區之機關成開會演說或散佈傳單書報小冊子等分途並進其精神則全體一貫也至其印刷物則有以下各報一名「自由社會黨」今寄上一紙中有其編輯之小影彼名F.Domela Nieuwenhuis　具絕大之魄力凡荷蘭無政府黨之風潮皆彼爲之原動力者也其次則爲「工黨」「火炬」「自由旗」「向乎自由」「越海」「民權」「將來」等報皆七日報也　（一G.P. de Brunin君通信）　無政府主義在荷文中亦名「自由社會主義」荷蘭無政府之工黨機關名爲「獨立機關部」進步極速且常進行不怠國內自由社會黨或無政府黨之團體共是十四處機關報七家「全國勞動事務所」爲「獨立機關部」之中央機關有會員八千人以上尚有未加入「全國勞動事務所」之「獨立工會」其會員亦衆勞動事務所之機關報名「勞動」此外尚有十家爲「獨立工會」之機關無政府黨中有一派名獨產黨（或譯個人黨）　Individualisto　其宗旨以爲個人當純粹自由絕對不受絲毫束縛然多數工黨皆不以爲然蓋彼等固深知離乎社會之個人孤立而不能自存也

社會黨之敗類　Letero de k-do K. H. Meijer pri holandasoc ia l-demokra t i ano H. V an K ol.　荷蘭「世界語工黨聯合會」書記「世界語工黨」編輯　K. H. meijer君來稿云余祝支那同胞之進步余祝吾黨之成功余獲讀

「民聲」第二期得瞭然于支那社會黨之內容並恍然於人道週報第四期登載荷蘭社會民主黨員文高爾 H. Van Kol 之肖像且極口稱道之原非無因「中國社會黨」之與文高爾主張上原無大異故也凡其黨欲以議會勢力達到社會主義之目的者無論直接或間接必不免參預政權質言之卽參預强權吾歐人有一格言曰凡參預政權之黨不得借社會黨之名以自飾善哉言乎「中國社會黨」雖不名爲政黨然觀其黨綱及章程中政治活動之語實與「社會民主黨」無異關於社會民主黨之內容吾當詳論之於他篇今但欲論列如文高其爾人者果能當社會黨之名否以告支那之同志吾於此不必多述惟舉一短小之歷史足矣文高爾本一富翁因此得爲環遊全球之豪舉彼於遊歷印度洋羣島荷屬殖民地途中道經埃及之楷黎 Caire 遇一印度羣島之革命黨蓋中學學生也彼以文高爾爲著名社會黨欲得其助力遂以革命黨之祕密內情盡告之文高爾到印度羣島後主於八打威 Betavia 總督之家竟以埃及所遇之革命黨密告於總督今彼竟被選爲荷蘭議員想又將出其故技以對待荷蘭之無政府黨及共產黨矣支那同志乎如文高爾其人者果能當社會黨之名否乎今印度羣島某革命黨已被捕矣試問何種好風吹送其名於八打威總督之耳乎支那同志亦知有此一段不名譽之歷史否乎

東西兩洋之握手　法國無政府黨及素食家 A. Boiesier 來信介紹本報與巴黎無政府團體「自由星」L i b origa Stelo 及雜誌「世界語工黨」Le Travail leur Esperantiste 互通聲氣並述法國無政府主義日益發達議會恨之羣謀所以遏抑之策云並寄來世界語萬國革命歌一首名 La Inter nacio 旋接「自由星」代表「世界語工黨」記者 A. Raimond 來信歡祝本報並願担任永久通信深望東西兩半球之同志携手以圖世界革命之事業云

俄羅斯無政府黨之言　Letero el Rus lando 俄國無政府黨 V. Hudolej 來信畧謂「今日無政府黨當竭全力於傳播事業且當合萬國爲一團體試觀各國之無政府黨如德則無政府黨僅一萬七千人而社會民主黨竟有一百萬之多比利時無政府黨雖較多於社會民主黨然究不能

合一俄羅斯七十年以來爲革命風潮最盛之國至近日則已寂然法蘭西意大利西班牙無政府黨之名爲各國冠惜未免偏重於革命運動此皆吾黨所急宜返省者也」且囑以後寄報須封裹完密封面不可書報名恐俄政府截禁本報入口也（按支那政府除禁晦鳴錄出版外並禁其郵寄及通信所謂大中華民國誠不愧第二之俄羅斯）並言將寄本報文稿數篇一「權與無政府主義」二「俄羅斯無政府主義小史」三「無政府主義」此篇內分子目如下 a 無政府黨之派別 b 獨產無政府主義 c 集產無政府主義 d 共產無政府主義 e 工團無政府主義 f 無神論無政府主義 g 羣體無政府主義

世界之虎狼國 俄羅斯「世界語潮」La Ondo de Esperanto 報社來信言本報所託登之出版廣告俄國出版檢察吏必不許登且本報第一期亦未接到大約已被檢察吏沒收云本報記者於前數月又曾託該報登通信廣告內有討論無政府主義一語該報覆信亦謂不能照登於此足見俄羅斯之虎狼政府其剝奪人民自由至於此極也

巴是「新世紀」之歡迎 巴黎無政府機關法文報「新世紀」Les Temps Nouveaux 記者格拉佛君 J. Grave 來信歡迎本報之出版並寄報交換該報第十九期中著論介紹本報於世界同志詳述本報宗旨備極推許且祝其成功（按新世紀爲巴黎惟一之無政府黨報卽二十年前以鼓吹暗殺被禁之反報也其編輯格君爲著名之無政府黨與克魯泡特金齊名世稱爲無政府黨之教主）

荷蘭「自由社會黨」之評論及轉譯 荷蘭無政府機關報「自由社會黨」De Vrije Socialist 記者A. Kloek來信稱已在該報著文評論本報並謂本報出世足見支那之突飛進步實爲世界人士所驚嘆又荷蘭「世界語工黨聯合會」書記 K. H. Meijer 來信稱已將本報第二期"Socialisto en Hinlando" ,,La estanto kaj estonto de la politika milito"兩文譯登「自由社會黨」及其他無政府各報

鳥絲綸社會黨報之批評 澳洲鳥絲綸社會黨及工團黨之機關報名「馬利拉之工人」Maoriland Worker 十月

第一百四十二號著論批評本報備極推崇並詳述本報之宗旨及本報對於此次南北戰事之主張．

西班牙報之轉譯　西班牙世界語雜誌「人羣」Homaro 記者 Julio Mangada Rosenorn 來信寄報交換並言已將本報 "La politika milito en Hinujo" "La estanto kaj estonto de la politika milito" 兩文譯登西班牙「社會黨」La Socialisto 及「反」La Ribelo 兩報

俄羅斯報亦轉譯矣！　俄國無政府黨 Cementovski 來信投稿並言已將本報宣言書譯登俄羅斯某報云按俄國出板檢察之嚴酷萬國無匹本報宣言書豈能公佈意者其殆苦黨祕密出版之機關報乎

雜誌交換錄　Ricevitaj gazetoj: 本報與海外交換之報現已接到者如下．一「世界語之世界」Le Monde Esperantiste (法蘭西世界語傳播會報)．二「那威世界語學者」Norvega Esperantisto (那威世界語會報)．三「篤士」Konfidenciulo (德國世界語諧謔報)．四「彼加之星」Pikarda Stelo (法阿米痕世界語少年會報)．五「新世紀」Les Temps Nouveaux (巴黎法文無政府機關報)．六「綠幟」La Verda Standardo (匈牙利世界語會報)．七「自由」Freedom (倫敦英文無政府機關報)．八「世界語工黨」Arbeider Esperentist (荷蘭世界語工團聯合會機關報)．九「天然生活」Le Vie Naturelle (法文天然主義簡單生活論流動生活論野處主義素食主義果食主義反對解剖生物主義自由個人主義雜誌)．十「字品學雜誌」Grafologia Revuo (西班牙出版由書法測人之性行之術謂之字品學)．十一「萬國禁酒視察者」La Internacia Abstinenta Observanto (萬國世界語禁酒會報)．十二「世界語」L' Esperanto (以世界語教授意大利語之雜誌)．十三「日耳曼世界語學者」Germana Esperantisto (德國世界語會報)．十四「人羣」Homaro (西班牙出版提倡新文明之雜誌)．十五「葡萄牙雜誌」Portugala Revuo (葡萄牙世界語會報)．十六「高夫那世界語」Kovno Esperanto (俄國高夫那世界語會報)●十七「荷蘭之先鋒」La Holanda Pioniro (荷蘭 "La Estonto estas Nia" 社機關報)●十八「自由旗」De Vrijheids Vaan (何蘭文無政府機關報)●十九「匈牙利」Hungarlando (匈牙利世界語報)●二十「世界語工黨」Le Travailleur Esperantiste (法國「世界語工黨聯合會」「萬國黨法蘭西世界語部」「自由星」三團體之機關報)●二十一「希望」L' Espero (瑞典世界語報)。二十二「報告」Informa Bulteno (匈牙利通信俱樂部報)。二十三「世界語小冊子」Esperanta Libreto (臺灣出版)。二十四「世界語發展」Esperanta Evoluo (法國出版)。二十五「巴黎世界語」Paris Esperanto。二十六「文明」La Kulturo (奧國保希米工黨報)。二十七「向前進」Antauen (德國工黨報)。二十八「不列顛世界語學者」The British Esperantist (英國世界語會報)。二十九 Wohlstand fur Alle (奧大利無政府德文報)。三十「三月」La Marto (奧大利保希米世界語報)。三十一「世界語心靈學會雜誌」Revuo de Esperanta Psikistaro (比利時出版心靈學內分催眠學鬼學通靈學等等)。三十二「瑞士之希望」Svisa Espero (瑞士世界語會報)。三十三「世界郵傳」Monda Posto (傳播世界語兼爲通信及收集郵物之機關)。三十四「世界語」L' Esperanto (比利士璉替世界語學社報)。三十五「世界語」Esperanto (寰球世界語會報)。三十六「毛利蘭之工人」Maoriland Worker (紐絲綸工黨及社會黨之英文機關報)。三十七「喇叭」The Clarion (英社會黨報)。三十八「巴黎世界語學社每月報告」Bulletin Mensuel d' Inforamtion。

海外同志錄 Niaj internaciaj kunlaborantoj kaj korespondantoj: 本報出版。海外同志多表同情，殊可感佩。今將來信願擔任寄稿或通信報告者錄下，

一 A. Kloek. Holando (荷蘭「自由社會黨」「自由旗」兩報記者)。二 K. H. Meijer, Holanbo (荷蘭世界語工團聯合會書記世界語工黨雜誌編輯)。三 A. Rtimond, Franclando (法國世界語工黨報記者)。四 Karl Behrle, Germanujo (宇宙人類會柏林董事部)。五 C. Marius, Franclando (法國非明寰球世界語會代理員)。六 A. Boissier, Franclando (法國無政府黨) 七 S. Przybvszevsks, Austrio-Galicio (奧大利波蘭革命黨)。八 B. J. Gosman, Holando (荷蘭無政府黨)。九 J. Taanman, Holando (同國無政府黨)。十 G. P. de Bruin, Holando (同國無政府黨)。十一 Julio Mangada Rosenorn, Hispanujo (西班牙「人群」報記者)。十二 V. Hudolej, Ruslando (俄羅斯無政府黨)。十三 J. Almeida, Portugalujo (葡萄牙工黨)。十四 G. Schwengeler, Svislando (瑞士無政府黨木工聯合會書記)。十五 V. Llnis, Hispanujo (西班牙無政府黨)。十六 D-ro T. Aunsterlitz, Hungarujo (匈牙利博士)。 (未完 Daurigota)

萬里之投報 Dankon al ĉiuj alsendintoj de Esperantajoj por „Kantona Esperanta Muzeo”。本報

第一期登出「廣州世界語傳習所」通告書後．各國同志寄贈書報郵片郵票傳單等物囑代交該所陳列者甚夥．海外同志熱心贊助吾東方世界語之傳播．於此足見一班矣．除酌量代酬以書報外．特誌此鳴謝．

附錄　師復答道一書

讀來書．糾繩余過．不愧良友．感佩靡旣．惟謂「復乃責江亢虎幷其黨而非之」．此則不免誤會．鄙意不滿於「中國社會黨」者．但以其黨綱未甚完善．及黨綱與黨論又自相矛盾．與夫江亢虎先生以遷就政府之故．致主張不能明瞭．提倡者之主張旣不明瞭．因之世人對於社會主義正當之解釋．亦不免生含糊影響之弊．此實維護社會主義之苦心．並非對於其黨而爲排斥．更非對於個人而爲譏議也．「當中國社會黨」初發起時．復無限歡迎．本擬進黨共事．徒以黨綱未盡愜意．遂爾不果．然與黨中同志通信往還．幾無虛日．兩年以來．屢欲著論發報．就鄙見所及．對於其黨綱之未善者爲詳細之批評．然以社會黨三字．在中國方始萌芽．一旦忽生異議．不知者以爲互相攻擊．於傳播及進行或未免有所妨礙．故始終未嘗發表隻字．及去年新「社會黨」分立時．發起諸君．屢函招邀入黨．復以其時兩派方互爲劇烈之排斥．鄙意殊不以爲然．且新發表之黨約．仍未能盡愜人意．故婉辭之．暫不入黨．一方面函勸兩派之各行其是．勿事攻擊．一方面著論登之廣州某報．以爲「中國今日之社會主義．方在幼稚時代．凡能信服社會主義者．無論屬於何派．均可稱一國之優秀．如春木之苗芽然．吾人當竭力護持之．萬不宜互相攻擊．自殘其優秀之萌孼．」此亦足見復之用意矣．及至中國社會黨被大盜解散時．忽論及其黨綱等等者．於此亦具有深意．復以爲當未解散時．苟有所糾議．不免妨其進行．及旣被解散．鄙意正望其黨之具有眼光者．趁此機會．改正黨綱．淘汰其不良之分子．（黨中良莠不齊屢聞無意識之風潮實爲該黨不進步之一大原因其黨員亦自言之）發生一良好之社會黨．故乘便批評其黨綱．且特下一二諷語．以促其黨員之反省．意謂苟能達余所希望．則復雖受論事苛刻之名．亦無傷也．足下以復爲薄該黨耶．抑愛該黨耶．若夫對於個人．如江亢虎先生者．其所取之手段．誠爲人所不能苟同．若其提倡之功．則固不可沒也．（即如對於張溥泉先生亦然．其作議員誠所不取．若其在革命以前提倡無政府主義之功．則不可沒也．）至前論謂中國社會黨員眞能了解黨綱者度不及十分之一云云．十字誤作萬字．苟非來書之質難．至今亦不覺察．特誌於此．以代更正．並誌吾過．

又來書謂復「因與稚暉先生與國民黨接近．遂疑其有政治上之野心」．此語絕非原意．復前論祇有「旣與政黨日益接近即無異與無政府黨日益疏離」一語．純是理論上之研究・蓋眞正之社會黨無政府黨・無不反對政治・政黨與無政府黨・幾成風馬牛不相及之物・故謂接近政黨者卽無異疏離無政府黨・此語於論理原無不合・並非謂其有政治上之野心也・吳稚暉先生在中國中實爲復所最佩服之一人・復固確信其腦子裏絕無絲毫政治之臭味者也・其與國民黨周旋・度不過虛與委蛇・原非實際上之政治活動・惟吾人以爲稚暉先生本無政府黨之健將・方望其出而提倡・不料其爛絢之後歸於平淡・東歸以後・絕不爲積極的鼓吹・不免令我輩魯莽少年之失望・因失望而生惱・因惱而生憾・遂不覺發爲斯語・想吳先生見之・當亦點首而一笑也・

人道報告白 日前吾人遇人相食之大戰羣殺人盈野毀廬萬千損失財產更不勝計其他直接間接之受害者至多吾人道報社適當戰線之內遭同等之痛苦旣而戰事甫終驚惶未定而中國社會黨忽被禁止之命令橫逆之來出於意外經濟短絀强權濫施卽此二因吾人道不得不中途停版矣然吾人私願必仍望其復起而今則其酣眠時期也幸値此時吾人道之友報「民聲」奮袂而起猛勇前進人道雖沒民聲方興讀者諸君請以愛人道者轉而愛民聲可也

師復告白 鄙人通信地址如下「澳門黑沙灣十一號」Sifo, II, Praia da Areia Preta, Macao. 凡與心社及晦鳴學舍通信者可概寄復收　欲得下列各印刷物者可仍寄中國郵票作寄費及書價　無政府主義名著叢刻六分　軍人之寶筏二分　傳播無政府及世界語信片十幅一角　Universala Unuigo「大同」雜誌每册七角二分　「良心」雜誌每册一角八分　改造論四分　社會階級五分　其餘各國世界語書報均可代購　滄海次俠寄助晦鳴學舍印刷費十圓已收到

招請傳播員 本報以傳播主義爲目的深望中國內地之同志展轉傳播介紹讀者如有願任傳播員者除認爲同志外凡能介紹購閱全年五分者送閱全年一分介紹十分者送閱二分以後每加五五分送一分（如閱半年者二分或閱三月者四分亦可作全年一分計）此實懷抱無政府主義者之天職也吾黨同志乎亦欲勉盡爾之天職乎

民聲

我輩向前進！

「中華民國名爲共和實則專制」此語殆遍於今日之社會無可諱言矣滿清之對待革命黨其殘酷已聞於世界今之袁世凱政府曾絲毫未減否乎滿清時代尙無所謂社會黨及無政府黨入民國以來二者乃始發生袁世凱於對待政治革命黨之外忽增加無數之勁敵盜憎主人勢不並立故卽位數月卽下令解散主張無政府之「社會黨」及乎戰勝國民黨後顧盼自雄益無忌憚復借事下令解散非無政府之「中國社會黨」殺其北京部黨員陳翼龍各省之小民賊承風希旨於是「社會黨」黨員憤憤復以他事被鎗殺於通州當此疾風捲地狂濤滔天之時吾等鼓吹無政府之機關報晦鳴錄乃適出現不二十日龍濟光卽强禁我出版偵緝我同志蹂躪我晦鳴學舍之團體及吾等遷澳門後正擬重張旗鼓李開侁卽照會葡領事袁世凱復令外交部照會葡公使要求禁止晦鳴錄出版於澳門葡萄才本一非驢非馬之專制的共和國無異支那之小影其管理澳門尤橫暴無理故亦欣然樂從禁止晦鳴錄出版以表同情於支那之大盜不寧惟是黎元洪以竊拆郵信而得晦鳴學舍之通告書復據以電告袁世凱袁遂通電各省嚴密拏禁云云此等舉動本不值吾輩一哂然亦可見民賊之對待吾黨固無所不用其極也

今者支那無政府之生氣摧殘殆盡矣雖然吾黨抱反對强權之宗旨爲反對强權之運動其受民賊之摧殘固在意中何足餒吾人之氣自今而後吾人之勞苦較前倍深而責任則較前倍重吾人當視民賊種種之殘暴爲吾人鼓吹之好材料彼輩之殘暴增一度吾人之實力必須增一度則平民厭惡政府之心理當必隨之而增一度夫如是無政府之時

期不遠矣我親愛之同志乎！其益決心！益猛進！無怠！無懼！以至於强權滅絕之域！殺戮囚辱固無政府黨之樂鄉！惟最後之凱歌則必由我輩唱之可斷言也！

無政府萬歲！

我輩向前進！

巴黎無政府黨大會之成績 La laboro de Franca Anvrhiista Kongreso

反對國會主義問題　「反對國會主義」Kontrauparla-mentismo 一語最爲提倡國會主義之社會黨所不願聞者也彼等各懷夢想以爲於代議政治中可獲無量之福利此等騙人之術四十年前已試驗於法蘭西矣

社會黨者其初本反對爭攫政權者也乃不久卽變其宗旨且以「在議院佔多數」爲唯一目的矣

爲欲佔多數於議會於是運動選舉之手段卑鄙險詐無所不至而平日當衆演說所謂平民教育云云者亦皆置之腦後矣彼等既日用其不道德之運動手段且公然以運動手段爲正當之行爲彼等嘗宣言曰「吾人主義之實行惟在選舉佔多數之後而已」斯亦不可異乎

試驗既久騙術暴露（彼等給誘國民袖手以待其當今救主之拯救舍投票於選舉箱外無更要之事也）於是社會黨中之懷抱無政府思想而欲得眞正之自由者至是始洞燭其奸對於國會主義而下宣戰書矣

當三年前選舉期中無政府黨曾表示劇烈之反對舉動宣示運動選舉者之喪德敗行與衆棄之彼等日日言平等乃一面賄人選己以自居於民上此實絕對的不道德之行爲也彼等所謂候選之人演說道德演說博愛且演說自由惟開會之時則預召警吏守於門次以防無政府黨之反對蓋誠恐人揭其騙術不啻打破彼等之飯器也

故此次大會之黨人對於國會主義及利用國會主義以爭攫名位之社會黨無不深惡之

總而言之國會主義者害民者也毒物也

近年以來卑污無恥損害民德之選舉已屢見不鮮吾無政

府黨當揭示投票之害及倚賴之慾於我平民之前平民之自由當由平民自求之自取之無需乎代表之議紳也

按中國有以無政府黨而作議員者對此能無愧死

大同盟罷工及無政府黨與工團黨之關係　此亦一重要問題也工團主義非理想的學說乃實行的作用故無政府黨當加入工團黨中（按無政府主義其目的工團主義其手段故兩者不容須臾離）惟無政府黨始終守個人資格而非有黨魁之希望

無政府黨機關之組織　此爲本次大會之第一問題討論後決定機關之名義爲「共產無政府革命黨聯合會」其名似近冗長惟必如此方足表示吾人光明偉大之宗旨而不至有含混之憾

其餘各問題如反對軍國主義創設萬國事務所兒童教育等容俟續述

工團聯合會第一次萬國大會記

Unua Internacia Kongreso de Sindikalista Fakunuigfederacioj en London

荷蘭G. P. de Bruin君報告

本年九月廿七日工團聯合會開第一次萬國大會於倫敦首由 Cuy Borvman 君宣告開會各國代表蒞會者有英德法荷蘭意大利比利士西班牙瑞典丹麥巴西古巴與爾然丁等報告各國工團主義之狀況如下

西班牙代表報告云當一八八八年有人發起「反對國會盟」於一八九〇年五月一日成立創設月報極力提倡工團主義 Sidikalism）賴其傳播之力該國「勞動聯合會」Konfederacio de Laboro　遂於一九一一年成立有會員三萬二千人政府仇視之屢借事捕其首領下之於獄

荷蘭代表報告云荷蘭之社會民主黨極反對工團主義屢當罷工時出而承罷工者之乏期罷工運動之失敗然工團主義自有眞價值今日已成爲資本主義之勁敵非彼等僞社會黨所能破壞者也該國「獨立機關部」之會員共一萬五千二百人其中入「全國勞動事務所」者九千人（第三號第六頁所述人數未確特補正）各機關報每月共印出

七萬六千五百册。又勞動事務所之機關報「勞動」每月共出三萬二千册。合計為十萬八千五百册。

意大利代表報告云。去年該國黨員共八十二萬人。其中八分之七為革命黨。八分之一為舊教徒。今年黨員已增加至一百三萬九千九百五十人。分會共有九百十六所。其機關報名Le Internasionale（萬國）每星期出五萬册。

德國代表報告云。德國工團黨員約萬人。其機關報名 Der Einigkeit(協助)每星期出萬册。又有 DePionier（先鋒）閱者亦多。本年機關部為罷工事支出十萬馬克。

法國代表報告云。工團主義向以法國為最盛。總工會之革命運動。久著名於世。無待贅述。機關日報每日出紙三萬

比利時工團雖尙未設置機關。然已預備組織其機關報名La A kcion Obre''e。

英國工團主義之傳播。較歐陸少遲。千九百十年始有「工團主義之原理」出現。最近則已出有「協助」Solidarity「實業同盟」Industrial Democratic League 及「每日新報」Daily Herald等報矣。

瑞典黨員約三千人。其機關報名「工團」每星期出八千册。尙有兩報出三千册。

丹麥之機關報名「協助」Solidariteit 出報二千

亞爾然丁政府仇視工團黨。屢捕其首領流之遠地。然黨人仍毅力進行。除中央事務所外。復有八十分部。勢力頗大

報告既畢。討論本黨宣言書。復決議創立「萬國工團事務所」發行「萬國雜誌」設於荷蘭之安斯潭城。 Ansterdam

此外各代表演說名論宏議。不可勝紀。至十月二日散會

續世界語第九次萬國大會紀事

IXa E peranta Kongreso (daurigo)

廿五日為「環球世界語會」第四年全體大會。副會長 Rousseau報告畢 Privat 君演說「今日世界語主義之價值」淋漓盡致。

同日各世界語分會假倍城大學開會。議者有世界語萬國會紅十字會醫學會社會黨天主教會科學會公職會教師會鐵道會等。

廿六日「語言董事會」開第一次會議．會長Boirac讀報告書．宣布字典部之普通門、科學門、文法部之評讚著作、造字法、兼文字校勘各科委託員姓名．且介紹新舉之董事七人．次討論代理員權限問題．其結果爲代理員有集會考察表決投票之權．

同日「寰球世界語會」開第一次會議．報告一千九百十二年至十三年間之成績．及討論本會進行之方法．

同日在倍城大學開會者有學生會．青年會．戒酒會．自由思想會．耶教會．醫學會．工程師會．建築師會．及萬國教育會等．

夜八時演世界新劇名 Patreco 及 Ginevia 於大劇場．以助餘興．

廿七日「語言董事會」開第二次會議．討論糾合各國社團組織總機關問題．表決由此次大會發佈告書．通告各國社團．請其加入「萬國世界語社團聯合會」 Internacia uigo de Esperantistaj Societoj

同日「寰球世界語會」開第二次會議．報告財政情形．次報告交換部學生部婦人部成績．以交換部爲最發達．其他條陳意見者頗多．

是日正午開大宴會．衆集于公共大會堂會餐．有極盛之音樂．極雄辯之演說．人無黃白．國無東西．濟濟一堂．詢盛事也．

同日之聚會者有科學會．物理學會．化學會．紅十字會．社會黨．心靈學會．律師會．教師會．進步社．國際世界語試驗社等．

晚八時半開懇親會．是夕專以音樂娛賓．新音舊譜．各擅其長．足見文學之進步．

廿八日爲旅行會．晨八時同志集于停車場者七八百人．乘二輛特別汽車至湯湖 Tun 湖在兩山之間．一灣澄碧．沁人心目．復換乘汽船至因脫拉坚 Interlaken 居民異常歡迎．午膳後．隨意游散．有壹部分則往「自由空氣」劇場觀德人之奏技．光怪陸離．得未曾有．該劇場本有定例．非星期日不演．此日蓋特爲會衆而開也．夜闌始返倍城．　（未完）

正誤　第三期第三頁末行「會場設在加仙 Kazino 花園」係「會場設在加仙 Kazino（公共大會堂）」之誤

續紅旗黨大會記

La Ruguloj en Berno (daurigo)

「自由星」蘇脫潍耳部代表 Strub 君演說略謂該地同志進行頗速其始終不懈者以鐵道工會爲最自前年組織機關以來附設世界語學社學者日益增多會中出有世界語印刷品披布各國工黨之現情及生活之狀况法文報「自由」Le Libertaire 屢譯載之而墨西哥報「自由」El Liberal 英文報「無政府黨」The Anarchist「工團黨」The Syndicalist「自由」Freedom 等報亦均詳載本會之報告及章程同聲相應不間遐邇當開傳播大會於鐵道工會時巴黎「伊他」Ido 學者曾爲旅行演說期反對世界語然卒無絲毫効果且此間習「伊多」語者絕無一人也(譯者案Idho(伊多)亦爲近日一種新語法人 Beaufront 所創蓋竊取世界語略加改竄而成者也) 此間同志對於萬國聯合會一事主張統一辦法許一切紅旗黨人自由加入若一會中分設各種特別團體無能力無價值無異一會之微塵耳吾人之成功及戰勝含統一無他法也

「自由星」里昂部代表 Gouchon 君演說報告在里昂組織勞動社社員多屬工團黨人常在該地開會演說傳播並反對「伊多」語對於萬國聯合會之組織里昂同志全體贊成並言巴黎機關報「世界語工黨」Le Travailleur Esperantiste 因經費缺乏頗難支持而有力者或思別創他報而不扶助其舊有者此實自滅之道在今惟一之法即羣相聯結於黨旗之下以從事於傳播是也

世界語工團聯合會代表 Touzet 演說略謂因久病未能詳細報告惟對於萬國聯合會之組織各同志均主張統一辦法云

巴黎「自由星」及「平民大學世界語團」代表賴蒙 Raimond 君演說反對分立並謂萬國聯合會之組織今日暫不提議惟望各同志研究問題以備明年巴黎大會時提出彼時赴會者來討論後必能成立萬國聯合會無疑也

後復提議致函革命派各報佈告會事經衆贊成遂散會

萬國社會風潮 Socia movado

▲支那 El Hinlando「北京鄭夫之罷工」北京郵局郵

工每日例送信四次．去月時該局總稽查忽出新章．每日須送信八次．各郵工以送信次數忽增一倍．且冬令日短．無論如何捷足．亦不能辦．要求退減次數．該稽查偏執固見．不允改章．各郵工遂於去月三十日全體罷工．一時郵件山積．社會消息爲之停滯．計罷工者共約二百人．而尤以第六支局之郵工爲最堅毅．中有馬君運動罷工最力．該稽查知之．立予斥退．並有嚴辦消息．一面揭示別招新班郵工．馬君以運動失敗．一時情急．遂川刀自刎．可敬亦可哀也．

「殺人魔王之被刺」 龍濟光自爲廣東都督．後恃其兵力．厲行殺人手段．凡有人告密．不問眞僞．予立逮捕．並不審訊．即行槍斃．以故每日被殺者不知凡幾．其所率濟軍．野蠻橫暴．非筆墨所能形容．視殺人爲兒戲．殺人後食其心肝．復曝其殘肉以爲乾脯．皆在都督府中．明目張膽爲之．至於姦淫刼掠．幾視爲彼輩天然之權利．廣州居民道路以目．敢怒而不敢言．龍在署中有如獨夫．日虞暗殺．每夜必數易其寢處．惟恃有多數之濟軍以爲心腹．不料肘腋之間．竟起不測．去月二十一日之夜．龍方如厠．其護兵某(乃其族姪)忽從門隙以手槍擊之．連發三彈．惜僅及其肩與指．不中要害．龍是時佯仆於地．刺客以爲已死．舍之而去．詎龍已從門內窺見刺客之面．不一時遂縛出拷訊．即夜槍斃．同時株連被殺者八人．嚴禁報紙不許登載．此事次日全城戒嚴．至今仍復如是．凡出入城者．必被軍隊節節搜查．都督府附近各街道．密佈軍隊．如臨大敵．民居不時被搜．至有一星期之內被搜三四次者．於此足見廣州居民之苦．實不亞於南京也．

▲英國 El Anglujo 八月時電車工人罷工．政府捕去當日在會塲發議爲首者三人．審訊時謂三人如能遵令．以後不復滋事．則釋之．惟一人不允遵．遂被監禁．當時工黨乃召集會議．以籌對待之法．惟地方官吏出示禁之．開會時警兵將圍聚之人亂毆．傷約三百人．死一人．同時尚和地方陶工罷工．被警兵毆傷者亦有三十人．

英之爭女權者日益劇烈．政府遂出其野蠻手段．以平民所稱「貓鼠法律」者制之．當受執者餓至將斃時．(因女權黨入獄者多以不食爲抵制之具) 遂縱之使出．及其飲食復元．又命警察捕而囚之於獄．實無異於長期死刑．蓋最慘酷者也，（按女權黨納如許代價，以爭不值一錢之參政權，本吾人所不敢附和，惟英政府所用此等不人道之手段，無論施於何人，皆非人類社會所應有，故吾人常曰，世界無論何種政府皆虎狼也。）

▲葡萄牙 El Portugalujo 里士邦無政府機關報「自由樂土」 Teria Livre 七月十七日載「葡國專制政治」一則，內述葡萄牙現在執政者，假共和黨首領雅風高士打 Afonso Costa 之威福，任意解散合法組織之結社，每因小故而興大獄，亞德寧省官吏蔑視民國憲法，專事摧殘工黨，拘捕工人甚衆，皆置於里士邦大獄。

里士邦省工人之現狀，大形恐慌，該地一般實業家皆受其影響，蓋工人過衆，政府下令取締，每星期每人限操作三天，工人因此而失食者日多，遂羣起反對之，政府乃將工黨事務所封閉，指爲反對行政，並禁革命黨報出版，一般勞動家大爲鼓噪，六月十日爲嘉武仁 Cameens （葡國大詩家）五十年紀念日，工人聚衆手持黑旗，上書「麵包或工作」數字，巡行城中，以示威，雅風氏之左右見之，立命焚去工人之議場，以洩其忿，工黨首領被逮甚衆，雖未得其犯罪之證據，惟至今尚未釋放，內地各報皆噤若寒蟬，蓋恐被封禁也。

最近復得報告，該國組織本年第二次工團大會之機關報「工團」 O Syndicalista 及無政府黨報「自由樂土」 Teria Livre 皆已被禁，兩報印刷所原在「里士邦」城內，皆受警察所蹂躪，將已印之報及已排之版，盡數毀滅，並謂日後如發見此報流行於市上，則將承印人監禁，決不寬貸，然此兩報復在城外秘密印刷，爲警察耳目所不及，警兵或遇見時，則向售報人手中奪去撕破，並囚禁售報者二十四小時，倘有再犯，則定以永遠監禁之罪云，工團報發行人被逮後，警兵遂將所有閱報名冊外地代理通信住址等銷毀淨盡，以絕該報閱者之望云。

風雨雞聲錄

▲日本無政府黨之近況 La nuna stato de japana anarhiisto 日本無政府黨 Jamaga 來信略云，自幸德秋水被殺後，（日本之著名無政府黨三年前以謀炸日皇

案被殺）日政府組織特別警察一隊。內地各城邑徧布爪牙。以偵察黨人之行動。甚至非無政府黨之世界語同志亦往往備受嫌疑。日本服式多綴家族徽誌。警察即利用之。蓋彼等偵知懷抱無政府主義之少年。即往訪其家。求見其父母。百方恐嚇之。家人以懼禍之故。因之極力防制其子弟。使之不得自由。吾等所辛苦撒播之種子。自是遂爲彼等芟除殆盡矣。傳播者則愈受嚴密防閑。一出一入。亦被偵探暗隨。同志之通信。往往受彼等之蹂躪。日本之皇族每至一處。凡受嫌疑之同志皆不許出門。日本之專制。至於此極。鼓吹此種主義之書報。不能出版。自不待言。惟現有同志 Ei Csgi 與數友出一雜誌名「近代思想」專以隱語暗輸無政府主義。亦一法也。日本之無政府黨現在絕對不能公然行動。故無從知黨員之實數。然全國大約不下五百人也。

▲葡萄牙無政府黨之言 Letero el Portugaluio 葡萄牙工黨 J. Almeida 來信願擔任按月寄稿。並附短文。畧云。今日人民之痛苦。由於社會上一切不人道之惡物。剗盡吾人類之幸福。了此時代。惟有實行社會革命。傾覆一切障礙物。以達吾人自由的理想世界而已。雖然。欲期茲事之實現。不尙空言而尙實事。不尙哲想而尙毅力。故吾人今日當犧牲目前無價值之娛樂。及一切無益之嗜好。以從事於撲滅強權之偉業。期實現人類協愛之天然公律。凡此皆吾輩工黨之天職也。吾於是大聲疾呼以告吾黨之同志曰。全世界工黨其速聯爲一體！一致進行！

▲瑞士無政府黨之言：L'tero el Svislando 瑞士無政府黨木工聯合會書記 G. Schuengeler 通信云。法國此次無政府大會。因流派分歧。生劇烈之辯論。蓋由假借無政府之名者日多。實則宗旨絕不相類。所謂害羣之馬。吾黨所不可不辨者也。（參觀前期法國無政府黨大會紀事）復言近有一新著作出版。詳述瑞士無政府黨之運動。彼現譯爲世界語。不日將稿寄來本報。以饗同志云。

▲西班牙無政府黨之言 Letero el Hispanujo 西班牙無政府黨 V. Lluis 寄來短文。其畧云。吾黨速奮鬬。速改造此惡劣橫暴之社會。舉一切宗教國家資本等悉數剗滅之。使不復見於社會。人人各盡其所能。各取其所需。無法律。無

私產惟有自由以天下爲一家以天然之良心爲法律斯時也社會上所存在者和平而已眞理而已正義而已博愛而已是之謂無政府

▲荷蘭無政府黨之言　Leter el Holando　荷蘭無政府黨 G. Taanman 來信願任通信並云余生於基督教之家習聞基督教說稍長漸厭惡禮拜祈禱奄無生氣之行動由是殫心研究宗教問題比較其理想與事實如是者有年始悟宇宙間確無所謂上帝之一物確信無政府主義實美妙圓滿之主義也基督教之教義無他乃保護資本主義之利器耳一方面勸貧者安分一方面即獎勵富豪之跋扈故基督教者製造貧富階級之物也無政府主義則以削平貧富階級爲最要義無政府之社會無所謂貧無所謂富並且無所謂產業人人各享平等之幸福是眞美麗之社會也

▲南美之遠訊　Leteroj el Suda Ameriko　南美亞爾然丁 Argentina 共和國 R. Estil-les 君來信願爲南美洲本報代理並報告「自由星」亞爾然丁部　Argentina Fuko de Liberiga Stelo 於十一月十三日成立會員均勇毅之同志對於現在惡劣之社會力圖根本的革命云

又哀瓜多爾 Ecuador 共和國某君通信略謂去歲有人倡南美主義故其國人對於社會主義頗形進步(華僑駘杳)但每屆選舉干戈即起兵匪所過焚殺劫掠慘無人理而資本家之對於農人有如牛馬社會不良中外一轍八月中又以爭祿位而起內亂Cabahoyo市街付之一炬華僑損失亦甚巨世之崇拜共和神聖選舉者可以已矣

▲萬里之應聲　本報出版世界各國之有政府報社會黨報及世界語報多表贊同或著文評論或輾轉傳譯。前明已略述一二近復續接各報知巴黎世界語工團聯合會之機關報 La Travavailleur Esperantiste及南美洲亞爾然丁無政府機關報 La Protesto 均著論介紹本報詳述本報之宗旨謬加推許而荷蘭世界語工黨機關報　Abeider Esperantist　且將本報被禁之通告譯爲荷文登入該報南美巴西「大同社」Unio Soeiokrata　機關報記者又將本報第一期宣言書譯爲「愛詩高」語 Esko 其餘如寰球世界語會報 Esperanto 莫斯科「世界語潮」La Ond, de Esperanto 德國世界語工黨報「向前進」Antauen 前進「萬國社會雜誌」Internacia Socia Revuo 意大利「民聲」La Rajto de Popolo 日本「東亞曙光」Orienta Azio 英國世界語會報 The British Esperantist 德國世界語會報 Germana Esperantisto 等（其他尚有多種不能枚舉）均已登報介紹同聲相應無遠弗屆非云自相標榜特以天涯地角均有同志是可喜耳

▲通信雜誌交換錄 Ricevitaj gazetoj: 日來續接各國交換之報如下 三十九「箭」La Sago（俄語及世界語報）四十「北方雜誌」Norda Gazeto（法蘭西北部世界語社團聯合會報）四十一「加太蘭那世界語學者」Katal-una Esperantisto（西班牙加太倫那省世界語聯合會報）四十二「意大利世界語學者」Itala Esperantisto（意大利世界語會報）四十三 Kampf（德文無政府及工團黨機關報）四十四「第十七」La Dek-sepa（巴黎第十七分區世界語學社報）四十五「烏拉因之星」Ukraina Stelo（世界語叢報）四十六「鐵道世界語家」Fervoja Esperantisto（寰球世界語鐵道會報）

▲通信外國同志錄 Niaj internaciaj kunlaborantoj kaj korespondantoj (daurigo): 十七 Saykevic, Ruslando（俄）十八 P. D. Beliksv, Ruslando（俄）十九 S. Afanasjev, Ruslando（俄）二十 T. Tstvau, Hungarujo（匈牙利）二十一 T. Yamaga, Japanujo（日本）二十二 V. Uurun, Germanujo（德）二十三 A. Kass, Rusujo（俄）二十四 L. Wiegmink, Holando（荷蘭）二十五 J. Gervois, Francujo（法）二十六 Pastro Serisev, Siberio（西伯利亞）二十七 B. Caupenkoby Rusujo（俄）二十八 V. Srp. Bohemujo（保希米）二十九 J. Claramunt. Hispanujo（西班牙）三十 Fr. Rochmann, Germanujo（德）三十一 La borista Societo „Pkorok", Wien-Austrio（奧大利維也納無政府團體進步社。）三十二 Cementovski, Rusujo（俄）三十三 D. A. Klojin, Usono（美）三十四 A. Mch'horn, Germanujo（德）三十五 K S. Berardo Italando（意大利）三十六 Magnus Sandahal, Brazilujo（巴西）三十七 R. Civinski

Rusujo（俄）

法國康尼士園藝博覽會 Flora ksj gardenkultura ekspozicio en Cannes

法國康尼士世界語會來信明年三月康尼士城開園藝博覽會該處世界語同人擬於會內特設世界語部陳列世界語物品以助世界語之傳播如書報郵片攝影等凡有關於世界語者均陳列之其有園藝種植花圃菜塲等之照片能附以世界語說明者尤爲特別歡迎請代爲介紹於支那之世界語家及園藝家云云該會通信地址如下 Sro. Ch. Cnesp, 14, Rue des Marches, Canness, Erance. 凡出品者可直接寄去或有欲寄出品而不能爲世界語之說明書者本報可代譯也

介紹無政府主義及世界語書報

如有欲購閱英文或法文之無政府主義書報及各國之世界語書報者本報能介紹善本且可代購

介紹世界語函授講義

世界語專門家盛國成君編輯實爲中國人習世界語之第一善本每月二冊一年（二十四冊）畢業已出十七冊每月講義費一元上海山東路二百號中國世界語會發行公共團體或本會會員訂閱者全年費八元各世界語講習所學生訂閱者全年費六元

投稿諸君鑒

本報因停刊既久積稿日多故投稿未能一時盡登以後當擇要次第刊錄仍望諸君源源寄稿爲盼

有願爲本報傳播員者乎

本報爲欲傳播主義深望各地同志展轉傳播介紹讀者凡任傳播員者除認爲同志外介紹購閱全年本報每足五分送閱一分（如閱半年者二分亦可作全年一分計）此種傳播事業實懷抱無政府主義者之天職也同志乎亦欲勉盡爾之天職乎

與本報通信法

本報出版所遠在東京且地址不時更動通信頗形不便特在上海託一代收信件處凡通信者請照下列地址可也

上海美國郵局九百十三號信箱轉交師復

SIFO, American P. O. B. 913, Shanghai

凡與師復個人或晦鳴學舍或心社通信者亦請照此地址

（注意）凡能寫西字者封面請全用西文更佳

民聲

編輯啓事

本報屢遭民賊之摧殘。轉徙頻仍。迄無寧日。以是之故。出版遂不能如期。致令愛讀者望之如渴。同人既恨政府。尤自抱歉。自今以後。當勉籌完善方法。務使强權雖來。出版亦不至因而停滯。以盡吾人傳播之天職。以副讀者渴望之誠意。抑中國內地之現象。豺狼當道。民賊塞途。本報主義。既爲所忌。故不便明設代理。惟望閱報諸同志。展轉傳播。或介紹知友來函訂閱。或閱畢即轉示他人。務使多一人知有本報。即吾主義可早一日普及。亦即吾主義可早一日實行。讀者當能共會斯旨也。

無政府共產主義釋名

Klarigo Pri la vorto "anarhiista-komunismo"

師復

名正然後言順。此語爲凡百事物凡百學術所不可忽。而吾人提倡一種主義。欲以號召天下者。尤不可不表揭一正確之定名。以示根本之主張。而一學者之觀聽。

「無政府」云。「共產」云。此名在華文中爲新產物。其主義之在東亞。則猶襁褓時代之嬰兒耳。聞其名而却走者固多。道其說而不知甚解者尤多。而淺人又或惡其名之駭俗。强飾以種種離奇可笑之代名詞。俾聞者之疑惑反加甚。則甚矣名之不可以不正也。乃作無政府共產主義釋名。

無政府主義原名Anarchisme。其定義曰。「Anarchisme者。主張人民完全自由。不受一切統治。廢絕首領及威權。所附麗之機關之學說也。」據此定義。則華文譯爲「無政府主義」。可謂確切而不易。而最近無政府主義之大師克魯泡特金Kropotkine先生。則與以最簡確之解釋曰。「無政府者。無强權也。」强權有種種。而政府實爲强權之巨擘。亦爲强權之淵藪凡百强權靡不由政府發生之而保護之故名曰「無政府」則「無强權」之義亦自在其中都克Tucker氏亦曰「無政府字有多種解釋其要義則反對强權政府故以爲名」此無政府主義之名所由不可易也

無政府主義既以排斥强權爲根本强權之爲害於社會最顯而最大者卽爲資本制度 Capitalisme 無政府主義首反對之故凡無政府黨必同時主張社會主義「社會主義」原名Socialisme 其定義曰「社會主義者主張以生產之機關(卽土地器械等)及其產物屬之社會之學說也」惟社會主義分爲兩大派卽「共產社會主義」與「集產社會主義」共產主義 Communisme 主張以生產機關及其產物全屬之公共人人各盡其所能各取其所需集產主義 Colectivisme主張以日用之物(如衣食房屋之類)屬之私有生產之物(如機械土地之類)屬之公有(或國家)二派之外復有獨產主義 Individualisme 之支流(參觀本報三四號所記法國無政府黨大會事)無政府黨所主張者爲共產主義而集產主義則「社會民主黨」Socaict-democrate (卽俗稱國家社會黨或簡稱社會黨)所主張獨產主義則「獨產黨」Individualiste所主張二者皆無政府黨所不取者也是故無政府黨常自標其主義曰「無政府共產主義」Anarchistelcommunisme

由此言之吾人欲表揭一正確之定名以號召天下莫若名之曰「無政府共產主義」(簡稱則曰無政府主義)從事此主義者曰「無政府共產黨」(簡稱則曰無政府黨)

乃世人習慣於政權管轄之下以爲有主則治無主則亂或誤會無政府卽爲擾亂之別名視無政府黨無異於放火殺人之强盜雖有心好其說者亦懼其驚世而駭俗不敢坦然受無政府之名於是種種可笑之代名詞乃紛然以起而名遂從此不正言亦從此不順矣今試列舉而辯正之

世有欲渾稱無政府主義曰社會主義者不知社會主義對于經濟的無政府主義則對于政治的不應混爲一物無政府黨未有不主張社會主義者故無政府主義可以兼賅社會主義社會黨則多數不主張無政府主義者故社會主義不能代表無政府主義又況社會主義一語近世已習用爲

集產社會主義之簡稱，尤與無政府黨所主張相抵觸。「反對社會主義反對社會黨」二語無政府黨人常道之，非反對眞正的社會主義及社會黨也。徒以社會主義社會黨之名，已爲社會民主黨及集產社會主義所習用，欲反對社會民主黨及集產社會主義，亦不得不沿用其習慣之名而反對之。即如中國近日所稱社會主義，已爲「中國社會黨」（江亢虎發起）所習用。其主張視歐洲之社會民主黨尙不能及，甚至孫逸仙所倡之專徵地稅政策，亦目之曰社會主義。於是社會主義之名，因之而減色矣。是故混無政府主義於社會主義，足令聞者無所適從。

又有名之曰「極端社會主義」者，此名不知創自何人，而憤樂無等所發起之「社會黨」，實以此自標其宗旨。不知社會主義中，祇可分爲共產集產等派，而無所謂極端不極端。即使强而言之，亦祇可謂共產主義爲極端，集產主義爲不極端耳。與無政府主義固不相系屬也。況其名於文義上尤爲不辭耶。

又有稱爲「純粹社會主義」者。按「純粹社會主義」即 Socialisme pure。在學術上原無一定之界說。然當世學者多稱聖西門派之學說爲純粹社會主義。聖西門者，St. Simon，十八世紀末之社會主義家也。其學說主張土地資本公有，各人視其能力而工作，公家量其工作之多寡而給以報酬。所謂生產之機關（土地器械）屬公有，生產之結果（日用需要物品）則屬私有，質而言之，實即近世之集產主義耳。此種學說，在吾人主張共產者方譏其不純粹，曾何純粹社會主義之足云（其理由吾有「孫逸仙江亢虎之社會主義」一文詳論之，將載入本報下期）。然吾見近人之習用「純粹社會主義」一語者，往往誤會以爲完全之社會主義，揆其原因，實爲江亢虎所惑。吾聞「中國社會黨」第二次聯合大會後，江氏於章程內以已意加入「於不妨害國家存在範圍內主張純粹社會主義」一語，此語實異常狡獪。一方面以「純粹社會主義」之名，影射「完全社會主義」Socialisme integral，冀調停一部分主張無政府共產主義之黨人，而掩一般不明學派源流者之耳目；一方面隱示所主張實爲聖西門派之學說，而以「不妨害國家存在」

七字爲抵拒無政府主義之具其用意蓋如此不料學者竟爲所欺相率沿用誤會純粹社會主義爲完全社會主義甚或以爲無政府主義之代名抑何不察之甚耶

於是又有易其名曰「無治主義」者此名較之前兩名爲略正然語不經習義無定釋或且誤以爲「反對政治」之稱凡無政府黨必同時主張社會主義故一舉無政府主義之名在習慣上已足包舉社會主義之意而「無治」則第以爲破壞政治如老氏之學說而已耳於社會主義之意不相逮屬也大抵用此名者皆怵於政府之干涉欲借不痛不癢之名以掩飾之不知無政府黨之運動有公布的有祕密的其公布者當明張旗鼓以與政府作戰無取乎掩飾若其爲祕密運動則無論所用何名皆不失其爲祕密倘徒欲苟且一時以避禍則斷非無政府黨所應有且「極端社會主義即無政府主義之變相」一語已出之蠢偵探吳天民之口矣然則又何難點竄二字曰「無治主義即無政府主義之混名」如是則即欲苟且一時又豈可得耶

此外又有所謂「三無主義二各學說」者尤爲離奇而怪誕此二語實爲「中國社會黨」所創用嘗有「三二學社」之組織彼所謂三無者無政府無家庭無宗教也所謂二各者各盡所能各取所需也以堂堂正大之主義而飾以詭誕滑稽之名詞是直射覆之東方歇後之鄭五耳吾黨人安能出諸口耶且所舉尤無倫類夫「無政府主義」者賅括之名而非偏舉之名也無政府之字面爲反對政府而含義則爲反對强權其義幾無所不賅凡反對家族反對宗教等等皆爲無政府黨人所倡導亦爲反對强權中之一種以之統屬於無政府主義中則可以之與無政府主義並列則斷斷不可無政府主義中尙有所謂無祖國主義 Antipatriotisme 無軍備主義 Antimilitarism 無國會主義 Antiparl-e-mentarisme（正名均爲反對祖國反對軍備反對國會主義等）及其他等等若必臚舉之不將曰四無五無六無乃至不可計量無耶不又將以無政府中種種偏舉之義一一與無政府主義並列耶至於「二各」之名尤爲不辭無異劇臺中丑脚之諧語「各盡其所能各取其所需」乃共產主義之格言且若標其學說之名則祗可曰共產主義或共產社

會主義若執「二」精理名言以名其學說恐古今東西無此奇聞也且既可名之曰「二各」亦可名之曰「二所」又亦可名之曰「二其」豈惟類於丑脚抑更甚於眩人之幻戲矣或者乃曰名固無足重輕不知凡一學說之名必莊重而可敬方足以起世人之景仰否則徒增輕褻耳況此了無意義之名聞者不知何指又安能持此以相號召耶

吾今請爲一簡明之語以告吾黨曰吾人所主張者「無政府共產主義」也簡稱則曰「無政府主義」吾黨爲「無政府共產黨」簡稱則曰「無政府黨」吾人主義中若偏舉其一二義則有反對宗教反對家族反對祖國反對軍備反對國會等等惟不能與無政府主義之名並列至若一切純粹社會主義極端社會主義無治主義以及三無二各等等支離可笑之名皆所謂名不正而言不順此後當相戒勿用使之絕跡於吾黨之口角與筆端

無政府黨一八八二年日內瓦大會宣言書

涓聲節譯

La Deklaracio de Anarchiista Kongreso

吾人所當視爲仇敵者卽今之奴人者也吾無政府黨無所謂主無所謂奴凡有擁强權以臨人者吾其掊擊之

地主者吾人之仇敵也旣盜占世界公共之土地復迫弱者爲之工作視爲奴隸而已則坐享其利

資本家及工廠主吾人之仇敵也彼其對於工人也壓抑蹴踏曾奴隸牛馬之不若工人勞動所致之結果乃大半入彼輩之囊橐

政府及其附屬物吾人之仇敵也無論其爲專制立憲共和要皆爲人類之蟊賊

法律者吾人之仇敵也愚弄黔首縛束人民扶强抑弱爲自由之大障礙物

其他種種凡含有强權之性質者吾人皆仇之宗教擁護强權者也當亦在排除之列

地主、資本家、政府、法律、宗教等吾人既認定爲仇敵則吾儕亦必爲若輩之仇敵我同志其毋恐毋餒厲乃戈矛殲彼怪物地主所掠奪之土地資本家之工廠吾將取回之惡毒之政府吾其傾覆之恢復吾人完全的自由所謂法律宗教等惡人者也其芟除之各地有道同志合允與吾人為一致之進行者吾人以同志視之吾輩宗旨已定將循此真理之路而行不折不撓日月可隕志不可奪其有甘為敗類以强權自用者與衆棄之

人而窮居獨處無交際不相往來則無自由可言吾人求自由當於公共社會中互相親愛互相扶助各盡所能各取所需是之謂共產吾輩共產黨也欲達目的其惟革命乎

美國無政府黨之歷史

涓聲譯

Historio de Amerikaj anarhiistoj

芝加高 Chicago 者新大陸之無政府黨出產地也駐美之無政府黨俱樂部也社會風潮之傾注新大陸以芝加高為歸墟故斯邑獨得風氣之先一八五〇年已有無政府黨任此時人不甚注意至一八七三年始大張旗鼓譁囂一聲無政府黨之幕啓一八七七年鐵道工人罷工之大風潮躍然而起自是而後黨人運動愈形劇烈到處鼓吹暴動黨中幹事以製炸烈彈之法傳授黨徒並曉以抵抗官軍之方畧某節日伯申士 Parsous 師拜士 Spies 非兒頓 Fielden 諸人高張黑幟巡遊城市以示威並宣言將以爆烈彈餉警察等輩官吏懾於其威莫如之何一八八六年以減少作工時間問題黨人爭之至烈後與警察衝突為警察所敗黨人大憤密籌對待之方於五月四日大集議於草市場伯申士及非兒頓在草車上演說大放厥詞方至痛快淋漓處賓華二警長領警兵突如其來華氏正欲驅散諸人忽轟然一聲一爆烈彈從車上擲出警兵豕突狼奔顛蹶於地者無數賓氏率隊繼進黨人終以勢單不敵遂被執是役也黨人之傷於彈者六十八名中有數人以受傷太劇致肢體殘缺不能工作因傷斃命者七人立殞於彈者一人名狄很 M; J. Degan 師拜十伯申士非兒頓及徐華 Schwab 非士查 Fischer 英曹 Engel 曾意陵 Louis Lingg 彌畢 Neebe 八人被執審訊後彌畢被判監禁十五年餘七人均被判死刑曾意陵於獄中以炸彈自碎其首其後徐華非兒頓二人改判終身監禁師拜士四人乃於一八八七年十一月之十一日慘受

繯首之刑。翌二日瘞於華露幌塚。

自是而後。黨人再接再厲。强聒不舍。至一九零一年。又有總統麥堅尼Mc. Kinley之暗殺。

麥堅尼之被殺於手銃也。其刺客爲俄之波蘭人。名椶谷士。Leon F. Czolgosz 其先世早年由俄徙居美之的來脫城。椶谷生長於斯。曾傭於某鐵廠。及長。往來「芝加高」「其力夫倫」「的來脫」間。時芝加高之社會風潮正劇。椶谷遂感受是種空氣。舉凡社會主義之書報。靡不搜讀。日與黨人接近。從事於社會黨之活動。未幾「芝加高」「的來脫」間幾無人不知椶谷。不特爲社會黨。且爲最激烈之無政府黨。

某日。「其力夫倫」黨人開會。請高曼Emma Goldman女士演說。女士俄人。爲有名之無政府黨員。其在美國自一八八七年名始著。鼓吹無政府。甚力。著作極富。尤好演說。曾爲女製衣匠。能工之運動。又曾以「答士能工」Gebs Stlike致七閱月之監禁。出獄後飄然往歐。繼以不容於法政府。重回美國。此次承請登壇演說無政府之眞理。燦其蓮花妙舌。聆者神往。椶谷亦與斯會。大爲感動。

未幾。椶谷閱報。悉總統麥堅尼往「巴復路城」參觀巴美博覽會。椶谷遂適巴城。維時高曼女士之演說。辭反政府之殘暴。平民之困苦。革命的觀念。同時縈旋於腦中。

至時。麥氏與衆行握手禮。椶谷先以白巾裹其右手。一若厥手受傷者。內手握短鎗一。麥堅尼至椶谷。以左手與之。麥還以右手。椶谷乃堅握其手。隨連發一鎗。而民賊麥堅尼倒矣。會場秩序大亂。兵隊紛紛馳救。椶谷卒被執。時一九零一年九月六日也。至十四日。麥堅尼乃斃。

椶谷受訊時。官中延律師爲之辯護。(假猩猩)椶谷嚴詞拒絕之。自承刺殺麥堅尼不諱。並謂此舉爲最正當最光明者。讞定。其兄詣獄中謂之曰。椶谷。汝死期至矣。吾欲延牧師爲汝懺罪。可乎。曰。否！否！吾不屑也！若輩……

翌日。官廳宣佈行刑。椶谷晏然坐殺人之電機上。官問曰。汝尙有何說。曰。我所作爲。乃最光明正大者。我得爲平民死。無憾。突司機者乃按機。一閃縮間。椶谷遽然長逝矣。時爲一九零一年之十月廿九日。年僅二十有六。其繼母嘗謂椶谷文弱。如好女子。今忽演此霹靂驚人手段。殊出人意料之外云。

麵包略取 序

克魯泡特金著
冰　紘　譯

是書英文名 Conquest of Bread 原著者克魯泡特金 P. Kropotkin 氏爲近世科學大家無政府黨之泰斗其著作膾炙一世尤以是編稱最凡無政府共產主義之眞理及實行革命建設完全自由社會之方法發揮無餘蘊法國文豪梭拉氏讀之驚其理想高遠辭旨淵妙嘆爲「眞理之詩歌」是書價值於此可見特譯之以質同志今先以序文刊出譯語倘有疵纇望讀者糾正之　譯者識

世之反對共產主義者其思想原甚陳舊且直不知此主義爲何物者也在昔希臘哲人嘗有理想國之論迨基督敎起往往集多數共產者以爲羣宗敎革命以還共產之羣愈大英法革命理想復活至一八四八年之大革命與而社會主義之理想遂浸淫于法國矣反對者乃曰「共產主義所陳之法則若按諸人類天性及需要之理解其中根本的謬誤實不少也」

此反對論調乍觀之若甚有力然吾人苟精研人類歷史彼言自喪其根據有生之初聚若干億兆人而營其村落生活相繼相承閱世千百是即社會原形也於斯時也生產之器械公有之土地公有之各家勞動之結果復各得所需而退其後共產之制壞乃由於外侮而非由內潰溯其源則自西歐始蓋彼所謂治人者特建土地專有之條以市恩於貴族及紳士社會(直譯爲中等社會即貴族與貧民間之一級)故也又若中世紀之市府其生產及商業仍爲社會主義的組織綿亙數世當此期間以人類神速之智慧工業美術大進步未幾軍國踵起足爲自由市府之障於是市民村民不得不聯合抵抗顧村市溝通智愚混合而天然之共產制度遂日即頽壞矣

所徵諸人類歷史者如此固未嘗有可爲反對共產主義之資料也吏於其反面求之當人類各努其力各營其生之際本爲純粹的共產組織顧人類結合之正當形式終不獲見者蓋始也社會惟有農事而已未幾忽來工業二者相成而國際貿易即亦繼起至是社會原形竟爲所擬蓋前此方爲個人獨立市府獨立狀態自國際商業與人咸遠征廣略以

求富。此民族之富。卽彼民族生業斁敗所償之代價。不復有各盡所能各取所需之象存。茲凡現象。於十八世紀之末而始呈端倪。至十九世紀拿破崙之役終而畢露。逮夫今日。可得而供討論矣。

（未完）

風雨雜聲錄

▲民賊徧野　先是萬國社會雜誌登一報告。略言有羅馬尼亞 Romania 同志佐治彼得 G. Petroiu 者。因接到支那雜誌一冊。忽被該國警察捕去。置之於獄。幸得工黨幹事及同志多人竭力營救。始獲釋出云云。當時記者已料所稱支那雜誌。必卽本報無疑。未幾果接彼得君及其友某君來書。具述此事。所接之報。卽本報也。按羅馬尼亞爲巴爾榦羣邦之一。自去年與五國聯軍戰勝土耳其後。軍國主義之毒燄飛揚跋扈。民賊動藉口軍律。恣意蹂躪人民之自由。觀於此事。可見一斑矣。惟彼得君自出獄後。志不少屈。仍繼續訂閱本報。且介紹閱者多人。誠可敬也。

▲中國社會黨之現狀　「中國社會黨」自被袁氏下令解散後。內地機關。令行停閉。上海本部原未被干涉。亦自行消滅。黨員星散。其黨領江亢虎氏。乃出遊美洲。現留於三藩市。出有一印刷品。名「江亢虎新大陸通信片」。所載多述個人行事。無甚可紀。惟對于無政府共產主義。已表示不贊成矣。吾聞日本之幸德秋水。其初本爲社會民主黨。及遊歷美洲。感受無政府之空氣。精研各家學說。歸國後乃大變宗旨。提倡無政府共產主義。而轟轟烈烈之爆烈彈案。乃與紅旗案接踵以起。然人未嘗譏幸德氏宗旨游移者。以其由社會民主主義。進而主張無政府共產主義。乃其後來之見理眞確。是之謂進步。若江氏則以前尙未敢明白宣言無政府共產主義之非。（於其發起三二學社自稱研究無政府共產主義見之）今足跡一涉美洲。論調遂爾一變。同一遊美也。幸德氏則如此。江氏則如彼。何其度量之相越若是耶。

附錄師復答凡夫書

來書稱「昨閱貴社寄來旅東心社處簡章」云云。閱之駭異。心社向無章程發出。亦不聞有所謂「旅東心社處」之名。足下所見。或他人自行擬定。或爲外間假冒。均無從懸揣。望將其地址人名及簡章內容見示如爲眞正同志吾等當急與聯絡若爲假冒則不能不鳴鼓攻之也（要之「旅東心社處」之名已不通心社無章程又何得有所謂簡章乎）至來書囑寄本社章程又自述素慕幸德秋水之爲人想或爲吾黨同志用特將此間略情爲足下述之「晦鳴學舍」者吾等傳播無政府共產主義之地也前後曾出印刷物數萬册民聲雜誌爲其機關近雖被支那民賊摧殘然同人奮步直前氣不少衰且當較前更勇至（心社）則爲同人特別發起之團體（以晦鳴學舍爲通信地）其宗旨在「破除現社會之僞道德惡制度而以吾人良心上之新道德代之」其範圍則在「個人道德」社中無所謂章程規則社費社長幹事等等惟有社約十二事一不食肉二不飮酒三不吸煙四不乘轎及人力車五不用僕役六不婚姻七不稱族姓八不作官吏九不作議員十不入政黨十一不作海陸軍人十二不奉宗敎此十二事之理由則根據於人道主義社會主義及無政府主義之眞理者也凡能踐行十二社約者卽爲社友亦無所謂罰條蓋吾人純以良心自由集合與他種結社迥別故也

總而言之吾輩對於個人「相戒勿爲違背眞理之事」對於社會則主張「廢絕私有財產傾覆一切强權以成共產大同之社會」若來書壯我國徽云云則非無政府黨之旨也

附錄師復答悟塵書

來書以答書簡短見責誠難辭疏慢之咎然足下當知師復乃一勞人此間共同工作之同志僅七八人耳而撰述譒譯排字印刷校勘以及洒掃炊爨洗濯縫紉封寄書報往來通信等事均此數人任之夙興而夜寐無一暇晷爲日猶恐不給師復每日所答書少則十餘通多乃至三四十而國內國外寄來之書函印刷物日以數十計又須一一過目加以印刷費郵費所耗不貲隨時籌畫尤足苦人由此言之試問有何暇日以作詳細之通信耶此當爲同志所能見諒者也

至來書謂「無政府黨有入政界之必要」此語太離奇絕對違反無政府黨之宗旨復敢反而斷之曰「無政府黨有排

斥政界之必要」一借政治以行社會主義一語惟今日無恥之「社會民主黨」(德國最多)能靦顏出諸口久已爲無政府黨所擯棄所唾罵無政府黨對於現在惡社會之救治惟有革命無所容其猶豫無政府之事業乃社會根本問題非支支節節之政府的社會主義(卽社會民主黨所倡圖在議院佔多數之半面社會主義)所能夢見更非卑汚苟賤之官吏議員所能容喙者也無政府唯一之宗旨卽爲排斥强權政治乃强權之淵藪故無政府黨必排斥政治反對國會豈有已所排斥所反對之物一旦可藉以行其主義者耶足下旣懷無政府思想望此後勿復留此等影子於腦中

師復啓事

師復社會革命黨也對于國民黨提倡之政治革命曾表示反對於本報已爲閱者所共悉而龍濟光之蹂躪晦鳴學舍及其後袁世凱之通電緝拿皆以無政府三字爲題目然則鄙人所抱之宗旨似紆頑之政府亦已知之當不至混爲政治革命黨矣不料邇來民賊毒餤日張凡欲排除異己輒借「亂黨」(國民黨之代名詞)二字以爲口實廣東獨立之舉旣牽涉余名甚至最下流之行爲如無賴陳某毒殺賭匪李世桂之事亦舉而加之於我鄙人非懼禍者特恐不知者誤以爲真疑鄙人言行不符實足玷辱我光明純潔之宗旨故特畧表而斥之嗟乎政府嗟乎民賊爾等如欲取我頭顱者無政府黨四字雖千頭萬頭亦可砍盡何必苦苦以我所反對者誣我適足以見爾等之作僞心勞耶

寰球世界語戒酒會消息

本會機關報向係半月一次今年改爲每月一次外觀較前優美內容亦更豐富全年報費仍爲一十彼美半(約合壹圓半)又去年第一冊至廿四冊全集以廉價售銀五角本報記者師復被推爲本會評議員有介紹會員之責凡有志入會欲取該會世界語章程者請函入郵票一分欲取機關報樣本者郵票一角現已入會之會員如下　佩剛　姚明仁　屈離　無等　拘蜀　無爲　天放　(以上上海)　韋捧丹　少榮(以上廣州)

代贈良書

本報承巴黎無政府報 Les Temqs Noa-vetux（新世紀）編輯格拉佛 J,G, ave 先生寄來法文新世紀叢書七種每種十餘冊皆爲無政府主義之良籍本報既感格拉佛先生傳播主義之熱忱特將書轉贈同志如有欲讀是書者請函附郵票三角即將下書七種奉寄

'1) Contrela Foliodes Armemets（反對軍備狂）格拉佛 J,Grave 著 (2) L'lbee Reaolutonnmaredcnsla Revoluton（革命思想在革命中）克魯泡特金 P,Kro-pothine 著 (3) La Loietl' Autorie（法律與强權）克魯泡特金著 (4) La Revolution sera-t-elle Col-leotivste?（集產黨亦將革命乎?）克魯泡特金著 (5) Le Principe Anarchiste（無政府黨之元素）克魯泡特金著 (6) L' Education de Demain（將來之教育）拉意山 A,Laisant 著 (7) Socialisme et Syndi-alisme（社會主義與工團主義）比哀魯 M. Pierro著

c

介紹良報三種

(1) Les Temps Mouveaux「新世紀」法文無政府機關報七日一期全年報費八佛郎半年四佛郎(每佛郎約合四角强) (2) Freedom「自由」英文無政府機關報每月一期全年報費一先令六便士（約合一圓弱）以上兩報爲著名無政府大家如克魯泡特金格拉佛諸先生所主筆 (3) Internacia Soeia Revuo「萬國社會雜誌」世界語社會主義報每月一期全年報費一士彼美(約合一圓) 其餘英文法文無政府書報及各國世界語書報本報均能介紹善本及代購

本報因出版愆期各地同志或疑本報停刊今特將本期一律寄贈倘欲續閱者望即寄費函訂自後非訂閱者停寄

助印費之同志

黃捧丹寄助本社印費十圓(由廣州) 陳惟心英金三磅(由哀瓜多爾) 李平一圓(由蒲東) 如淵荷幣五盾(由日里先達)

民聲

第六號

孫逸仙江亢虎之社會主義

Kontrau Sun Yat-San kaj Kiang Kang-Hu

師復

今日一般人之心目中、以爲中國言社會主義者有二人焉。即孫逸仙與江亢虎是也。是二人之有志提倡、記者未嘗不感之。顧其所言、究足爲眞正的社會主義否、吾人有不容不研究者。近世學子耳食者衆、震於總統黨領之名義、不暇論列是非、輒盲信爲社會主義之眞相。其結果有反足爲社會主義之大障者。記者於此又曷能已於言耶。

顧記者欲論二氏之主張、當先以數語略述社會主義之定義及其派別。

社會主義者、反對私有財產、主張以生產機關（土地器械等）及其產物（衣食房屋等）歸之社會共有之謂也。其簡單之理由、以人類生活賴乎衣食住、衣食住之所由來、則土地生之、器械作之、而尤必加以人工者也。土地爲天然之物、非個人所能私有。器械亦由人工造成。人工則爲勞動者之所出。故以正理論之、凡勞動者當得衣食住。惟現在資本制度之社會則不然、土地爲地主所佔據、工廠器械爲資本家所獨有、大多數之平民、則服役於此二者、爲之生產各物、其結果則大部分利益、均爲地主與資本家所掠奪、勞動者僅得微薄之工資、終歲勤動、曾不足以贍其生、而地主與資本家、則深居大廈、坐享最高之幸福、其不平孰甚於斯。欲救其弊、惟有由地主資本家之手、取回其土地器械、歸之公共、由勞動者自作之、自用之、人人共同工作、人人共同生活、夫然後可謂之平。此即社會主義之原理也。顧社會主義主張以生產機關屬之公有、此爲凡言社會主義者所公認、無有異辭。惟對於生產物之分配方法、則言人人殊、而社會主義中

遂有種種之流派。然大別之。可略分爲二。一曰共產社會主
義。一曰集產社會主義。共產社會主義者。主張以生產機關
及其所生產之物。全屬之社會。人人各盡所能以工作。各取
所需以享用之。集產社會主義則主張生產機關屬之公共。
其所生產之物。則由社會或國家處理而分配之。其分配法
亦有種種不同。然大致不外視其人工作之多寡。酬給因之
而異。各人所得之酬給。卽爲個人私有物。二派主張。雖有不
同。然苟欲其主義 實現。必須從根本推翻現社會之組織。
由資本家之手。取回生產機關。此則二派共同之點也。(至
二者之優劣。當世已有定評。所謂社會者。乃對於個人而言
故既曰社會主義。則凡社會之物。皆當屬之公有。而不能復
容個人之私有權。今集產主義以衣食房屋之類屬之私有。
是明明尚有個人私產。根本上已背乎社會主義之定義。且
同一房屋牛馬之圈廐。則爲公有。人居之房舍。則爲私有。同
一用品。工廠之煤膏。則爲公有。人家之薪火。則爲私有。於理
論上豈復能通。且集產者主張按各人勞動之多寡而異其
酬給。是則強有力者將享最高之幸福。能力微弱者將至不
足以贍其生。夫能力之薄弱。或關乎生理。而非其人懶惰之
罪。乃結果不幸若是。尙何幸福均等之足云。此吾人所以謂
集產主義爲不完全之社會主義也。)此外。有所謂社會政
策者。不欲從根本推翻現社會之組織。惟欲借政府之力。施
行各種政策。以補救社會之不平。其政策亦有種種。如限制
資本家。保護勞動家。行累進稅及單一稅。以及設置公共教
養機關等。皆是。此種政策。不過在惡濁政治中自標一幟。不
能名之爲社會主義也。以上。社會主義及社會政策之派別
異同。大略如此。今孫氏與江氏所倡導者。果爲何派之社會
主義乎。抑但爲社會政策乎。以吾意言之。則二氏之言。均社
會政策。而非社會主義也。讀者苟疑吾言。請得而論之。
孫氏本政治革命家。社會主義非其專治。惟心醉亨利佐治
之學說(卽單一稅論)欲實施之於中國。故同盟會綱有
「平均地權」之語。卽此物也。然亨利氏之單一稅論。乃一種
之社會政策。而非社會主義。蓋社會主義。無論爲共產爲集
產。必須由富人之手。取回一切土地器械。歸之公共。使社會
上無復留地主與資本家之跡。單一稅制則僅限制大地主

略減其勢力而不能使之消滅蓋大地主固不患地稅之增長者以彼將間接取償於勞動家故但以社會主義之根本理論言之土地爲天然之物固不容有所謂地主即亦不應更有所謂賦稅矣顧孫氏不但主張單一稅而已同時又自稱主張集產社會主義其在中國社會黨之演說有曰「共產主義本爲社會主義之上乘然今日一般國民道德之程度未能達於極端……則主張集產社會主義實爲今日唯一之要圖」其下復盛稱集產主義之元祖麥格斯之資本論是孫氏儼然集產派矣集產主義雖非圓滿之社會主義然固主張土地器械均歸公有絕對不容私產制度之存在者也今旣主張集產主義已從根本上推翻一切地主及資本家矣又何必有所謂單一稅者以騈枝於其間乎孫氏亦明知二說之相左故輙變其名曰「單稅社會主義」復爲調停之說曰「亨氏與麥氏二家之說表面上似稍有不同實則互相發明當並存者也」云云不知單稅論之所由來即以憚於改革惧社會主義所倡向地主取回土地之說之不易行乃代以單稅之法期稍殺地主之勢力實則因陋就簡不敢實行社會革命者也若集產主義無論其合理與否及手段若何然終不免改革現社會之組織取回今日地主所佔之土地歸之公共如是即斷斷不必復有事於單稅猶之主張共和即不必復有事於君主立憲更無所謂並存者也今孫氏乃同時主張集產主義與單一稅制吾誠不知其所可也推原其故實由孫氏誤認社會政策爲社會主義復誤認社會政策之所謂國有事業即爲社會主義之資本公有故至以麥氏資本公有亨氏土地公有相提並論不知所謂資本公有者乃取回生產機關操之勞動者之手由勞動者自使用之非如國有事業以國家爲資本主勞動者服役於國家無異其服役於工廠主者比也麥氏嘗解釋「資本」之意義曰「資本者乃貨物生產之際所發生之一種社會的關係也故生產機關苟操之直接生產者（即勞動者）之手此時即無資本之可言惟藉生產機關以剝奪勞動者之利益至是始稱爲資本」社會主義之資本公有即生產機關操之直接生產者之手之謂使資本之勢力無可表見者也國有營業則仍藉生產機關以剝奪勞動者之利益而資

本勢力反益漲膨者也二者在學理上之背馳若此孫氏乃謂鐵道及生利事業收爲國有即爲解決資本問題即認爲無異公有是直不知「資本」之意義者耳孫氏所謂主張集產社會主義者不外如是然則滿清與現在之政府均嘗嘩叫鐵道國有矣亦可謂爲社會主義否乎至亨氏之單稅論純爲支支節節之社會政策孫氏乃以之與麥氏資本論並舉尤爲不倫麥氏雖但言資本公有然土地實可包括於其中土地亦生產機關之一凡集產家無有不主張土地公有者也且其所謂公有實以土地歸之直接生產者之手單一稅則但由地主之手分潤其稅金不但不能名爲土地公有並且不能名爲國有祇可名爲政府與地主分有耳而孫氏乃以爲能解決土地問題是又不知所謂公有之意義者矣由此言之孫氏之所謂社會主義不過國有營業專徵地稅之兩種社會政策而已曾何社會主義之足云

若夫江氏儼然「中國社會黨」之黨領自當有明確之主張惟記者嘗搜索其言論則又未嘗不病其蕪雜也江氏曾爲「社會主義商榷之商榷」一文其言曰「共產主義乃社會主義之中堅……均產主義集產主義其方法不如共產之善故雖以共產主義爲社會主義不祧之宗可也」觀此則江氏明明主張共產主義矣乃其下文則曰「共產主義之精言不外各盡所能各取所需二語然徒取所需而不盡所能者將何以待之……否則無比較無競爭無希望其於人類進化似頗阻滯矣若夫不勸而興不懲而戒無所爲而爲之者又恐非一般人之程度所能及也」前後兩說乃極端反對之文字而江氏竟於一文中同時出之此眞足以令人駭怪者矣以彼所稱爲社會主義不祧之宗之共產主義竟不免於阻滯進化然則江氏所言之社會主義果爲何等物耶吾有以見江氏固未嘗深知共產主義之眞諦者也抑不獨不知其眞諦且亦不知其定義與派別故又曰「共產主義產分動產與不動產此派中有主張一切共有者有主張不動產共有而動產仍私有者有主張不動產公有而動產則廢除者即廢產主義廢產主義有名實俱廢者各盡所能各取所需不計價值也有名廢實不廢者即一種進化的銀行滙劃法也此外更有均產主義集產主義與共產頗

不同。「江氏於共產主義中分出若許流派。不知本自何人。若以吾所聞則生產機關與所生產之物一切共有者爲共產主義(江氏所謂動產不動產一切共有)生產機關公有而所生產之物則私有者爲集產主義 (江氏所謂不動產公有動產私有按不動產動產等字在此本不適用今不暇深論) 各盡所能各取所需爲共產主義分勞異給各取所値爲集產主義(江氏所謂進化的銀行滙劃法)今江氏乃統而納之於共產主義中以集產主義爲共產主義已屬可駭復謂此外更有集產主義與共產頗不同吾誠不知江氏以何者爲集產主義也江氏於學派源流淆亂若是故最近在美洲之演說又曰「均產集產均非盡善之法共產亦恐未易遽見施行」同時取社會主義之各派一例推翻之是眞可稱怪劇者也然而讀者無庸駭怪蓋江氏實主張社會政策者固無怪其取社會主義之各派一律推翻也江氏之言曰「鄙人主張敎育平等營業自由財產獨立廢除遺產制度凡人自初生至成人同在公共社會中受同等之敎育一屆責任年齡卽令自由營業所得財產仍爲私有惟各個獨立不相授受死後卽收入公有」此卽江氏最簡明之主張矣夫社會主義派別雖多然其共同之點必反對私產制度故無論共產集產均主張以土地器械屬之公有今江氏主張營業自由財產獨立曰營業曰財產明明有私產無疑曰自由曰獨立更明明保護私產無疑且中國社會黨亦僅以專徵地稅爲黨綱而未嘗主張生產機關公有與孫氏政策如出一轍其稍異於今世之資本制度者特遺產歸公一事耳然生前則明明各有私產且私產之範圍不獨衣食房屋而止必可並土地器械而私有之因欲營業之自由財產之獨立非得土地器械之所有權不可也充江氏之論營業自由野心家卽隨之而起今日之托辣斯大王不難復見於江氏之所謂社會主義之世雖遺產歸公終不足以絕其壟斷之欲望蓋彼輩萬惡之資本家大抵好虛榮弄手段以擁有多金奔走奴隸操縱金融爲樂事其目的不但爲長子孫計也故自由競爭一日不絕卽資本家與貧民之階級永無消滅之日以此言社會主產直南轅而北其轍耳矣口言社會主義乃於社會主義之根本思想尙且茫然反謂「雖有私產以有生爲斯共產之眞精神亦不外乎是」復自稱爲社會主義特殊之主張吾以爲江氏之主張稱爲特殊之社會政策則誠無間言矣若稱爲社會主義則吾期期以爲不可也何也蓋社會主義之根本共同點土地器械當歸公有必先承認此共同點始可與言社會主義今江氏尚未及此復証以其黨[illegible]黨綱所謂贊同共和融化種界改良法律破除遺產普及教育振興實業專征地稅限制軍備八事大抵皆社會政策之條件於社會主義之根本精神相去固不可以道里計本報前期謂其所主張近於聖西門之學說實則仍不能企及蓋西門氏固主張土地器械公有者今江氏則僅僅竊取其廢除遺產一事而已耳於其根本要義不敢附和也然則江氏雖百計欲避社會政策之名又烏可得耶

由是言之孫江二氏所言皆社會政策而皆自稱爲社會主義世人亦皆肇爲社會主義此眞不可思議之怪事也然孫氏於社會主義之派別尚釐然能辨江氏則忽而推崇共產主義忽而排斥共產主義忽而以集產主義爲共產主義忽而以遺產歸公爲共產之眞精神顛倒瞀亂尤難究詰且孫氏嘗自稱社會政策家嘗諱飾其所組之國民黨亦有採用社會政策之黨綱故除混稱社會政策爲社會主義之一誤點外尚不失爲宗旨一貫江氏則明明主張社會政策而必堅稱社會主義袁氏登位則電陳政見國會開會則上書請願黨章中且明著「黨員得以本黨名義從事政治活動」之條而必自謂不主張政治運動必自謂非政黨既非政黨則「中國社會黨」之八條社會政策的黨綱又將從何而實現之乃同時又自稱「本黨之宗旨不違反國家社會主義而可達到無治共產主義本黨之性質可爲政黨可以不爲政黨」模稜兩可飾說欺人至是而極是則比孫氏抑尤下矣至二氏共同之謬誤即恐人但取所需而不盡所能因之謂共產主義爲不可行是也此等見解幾爲一般人所通有記者曾爲無政府淺說（登本報第一期）對于此節已有解釋讀者試一參觀之當能釋然矣

記者之爲此論純爲研究學理非敢故爲苛論更絕非對於個人而爲非議誠以社會主義在中國方始萌芽正當之書說寥若晨星世人輒認二氏之論爲社會主義之楷模不知

誤信孫說則將以國有營業單一地稅爲社會主義誤信江說則將以還產歸公爲共產之精神以營業自由財產獨立爲社會主義之所尙而社會主義眞之諦逐蕩然無存此實社會主義前途之大禍也記者爲發揚社會主義保障社會主義計又烏能已於言（倘二氏以記者所論爲不實而欲有所辯正此則記者所樂聞也）

俄羅斯無政府共產黨第一次聯合大會告失敗同志書

師復譯

Saluto de la kongreso del' federacio de rusaj anarhiistoj konunistoj, al la viktinioj de l'revolucio, al la militkaptitoj de carismo, al la batalantej por la anarhio!

吾等與會於第一次無政府共產黨聯合大會之諸團體諸同人、敢以最懇摯最親愛之熱誠告我過去及現在運動失敗險阻艱難之男女諸同志、

諸同志乎、吾等組織之聯合會、爲欲創造無政府共產之社會、期吾人神聖事業之實現已由各地同人開第一次大會、研究關于吾黨理論與事實之種種問題矣、惟未言之先、有足令吾人懷莫大之感想者、即從前盡忠竭力於吾人正義人道公共幸福自由平等博愛之主義之失敗諸同志、以及現今在牢獄在拘所在軍流地之君等也、諸同志其奮勇其毋餒、已有人鼓其最新最猛之銳氣、以繼從前被害被捕之同志之後、彼等對于吾人主義、常懷同一堅決之血忱、同一猛勇之手段、及同一至死不撓之毅力、以至于最後之流血期、犧牲於無政府所憑弔之黑旗之下、吾人將戰勝一切快活之寄生蟲（指不工作之富人）暴虐之強權系及掠奪者、奏凱而旋之時雖未至、然爲期已不遠矣、吾人主義已深入平民腦中、愈播而愈廣、一旦受壓制者至於無可忍耐、平民革命之鐘、乃鏗然鳴矣、斯時也吾人自創一無牧師無皇帝無法官無獄吏無治人者無管轄者無資本家及寄生蟲之社會、不必請願、不必祈禱、亦不必恃賴人之國會代表、祇恃吾平民自己之實力、以赴最後解決之戰鬪、吾人對于主義之決心之希望、即最强之戰鬪品也、吾人將由地主資本家之手、取回吾人所應有之產業及千

百年來所被掠奪者。吾將取回一切土地、一切製造廠、物產、所、一切生產器械、一切消耗品、一切房屋及一切被奪者之財產、現在掌握於少數強盜(指資本家)及惡徒(指政府敎會等)之手者。悉數歸於原主(平民)自治而自用之。

吾人將於新地之上創造各盡所能各取所需之有人格的生活。(讀者聽之吾人現在生活於資本制度之社會。直野獸強梁無人格之生活耳)

同志乎。此乃必可實現之境也。

此時期且將不遠矣。吾等無政府黨已各竭其聰明能力以催促此佳運之快來矣。

男女諸同志乎。君等須知當此力作之時。吾人固未嘗一刻或忘君等之在艱難困苦中也。

吾等當永永不忘吾人革命傳播之經歷。實以君等拘囚流竄之貴重代價購來者也。

吾等繼續君等之熱忱毅力。以盡瘁於吾主義。吾等將出君等於不自由之域而復入吾人儕類中。

諸同志其益奮勇。毋失望。君等進步!無政府萬歲!

世界語與無政府黨

Anar hiisto kaj Esperanto

如晦譯

有一最要之問題。關係於吾人主義之進行者。即「無政府黨與世界語」是也。

世界語之完美而簡明。已為有識所同認。無庸余之贅言。余所欲言者則以世界語於吾人主義之傳達有莫大之便利也。余所識之無政府同志分居四十七國。所用語言不下六十餘種。而通英語者不過三人。我等惟恃世界語以互通聲氣耳。余十三歲即出學校。不過半月已諳世界語。能與西班牙法蘭西葡萄牙匈牙利支那日本諸國同志通信矣。頃有一德國同志暑假來遊英倫。其人並不識英語。吾亦以世界語與之交接。暢論吾人主義之進行及互道兩人之懷抱。其樂融融不可名狀。苟非藉世界語之利器。胡由得此樂事耶。無政府黨乎。世界語乎。繼自今其將日益接近攜手。以圖猛捷之進行乎。

師復按此為英文「自由」報 Freedom 所登之來函。蓋欲勉吾黨採用世界語為交通之利器也。余昨又接巴黎寄來和平自由會出版之小冊子。亦有「無政府黨與世界語」Les Anarchistes et la Internationale Langue "Esperanto" 一書。發揮此旨甚詳。該會宗旨。卽欲傳播無政府主義於世界語學者。復傳播世界語於無政府黨者也。蓋世界語既有萬國通語之價值。吾黨欲破除國界及交通各國同志。自宜採用之。然吾人雖採用世界語。而非謂世界語卽無政府主義也。世界語之在中國。尙屬幼稚。能知此語之眞相及作用者實鮮。故恒人對于斯語輒有兩種謬見。一則以提倡斯語者多屬社會黨無政府黨。因疑習世界語者卽爲黨人。一旦社會黨被禁。斯語遂亦受波及之影響。幾於無人過問。二則以世界語之宗旨在和平。無政府黨之宗旨在破壞。因疑二者不能相容。不知此兩說皆非也。世界語之與社會主義無政府主義本非一物。特以世界語之宗旨。破除種族國家界限。希望永久和平。而社會黨與無政府黨亦無不懷此宗旨者。宗旨既同。提倡因之愈力。非謂世界語卽社會主義無政府主義。亦非謂必黨人然後可習世界語也。此語之在歐美。久已推行於各種社會。凡教育商業科學文學郵便鐵道等等皆通行之。甚至警察及旅館亦多通此語者。蓋此語爲純粹中立性。無論何人均可採用。惡在其必爲黨人耶。至無政府黨之採用斯語。正惟以其宗旨相同。疑者乃以爲一主和平。一主破壞。是又不知二者之眞諦者也。世界語主和平固矣。然無政府黨又何嘗不主和平乎。無政府黨之運動萬國聯合。鼓吹反對軍備。非卽其主張和平之明證乎。至有時不能不激烈行動。實行暗殺革命罷工等事。亦無非忍一時之痛苦。求永久之和平。除少數之障礙謀多數之幸福。凡暗殺革命皆本此旨。蓋以至仁之心行至不仁之手段。此乃惡毒之社會驅迫吾人不得不如此者。非好亂也。非殘忍也。以極端希望和平之人。至迫而爲激烈之舉動。吾黨之心乃愈苦矣。世界强權之壁壘固非空言赤手所能使之消滅。不得已而以非常之手段對待之。及其壁壘既去。乃建造眞正自由平等博愛之社會。必如是始有眞和平。蓋和平固非煦煦孑孑者所能語此也。茍明乎此。又何疑於吾黨之採用世界語乎。

再續世界語萬國大會紀事

Kongleso de Esperanto

安眞譯

廿九日「寰球世界語會」開第三次會議討論各問題中有國際戰爭兩國之代理員應否照常担任一題衆議本會爲中立性質與政治毫不相關自當照常次討論章程及來年巴黎大會事並致謝本次大會董事部佈置之勞

是日法國同志聚集討論明年巴黎大會事各團體之集議者在倍城大學有靑年會學生會自由思想會素食會鐵道會郵政會禁酒會等在公共大會堂者爲科學大會在倍城劇院者爲聖日會

晚八時半開萬國跳舞會場中佈置合宜電光映射若淡月疏林四弦徵奏如漁陽三節衣袖飄忽步履輕盈舞者各衣本國服式極詼諧之致盡耳目之歡可謂得未曾有

三十日「語言董事會」開第三次議事會決定大會每年舉行一次某君以英國世界語會及蘇格蘭聯合會名義請定一千九百十五年第十一次大會開於蘇格蘭美洲三潘市同志則請開於三潘市省因巴拿馬運河告成適於彼時開萬國博覽大會到者必衆可以趁此傳播也後公決擇定蘇格蘭之 Edimburgh 地方爲大會地三潘市則開全美世界語大會歐洲當派代表員前往云復有提議爲柴門博士鑄造紀念碑者柴氏但與以極簡丁之答覆曰「吾人不息之勤勞卽最好紀念碑也」

是日復開萬國辯論會於大會堂高談雄辯發揮盡致有題爲「祖國」者謂祖國之義證以歷史及今日現狀乃極不祥之結果以道德言人人當反對祖國主義爲應盡之義務云

是日自行集會者有律師會航海會警察團醫學會男女平權會公職會及紅旗黨社會黨等晚八時爲音樂及文學會有合唱獨奏演說之類有德法同志互相攜手表示德法世仇當視爲已往野蠻之陳史以後當易以友愛云

三十一日晨行閉會禮舉出下年大會董事數人巴黎一人蘇格蘭二人散會後乘電車升雪山之頂紅十字會演習救傷隊下午有同志某君獨乘飛機飄飄而來翱翔乎平原之上止足乎雪山之巓展五角星徽於空間以示慶祝次日尙有寰球世界語會同志發起同游瑞士之旅行隊茲不贅述

附錄眞民先生與師復書

眞民先生爲中國提倡無政府主義最先之一人。往者在巴黎發行「新世紀」七日報及「新世紀叢書」等。鼓吹主義不遺餘力。中國人略知有所謂無政府主義實先生之力也。自「新世紀」停刊後。同志欲聞先生言論者頗不乏人。記者於前月與以一書。討論吾黨進行。今得其復書。特節錄如左。先生邇來專務由科學教育傳達主義。現方譯述「互助」(克魯泡特金著)「人學」(南達著)二書。並願以餘力襄助本報文字云。

師復附識

……關於吾黨進行之方針。弟以爲應從學問與教育入手。西方同志之進行。約可別爲四類。(一)教育。(二)傳佈。(三)工黨。(四)急進。此四者。各有所宜。隨地隨時而異。社會之改革。漸就成熟。後二者自可收絕大之效果。若社會之進化幼稚。自當致力于前二者。前西班牙佛瑞氏。即主張以社會教育。刊佈書說。組織學校等事。爲進行之方法。弟亦以爲此最宜於中國之現在。工會在法國。甚有效果。在中國則甚難實行。法國人人皆讀書識字。傳佈甚易。且組織工會者。即工人之主動。故能行之無弊。中國工人多不識字。傳佈已難。若工會不由工人組織。而由非勞動者爲之。將來必至勞動者爲非勞動者所利用。若先生等擔任之。自無此弊。惟一旦推廣各處。則不可知。故組織工會之事。至善。而其弊則甚危險。似不如先從事于工人教育。俟其有知。自爲主動。則可爲純全工黨之機關也。在法國工黨發達以前。先受「義務教育」。繼受「平民教育」(義務教育出于政府。固不能甚善。而普通知識可以得也。平民教育則多爲民黨所組織。名曰平民學校。社會觀念。工黨傳佈。恒寓于其中)始能有今日之工黨。徵諸往事。故弟以爲欲得工會。須先從工人教育入手。未知先生以爲何如。

標明吾黨主義。設立機關。招人入黨一事。弟以爲與宗旨不無衝突。吾黨與尋常政黨不同。似不宜有形式之組織。歐洲同志之結合。或自由交接。或相識者約集討論。除秘社交通之外。殊少機關組織之形式。(有標明主義之會。亦不過約集同志會談。而非設機關招黨員之性質也)即工會雖多。同志列身其間。不過藉爲作用。固非純全主義之結合也。若爲作用計。組織他種團體。自無不可。（如佛瑞氏之教育會加巴若夫氏之科學會等。）以宣傳明主義之名詞。爲同志之交通機關者。報社似已足用。先生以爲然否……

▲再續海外同人錄　Niaj internaciaj kunlaborantoj kaj korespondantoj (daurigo): 三十八 J. Grave, Francujo（巴黎新世紀報編輯） 三十九 Em. I. Nicolau, Romaniujo （羅馬尼亞） 四十 Vlad. Sazaroft, Bulgarujo（保加利亞） 四十一 L. Steffens, Usono （美） 四十二 D. Smirnov, Rusujo（俄） 四十三 P. Asselin, Francujo（巴黎「自由是」書記） 四十四 F. A. Goodliffe A-nglando （英） 四十五 Bertin Roli, Norvegujo（那威） 四十六 Szalav Ambrus, Hungarujo（匈牙利） 四十七 G. Desrut, Francujo（法）四十八 J. Dupont, Belgujo（比利時） 四十九 J. Habert' Francujo（巴黎世界語工黨報記者） 五十 Leonard Wood, Durban（杜班） 五十一 Jas Hamp son, Anglujo（英） 五十二 A. H. Holt, Anglujo（英） 五十三 L. Kelet, Argentinujo （亞爾然丁萬國世界語會代表員） 五十四 N. Jacquemotte, Francujo（法） 五十五 J. Recks, Anglanda（英）

四海之內
皆兄弟也

民聲

第七號

素食主義淺說 La vegetarismo

師復

素食主義有二義、一以常人之肉食品・經醫家考驗・知其中含毒質至多・感動腦筋・污染血液・腦筋腸胃血絡諸病・往往爲肉食所致・其中又有傳染病之種子・爲患尤烈・（其詳別述於他篇）惟素食者乃能免之・此醫學的素食主義也・二、肉食者殘殺生物・以供吾人口腹之慾者也・以科學言・人爲動物中之一族・（歐美新動物學書皆以人與猴同列一族・名曰第一系）人之食肉・實無異於肉食獸之自殘其類・以心理言・則好生乃人類之公性・吾輩主張擴充本來良德者・何獨於此而忽之・此博愛的素食主義也・前者屬於衛生問題・後者屬於道德問題・要之不離乎科學之眞理而已・

顧或有以爲衛生問題與道德無關・因謂吾人不應混衛生與道德爲一談者・不知衛生與道德・以舊眼光觀之・似無關係・實則人類之所以能進於文明・不外知求學以增腦智・知衛生以長體力・二者缺一・均未足以完人類之責任・故二者皆改良人格・求人類進化之事也・夫以改良人格・求人類進化之事・而曰與道德無關・則又烏可・且素食主義・自衛生言則爲愛已・自道德言則爲愛他・已爲人類中之一人・人又爲動物中之一物・苟言博愛・則已與他同在其中・愛已愛他・均謂之仁・均爲人道・不衛生・即不愛已・不愛已・即不愛人類中之一人・直可謂之不仁・有背乎人道・此衛生與道德・實不能離而爲二之說也・

或者又謂素食主義・不食動物而食植物・植物亦生物界之一・於博愛之道仍未圓滿也・不知動植二科嚴明之區別・雖或難得・而普通之區別・則人所能知・動物爲最近於人類之生物・而植物則否・此固不難以粗略之概念判之者也・吾輩

之素食主義目的在(不食肉)其代之以植物亦第謂食植物猶愈於食動物而已吾人理想上之主張固未嘗不謂植物亦當在不殺之列且確信科學發明必有一日能以無生物質製成食料用代今日半開化之食品（近世科學家已多有研究此事者不久必將有所發明吾人所希望決非不可及之事）特今日尚未至其時吾輩亦惟有本去其太甚之義先取其與人最近痛苦最甚如動物者戒之其他則姑俟之異日此固無可如何之事不能執見牛未見羊之說來相詆諆者也託爾斯泰曾著(第一級) Unua stupo 一書發明素食主義原理謂素食爲人類道德進化之第一級亦可見素食主義之價值矣

或者又謂人之嗜肉根於天性爲人類之自由不宜有所限制不知既名嗜慾何得謂之自由若如所云則世之嗜賭嗜嫖嗜鴉片嗜殺人者亦多矣豈亦謂賭嫖吹煙殺人皆人之自由而不必戒乎凡事只當問其是否合於眞理不能計及人之嗜好也肉食之有礙衛生既如醫學家之所言而人與禽獸固同爲動物其間非有貴賤之之殊生理組織亦未嘗有異所差者特腦智之進化畧遜於人耳今世之山番野蠻尙多其腦智固遠遜於開化之人類設有人殺山番野蠻而啖之吾輩當必以爲大怪然試問殺禽獸而啖之者相去又幾何耶（據動物學家之報告今日之野蠻人類其智慧及善意不及高等人猿者尙有多種）食肉之不合於眞理既無疑義即嗜好亦當爲所詘矣抑謂嗜肉爲人類之天性此亦不然人之飲食其目的在供機體之需費人之機體不過由十數化學原質所合成故苟有其物能供吾人體中各原質之需費者卽已足達飲食之目的不必問其爲肉與否譬之注油於燈但求能供燃火之質料不必問其爲何種油也昔人不明科學故有「飲食男女人之大慾存焉」之語而不知二者皆生理之作用本無所謂大慾無所謂嗜好其成爲嗜好乃由於習習凡機體愈習用則愈發展習於食肉乃覺肉之可嗜久久遂謂非肉食不足以爲甘而以爲出出天性猶之男女之交合本出乎生理作用之不得不然及其爲之既多遂習爲好淫而亦以爲出於天性此實不知科學之謬見也証之素食同志之不食肉有行之已十數年者有數年

或一二年以來者固皆居之若素不特不覺其苦且覺其甘行之未久即已厭惡肉食激烈之食慾亦自然消滅而體力未嘗少弱精神則日見增進更何天性之足言耶

或又以爲不食肉則禽獸日多將有禽獸逼人之禍此更杞人憂天可爲發笑者也上古之禽獸逼人其原因別有所在與人之食肉與否無關不然今世界動物據近世博物學家所考定者共有三十六萬六千種而普通人所取爲食品者度其極不過百數十種而止如必食肉然後可免禽獸逼人則今日人類所不食之數十萬種動物當久已舞爪磨牙需人類而吞食之矣若謂人類所常食者(如豕羊之屬)皆孳生最繁其他則否此亦不然吾聞動物學家言物類之孳生最速倍於豕羊雞犬等者尚不知凡幾然皆未至於逼人可見人與禽獸之可以共同生息於世界之上者其中實別有至理存乎其間也

若夫害人之獸如虎豹豺狼之屬更非人所能食然既爲害人之物人類自有所以去之之法吾輩主張革命主義其最要之格言則曰抵抗强權故近世無政府黨倡導大同博愛藹然仁者之言及其對待皇帝總統資本家則往往以手鎗炸彈相饗誠以此輩挾持强權有害於人爲人道之蟊賊去人道之蟊賊乃所以保障人道猛獸害人(並害他種動物)其爲人道之賊則一去之亦所以保障人道抵抗强權固與博愛之旨無所衝突也(推之衛生家常撲鼠以杜傳染滅黴菌以保清潔而人未嘗以爲不仁其理亦與此同)明乎此庶知吾人之素食主義爲與佛氏殊科佛氏戒殺生爲極端主義推其極便不惜潰疽以養蟲舍身以喂虎必如是而後慈悲之說乃能自圓若吾輩之素食一方面爲衛生一方面不欲濫殺無辜之物以供口腹縱其爲世界之大害不去之不足以保障人道者自然無所容其姑息故凡一切菩薩之慈悲嫗嫗之仁義皆不足以語此者也

又有謂雖不食肉而毛革等物不能不用仍於博愛之理不全者不知毛織物第剪毛爲之而非必戕其生革物自發明假革製造法後一切革器用眞革者已減其半設世人皆不食肉又何難全用假革即間有特別物品非用眞革角不能者亦可由老死之動物取之也至皮裘一物乃黴菌之發育

壞。殊礙衛生。更當廢絕絲織物。則純爲奢侈品。無裨實用。可與皮服同廢。蓋綿麻與毛織物。皆較絲綢耐久而衛生也。

記者又嘗接俄國世界語同志與我一書。討論素食主義。其意以爲「衛生的素食主義」誠爲至論。若「博愛的素食主義」微有缺點。因現世人類被種種強權之迫壓。其痛苦視禽獸之被殺爲尤甚。故博愛主義當先救人類。而不遑計及禽獸云云。不知素食主義非愛禽獸而不愛人也。人類之痛苦。近在切膚。「救人」固不能一刻緩。而素食主義亦未嘗不可同時並行不悖。既非謂素食。即不必救人。又安能謂救人即不必素食。否則一面言救人。一面又任意濫殺廣義的同類。(即禽獸)其不自相剌謬者幾何耶。

又有疑植物滋養料缺乏。恐其不足以養生者。不知肉食含卵白質脂肪質雖多。而皆缺金石質。(燐砷鐵等)植物則富於金石質。而亦未嘗缺卵白脂肪等質。(卽如各種大豆。其所含滋養料較肉食更富。豆漿豆腐。功用幾在牛乳之上。此皆科學家所實驗者也。)近世新衛生學。已提倡少食卵白脂肪。而注重金石要質。此蔬食所以日益推行也。試觀邇來平民之經濟狀況。日趨於窮蹙。除少數富貴之寄生蟲外。能得充足之肉食者。曾有幾人。然未聞其不能養生也。更觀鄉野耕作之同胞。苟非歲時慶節。幾不復知肉味。然其體魄之强健。必勝於肉食者數倍。此亦足證素食之有益而無損矣。

其他素食之利。尚有數事。肉食者粗暴。素食者寧靜。肉食者腥穢。素食者清潔。肉食者費奢。素食者費省。凡此皆與吾人之德性上。生活上。有密切關係者也。

若語習慣。則歐美爲食肉派之國。改行素食較難。支那日本爲蔬食派之國。改行素食必較易。乃歐美各國之素食會員。動以十數萬人計。而東亞各國本爲蔬食派者。反無人倡導。我願有進化思想者之急起研究而鼓吹之也。

西伯利亞之觀察　克魯泡特金自述之一節

El la autobiografio de P. Kropotkine　師復譯

余在西伯利亞所經之歲月。足令余得無限之學識。爲他處所不可得者。(克氏本俄之貴族。少年嘗從軍於西伯利亞。)余之拋棄一切謬想。決定國家統治機關於人民無絲毫之利益。實始於是時。自是不獨深知人與人類之本性。抑且深知人羣生活之樞機。此間民族載籍罕道。顧其所建設之事業。及其事業在社會進化中之重要。皆一一顯現於我之目前。既觀彼民族由杜高波爾 Duhoboroj 而遷於阿姆爾 Amura regiono 之社會狀態。復察彼等共產的協愛的組織。所獲之實効。更由國家的殖民事業之失敗。而證明彼等殖民事業之結果。凡此皆載籍中所不能贊一辭者也。

更與彼土著之居民雜處。而察其社會組織之複雜狀態。實有最大之光彩。足爲吾本書生色者。此種僻壤民族所演之偉業。經余之實地觀察。而瞭如指掌。自是余之思想一變。對於治人者(首領)與被治者(人羣)之關係。蓋與托爾斯泰所發表於其「戰爭與和平」一書者。吻合無間矣。

余經過貴族教育。而初入正式生涯之時代。思想與尋常少年無異。心目中所以爲不可缺者。即統率、命令、賞罰、懲治、等字也。顧一經入世觀察。既深種種謬誤。立時畢露。余乃洞知以號令及規律爲根據之作爲(即國家統治)與以公共意思爲根據之作爲(即自由協愛之組織)二者之間。其差別。實不可以道里計。前者之作用。純以軍隊的性質行之。而於衆意結合之正當生活。全無價値者也。當此之時。余雖未以政治的名詞表示余之意見。然由今言之。余少年腦中國家統治之觀念。實悉數拋棄於西伯利亞之荒野。而純粹成爲無政府黨。即此時也。

余自十九歲至二十四歲間。曾圖謀重要的改革計畫。集百人於阿姆爾河畔。以可笑而渺小之方略。準備實行大冒險之戰鬪。此事卒收多少之効果。余遂可以實事之經驗。證明號令與規律之無用。吾願凡提倡國家統治之政治學家。於搆造其理想國家之先。一遊此正當生活之學校。(指西伯利亞) 吾知此後主張軍隊的(喻壓制)金字塔的(喻階級之多) 社會組織者。必比今較少也。

告婦人 Al la Virinoj

師復譯

此會爲萬國和平自由會 Internacia Asocio "Poc Libereco" 所出版。Urbain Gohier 氏原著。Ei-Blan-Go 氏譯爲世界語。萬國反對軍備黨書記 Felicie Numietska 女士序而行之。書雖寥寥數篇。然其描寫軍隊之惡狀。語語動人。讀之令人感泣。中國近日慘罹兵禍。焚殺劫掠。幾無人理。於是人人皆知兵爲不祥之物。然大抵知其然而不知其所以然。徒怨兵不能保民。而不知兵原爲禍民之毒物。徒望軍官之約束軍人。而不知從根本上推翻軍備。故人民一面苦兵。政府則一面言擴張軍備。政治家一面倡軍國主義之邪說。而平民亦不知之所以抵抗之。蓋未聞「反對軍國主義」Kontraumilitarismo之大義也。爰特取而譯之。亦以見歐洲反對軍國主義運動之一班耳。「萬國和平自由會」出版物除此書外。尙有「軍人新指南」「告我農家之兄弟」「祖國戰爭及營房」「軍國主義」「反對愛國主義」「上帝之罪惡」「國會主義之夢想」等書。均以世界語刊布。

譯者附記

吾人反對軍國主義之運動。所最不可缺者。卽婦女之贊助也。

今之婦女。有設會以看護傷兵者矣。然不若防止傷兵之發生之爲尤愈也。有聯結團體以運動政府保持和平以矣。然不若教育青年使其不樂戰爭之爲尤愈也。俄皇德皇或英皇。均不足爲和平之保障。惟吾平民決心不顧戰爭。斯乃永久眞正之和平耳。

凡人無不由其母造成者也。爲人母者。何故任野蠻強暴之根性。潛滋暗長於其子之腦中乎。何故許人日以無稽之歷史。擾亂其記憶。好殺之惡德。腐蝕其心肝乎。

常見清白無辜之兒童。往往以戰爭爲嬉戲。飾軍服。佩鎗劍。所懸想者屠戮。所談笑者殺人。天下可悲之事。莫此爲甚。試問爲此等可憐稚子之母者。果何等人耶。

軍營之對於婦女。最足顯示其殘忍不仁者果何在乎。卽凡人一入軍營。無不鄙賤婦女是也。軍營者。禽獸之畜牧圈也。蕩子之養成所也。花柳病之發育場也。雖有善者。一入其間。卽淪於惡。「母乎！已非復汝子矣！少女乎！已非復汝之愛弟矣！已非復汝之愛夫矣！」此卽軍營之所以報汝者也！」此言雖若可駭。然皆事實。不可誣也。汝等苟疑吾言乎。請留意一隊少年之歸自軍中者。其面如故。其人則已非矣。一出言。一舉目。皆使汝爲之失望。爲之不安。爲之慄。

慄危懼如臨深淵蓋至是而此輩冥頑生物雖與汝等日夕相對而其間愛情已格格不入無復絲毫融洩之樂矣

善乎佛禮千氏之言曰凡人一入軍中卽無復人之價値其歸來者本質已壞惟一癆病夫而已花柳病夫而已酒徒而已其他永別不歸者則有若受毒也熱病也亞非利加及西伯利亞之戍卒也軍法局也鎗斃也割耳也鐐拷也亂葬塲也監獄也卽此輩最後之結局也

若爲殖民地戰爭其屠殺之慘更非言語所能形容者矣

然而當世婦女固始終默不一言也!

意大利伯惠 Pavio 之婦女嘗抗阻其政府遣發彼等子弟往亞非利加之屠塲矣而法國爲人母姊之婦女則啓懼呼鼓舞送其子弟往馬達加斯嘉島(法國非洲殖民地)假借美名以奪無告之民之土地卒之婦人之頭聲未畢而熱病痢病之來已如彈雨飛下一塲狂熱乃付流水慘哉

且此等戰爭不特犧牲法人而已對於被征服者又必肆其焚殺刼掠可斷言者也

人苟聞其子被殺於人或其弟其夫爲殺人刼人之事其悲傷非易地皆然者乎嗟嗟死者一去不還若何失望其還者則已變爲鮮血淋漓之兇人惡徒劊子手又若何可驚而可懼耶

(未完)

麵包略取 序(續)

Conquest of Bread by P. Kropotkin

克魯泡特金原著
冰　弦　譯

一七九三及九四兩年法人躍躍欲逞革命已別乎政治徽號其三種趨向實含有多少社會主義的意味其一曰財富之平均 The equalization of fortunes 增重所得稅及繼續稅並倡土地公有之議將欲取而擘分之同時主張戰費負擔單獨責諸富人其二曰都市的共產主義 Munici-dal communism 一般人所需要之品由都市職員購備之售諸衆而僅取原値其三曰制定標準物價之國法 National system of rtionally establis ed priceo of all commodities 生產之眞値商市之廉價皆于此求之當時民黨於斯三者期成綦切一再進行幾于成就

此求之前聞之奇異舉動近世社會主義實淵源於是如里

昂府安基 L' Ange 之於孚理亞主義勃安那律梯氏 Bnonarotti 及巴比氏 Babenf 之主共產主義實繁有徒焉未幾大革命隨其後三大家並興實爲近世社會主義之基礎三家者孚理亞 Fouriei 聖西門 St. Simon 及羅弼歐文 Ronbert Owen 是復有葛文 Godwin 者繼三家而倡「非國家的社會主義」於時勃氏巴氏所主持之秘密共產黨傳播其學說於軍界後半世紀厥理大昌

準斯以譚近世之社會主義其興不及百年而前半紀中以工業對峙者僅英法二國耳拿破崙十五年之大戰血光掩映自時厥後又有事於東方矣

自法國一八三〇年七月之役至一八三二年間之革新舉動實震起後來可怖之再四革命而一八四八年之役之前數載社會主義方始掛士夫之口當此時間孚理亞聖西門羅弼歐文之精神尙爲後起者所制限今日存在之一般社會主義學校斯時悉被制止

其在英國羅弼歐文及其徒曾建「共產村」實施其法同時農工組合大會嘗增拓「共產殖民地」「商業大組合」Greati Consolidated Trades' Union 亦於此時發生而「工黨」「萬國勞動大會」等乃並見於吾人時代「孚理亞之思想」一編出版于法發表其神聖玄音絢爛文章祥光湧現復有蒲魯東 Proudhon 者提出「無政府主義」「互助主義」不取國家之干涉而魯易布郎 Louis Brane 之「勞動組織」Organization of Labour 亦且印行而爲後此萊薩耳 Lassalle 氏之論據法之威度爾 Vidal 德之魯連斯典 Lorenzstein 皆於一八四六及四七年間表其意見于報上碧迦 Pecqueur 氏則力倡「集產主義」Collectivism 一八四八年提出國會投票取決本此主義制爲定律

雖然於此期間社會主義之法則尙無實相之可言也彼三大家生當十九世紀之會天際曙光朝陽鳴鳳爲此瑰偉之論恍如成一新教彼等計日程功進行勿怠儼若新教堂中主者愿顯吾既詳述法國革命時代此主義之狀態更比較其進退則失敗較成功爲多此何以故以彼等不信其羣故彼等思想中所以爲必當改革者卒未取而改革故徒效忠

于治人者（政府）及社會主義之拿破崙（權殘者）將亦何益。其所習于社會者。倏爲其他思想所辯勝。是則雖具有社會革命造福人類之能力。而無所用之。夫軍中驕子之拿破崙。可以一震之威。統全球。而社會主義之驕子。追踪奮起。奚不可運歐羅巴于掌上。而布其新福音于衆生乎。個中眞義根荄正深。樹立正久。草蛇灰線。時隱現于世間。其所由來者遠矣。

必欲徵其實相。則一八四〇至四八年中。革命潮流正盛之頃。貧乏無告之人。始以社會黨旂幟。標于當路。而此眞理之于人心。未嘗不深入一步。眞理緒餘。遂釀爲兩事。一方面爲共和政府。一方面爲自由社會勞動者畧得展權焉。

是歲二月之役。紳士社會的共和派。大失所望。宣布共和四閱月。巴黎貧民乃以七月暴動。鬪血流標柱。放流于新堅尼島者甚衆。拿氏繼復揚波。十餘年後。掃蕩無存。社會主義之蹤跡。竟歸無何有之鄉。以逮文字人名。都付劫燼。赫赫於前者。至是無聲無臭。幾於無人過問。後有作者。亦等於從新發明耳。

（未完）

通信討論欄

（答樂無）　來書疑「無政府」一語。字面若僅反對政府。而欲易以「無强權」。又欲易「無政府共產主義」爲「無强權無私產主義」。或「自由共產主義」。記者竊以爲未當也。文字有東西之不同。而學術則世界之公物。凡學術上之名詞。當從共同之意義。而不必遷就其本國之文字。無政府主義亦爲學術上一名詞。無論法語英語德語世界語或他語。其字根皆不離Anarhismo 紬 Anarhio 字之原意。實爲「廢絕首領及一切統治機關」。據此定義。試問除「無政府」三字外。尚有何語能如是之吻合無間者乎。克氏之釋以無强權。乃謂其含義如此。而非謂無强權可代無政府。無强權一語在西文尚未成專名詞也。至恐無政府之字面不能包括反對家族反對宗教反對祖國反對軍備反對國會等等。此亦不然。凡此種種。皆爲政府之附屬物。政府一去。凡百皆隨之而倒。豈有無政府之世。尚容有家族宗教等等者乎。又豈有無政府黨而不反對家族宗教等等者乎。故一舉無政府之名。即能知其大畧之概念。不必如來書所謂下以冗長之解說者也若謂「惡與惡政府勝於無政府之說相混」云云此尤無庸慮及此語出於反對者之口吾輩安能禁之吾人卽易無政府爲無強權彼輩又何嘗不可曰強權勝於無強權乎蓋強權卽 Autoritato 所謂權力所謂國家之權能皆化物也今之臭政客非日夜夢想「強有力之政府」者乎然則強權固非彼輩所諱言矣

「無強權無私產主義」一語以無強權無私產對舉尤爲誤會所謂無政府共產主義者 Anarhiista komunismo 乃謂無政府的共產主義以無政府爲共產主義之繫詞（與無政府社會主義一語同）而非以無政府與共產爲兩事而對舉之也無政府黨必主張廢私產故社會主義原可包括於無政府主義中惟以社會主義有集產共產之殊近世更有獨產黨主張獨產主義 Individualismo 頗爲世所詬病而亦稱爲無政府黨故吾人主張共產者尤宜標明宗旨並非謂無政府之名不能表示反對私產之意乃加入共產一語與之並舉也若如來書名爲「無強權無私產主義」便與原意相戾矣且無私產三字亦不能表示其爲共產蓋凡集產黨或獨產黨亦未嘗不反對私產也

「自由共產主義」一語其以「自由」與「共產」對舉乎則病與無強權無私產一語等其以自由爲共產之繫詞乎則自由未必卽無政府於義亦不能明瞭也

總之「無政府主義」「無政府共產主義」之兩名譯義旣精審命名亦正大可謂絕無缺點在華文旣已習用而同文之日本亦復相同又何必多所改作乎彼一般無識者避之而不敢用君等又疑其名之不協竊謂兩皆失之矣

又先生等前年發起之社會黨本以無政府共產主義爲宗旨乃不名無政府共產黨而仍名社會黨竊不審其用意及讀「良心」雜誌第一期乃曰「變更社會政治之組織卽爲無政府變更社會經濟之組織卽爲共產至無政府與共產兩主義實行斯眞成一完全之社會矣故吾人取名社會黨而不標異名」云云不知無政府主義可以包括社會主義惟社會主義則決不能包括無政府主義今欲以無政府統於社會主義中乃謂「變更社會政治之組織卽爲無政府」此語實不合理論蓋政治乃國家機關之行動與社會絲毫

無關社會乃人羣之結合而無所謂政治之組織社會主義 Socialimo 則「主張生產機關及產物屬之社會」此外絕無他意與變更政治組織渺不相涉今誤以社會主義能包括變更政治經濟之組織因以無政府與共產爲兩事而對舉之與此次來書以無強權無私產對舉蓋同一誤會也

（答迦身） 承詢合作主義 Kooperatismo 之大略按近世合作事業 Kooperativo 之運動日盛一日有萬國合作會 Internacia Kooperativa Asocio 爲鼓吹及運動之機關而各國之合作社團 Kooperativa Societo 其數更不可勝計有創設殖民地以實行之者有建立大工廠以試驗之者其中組織大抵與前世紀歐文派聖西門派之社會主義試驗地相彷彿集合多數勞動者於一地通力合作生產消耗互相交換其主旨頗含社會主義之意味然究非純粹共產組織也

▲再續雜誌交換錄 Ricevitaj gazetoj: 四十七「時報」Intermita Sciigo（傳播和平主義） 四十八「近代思想」（日文） 四十九「天然之土地」Mother Earth（美洲英文無政府雜誌） 五十「腦門之星」Normanda Stilo（法國腦門世界語聯合會雜誌） 五十一 Discussiones（意大利語言學會出版） 五十二「每日新聞」The Daily Herald（英文社會黨報） 五十三「東亞細亞」Orienta Azio（日本世界語報） 五十四「黎明」A Aurora（葡萄牙無政府報） 五十五「釋放」L' Affranchi（比利時無政府報） 五十六「國際語」Lingvo Internacia（出版最久之世界語報） 五十七 Mitteilungen des Deutsch-Studentisc en Esperanto-Bundes（德國學生世界語報） 五十八「播種」La Semado（法國世界語報） 五十九「飛書」Fluganoa Skribilo-（世界語速記學報） 六十 Kambato（「伊多」Ido 語報） 六十一「世界語思想」Esperanta Penso（南美智利世語報） 六十二「法蘭西世界語學者」La France Esperantiste 六十三「波蘭世界語學者」Pola Esperantisto 六十四 Regeneracion（西班牙文報） 六十

五「秘密生活」La Vie Mystelieuse（法文研究鬼學通靈學測星學等等之報） 六十六 Infancia （西班牙文報） 六十七「千脫世界語」Cento-Espe anto（比利時千脫世界語報） 六十八「運動」La Movado（巴黎世界語報） 六十九 A Lamterna（巴西無政府報） 七十「第十次大會報」Gazeto de la Deka Kogreso（本年世界語萬國大會機關報） 七十一「巴西世界語學者」Brazila Esperantisto 七十二「西母那世界語學者」La Zemuna Esperantisto 七十三「匈牙利世界語學社機關報」Oficialaj Radortoj de la Huangarlanda Esperanta Societo 七十四「萬國公語」La Langue Internationale Esperanto 七十五「德意志奧大利世界語學者」German-Austria Esperantisto 七十六「Tierra!（古巴社會主義報） 七十七「進步」Progreso 七十八 Boletin Oficial da Uniao Sociortica（巴西社會學社機關報） 七十九 Solidaridad Obrera（西班牙工團黨報）

寰球世界語禁酒會消息

入會者　涓聲（怡保）

吾人不息之勤勞，

即最好之紀念碑也。

柴門哈甫語

民聲

第八號

五月一日 La Unua de Majo

師復

昨日何日乎非有名之五月一日乎非萬國工黨同盟罷工之紀念日乎是日也吾歐美之同胞無不相率罷工示威運動警察爲之忙亂軍隊爲之紛擾資本家爲之膽落政府爲之心悸一般坐食之寄生蟲爲之慄慄危懼如臨深淵每經一度之五月一日工黨之進步必愈速一度今年已入二十世紀之十四年矣社會革命之時機愈熟矣「資本制度」之末日將至矣距今日本報出版二十四小時之前吾歐美同志所演之好劇不知若何轟烈若何花團而錦簇惜相隔東西消息未至回顧吾支那之勞動同胞則皆在沈酣鼾睡中不獨寂然無聲抑且不知吾神聖之五月一日爲何物令本報無隻字之資料足以報告於讀者全紙爲之黯然無光嗚可哀矣吾親愛之勞動同胞乎爾其何時始出今日萬丈之地獄乎爾其何時始從好夢中遽然醒覺奮臂力戰以鋤此人類蟊魔萬惡魔王之「資本制度」而無負此五月一日乎企予望之矣

克魯泡特金之爲人及其言論

"Kropotkin, the Man and his Message"

涓聲譯

露西亞之爲國以文明社會以眼光觀之實龐然不祥之物也俄皇之一統山河迷離撲朔欲知其眞相非深悉其國革命之運動平民之生活社會經濟之現狀不可然苛慘虐酷殘賊平民臨之以刑罰使不敢反抗責之以重稅使精枯髓絕及用種種手段消滅其獨立之精神自由之思想此爲俄政府對待平民獨一無二之法門斯則五洲萬國所共知者也蓋專制也害民也鉗制輿論也皆俄政府之唯一特色而

俄皇之保證書也。以如斯之堂堂大民族。物產豐厚。地廣人衆。民質優美。乃俯首帖耳。忍辱茹苦。屈服于强權之下。誠世界所僅見者矣。拜倫謂羅馬爲國中之尼阿波。（案尼阿波爲希臘寓言中之女英雄。因喪其七子而哭。身變爲石。其淚成泉）殆爲今日之俄國寫照也。

當此風雨飄搖之際。能眞爲俄民設想。謀世界人類之幸福者。有二人焉。託爾斯泰及克魯泡特金是也。二人皆望重寰宇。託氏以文學鳴于世。爲大文豪。克氏以科學著。爲地理學家。地質學家。生物學家。社會學家。

克氏。俄之貴介裔也。曾肄業貴胄學堂。少年因攷察科學。有支那及西伯利亞之遊。以是富有科學經驗。比歸國。聲望益顯著。名噪科學界。富貴利達。本克氏之囊中物。殊克氏志不在此。怒然舍之。挺身爲虛無黨。未幾以運動革命被逮。繫聖彼得及聖保羅獄者三載。一夕逃出。舉國震驚。而虛無黨之歷史。遂增一最有價値之佳話矣。克氏以虎口餘生。無日不與强權戰鬬。無時不與憂患困苦相見。然其蓬蓬勃勃之雄心。未嘗少餒。其所以冒艱險。含辛茹苦。斡旋于荆天棘地中者。仁人愛物之念使然也。蓋其愛人也至切。接物亦至公。

克氏之道德學問。罄竹難書。至其學說。可包括于「互助」一書。先是達爾文之進化論出。時人已多誤會。其後益以赫胥黎優勝劣敗。適者生存之說。狡者更得所藉口。肆其弱肉强食之野心。克氏乃著此書。闡明達氏之學說。指出時人之誤解。大旨謂「個人競爭爲進化一大原因」之說。至爲無稽。且與達氏學說不符。進化乃個人互相協助所致。

「互助」出現後之第四年。赫胥黎改變宗旨。贊同克氏學說。自悔出言太濫。致生存競爭數字。轉爲奸人所利用。並承認人體與社會之組織無以異。

克氏又引生物學社會學。以證明人類及動物本來有互相協助之性。此性在進化中日以發達。雖政府及各種强權。亦不能阻止之。吾人亦時時有一種禁阻競爭之特性。流露于莫知其然者。無論何時何地。人類及動物在進化中。時時互相協助。互相扶持。

克氏曰。「團結爲社會。則最弱之蟲鳥及哺乳類。皆可藉社會以自衛。而抗拒强權。（殘害他種動物之鷙鳥猛獸）有此團結則生產養育無須過勞並可託庇于社會隨地安居聽明才力達學家(達爾文派之學者)所視爲生存競爭及社會進化之利器者也亦社會之幸福也言語做效經驗皆所以造成聰明才力苟其聰明才力不能互相協助者即不能存立是故所謂「適者生存」即惟互相協助者乃能生存之謂也故互相協助爲進化之大關鍵直接增進社會之幸福淘汰其損耗才力者間接製造聰明才力」

克氏學說於此足見一斑矣抑互相協愛不獨爲智能上物質上進化之大關鍵且爲促進道德進化之動機人類或動物有所需要則互相協助以供給之此道德之起點也道德爲天賦者人爲善蟻合羣天性使然耳然亦爲互相協愛之直接的結果無社會無結合互相協愛之觀念無由生也

自衞者自然之公理也外來之强權交迫强有力者雖孤立亦能自保若非强有力者必須羣策羣力聯爲團體(社會)乃能抵禦强權以圖存故幸樂義務與衆共之是爲生活之要道「天擇」(即培植有互助之性者淘汰其無互助之性不適于生存者)云者一由于才智之發展一由于道德之進化個人之才力不必常耗于生存競爭之中故處于社會「自存」之才力常綽然有餘裕

凡孤立不羣者其感情其思想不與衆共必生趣索然吾人到愉快之時必欲令他人知之此種心理即一己對於他人之感情也人能覺悟自己能作何事即是能知自己之天職其感覺力即所以制止外界之阻力者故作事之能力即天職也(或義務)

所謂良心上之監督(道德之約束)拋去一切虛妄怪誕之成見可以數語包括之曰「保持其生活者即使生機發達也植物之勃然生長莫能禦之是順其自然之生機也人亦然若阻之窒之使不能暢其生機是害之也」此克氏之道德論也道德無强制無成見無宗教無法律無政府人各有完全的自由不必墨守一人之學說如欲享暢快之生活須發奮盡其所能

克氏對於社會之學說皆本於確切之事實其經濟論亦然對于經濟之意見全在所著「田畝製造廠及工場」Fields, Factories and Workshops 一書昔有著「英國之理想」

一書者主張以英國爲世界之大工塲、克氏以爲不合、且與經濟發展之原理不符、蓋輸入之智識、發明之品物、經營之苦心、思想之靈幻、及其他等等、各國已烝烝日上、英國尙欲壟斷全世界之工業權、其可得乎、從前英國製造品物、以應各國所需、儼然世界之大市塲、今則各國工業之發達、大有一日千里之勢、所需之品物、不特無須仰給他人、抑更與吾人(英國卽從前視爲世界之大市塲者)努力角逐、故經濟發展、卽經濟分權(散於四方)而非聚匯於一隅、國家爲習慣風尙智能貨財需要的合成體之分子、不能定爲專一之用(如某國專作某事等)一國之疆土、亦爲組織土地之分子所混合而成、其疆土及其人民與混合分子各盡所能、合併而成一種互相協助的職務、羣體之所需、與個人之所需無以異、若職業一部分之「因乎時勢而定者」於職務上確能收良好之效果、則「恒久不變易者」必歸消滅、而代以適合於個人及羣體之境地者、現時諸國、如英倫給給於工藝及商務之競爭、而食品反仰給於外國、將來必爲經濟勢力所迫、自衣其民、自食其民、或謂英國不能爲此、此實無根之言、英國現時之土地、若充作農塲、在三十五年前、能容二十四兆人、食品無須仰給於外、比利時且能容三十七兆人、若更如勞姆伯底 Lombardy 及弗蘭德士 Flanders 之沃土、則能容八十兆人、蓋事無不可爲、要視其決心如何耳、

此事卽指生產及分配之改革、世以爲無論何事及如何變遷、皆當由被選舉者(議院)主持之、此克氏所最反對者也、無論何事、當以能工及各種强勁之手段求之、若徒恃議院、則所欲排去之毒物、將因此得以延長其生命、吾人自由協合、自能取得人生所需要、何庸倚賴虛妄之勢力乎、且有政治、卽有政府、政府乃集一國之權于三數人之手、與經濟發展之原理所謂分權(散于四方)者大相刺謬、克氏曰「經濟之變遷狀態、與政治之變遷狀態、二者恒相吻合、若主專制之與地主專橫、及立憲政體之與資本制度、無稍異也、皆制人者也、若社會上資本家及勞動者之階級泯、則政府亦當消滅、勞動者當有自由之組織、一本乎自由之協合、不能犧牲其自治權于所謂國家也、無資本之制度、亦卽無政府之制度、無政府卽廢政府的社會主義、其原則有二、乃由

現世紀經濟政治兩大潮流所產出一方面爲社會主義圖經濟上之自由一方面爲急進主義圖政治上之自由」克氏對於社會主義一方面主張共產卽生產分配與衆共之且私產制度之末日亦駸駸至矣對於急進主義一方面則主張無政府蓋理想上的政治將必爲進化所剷滅此卽所謂無政府共產主義於無政府共產的社會中人人有完全之自由本於自由的協合各盡其所能各取其所需此卽科學大家無政府黨之先覺克魯泡特金學說之大槪也其所言誠爲人類之寶筏將來必有達到之一日要視吾人之魄力如何耳若爭之彌力斯去之彌近嗚呼爭之哉我親愛之同胞亦有聞而興起者乎

記者案克氏學說實不愧爲吾黨之經典惟克氏著作等身茲編特一鱗一爪耳至其關於無政府共產主義之學說則以眞民君所譯「克魯泡特金學說」爲較詳是書已選入「無政府主義名著叢刻」晦鳴學舍印贈欲閱者可函索也克氏現居倫敦年逾七旬著述不怠其最近著作多刊布於巴黎之「新世紀」Les Temps Nouveaux倫敦之「自由」Freedom 漢堡之「戰鬪」Kampf 報三中

麵包略取 序(續)

Conquest of Bread py P. Kropotkin

克魯泡特金原著

冰 紘 譯

一八六六年大道復活共產主義集產主義重出人間經磨練而見理愈眞一洗從前觀念對於政治之所謂眞義從茲死去一八六二至六四年巴黎工人大集於倫敦與英國商會及歐文派合「開放工人必待工人自爲之」一語卽其宣言其於他方一致聯合要以取還生產機關而自掌之爲目的於是法之孚理亞派互助派與歐文派之英國商業大組合提攜並駕而成萬國勞動大會

眞理之於天壤動多顯晦吾人主義於斯爲盛不謂仍有波折一八七一年巴黎平民又起警告社會主義之自由自在復見窒於法國幸德意志之麥格斯及晏節爾起爲法派四十八家一流與布郎碧伽等同其主張而引伸之者也

一八七一年巴黎黨人宣言自今而後法國一部分之遲滯者必不相待將自實現其理想中之共產社會

社會革命歷時皆短。以是效果少見。此時碩果僅存者。惟共產黨耳。其所得者亦只確定人權正誼而已。惟勞動社會之歷史陳迹。猶有可觀。自由農藝共產黨尚有二千徒衆。在共產黨不爲小。使能如巴黎之廣爲聯絡。而矯其慘厲。則聯合立憲國民雖無取於今日。要自成其一系也。同時有鐵路船塢供職之內部共產黨。亦克樹一幟者。

凡此起落循環於十八世紀末葉。思潮之湧於工人胸中者。亦只拉丁民族爲然。一經開道。生死以之。歷練既久。大道愈彰。而不爲高論者則又倡爲工業農業國有之說。然此種觀念。不容攙入吾書者也。

當此書之下筆也。回顧已往年代。敢爲良心之言。其主旨理當改正國家的社會主義。雖曰進步。鐵路國有。銀行國有。商業國有。聲騰四方。不無減輕消費之效果。而同時亦足爲勞動者開放之阻力。即以鐵道論。要不如勞動團體共有之之爲愈。即所謂共產主義勝於國家的社會主義也。

更於他一方面觀之。社會革命之試驗於歐美二洲。無慮千百次。其主旨不外欲於工人手中增加生產。次則增進市民之幸福。又次則爲商業組合主義。以增加國際貿易之量爲目的。不惟求器械之進步。將欲生產者與販售者合一。農與工又合一。諸種混合。別營新國。其卒也實踐「都市的共產主義」之冀。曰凡是二者。其權力於近日占最大之量。

然此詎足以代共產主義哉。即視主張生產器械公有之社會主義。以尙遜一籌也。雖然。已往種種。可資殷鑒。前事不忘。後事之師。彼歐文也。傅理亞也。聖西門也。蓋皆幾經試驗而來。閱歷即所以正吾人之思想。而共產社會必有實現之一日。彼閱歷之分寸。何莫非優秀之先民所累日成就者乎。顧磚出於模。必脫於模。而建築之單。乃就模之當否。又有賴於建築名家之範鑄焉耳。

萬國社會潮風 Socia movado

▲俄國　俄國近日政局。大有四面楚歌之嘆。俄政府不得已。乃出其欺人之術。提議改良苦工監獄。溯一九0五年。繫苦獄者五千七百四十八人。是年罷工之風潮。如排山倒海。浩浩乎莫之能禦。俄皇無可奈何。乃頒佈憲法。一方面仍重

置軍隊。演試其殘民之好手段。殊民不畏死。一九〇七年。繫苦工監者多至七千七百四十九人。明年驟增至一萬二千餘人。又明年竟達二萬人以上。於此足見該國政局之擾亂矣。法網愈密。犯法者亦愈多。此固然之理也。邇來罷工風潮洶湧澎湃。視一九〇五年尤爲激烈。一九一〇年罷工之人數爲四萬七千。一九一一年多至十萬。一九一二年忽增至六十八萬餘。去年由一月至十月。工人之罷工者計一百二十餘萬。此外尙有二十餘萬之非傭於工廠者不在其列。自十月而後。罷工之人數遞增。十一月之某日。聖彼得堡一隅。罷工者已達十萬人。統計一九一三年罷工之人數。不下二百萬。(以上專指工黨之罷工者。其他不入內)此外大學之學生。亦屢屢反抗政府。從事激烈之運動。卽素稱安分之中等社會(卽士紳社會)亦時時表示其厭惡政府之心理。由此觀之。俄政府已四面受敵矣。傾覆政府之時機熟矣。時乎。時乎。不再來。俄民其能利用此時機也乎。

▲紐絲倫　紐絲倫之工人。俯首帖耳。屈服於資本家鞭撻魚肉之下者久矣。資本家之優遊安樂。坐食工人之血汗者亦久矣。以是一般之紳士派。咸謂紐絲倫爲工人之天國。不料兩月以來。此安靖無譁之工人。乃突然奮起。大張旗鼓。自西至東。自南至北。罷工之風潮。蔓延殆遍。工人從好夢中躍起。執戈荷矛。以期破經濟之網羅。脫奴隸之羈絆。政府乃出其不値一哂之慣技。捕去數人。工黨愈形憤激。惜鐵道工人不表同情。異日有知。當生無窮悔恨也。此事成敗如何。姑不具論。但工人之齪齪思想。如迷信政府。及安分。服從。等謬說。已一掃而空矣。如何可以求完全之自由。及誰爲其直接的仇敵。工人亦已覺悟矣。嗚呼。自由乎。幸福乎。我親愛之工人將如何以求之乎。

▲蘇格蘭　每星期日下午。Glasgow之無政府俱樂部同志多在此演說。大爲此邦人士所歡迎。某夕諸同志在街上露天講演。聽者異常擁擠。忽可鄙可厭之警察橫來干涉且捕去一人。衆大憤。蜂擁至警局。警官加以宣講無政府之罪。上次講演。警察又來干涉。衆益憤。乃相與同至警局質問其干涉之理由。警官不能置一詞。衆乃謂之曰。君果欲保持安寧之秩序乎。請貴警察遠離一步。斯可矣。下次復在該處。

演講則身穿制服手持警棍木立如偶像之怪物果絕迹矣

▲美國　美國之無政府黨現組織二「無政府共產黨聯合會」於紐約以爲交通聲氣之機關藉與世界無政府黨聯絡以圖一致之進行刻下表同情者不可勝數此會除美人外尚有意大利俄羅斯西班牙等國之同志傳播事業亦異常發達各處無政府共產黨之團體欲與聯絡尤爲該會所歡迎云

風雨雞聲錄

▲無政府主義討論會　近有在南京發起無政府主義討論會者其啓事云「本會以討論無政府主義之精義造成完美之言論發布於社會上使一般人民咸知其眞諦爲將來施行手段之預備凡我同志盍歸乎來」

▲社會黨之近況　「中國社會黨」既已消滅已如前報而無政府主義派之「社會黨」亦日即衰落其機關雜誌「良心」已不能出版「人權印刷所」本爲該黨交通機關近亦以經濟支絀不能維持不得已讓售與人而所中某君且爲債權者所控被拘於獄噫可嘆也

▲美洲社會黨之派別　三藩市某君通信云此間社會黨約有數派一爲社會黨Socialist Party 專運動投票冀握政權此黨人數頗衆他日或可與共和民主兩黨鼎足而三惟今則議會中尚無一席地也二爲社會勞動黨 Socialist Lubouring Party 其主張與前者異惟人數極少三爲勞動同盟 Labour Union 俗稱工黨乃受資本家之補助而爲之破壞勞動家之勢力者美國之排斥華人入境卽此黨人所提倡在國中頗具勢力四爲萬國勞動黨I. W. W.乃激烈派的社會黨及無政府黨之集合體主張以强力改革一切資本家極畏之此其大略也至社會黨勢力最厚之處則爲芝加高省

通信討論欄

▲（答江亢虎）　昨接江亢虎通信片第七期紙縫中騰以數語曰「社會主義無政府主義各行其是無事相非願孟晉前途爲道自愛悉其鋒鋭以對非社會主義者無以身敗

名裂九死一生之鄙人爲介介公私幸甚」云云讀畢不覺一嘆社會主義與無政府主義豈但當各行其是無事相非而已二者實不可須臾離者也記者所提倡卽爲共產社會主義方將竭其一得之愚思有以發揚而光大之曾何相非之有若以足下之所道記者雖陋竊不能認爲社會主義惡莠之亂苗惡紫之奪朱故輒不揣冒昧有所論列欲使世人知社會主義之眞相正如來教所謂「悉其鋒銳以對非社會主義者」也足下發起中國社會黨於今三年記者未嘗下一字之貶語至去年社會黨被禁始略有所評論其中苦衷已於本報第三號「答道一書」中詳道之近見一般學子仍不免誤認足下之所倡爲眞正社會主義而足下近復在美洲奔走傳播不良之種將散於海外記者爲保障吾道心所謂危卽不能復顧私誼緘默不言然已聲明爲研究學理並非訾議個人此心當爲天下所共諒記者與足下無一面之雅以同揭社會主義之標幟故亦未嘗不互相思慕又何事以足下個人爲介介耶記者不肖惟視眞理爲性命故凡有似是而非不當於眞理之說無論出自何人必反對之如足下者無論其爲身敗名裂九死一生之江亢虎歟抑爲譽滿天下逍遙快活之江亢虎歟記者均所不計蓋反對其言論而非反對其個人故也以公義言則學理以辯論而益眞以私交言則君子當樂得諍友亦正所謂「公私幸甚」者又何必先設成見拒人於千里之外耶

▲(答凿任)讀凿任君來書蓋與吾人主義完全相同者誠一好同志也特於辨別名義之間畧有誤會答此釋之

來書曰讀民聲第五期無政府共產主義釋名……然……大箸曰「吾人欲表揭一正確之定名以號召天下莫若名之曰無政府共產主義」此其名義誠能賅括一切獨是括弧內之簡稱則凿任竊不以爲可無政府共產云者其於文字初未嘗有累墜冗沓之弊何所用其簡稱哉若必強用此簡稱徒言無政府而不言共產則無政府共產主義能兼賅社會主義一語恐不能得世人之信仰矣

答吾人所主張之宗旨以用無政府共產主義之名爲最明晰然簡稱則曰無政府主義者一方面爲言辭上之使利而又一方面則從世界之通稱此主義在克魯泡特金以前大

抵止稱曰無政府主義 Anarhismo 耳自克氏學說日益流行無政府共產主義 Anarhiist-komunismo 之名用者始衆然苟非辨別學派之時普通稱謂仍不離無政府主義之簡稱也故記者之意以爲表示吾人所主張固以無政府共產主義之名爲最當惟有時簡稱曰無政府主義似亦未嘗不合（但非如來書所謂强用此簡稱）若必以爲不可用則必廢去 Anarhismo（無政府主義）一字而後可又必謂吾人所主張非 Andrhismo（無政府主義）而後可恐無是理也至謂「徒言無政府而不言共產則無政府共產主義能兼賅社會主義一語恐不能得世人之信仰」云云此則未免誤會所以簡稱曰無政府主義者正惟以無政府主義已能兼賅社會主義而非謂無政府共產主義始能兼賅社會主義也（若言共產則已明標爲社會主義又何必言兼賅乎）蓋無政府主義一語以嚴格之界說言之則「主張人民完全自由不受一切統治廢絕首領及威權所附麗之機關」之謂若從其廣義言之則無政府學說無不主張廢除私產制度者故一言無政府主義習慣上及實際上均含有社會主義於其中克魯泡特金亦曰「無政府主義乃廢除政府的社會主義」此吾人不妨通稱曰無政府主義之說也但有當注意者記者之所謂簡稱乃謂吾人表示主張有時可簡稱曰無政府主義而非以「無政府主義」爲「無政府共產主義」之代名詞也此中辨別雖微然以論理學繩之卽厘然有別蓋無政府主義爲 Anarhismo 無政府共產主義爲 Anarhiist-komunismo 一爲公名一爲專名二者自然不能相混猶之「支那人」可簡稱曰「人」然不可以「人」字爲「支那人」之代名詞也故吾人祗可謂無政府主義能兼賅社會主義而不可謂無政府主義能兼賅共產主義用無政府主義之簡稱時亦祗可於非辨別學派時用之其名之含義則僅及於廢除私產而止而尚未明標其爲共產凡集產 Kolektivismo 獨產 Individualismo 等派亦未嘗不主張廢私產而近世之獨產黨更常混於無政府黨中故苟當辨別流派或欲表示其爲共產時自然當用無政府共產主義具名之無疑

來書又曰且大著中自「由此言之」一段起所稱之無政

府主義、皆係無政府共產主義之簡稱、當無疑義、而于辨無政府共產主義與社會主義、則又曰社會主義對于經濟的、無政府主義則對于政治的、……既曰無政府共產主義能兼賅社會主義、而又曰無政府主義係專對于政治的、此其說能免矛盾相陷之譏乎、

答、來書之滿腹疑團、實因有一根本之誤會、即誤會本報簡稱之說、以爲「無政府主義乃無政府共產主義之代名」、於是凡本報所用之無政府主義、皆讀爲無政府共產主義、既易本報「無政府主義能兼賅社會主義」一語、爲「無政府共產主義能兼賅社會主義」、已成辭費、而於本報「無政府主義則對于政治的」一語、亦讀爲無政府共產主義、且於其中加一專字、幾成爲「無政府共產主義係專對于政治的」、吾恐三尺童子亦不肯說此語、無怪來書以爲矛盾矣、豈知所謂「無政府主義」從嚴格之界說、自然係對于政治的、惟從其廣義、則可以兼賅社會主義、詞意本甚明瞭、曾何矛盾之有、

（未完）

▲（答英白）　來書云、「袁之該討、實不背於社會主義、特所討者不當以袁爲限耳、竊以爲大同之業、首一級在鋤去強權、而發軔之始、則先其本國、非有所謂國界也、以其人情風土之所習而易於盡吾力也、就以人類言、吾國居地球四分之一、得所事焉、亦未始不可以促進人類之幸福、視其所持之道如何耳」、據來書之意、以爲討袁即爲鋤去強權、又以爲可以促進人類之幸福、又謂所討者不當以袁爲限、然則足下乃討政府黨、而非討袁黨也、苟有政府、苟有強權、足下必討之矣、誠如是也、則記者當五體投地、奉尊論爲經典、然而記者不敢決定足下之本意果如是也、在一般討袁黨其心目中除討袁外、幾無第三字、若曰袁氏一去、孫文黃興出而登總統之位、天下便太平矣、足下固有識者、其見地斷不如是之隘、然以吾意度之、足下之所謂足以促進人類之幸福者、度亦不過如時髦所云、建設眞正之共和政體而已、若然、則與鋤強權之說、又自相矛盾矣、世界之所謂共和國、若美、若法、非一般政客所日夜夢想者乎、然試問其國人民、能得眞正之幸福否、有政府一日、即有強權、有強權一日、即不能有眞幸福、此理固甚淺也、故記者之意、以爲足下不言

鋤強權則已，苟言鋤強權，則當易討袁之幟爲討政府。凡有政府，吾皆討之。袁世凱雖去，繼袁世凱者，吾亦討之。斯乃眞所謂不背於社會主義者矣。否則甲仆乙興，以暴易暴，又何強權之可去，而幸福之可得耶。下焉者，且日以金錢祿位及種種劣手段，誑騙無知軍人，倉卒暴動，事成則總統都督，不成則逃亡海外，作富家翁，圍棋寫字，弄下女以度快活之歲月於蓬萊三島，而以吾億萬平民之血肉爲孤注，斯不獨記者所談之齒冷，抑亦足下所聞而髮指者也。

讀者鑒本報前被政府嫉視內地郵局搜檢綦嚴自第五期續出後讀者能否妥收無從深悉用特廣告凡已接到本報者及知本報已續出而未見寄到者均請從速通函見告俾得分別設法寄遞是爲至望

殺戮四辱

無政府黨之樂鄉也

本社出版物一覽 (I)

第一種 新世紀叢書

第二種 無政府主義

第三種 軍人之寶筏

第四種 無政府主義名著叢刻

第五種 傳播明信片

(以上一九一三年刊行)

民聲

第九號

論社會黨 Pri "Socialist-Partio,"

師復

頃得「社會黨」發起人樂無君來書曰「足下既批評孫江二氏之社會主義、尚望一抉社會黨二綱六目之瑕疵、既釋衆疑、亦爲亞東社會主義史中留一鴻爪」云云、猶憶前年「社會黨」發起時、憤憤樂無諸君屢函招邀入黨、惟記者對于「社會黨約章」及其組織法不甚滿意、未敢輕諾、方欲有所論列、又以其時「社會黨」與江亢虎所領之「中國社會黨」互相水火、凡所非難、頗軼出辯論主義範圍之外、記者頗不以爲然、對于兩黨是非、自守中立而不欲加以評論、致助其激爭之燄、故卒未贊一辭、今雖時異境遷、然樂無君既拳拳下問、記者亦樂得此機會、一述從前所未發表之意見、讀者幸勿以明日黃花見誚也、

記者對于「社會黨」之意見、當分爲數問題如下、

(一)「社會黨」之立名果當乎　讀「社會黨約章」、蓋主張無政府共產主義者也、乃不名爲無政府共產黨、而曰社會黨、揆其原因、蓋誤認社會主義可以包括無政府主義之故、記者於本報第六號「答樂無」中已略言之、大抵社會主義之在中國、幼稚殊甚、能介紹其學說於國人者尚屬寥寥、時人對于社會主義之定義及界說、均不注意、好古者則又執其保存國粹崇拜祖國之陋見、取中國經籍牽合而附會之、以爲社會主義本吾國所固有、而社會主義之爲物、乃愈覺迷離誕幻、不可究詰、甚至一切革新事業、近於自由平等之類者、皆以爲社會主義所能包括、而社會主義之眞諦、反因此而愈晦、此實社會主義在中國之不幸也、今「社會黨」發起諸君、豈遂不知此、而仍未能免俗、則甚矣習之難移矣、記者以爲無政府黨不可名爲社會黨、其故有二、一、學理上之、

不可・社會主義之定義・有以爲「主張廢除私產而以生產機關(土地器械等)屬之社會公有」者・此普通之定義也・有以爲「主張廢除私產而以生產機關及其所生產之物(衣食住等)全屬之社會公有」者・此嚴確之定義也・社會主義之學說・千流萬派・要其大致不離乎此・蓋純爲社會的學說而非政治的學說・與無政府主義不能相混者也・今社會黨既宣言消滅治人者與被治者之階級・顯然爲無政府黨・即非復社會黨三字所能包舉矣・二事實上之不可、社會主義本有共產集產之殊・而近世之所謂社會黨・則大抵爲主張集產者之通稱・如英美之政黨的社會黨・均但名「社會黨」・而各國之社會民主黨・通得亦曰「社會黨」・今既主張無政府共產・而又取名曰「社會黨」・將何以自別於各國之社會黨及社會民主黨乎・或者乃曰・此爲歐美各國之習慣・吾輩不必奉爲圭臬・不知社會黨非一國的・乃世界的・文字或有國界・而學術則無國界・社會黨社會主義之名・乃由譯歐文而來・並非中國所自創・豈復能以國粹驕人・況即在中國・江亢虎之「中國社會黨」・人人皆簡稱爲社會黨者・也・今主張既不同・名稱乃相混・致令舉述者不得不辨而別之曰「憤憤樂無所發起之社會黨」曰「江亢虎所發起之社會黨」・其冗沓詞費爲何如耶・記者曾晤一英國社會黨人・示以英文無政府主義之「自由」報・彼一見駭問曰子非主張社會主義者乎・何故愛讀此報也・予笑應之曰何嘗非社會主義・特共產的社會主義耳・彼復曰・然則子非社會黨矣・不然何與江亢虎所言各異耶・於此可見今日之習慣・以爲「必江亢虎之徒始爲社會黨・必江亢虎之言始爲社會主義」者・固不獨中國人爲然矣・如是吾人又何取此含糊影響之「社會黨」三字乎・至「約章」第二條以極端社會主義爲宗旨・其名亦有所不安・已於本報第五號「無政府共產主義釋名」詳論之・今不贅述・

(二)無政府黨有組織機關之必要乎・　無政府黨極端反對管理代表等權・而主張絕對自由者也・故無政府黨不應如當世之政黨組織機關・自定黨綱・招人入黨・各國之無政府黨・大抵祇有自由聚集之場所・而無全體固定之機關・其性質不過如俱樂部・其作用則傳播・聚談而已・其集合亦完

全自由·而無一切手續·蓋凡主張無政府主義者·即爲無政府黨·非必寫一志願書領一入黨證·然後可謂之黨員也·無政府黨之行事·皆自由獨立·不受指揮·不俟合體之議決·即或有聯結多人同時並舉之事·亦祇由同意者合力爲之·而非如當世之黨會由黨中少數人議決一事·而令黨員遵行也·今「社會黨」乃悉取當世政黨之形式·有章程(即約章)有黨綱(即二綱六目)有入黨限制·(須黨人介紹及守戒約)有入黨志願書·有黨員證書·有黨旗·有分科幹事·凡此皆與無政府宗旨相牴觸者也·據記者個人之見·以爲吾黨如必欲設聚會之地·惟有建置研究社或俱樂部之法·無論何人·凡願爲無政府事業者·即可爲會友·藉此以爲傳播主義·聚會研究聯絡交誼之地·固甚善也·若欲宣布吾黨公共之意見·則當別開「無政府黨大會」·當衆討論吾人進行之方針·及當爲之事業·發表宣言書·布告於社會·以示吾人之所主張者如是·如是·吾人進行之共同目的如是·如是·庶幾與吾黨宗旨不背耳·(但今日中國內地同志寥寥·開無政府黨大會之時機·似尙未至·吾人惟有於萬國無政府黨大會時·(本年開會於倫敦)取其種種報告·譯爲華文·宣布於衆·足矣·)

(三)無政府黨有制定黨綱之必要乎·　世間政黨·皆由三二黨魁·訂定黨綱·本此黨綱以號召徒衆·故一切皆以黨魁爲主動·而黨員爲被動·實則利用多數黨員之聲勢·製造黨魁之名譽·以爲他日躐位之階梯耳·若無政府黨·則各個獨立·人人有自由發表其意見之權·安能以少數人之意見·制定黨綱·而强多數人之同意乎·故吾可斷定之曰·無政府黨不應有所謂黨綱·然則無政府黨無一定之主張乎·則應之曰·有·無政府主義之根本要義·即無政府黨一定之主張·此爲凡無政府黨所同具·可以不言而喻者也·顧一般社會未能共曉·無政府黨乃隨時發表意見於大衆·有個人發表之意見·即書報演說等是也·有公共發表之意見·即本大會討論之結果·用「無政府黨大會」名義所發表之宣言書是也·二者皆自由言論·而絕無所謂黨綱黨目之名稱·今「社會黨」之二綱六目·其非個人意見·固不待言·若比之大會之宣言書·則又不可·蓋社會黨綱目乃懸此以招集黨徒·與宣

言書之但發表公共意見者固迥別也。「社會黨約章」明著入黨者須信從綱目之條。曾亦思信即崇信、從即服從、崇信、服從、固無政府黨所極端排斥者乎。其與各政黨之服從黨魁、果何以異乎。

(四)二綱六目之分別果合於學理乎　今姑舍無政府黨不應有黨綱之說。專論二綱六目之當否。「社會黨」之綱目曰。「綱一消滅階級、目、(一)貧富(實行共產)、(二)貴賤(尊重個人)、(三)智愚(敎育平等)、綱二破除界限、目、(一)國(無遠近)、(二)家(無親疏)、(三)敎(無迷信)」此二綱六目者條分縷析有如表格兩兩對舉。無異駢儷所謂文人積習原不應施之發布公共主張者。然特小疵可無深論。第論其落落大者。不當亦有數端。今世所謂智愚。特比較的形容詞耳。非如貧富貴賤之顯示區別者也。富貴者雖愚亦儼然居於民上。貧賤者雖智。終不能不受制於人。是則智愚又何階級之可言。宗教之派別繁多。出主入奴。自不免各有界限。第吾黨之排斥宗教。其目的不在派教爭。而在除迷信。重自由。是則又何界限之可言。此綱、目、分、隸、之、未、當、一、也。消滅貴賤階級。尊重個人一語。其以尊重人權、爲尊重個人耶。則尊重人權乃法律家之所尙。而非無政府主義所有事。其以個人主義爲尊重個人耶。則個人主義 Individualismo (在社會主義學派中又譯獨產主義)與共產主義 Komunismo 學理上各相背馳。豈能同時並舉。及讀「社會黨綱目說明書」則其意蓋指消滅治人者與被治者之階級而言。然則質而言之實無政府耳。夫無政府黨之廢除統治機關。不受法律束縛。此乃恢復人類之完全自由。其意義不但尊重個人。其目的亦非徒平貴賤而已也。苟欲表示無政府之意。最簡單者莫若曰廢除政府。否則曰廢除統治機關。又否則曰廢除治人者與被治者之階級。然後意義可以明瞭。若徒曰尊重個人。則不知其主張云何矣。此第一綱第二目措辭之未當者二也。實行共產廢除政府。此誠爲無政府黨之根本要義。若夫敎育平等。則未可與之並語也。蓋今日敎育之不平等。乃由於貧富之不平等。未行義務敎育之國。貧者固未由得絲毫之敎育。即義務敎育已行。貧者終未由得高等之學問科學美術。徒爲富人之專利品。

此非有他種原因·也貧富階級使之然耳·今既主張共產·貧富階級既除·教育又安有不平等之患乎·吾黨所有事者·惟在剷滅强權·强權之魁首(政府與資本家)既去·即百事皆了·其時如何工作·如何教育·自能由大衆之公意條理而布置之·細如破竹·而今日則不必特別提出者也·彼政黨則不然·欲以政治之力·實施其政策於目前·故往往有所謂教育普及·教育平等之黨綱·而江亢虎亦主張社會政策者·故其黨綱·又有教育平等之條·若無政府黨·性質既殊·即亦無庸相做·此教育平等·與無政府共產·並列之未當者三也·國界·者·政府之所造成者也·小則爭權利·大則起戰禍·皆由政府發生之·與平民無與·苟無政府·吾平民即能互相親愛·又安有所謂國界乎·家族主義·雖爲强權之一種·然其細已甚·苟無政府·苟無私產·家族即末由存立·蓋法律既廢·婚姻之制·自然消滅·公共敎育之機關既備·即亦無人自私其家室·而謂此時尚有所謂家族·吾不信也·此破除國界·破除家族·列入綱目之未當者四也·此外二綱六目之當存者·除「無政府共產」之根本要義外·惟一破除宗敎而已·宗敎爲保護强權之利器·導人安貧守分·服從强權·排除宗敎·即使人腦想自由·抵抗强權·故凡宗敎皆在無政府黨所排除之列·然由其本原論之·則宗敎究不過政府與資本家之附屬物耳·排除宗敎·自是無政府之一種手段·而不必與無政府共產·之根本要義·並列而對擧·如綱目所云云也·故吾人嘗謂政府爲萬惡之源·政府一去·百事皆了·惟對于產業之意見·不能不示明確之主張(即以別於集產與獨產)自有「無政府共產」一語·遂可以賅括無遺矣·

(五)無政府黨有預定建設之事業乎·「社會黨約章」有曰「事業分鼓吹進行建設三種」鼓吹進行·誠爲無政府黨所有事·若所謂建設者·(原注指育嬰院學校醫院養老院農工場公園等)其指推倒政府後之建設耶·則其時已爲無政府之社會·人人皆爲無政府之民·而不復有所謂無政府黨·如何建設·自有大衆無政府之民·各盡所能而爲之·不必專屬之無政府黨·更不必今日之無政府黨·預爲之設想·也·其指現在之建設耶·則無政府黨·方竭其心力以謀推翻强權之不暇·尙有何餘力·有何餘財·以作此補苴彌縫·舉一

濡萬之建設乎大抵今世俗人每以「辦事」二字爲口頭語凡一黨一會必須有創辦之事始合時趨無異貿易之公司焉今「社會黨」亦不能免此於是有建設之條此實不明無政府黨與政黨性質之分別者也政黨以施行政策爲職志建設建設固屬時趨若無政府黨則以推倒強權爲職志除傳播主義實行革命之外皆非無政府黨所有事又何貴有所謂建設者云云耶今世之無政府黨固有組織工會建立學校以圖主義之普及者矣然此乃播傳事業之一種乃黨人運動之方法而非所云於建設也

(六)無政府黨當有戒約乎　「社會黨約章」有不作官吏不作議員不入政黨不充軍警不奉宗教不稱族姓之戒約必遵守戒約者始能入黨竊以爲過矣所戒之事皆無政府黨所反對之事既以無政府爲宗旨自不必復立戒約此無政黨府不必設戒約之說也無政府黨以絕對自由爲宗旨不能預定戒約使人遵守雖戒約六條大抵採自記者所發起之心社社約中然心社與無政府黨有不同之點心社乃以道德問題爲準的除社約外無他事故有與社約同意者集爲社友其於自由之旨固無背也若無政府黨則以推翻政府及資本制度爲目的凡從事於此目的者即爲無政府黨而不必再問其他乃於目的之外加以種種限制使與自由之旨衝突矣此無政府黨不可設戒約之說也不獨此也無政府運動之方法不能限以一格故無論何種社會皆當有人以運動之鼓吹之而尤以軍人社會爲最要故常有堅忍之同志投身軍隊以行其活潑之運動者今乃棄之如遺相戒以不作軍人不亦自絕其運動之路耶且軍人既被指於無政府黨則軍人必爲無政府黨之敵欲行革命而反自樹革命之敵何其不思之甚耶(至心社所以有不作海陸軍人之說者以心社乃道德的問題社會運動則非心社範圍內之事故凡與眞道德相違反者皆得列入社約倘其別有懷抱欲隱身軍隊以行其革命之職志者則可暫居贊成人之列而吾心社亦不至失此良友也)然則戒約之當廢可不煩言而解矣

以上爲記者個人對于「社會黨」之意見而非攻擊社會黨讀者當分別觀之

告婦人(續) Al la Virinoj (daŭrigo) 師復譯

軍國主義之流毒由於軍事家自顧私利竭力保存之固已。然試問種此崇拜軍人之種子者誰乎則婦人也。

青年少女當其擇婚之期所謂畢生之命運決於俄頃者也。軍人則炫其野蠻裝飾之軍服以誘之金線飾於肩雞羽翹於首不啻攫取奩資之幻術而購買愛情之資本也其爲母者則日以武事教其子導以殺人之希望此即今日之婦人社會所奉爲圭臬者矣。

噫此等婦人無異迷信紅袴金鈕之蠻婦何無恥若是耶何不仁若是耶如痴如狂臭氣逼人不可嚮邇非狂婦何由至此耶。

然而佳時至矣彼等自種之惡果將自摘之矣將洞見軍人之惡德而猛然生懼矣將有高尚之思想以代其惡劣之希望矣自是彼等始恢復其婦人之人格矣斯時也彼等乃宣言與「戰爭」戰矣與「軍國主義」戰矣。

斯時也彼將教育其子對於歷史所頌揚之大罪惡及大殺人家深惡而痛恨之屏絕惡徒仇視強權鄙棄可笑的金肩羽帽之裝飾者而以殺人爲大戒。

斯時也軍營將毀而爲生產的機關矣軍國主義將變而爲生活之要道矣人類將永遠生活於和平中矣。

平民之鐘

師復譯

是書原名「鐘之福音」La Evangelio de Horo 原著者爲 Paul Berthelot 氏

第一章

有人焉流動演講自田野而鄉落而城市所至殆徧。

其言曰「余非鳴鐘者余乃預告未來之鐘者耳

鳴鐘者將隨余而至矣彼較余爲大而且强。

彼之名曰「平民」此刻尚酣睡也。

然余知彼不久醒矣且將鳴其鐘矣。

彼之來也非甘言以博衆聽者也彼之標幟惟血與火。

彼將殺無乳之牡牛而投不良之稻於一炬者也。

且萬事皆將全改其舊觀而所謂首領上流等等將成爲歷史上之人物而不復留片影於人間矣。

幸福哉此時之人乎。蓋長夜漫漫之社會將忽然旦矣。

幸福哉貧民乎。蓋所失者無一物而所得者無量數也。幸福哉被役於人者乎。蓋將享自由之新空氣矣。

幸福哉今日之愁苦者乎。蓋將入無上之樂境矣。幸福哉今日之號哭者乎。蓋將有使之歡笑者矣。

然有一部分大不幸者焉。彼等將哀鳴曰末日至矣末日至矣。

於是有僞言以期免禍者。

然而悔已晚矣。死期至矣。

斯時也不幸者有富人焉。以彼等將全失其所有也。有發號施令者焉。以彼時無服從命令之人也。

不幸者有飽煖逸居之寄生蟲焉。以彼等將全失其所有及一切需要品也。總之今日歡笑之人皆在不幸之列。蓋將有使彼等號哭者至矣。

今請告君等曰君等其自今始各自準備。鐘之來也不遠矣。將使汝心爲之寧。神爲之靜矣。

然而汝享幸福。汝當知工作。汝將何所爲乎。

汝當息爾個人私產之念。汝毋夢想爲個人私利而工作。

凡欲謀私人之幸福者。即自失其幸福者也。反是即富者也。蓋凡欲自富者。即衆人之仇敵也。凡一無所有者。乃至富者也。社會之所有。皆其所有也。

苟其欲爲個人私利之工作。則將無一事之可爲。譬如培植樹木建築房屋皆非一己所能私有而將爲他人所享用故也。

然凡爲衆人而工作者。同時得享衆人之供給。以斯時無一物屬於某人。而凡物皆屬於衆人故也。

更當戢爾驕矜藐視及欲自居於民上之妄想。蓋凡欲居最高之位置者。必被推翻而使與羣衆並處也。

凡欲居人上而命令人者。必受「拒絕服從」之辱。蓋彼時無肯服從人者。惟服從「公地」而已。

演講既畢。聽者環而視之。

且問曰「汝何名乎。汝何國人乎。汝所說之鐘又爲誰乎」。

彼則曰「余名爲「某」。余之祖國爲「地」。余所說之鐘。乃核數之鐘也。」

（未完）

通信討論欄

▲(續答嵩任) 來書又曰、至謂社會主義之名詞、爲近世集產社會黨所習用而無政府黨人往往則沿用其習慣之名稱而反對之此說嵩任亦爲不取夫社會主義、不亦有最明瞭之定義乎、……而徒曰反對社會主義人將不知吾人之所反對者爲習慣沿用之名稱、而謂吾人之所反對者爲社會主義之定義矣、

答、歐洲近來社會上之習慣、幾幾乎以社會主義專屬諸運動選舉之社會黨、故無政府黨從而反對之、此乃事實、不可誣也、然本報前論之所以引舉之者、不過極言社會主義一語之含混、用以證明無政府主義之不應混稱社會主義耳、並非提倡此種論調也、(故下文卽明釋之曰非反對眞正之社會主義也云云) 若就近世之習慣言之、則一言社會黨、人人心目中皆認爲集產派之社會黨、而斷不至有所誤會、猶之人肉與禽獸之肉皆名爲肉、惟習慣上人人皆指食禽獸之肉者爲食肉、故一言不食肉、人人皆知爲不食禽獸之肉、而斷不至誤會爲不食人肉也、

來書又曰、……然而始終未嘗以無治主義之名詞爲非、蓋人不相治、是謂無治、人自爲治、是謂無治、政府以刑法軍備及種種惡制度治人、是之謂治、資本家及地主以金錢魔力及種種惡行爲治人、是之謂治、所以無治云云、實不專對於政治的、而亦兼對於經濟的、吾人於此未嘗不可以無政府共產主義之定義與之

答、無治主義之名、雖不知始自何人、然以記者所知、則以宋教仁「社會主義商榷」一文用之最先、顧宋氏臚列社會主義之派別曰「一無治主義、卽無政府主義、二共產主義」云云、是則無治主義之名、初其僅以代無政府主義而已、今來書並欲以代無政府共產主義、此則未之前聞也、案治之故訓爲理、(說文治本水名段玉裁謂假借爲理字因訓理)、尙書之所謂治民、戴記之所謂治國、孟子之所謂治人皆言上之理下也、故政府之行動、謂之政治、其性質爲束縛自由、若資本制度、則以陰謀掠奪勞動者勞力之結果、其性質爲剝奪利益、二者本不能一例、來書乃謂「資本家及地主、如何如何治人」、又謂「無治兼對于經濟的」、不免牽合附會、無

治則無政治而已簡單直捷與經濟方面純無關係故「無治主義」之不能代「無政府共產主義」實可斷言抑卽如恒人之用以代「無政府主義」記者亦以爲不可其故有二一以無政府之名用之已久耳目既習故一言無政府主義卽可知此主義之概念若「無治」則知者殊鮮亦無人爲下一定之界說（如常人用以代無政府主義而來書則用以代無政府共產主義是爲無界說之明證）凡一學術上習用之名稱苟非有奇謬大誤卽不應輕率改易以亂耳目況如無政府一語用以譯 Anarhio 意義實吻合無間者乎此一不可也二以無政府一語實吻合乎 Anarhio 之意義若「無治」則意雖近似仍未吻合凡破壞政治反對政治皆可稱無治而於 Anarhio 則尙去一間也此二不可也是則無治之名用以代無政府尙且不可更何有於無政府共產乎

來書又曰三二學社……其性質爲黨人自由組織之團體而非全黨附屬之機關大答謂爲中國社會黨所創用殊與事實不符

答本報謂「三無二各」之名爲中國社會黨所創用其所以舉述三二學社者特以證其用三無二各之語耳非謂三二學社爲中國社會黨之全體所組織亦非謂三無二各之語爲中國社會黨全體所創用其意蓋謂創用此語者爲中國社會黨之黨人而已在華文稱一黨之全體與稱其黨人均可謂之某黨譬如言某某爲社會黨固非謂某某爲社會黨之全體也

來書又曰三二云云誠不免稍近靡謾然而支那文人之積習往往如此所謂要言不煩者近是初非有意褻侮堂皇正大之主義也

答既近靡謾既爲文人積習則其不當可知更何能謂之要言不煩（要言不煩靡與謾及文人積習適成極端之反對）所謂要言不煩者必能以一二語賅括無數要理於其中方克當此今所謂三無二各者果爲何等物耶無政府無家庭無宗教在學理上又有對舉並列之價値否耶根本上名既不正所謂要言者安在然則雖非有意褻侮而事實則明明落於褻侮矣

來書又曰且既爲學社其旨趣行事皆與黨轄有間故此

項團體之名稱、不與其旨趣相抵觸斯已、不必泥定以名其團體者名團體中之旨趣也……對于三二學社之命名、……又何必龂龂之惟恐不韙耶、

答、本報前論祇謂三無二各之名之不當而舉三二學社爲用三無二各之名之証、惟始終未嘗論及三二學社之命名、蓋前論之意在辨正學術之名稱、而不涉其他、今來書乃誤會本報爲論三二學社之命名、且以爲龂詆三二學社、此則未細讀本報之過也、然來書既爲三二學社之命名解釋、然則必以三二學社之命名爲當矣、既以三二學社之命名爲當、則三無二各之名亦必因之而俱當、若然、則足下當有說以証明之、斯固記者之所樂聞也、否則三無二各之名、根本上既已不正、而本此語以取名之三二學社、其不當自無可爲諱、更何必爲之解釋耶、來書乃曰、「此項團體之名稱、不與其旨趣相抵觸斯已、不必泥定以名其團體者名團體之旨趣」、竊謂此語不免近於自欺矣、三二學社發起之初、非嘗刊布綠色之小傳單、開宗明義、即曰、「純粹社會主義、有三無二各之學說」、乎非明示以研究三無二各之學說爲宗旨者乎、是三二學社之旨趣、明明與其名稱相同矣、何今竟謂不必泥定耶、要之三二學社之命名、本報以爲無庸深論、所惡者在以三無二各四字名此學說、斯則大大不可耳、

來書又曰無政府無強權云云係消極的排除的而共產云云係積極的組織的也、

答、來書如此分別無政府與共產二語、實無有是處、無政府主義之定義、在學者解釋、實甚包羅、如克魯泡特金所謂無政府主義即廢除政府的社會主義是也、然學者之解釋、尚不免聚訟、則莫如取歐文大辭典所下之界說、本報前論所謂「主張人民完全自由不受一切統治、廢除首領及威權所附麗之機關」、即由某氏之法文辭典及某氏之世界語辭典所譯出、既云主張人民完全自由、其義已無所不包、安得謂爲消極的排除的而非積極的組織的乎、如老氏之學說、乃眞所謂純粹消極的排除的者、若無政府主義之學說無論其爲巴枯寧派、爲克魯泡特金派、爲託爾斯泰派、或爲都克派、其所主張、對於政治、對於法律、對於產業、均有卓然成家之積極的主張、斷無純粹消極的者也、特以「無政府

主義」乃公共之名，尚未表示其屬於何派，於是主張共產者，乃有無政府共產主義之稱，而主張獨產者，則亦可曰無政府獨產主義也，於此可見無政府共產一語，實不能分別之，曰此爲某的，彼爲某的者也，

世界語消息

廣州世界語同志現在西關華林寺內創辦世界語專門學校學者三十餘人另設夜學又高等師範學校某君發起星期研究社來學者現已有六七十人皆屬各學校之學生繼來者仍絡繹不絕云香港同志亦發起一世界語講習所惟學者不衆江蘇常熟又創設一講習所學者十餘人

Universala Unuigo（大同）雜誌第二號已寄到本號全用世界語（英語俄語另刊）每册報費一角郵費一分

東京「犧牲雜誌」以發揮公理撲滅强權爲宗旨第一期已出版每册報費五分郵費一分

本社出版物一覽 (2)

第六種　無政府淺說

第七種　平民之鐘

第八種　無政府主義

第九種　總同盟罷工

第十種　伏虎集

第十一種　民聲叢刻

民聲

第十號

近世無政府黨之師表

無政府之哲理由來已遠自蒲魯東巴枯寧出其主義始顯著及至克魯泡特金氏「無政府共產主義」乃如旭日當空卓然成一家之言斯誠吾黨之先覺也克氏學說主張廢除政府實行共產而手段則取急進蓋學者而兼實行家也氏生于一八四二年本俄之貴族少年曾爲西伯利亞軍官未幾去職從事於科學一八七二年有瑞士德意志之遊遂入「萬國勞動會」返國後以鼓吹革命爲事一八七四年被逮下獄後脫獄而逃於英由英之瑞士作「革命報」復爲瑞政府所逐乃之法一八九四年黨人刺殺法總統於里昂氏亦株連下獄五載自後遂居倫敦現已年逾七十著作不倦此卽氏之最近肖像由奧國某無政府報寄贈本報者也

克魯泡特金

P. Kropotkine

格拉佛氏現爲巴黎無政府機關報「新世紀」編輯著作等身與克魯泡特金齊名其學說亦與克氏畧同世稱克格二氏爲無政府黨之師表洵不誣也格氏初發行「反報」La Revolte當一八九二至九四之三年間乃法國暗殺風潮最劇烈時代斯報實爲製造風潮之

格拉佛

J. Grave

中心點。以是被禁停版後乃改刊「新世紀」Les Tempes Novueaux 迄今法國無政府黨之盛爲各國冠未始非此報之力也。格氏爲人熱心誠懇常與本報通信極願贊助支那同志之運動屢贈以書報多種可見其傳播之熱忱昨復承寄到新世紀叢書全集一分及肖像一幅中有親筆題字。譯言「師復同志惠存摯友格拉佛贈」也。

無政府黨萬國大會通告書

涓聲譯

本年八月二十九日至九月六日開會於倫敦

Internacia Anarhiista Kongreso,

London, Augusto—Septembro 1914.

吾黨一九〇七年安士潭大會時會議決一九〇九年再集第二次大會不意人事蹉跎竟成畫餅良可慨也。目時而後無政府主義勢力日盛人民傾向此潮流者日衆。而吾人之希望亦彌般革命運動鼓吹即致吾人主義於實行之利器也。

彼時組織世界機關與萬國交通聲氣之意胎已萌但爲時尙早故吾人祗各以其精神能力全注于所在地蓋鞏固各地方之勢力實第一級之要務也。

及乎去歲(一九一三)從各方面觀之實可謂一非常之歲月矣此一年之歷史概言之無非勞動革命之歷史質言之則無政府黨活動之歷史也。人民反抗之勇氣蓬蓬勃勃繼長增高勢必衝破強權之毒霧故吾人對于前途之希望體察社會之心理覺現時有一事不容或緩者此事爲何即召集各地同志本其數年來所得之經驗解決從前未決之問題討論今後進行之方針是也且各處時呈互相接近之狀況吾人更可藉此收一致進行之效。

德意志無政府黨聯合會有見乎此先發佈告於各地徵求同意各地同志踴躍贊成吾人乃議決此次「萬國無政府黨大會」於本年八月廿九日至九月六日舉行於倫敦。

各地同志乎全世界之無府政黨乎苟不棄者幸屆期蒞會。同德同心發舒其意見陳述進行之方略已往之經驗與夫將來之希望以供大衆之研究本會幸甚。

吾人既爲同志即當聯爲一體一致進行攜手而演霹靂驚

人之偉劇。嗚呼。君等之事業至大也。君等之責任至重也。將來成效如何。惟君等是賴。君等既開其始。當終其事。勿荒廢乎半途。至功虧于一簣。大會之期不遠矣。君等之意見。書吾人翹首企足而望之矣。凡各地吾黨之狀況及對于各問題之意見。乞詳述無隱。蓋吾人望之至殷也。嗚呼。各地之無政府黨乎。吾等以最懇摯之心期望於汝。汝其起！起!!起!!!

無政府萬歲！

德意志無政府黨聯合會。法蘭西無政府共產黨聯合會。
倫敦無政府黨聯合會同啓。

本會書記之通信地址如下。A-Schapiro, 163, Jubilee Street, London, E.

本會于大會期內。刊行小冊子(或短期之報)詳載大會情形。將分送各同志及無政府黨之報社。

「本報附啓」大會之期已近。吾黨之在中國內地者。即不能赴會。亦當有所陳述。現本報擬聯合同志致書大會。詳述吾黨在中國之狀況。及對於大會之意見。用特徵集衆意。凡有所見欲陳於大會者。請儘於六月二十日以前。函達本報。以便採集譯寄。是爲至幸。(來函者請注明詳細通信地址)

反對家族主義

量能譯意

Kontraŭ familiismo 此文爲俄羅斯同志V. Hudolej之投稿。原文已載第九號世界語部

反對家族主義之論據。有三要點。即生理學。心理學。社會學的關係是也。一夫一妻之制。自生理學上種性不同之點考之。其弊害最爲顯著。蓋男女身體發育時期有早晚長短之不同。以歐洲論之。男子之春情發動期。在十七歲繼續至六十歲前後而衰。女子則平均自十七歲以至四十五歲)短十五年(雖通例女子成熟期較男子爲早。然終無有相差至十五年者。以發育時期長短不同之二人。強使偕老。無怪歐洲今日有一夫一妻之名。而無一夫一妻之實矣。人類之繁殖力。與其他動物不同。男子每年可產百兒。女子則祇一產耳。以繁殖力作比例。則尤不能強人以一夫一妻也。且世界各國男女人數多少。大有不同。試以俄國人民計之如下

	(男)	(女)	(比較)
俄羅斯本部	58632000	60058600	多1426600
東俄	6105000	6023700	少 81300
中亞細亞	5357400	4616000	少 741400
高加索	6172800	5562300	少 610500
芬蘭	1505600	1527800	多 22200

男女人數之相差既如此則一夫一妻之後欲國中無怨女曠夫其可得乎

生理學之關係既如上述再以心理學證之喜新厭故人之情也(此卽心理的關係)人莫不願同時或繼續得有異性之數人(卽男對于女或女對于男)故男女間之快感專一必不如更易舊愛必不及新歡蓋天下之物惟未得者思之愈切初得者愛之益親男女之間亦然朝夕相處久而久之快感缺如愛情日弱一有室家之牽累則愛情之作用更少至若夫婦不睦者邑云快樂直受苦而已耳

定夫婦之制則夫之愛情法律上祇許施於妻之一人妻則爲其夫之附屬物愛及他人者必羣以爲不貞睡罵責罰隨之矣人生樂趣至此都盡若婚姻之羈絆脫離則拒於此者或見愛於彼拒於今者或見容於將來以彼較此孰得孰失不待智者而辨矣

至社會學的關係則尤有研究之價值婦人獨立生活爲減輕社會負擔發達社會生計之一大原因蓋父母夫婦之關係絕則爲女子者無所依賴勢必自營生計而經濟可以獨立且家族制度廢則人人無室家之累得自由發舒其智力以補助社會又若人口繁多社會生計或有妨害者亦可施避孕之法(家族制度廢則希望子孫之念自消)種種利益非一二言所能盡也

故吾人傳播反對家族主義及自由戀愛之思想於社會實爲今日之要圖尤當以少數人之實行樹之模楷而傳播乃更速夫如是家族制度之破壞必不遠矣

師復按反對家族主義及自由戀愛之學理已略如茲編所述近見世人昧于此種眞義致生種種誤會頗足爲主義之障礙今當有以解之世俗無賴以縱慾漁色爲生涯不知生理與心理爲何物一聞自由戀愛之說輒欲借爲

護身之符而一般社會亦遂誤認此輩之行爲錫以自由戀愛之徽號反對者乃愈得所藉口此最大之誤會也亦有二三君子道德偏重明知家族之害思有以破除之而懸于世人之誤會不敢持極端之論遂致強生別解以爲自由戀愛須以道德爲強制或又以爲自由戀愛仍當專屬於一人以期自異於一般之無賴其結果乃至自由戀愛與自由婚姻實際上幾無區別所謂楚則失矣齊亦未爲得也竊以爲自由戀愛其根本之原理乃在去束縛而取自由男女之交合由於生理作用之不得不然自宜純任自由而不容有所拘制惟所謂自由者乃男女兩人之自由而非單方之自由也彼輩恃金錢及種種手段以購買他人之愛情侮辱他人之身體視人類爲玩物爲貨品(如姘宿狎妓狎優誘姦迷姦及其他等等皆是)在女子一方面或爲勢迫或爲利誘或爲甘言詭計所炫惑皆絕對之不自由在男子一方面則爲侵人自由蔑視人道實與強姦無異此正自由之蟊賊自由戀愛之名豈此輩所能假借者耶然苟男女二人互相愛悅以純粹之愛情自由結合而絕無強權金錢騙術等關係於其間是卽爲合理之戀愛而不必問也專一與否久暫若何愛情既出於自由更不必有所謂強制倘若預懸一格以爲當屬於專一又必期以長久甚或侵入道德問題(婚姻制度之大謬點卽在誤生理問題爲道德問題)此皆與生理學心理學相抵觸而尤背乎自由之眞理者也至有慮自由戀愛既行男女之肉慾必益熾將於衛生有妨害者此亦不足爲慮也男女之交合乃由於生理作用之不得不然猶之飢則思食爲生理作用之當然而飲食過多者足以致病反爲生理之害男女亦然交合爲生理所必需而過多亦足以生病交合過多者世謂之淫淫非生理所固有乃由於習慣而生蓋凡肢體愈習用則愈發展(如習於行路者足力健習於拳擊者筋力強)故習於多食者食慾愈熾成爲饕餮習於交合者肉慾愈熾成爲淫夫顧今人之往往習成爲淫其原因亦有二一則由社會惡劣可以金錢買交合一則由婚姻制度夫婦同居幾以交合爲惟一之義務交合之機會既多則人之習爲好淫亦固其所

然若自由戀愛則二者皆可免除純以男女二人之愛情爲根本其機會豈能多得又何至習爲好淫故吾謂自由戀愛之理明男女之肉慾必較輕而交合之度數亦必較減即此故也惟處於今日之社會自由戀愛之所以難行者厥亦有故即婦人經濟不獨立是也女子既不能自營生活無論如何勢必有所倚賴於男子如是則愛情之施與復安有絲毫之自由嗚呼此經濟革命之所由急也

平民之鐘(續)

La Evangelio de Horo

師復譯

第二章

當其行經一鄉鄉人集而環聽之

且問曰「請告我輩彼時將何所爲乎」

斯人曰「當鐘之鳴也君等相率偕來共享幸樂可矣

其烹爾肥腯取爾佳釀

且置大案於「共產屋」中各樂其樂亦與衆同樂

斯時也有房屋者可居之如故　其屋若由租賃而來者此後即不給租値

其尙無房屋以安身者可大呼衆人而告之曰「請助我建築房屋之工作」

凡有田者可自種之　凡有技藝者當工作如故各量其力之所能如蜂之製蜂釀蜜以利其羣焉

共產屋中置簿籍二凡居此者均來書之

其第一冊所書者曰某某能作何工能供給何物第二冊則某某需用何物也

凡所需均縱給之而不必較量其所作

譯者案是之謂各盡其所能各取其所需是即共產主義之精義若集產者必計其工作多少而酌量給以所需是專制的社會主義耳

蓋多能者不自有其功而不能者亦不必以不能爲罪

巧者不自有其巧而拙者亦不必自慚其拙

譯者案智愚巧拙皆由於教育及社會之感化各有不同而非其人之功過

然各人皆受良心之裁判必已盡其力之所能者乃爲濟債

宿債之人。。。

譯者案讀者聽之然則不盡其所能者卽爲負良心之宿債而未還者也是可恥也

聞者於此其或有所懷疑乎　天地間之和平乃爲善意之人而設

倘有不盡所能而浪取所需之嫌者

則當由老成明達之人本公平誠懇之意考察其行爲而詰問其原因

倘彼果不作事者亦不妨聽之　而僅給以生活之必要品爲限。

倘彼更欲享不工作之特權而妄侵他人之需要

則汝等可屛之一羣之外而不許其復來是卽所謂「無業者請他往」之理也」（此語出萬國革命歌）

譯者案此乃天然之公理而非法律而非强權當自由共產之世工作輕易時間短少人人方以工作爲幸樂以無業爲恥辱故不盡所能徒取所需之事實可決其必無卽有之亦不過萬中之一可以毋庸過慮然世人旣習見今世罪惡社會之現象對于共產主義以此爲疑者幾於十人而九卽素自命中國社會主義之先河之江亢虎先生亦因此疑點遂謂共產主義難行而倡爲財產獨立營業自由之謬論者也故著者特設爲是說以公理解決之世之懷疑於共產者當可以釋然矣

鄉人復問曰「吾鄉所產不敷所需將若之何

吾等需衣服需鐵器及其他各物之製自城鎭中者皆非吾鄉所能自給也」

此人則還問鄉人曰「君等自刈之穀與自製之油果食餘而無餘乎

鄉人衆口答曰「否余等每年所餘之粟與油出售於外者蓋若干也」

彼乃曰「然則君等可往城中書於共產屋之籍上曰「吾鄉能供給穀若干油若干於城中

但吾等須由城中取用何物（卽若等所說者）」

斯時市民見君等能盡力以供給彼等之所缺則彼等亦必將盡其所能以供給君等之所缺矣

譯者案、此即所謂「互助」之理、人之天性、已有餘力、則思有以助他人之不能、故懷疑於共產者每謂貿易既廢、各地之物產不能流通互用、不知此實不必慮也、論共產之精理、此人之所長、當以助他人之所短、此地之所餘、當以補彼地之不足、然非如市井之論、借交易必能出穀若干、油若干、然後可易得衣服器具若干之謂也、總之、各盡其所能、各取其所需而已、

但彼時必有無數之男女不樂城居而移住於汝鄉者、其中容有無用之人、而多數皆願與汝等共同工作者也、然汝可察彼等之工作、按其効果而驗彼等之有用與否、凡判斷一切、不必聽其所言、而當觀其所行、」於是鄉人乃互相議論斯人所演說之鐘矣、　（未完）

通信討論欄

▲（答迦身）　來書以吾黨急進之法、當如何用之爲問、記者以爲吾黨進行之手段、當因乎各地社會之情形而異、有宜於急進者、如今日歐美之情形是也、有不能急進者、即中國今日之現象是也、總而言之、「傳播」乃吾人無時無地可以或息之事業、由今日以至於無政府成功、皆所謂「傳播時代」也、文字口舌、奔走鼓吹、此固謂之傳播、即暗殺、罷工、暴動、大革命、亦皆爲傳播之作用、克魯泡特金即主張以猛烈手段爲傳播之方法、所謂三數日之風潮、勝於數十萬冊之書報者、蓋謂此也、記者固完全服膺克氏學說者、惟歐美之情勢、既隔非吾人所能爲力、以言中國、則機會未至、不能不少有所待、姑用全力以從事於文字口舌之鼓吹、苟一旦時機既熟、則記者今日之禿管一枝、異日即可變爲轟動全球之炸彈、特所謂急進者、終不過藉爲傳播之方、而未必一舉即可成功、當其未成功之前、不能限定取何手段、惟察其所處地方時勢之如何、以致吾力而已、

▲（答悟塵）　來書疑共產主義各盡所能各取所需二語、已有無政府之意義、又疑共產主義即無政府主義之變相、此大不然、共產主義Komunismo與無政府主義Anarhismo、明明爲兩種學說、（有主張共產而不主張無政府者、亦有主張無政府而不主張共產者）無政府主義本質爲

對于政治之學說雖含對于經濟之意見而不限定爲共產共產主義則純爲對于經濟之學說（各盡所能各取所需二語出自法之魯意布郞專爲生產分配而言）而對于政治之意見則尚未表示倘共產主義而兼主張無政府者是謂「無政府共產主義」Anarhiist-komunismo 此中區別請細讀本報前數號各論當能了然也

來書又問共產實行之始吾人衣食住之配置必須有詳細組織方法預示世人云云夫各盡所能各取所需非卽最完善之方法乎非卽衣食住配置之方法乎吾人須知無政府共產主義乃絕對自由之主義無所謂繁密之組織所貴乎繁密之組織者特集產主義耳資本制度之末日一至吾人卽各盡力工作以供給吾人之衣食住有屋者可居之如故而不必給租無者卽居於無人之屋又不足則大衆合力建築以居之大衣服店之衣服均吾人之衣服也可往取之大糧食店之糧食均吾人之糧食也可縱食之此等平平無奇之事尚須吾人預定方法以教之乎若恐物產不足美惡不平或從此而起爭端則吾人第一著當先知共產主義何以能實行以社會革命之成功與社會革命何以能成功以平民多數已知共產主義之眞理乃同起而革命也社會革命與政治革命有截然不同之點卽政治革命爲英雄革命爲少數人革命而社會革命則平民革命大衆革命也政治革命以二三英雄運用手段便足以成功而平民大多數均不知其所以然故革命之後組織機關制定法律等事卽須隨之而起若平民革命則大多數已明此眞理一旦成功卽以眞理爲天然之法律（非眞法律）而已又何至有種種爭端而須預謀組織防範之方法乎若猶疑吾言則請細讀本報第一期「無政府主義淺說」及其他諸家之學說自可渙然冰釋矣至于工作之分配公共敎養之設置此更容易亦無非各盡所能各取所需而已此時平民既能推翻政府推翻資本家試思其聰明才力何若豈有此等小事而不能處置裕如者乎至謂須有一至精密詳細之圖說云云此在小說家不妨各以其所見而爲之用以爲茶前酒後之談助若學說則無需乎此蓋此時社會之進化人智之特出固非吾人今日所能擬議卽强擬之亦必不能密合彼時之情勢

且其時人人自由。安能步步趨趨。死守吾人今日之計畫乎。總之無政府共產主義。乃完全自由之主義。無政府共產之社會。乃完全自由之社會。故吾人研究無政府共產主義者。亦當本完全自由之腦想。以研究之。而不可雜有絲毫政黨政策之見解。如政治革命黨之預定革命方略。以爲他日如何組織。如何施行之地也。

來書又問純粹社會主義與眞正社會主義之別是否一爲集產一爲共產云云。按純粹與眞正均爲有所對待之詞。以華文字義釋之。似無甚分別。惟日人所用純粹社會主義之名。乃以譯英文 Pure socialism 一語（亦作純正社會主義）據英人Kaufmann氏所著「社會主義」"Socialism"一書。其所下純粹社會主義之定義曰。「社會主義認各人之才能不同。需要互異。因之生產之分配。當視工作之多寡。以爲報酬之比例。故土地資本主歸公有。而各人歲入則仍許私有」。此實集產主義之學說也。著者原爲集產家。則其以集產主義爲純粹社會主義。固無足怪。惟吾人則不能承認也。至於近日中國學者所用純粹社會主義之名。則又不同。如三二學社之通告曰。「純粹社會主義有三無二各之學說」。而「中國社會黨」之章程所謂「於不妨害國家存在範圍內主張純粹社會主義」一語。亦全爲調停無政府派之黨員而設。故世人遂即以「純粹社會黨」名憤憤等所發起之「社會黨」。是則所謂純粹社會主義。實即無政府共產主義。與前所述相去絕遠。然則此一名也。或則以集產主義解釋之。或又以爲無政府共產主義之混名。迷離撲朔。無從分辨。故記者敢斷定此爲不正之名。吾人屛之勿用可也。至於眞正社會主義。乃對于集產社會主義而言。蓋吾人常目集產主義爲僞社會主義故也。克魯泡特金嘗曰。「無政府主義即眞正社會主義」。克氏之意。蓋指無政府共產主義也。要之所謂眞正者。對于不眞正而言。若無對待。則眞正之名亦無由立。故眞正社會主義一語。以爲無政府共產主義之注釋則可。以爲無政府共產主義之別名。則不可。蓋此語本非專名詞。即亦無一定之界說也。

▲（答恨痴）（一）普通素食家不禁牛乳與雞卵。其中亦有理由。牛乳非生物。此人所共知者也。雞卵則雖爲未來生

物之胚胎。而此時尚未成爲有知覺能運動之動物。無所痛苦。故雞卵與雞不能並論也。（至有以人胎與雞卵並論者、此則不能相擬。蓋胎未產時、必殺其母始得其胎。若已離母體、則已名爲人而不復名胎、與雞卵之不損其母體者固迥別也。）雖然此特素食家之通例如是耳。若以記者所見、則牛乳雞卵必一切不食、方爲完全之素食主義。蓋食乳者近於奪牛子之食。食卵者亦足以斷未來之生機而傷其母心。（凡物無不愛其所生）且牛乳多含微菌、雞卵亦易腐敗。於衛生終非所宜故也。惟爲初行素食之第一級計、少進乳卵、似亦權宜之法。（因習慣肉食者、一旦素食、往往覺其無味、遂致半途中止者固不少也）俟其行之既久、漸知素食之甘、而雞卵牛乳亦自覺其腥膻、不期戒而自戒矣。

（二）廢除姓氏。乃一已之自由、若對于他人則稱之可也。不稱之亦可也。蓋其人苟未廢姓、則吾雖不稱其姓、奈其實際明明有姓何。猶之婚姻爲吾人所反對、然苟其人確有夫婦之關係、則吾雖不稱之爲夫婦、奈其實際固明明爲夫婦何。夫姓之所以當廢者、以家族制度之當破也。故廢姓者、當以破除家族爲前提。必能破除家族者、方可謂實行廢姓。如何謂之破家族、非擯棄其父母、屏斥其妻子之謂也。乃男女皆獨立生活、不相統屬、不相倚賴、無復家族的關係是也。不然者、家族未除、徒於名字上不冠以姓、曾又何益之有乎。

▲（答無吾）來書以吾人所用之新世紀十四年乃由於耶蘇基督之降生歲數而來、因謂以宗教紀年爲紀年、不免予教徒以口實。不知此種紀年已爲今世界所通用、無論其人是否爲基督教徒、其國是否爲基督教國、均無不用此紀年者。如支那日本、原與基督教相去甚遠、然苟爲世界的交際、（無論條約或個人之交通）即不能不用此紀年。而在學術上分別歷史之時代、尤必以某世紀爲斷。然則所謂一千、九百若干年者、其起原雖本於基督之降生、而在今日則已成爲全世界交際上學術上之公物、而不能復私之以爲宗教之所有矣。原夫紀年之法、不過爲表誌年代之符號、而非有若何深意於其間。（中國舊史家囿於正統之論、以紀年爲歷史學上一大事、門戶聚訟、紛紜莫辨、適見其陋耳）苟有一法能令人周知而不偏於一地一事者、即爲可用。（如

云中華民國若干年、日本大正若干年、所謂限於一地、孔子若干年、釋迦若干年、所謂限於一事、）今一千九百若干年者、既已通用於各地及各種社會矣、吾人又何不可沿其通俗而用之乎、（其不稱一千九百十四年而稱新世紀十四年者、亦非有他意、不過取其數字簡單易於舉述耳、）至來書謂當聯合世界同志共同研究云云、竊以為殊可不必、一則吾黨當研究者正多、為日不給、此事無關宏旨、何必虛費光陰、二則吾黨即自定一特別紀年、而社會上除黨人外均不通用、反覺其諸多窒礙、何若俟無政府實行時、即以其年為無政府第一年之為愈乎、

南京無政府主義討論會地址如下南京五十八號信箱

常熟無政府共產主義傳播社"Antauen gis Veuko"地址如下常熟宮前街一百九十號

寄助本報印刷費者　悟塵一圓（東京）　直池荷幣五盾（日里棉蘭）　張桐五圓（漢口）

各盡所能　各取所需

本社出版物一覽 (3)

第十二種民聲叢刻

第十三種民聲社紀事錄

第十四種世界風雲

第十五種世界工會

第十六種工人寶鑑

第十七種眞理叢刊

第十八種安那其主義討論集

民聲

第十一號

共產主義 Komunismo 之原則

師復述

各盡所能各取所需

共產主義萬世不易之大原則非卽「各盡所能各取所需」二語乎此原則果自何人發明之卽法蘭西有名之社會主義家魯意布蘭 Louis Blanc 也

布蘭氏生于一八一三年卒于一八八二年蓋當十九世紀中葉法國聖西門孚理亞等派之社會主義漸就萎靡而德意志社會主義尚未勃興之際布蘭氏乃連絡其間爲社會主義吐萬丈之光燄者也雖布蘭氏生平頗注意於政治之運動爲吾人所不取然其發明「各盡所能各取所需」二語實爲共產主義不易之原則其學說固吾人所不可不知者也今特取其有名之著作「勞動組織」 Organisation de Travail 一書關于此節之意見略述如下

社會主義之第一問題卽各人業務分任之方法是也夫吾人所有之才能智識雖多然非爲營一已之私利而始有之乃爲圖社會之公利而有之者也腦想强而筋力健者長于作事美感深而聲音富者優于美術彼其具有此種能力者豈徒爲自娛之具而已哉亦將有以盡力於社會耳以是之故凡人有二倍之體力者當負二倍勞動之義務吾人若具特優之才識者則本其才識普利社會乃其天職也是卽弱者當借助於强者而强者當扶助乎弱者智者當致助於愚者而愚者當受助於智者之謂如是則才能愈大者其義務亦愈大吾人於此乃確定一原則曰「各人當視其所有能力之多寡而定其當負義務之大小」苟本此原則以爲業務分任之標準庶幾得其平矣

業務分任之問題既已解決而吾人取自社會之需要品其

大小多寡之標準又當如何乎此亦最要之問題也昔聖西門派之學說亦謂人之勞動當視其能力之大小以爲比例是與布蘭氏所同者也然聖氏又曰「各人所得之報酬當視其工作之多寡以爲比例」是說也果不失社會平等之理者乎果適合於高尚道德之標準者乎是直以不肖待人謂人皆貪慾殘忍而因設是例以限制之耳夫人之勞動旣視其能力以爲比例能力既有不同則工作之結果必互異倘所得報酬必以工作多寡爲比例則强者智者之所得多弱者愚者之所得少是何異驅愚者弱者使赴於自滅之途耶(譯者案聖西門氏之學說與近世集產主義蓋相類其大謬點有三人之强弱智愚乃由於遺傳與所受之感化而來並非其人自己之功罪今所得乃不能一律所謂人類平等者安在此其違反乎社會主義之原理者一人雖有智愚强弱之不同而生活之所需則與智愚强弱無關並非智者强者之衣食必加多而愚者弱者之衣食當減少也今所得旣不齊則智者强者所享必有餘而弱者愚者所得必不足所謂倉廩有紅粟道上多餓殍與今日地獄社會之惡現象何異此其違反乎社會主義之原理者二報酬一語何自而來乃資本制度之社會資本家壟斷生產機關(土地機器)視工人爲奴隸工人爲糊口之故不得已爲之服役從而取得報酬之謂也社會主義卽以破除此種制度爲根本從資本家之手取回生產機關由工人自掌之自用之如是則人之勞動乃爲自己而工作乃爲大衆而工作並非服役於他人安得有所謂報酬吾人旣盡力工作卽當取得生活之所需所謂自作之自享之此乃天然之公理又何爲而設以限制乎此其違反乎社會主義之原理者三)布蘭氏乃復發明一原則曰「各人隨其所需而得物產之分配」蓋人之智力體力不能一例嗜好互殊習慣各異於是各人之需要品亦因之而有千差萬別之不同在社會當一有以應其要求而不應有所限制苟有限制適足以戾乎人類之本性而妨害其發達此實大礙人生之「幸福」與「進步」者也

(按布蘭氏學說以幸福與進步爲人生之目的)

於是吾人乃得萬萬世不易之大原則曰「各盡其所能各取其所需」是卽近世共產主義金科玉律之格言也

萬國無政府黨反抗強權宣言書

Le Comite Anarchiste Internationale

contre les Repressions

涓聲譯

世之持七寸管搖三寸舌以與強權相戰鬭及迫於時勢不得不指其戈于強權方面（卽資本家及資本制度之保障如政府軍隊等）以實行其天經地義之革命者、皆各國政府所深惡而痛絕者也。是故爲政府者。無不竭其威力之所至。施以極端之壓制而對于吾無政府黨爲尤甚。雖然此種壓力。將必有滅絕之日。要視吾人之毅力何如耳。蓋此種壓力與吾人主義之進行互爲消長者也。吾人主義之進步與否。全視乎人民之感悟。故吾人當以堅毅果敢之精力。蘊瘁于此種事業。幷拯救爲擁護公理而罹禍之同志。誠今日不可忽之急務也。

不觀乎各地之牢獄乎。其中囚徒盈千累萬。固皆罪惡苦獄之社會所激成者也。以若輩之無辜。吾人寧忍坐視。同人不敏。特組織「萬國無政府反抗強權會」（直譯當作「無政府黨反抗壓制萬國董事會」）謀所以拯救之。職是故也。

今世界之活地獄。赫然出現于光天化日之下者。在法則有「巴士的」（法國監獄）其中幾無時不有無政府黨及工團革命黨也。在俄則有西伯利亞。俄國革命黨憂愁之府也。每年喪于此冰天雪窖中者。蓋不可以千計。西班牙則著著施行其罔民手段。葡萄牙亦復如是。意大利之某癲狂院者。同志馬瑟 Masetti 之被囚處也。當獵浦利 Tripoli 之戰。軍官驅兵隊屠殺亞拉伯人。馬氏憤甚。以鎗轟之。遂罹斯禍。

吾人更曠觀西半球。則見晏特利 Antilli 巴禮拉 Barrera 幹沙利 Gonsales 仍囚于盟爾然丁之苦獄。彼三人之被囚。則以在報上（La Protesta; El Combate）發揮其意見也。又有哇士圭 Vasques 愛斯特夫 Estevez 者。方工作時。惡徒突來。揮斥怒罵。靡所不至。二人請給工値。不惟不與。且拔鎗轟之。傷一人之手。二人忍無可忍。乃奪其鎗還擊之。現二人繫于古巴之黑獄。

此外之無辜受害。爲吾人目力耳力所不及者。更不知其幾千萬也。

由此觀之。政府及資本家者。害人殺人之魔鬼也。每害一人殺一人則增多一度之罪惡同人欲暴露其罪惡於天下使山陬海澨皆曉然於政府之無道故特組織機關於巴黎一以宣布政府之罪惡鼓勵人民厭惡政府之心理以促吾人主義之進行一以謀拯救被難之同志(或以力或以財)

然本會非統轄各分會行事之主體也不過一交通聲氣之中央機關耳各地人士有願表同情惻然于人民之無告者幸各在其所在地組織分會調查消息報告政府之暴行俾告一到本會卽遍發傳單以其事通告全世界之分會務令政府之罪惡昭然大白于天下而合力抵抗之

同人所最忌者卽專制(中央集權)之弊也故本會祗有倡導此種運動之任務而無總攬會務之權無論何國何省何鄉何邑諸同志儘可自由組織分會而開會布告及種種反抗強權之運動皆本會所深望于各分會者也此本會組織之大概也諸同志不棄幸各視其能力各用其方法襄助一臂各無政府黨及工團黨報若能轉載此宣言書則尤幸甚

本會通信地址　巴黎新世紀報 Les Terps Nouveaux, 4, Rue Broca,paris.　或巴黎自由報Le Libertaire, 15, Rue d, Orsel. paris

平民之鐘(續)

師復譯

第三章

演說者又行經田間見有執粗重之鋤以治田者鋤既不利故耕作已三日而田仍未治也

演說者乃謂之曰「汝何不用輕便之犂以治爾田乎倘用犂者汝田今已治矣」

田者曰「余地既褊小而復赤貧何由得利器乎」

此時復四顧田間則田者固不止此一人蓋多數皆操粗重之大鋤者

亦有少數用普通之犂者蓋比較上爲畧富者矣

演說者又謂之曰「汝等何爲用此舊式之犂而不用製造廠之新式大犂乎」

衆田者皆曰「余等地既褊小而復赤貧何由得利器乎」

斯人乃告之曰「鐘將鳴矣其毀爾各家之畛域

其平爾疆界去爾籓籬通力合作於衆人公有之大地且往製造廠中取其大犂舉此廣漠無垠之地同時墾治之吾知止需二三人瞬息之間此大田已可播矣　且用力又極少也其他各人可從事於種種有益人生之工作不至妨時而害事矣」

衆田夫乃問曰「然則工廠主將何言乎」

曰「工廠主一聞鐘聲其已舌燥而不能言矣彼苟能見機者當大開門戶而去其關鑰揖衆工人而語之曰「行矣我不復撫有工人矣我將不給薪金及工價矣汝等欲留者可自留欲去者可自去我亦將量吾之所能而共同工作矣」倘彼仍夜郎自大者禍不遠矣　以彼時無主無奴皆與彼平等故也」

復爲述一寓言曰「有一貧人傭工於富而不仁之某氏之葡萄園中以度活園主人傲悍無倫時目爲惰夫而使家奴鞭撻之貧人始終忍受不敢怨懟時復自念曰設吾主人不賜我以工作者吾將何由生活乎嗣過一有識之人詳告以此園不應爲富人所專有之理由且謂凡操種植之工作者皆有同一之權利與富人等　卽有權工作及享受其果實以爲己用之謂也於是貧人遂恣食園中葡萄而暫息其工作此時富人適至見之大怒罵曰「賤人！誰致爾不作工而恣食吾園之果者」貧人曰「此園非汝所專有我與汝有同等之權利者也汝如欲分嘗此果者請與我共同工作　蓋此園汝非有特別之權實人人皆可曰我所有也」富人愈怒顧衆奴曰「速撻此狂奴至失其知覺而止但不可死之　以我尚需彼工作以代我勞也」貧人乃乘間舉大斧落於富人頭上　而所謂資本家者乃倏然倒斃矣其衆奴皆懼而逃矣然則何如聽貧人之言與工人平等之爲愈乎」（未完）

通信討論欄

▲（答李進雄）　來書云「讀民聲第五號「中國社會黨之現狀」一則……云云余持此以質諸江君據云「無政府共產主義雖未敢決其可行與否然亦未嘗有隻字明白宣言無政府共產主義之非也」云云據此則貴報所載不知何所據而云然抑有所誤會也」　答曰本報謂「江氏對于無政府共產主義已表示不贊成」蓋據江氏通信片第三期江氏演說謂「共產主義恐未易遽見施行」是表示不贊成共產又謂無機關無組織無契約之說所未敢深信」是表示不贊成無政府本報又謂「江氏從前尚未敢明白宣言無政府共產主義之非（於其發起三二學社自稱研究無政府共產主義見之）今則論調一變」三二學社之發起雖有「能否實現」之疑詞然既結社研究則自然是贊成一方面爲多故謂未敢明白宣言無政府共產之非今則曰未易遽見施行曰未敢深信是儼然研究有得知其不易施行知其不可深信矣非論調一變而何然則本報之言安能謂之無據又何嘗有所誤會耶

顧以上所舉江氏前後矛盾之論不過隨手舉示一節耳實則江氏一生言論幾乎處處矛盾本報以社會主義之在中國幼稚已甚聞者不察遽以江氏之言爲的論貽誤後學實非淺尠故特著論與之商榷以期眞理漸明並非好爲非難江氏也足下試讀本報第六號「孫逸仙江亢虎之社會主義」一論當可略知本報之旨趣矣顧是論所舉仍有未盡之意今請再爲足下言之

江氏最近之論謂共產未易施行謂無機關無契約之說未敢深信顯爲不贊成無政府主義共產主義之證夫贊成反對均爲江氏個人思想之自由他人何由干涉獨可怪者江氏往日持論嘗謂共產主義爲社會主義之中堅爲社會主義不祧之宗又嘗著論倡三無主義（無政府無宗教無家族）又自稱倡導社會主義以二各（各盡所能各取所需）並非（非私產主義非宗族主義非宗教主義非軍國主義非祖國主義）爲究竟又自稱夙所主張爲無政府社會主義又自稱願爲無政府黨一學子（以上均見洪水集）據

此數節江氏固儼然一宗旨極定之無政府共產黨也乃一方面又曰未易施行曰未敢深信且聲明「非無政府黨」(見通信片第一期)請江氏試平心思之其能免矛盾否耶然江氏又或自辯曰余但謂恐未易遽見施行耳非不贊成也非反對也但謂未敢深信耳亦非不贊成也非反對也若然吾亦有說以證明之

按江氏謂共產未易遽見施行並未說明理由頗難測其命意然以上下文參觀之江氏謂「均產集產均非盡善之法、共產亦恐未易遽見施行、鄙人首倡戀愛自由教育平等遺產歸公之說……」是明明謂均產集產共產均不如其所倡之善而易行矣是非不贊成共產而何又以江氏平日持論證之則其反對共產更有明據江氏嘗曰「……共產主義……與記者平昔所主持者頗相逕庭」又曰「共產主義之精言不外各盡所能各取所需二語而徒取所需而不盡所能者將何以待之若制定規條過於繁密則措施之際必多煩難近於無事自擾且甚妨害個人之絕對自由否則無比較無競爭無希望孟子所謂巨屨小屨同價誰則爲之其於人類進化似頗阻滯矣、若夫不勸而興、不懲而戒、無所爲而爲之者又恐非一般人之程度所能及也」又曰「有主張共產論者、財歸公業、力出私人、各取所需、各勤所職、然徒取所需而不勤所職者當奈何……況人之性行、旣有能有不能其見之操行又有力有不力、故曰物之不齊物之情也、若盡十分義務者得十分權利而盡一分義務者亦得十分權利、(原文作亦得一分權利然以文義考之一字當是十字之誤)就所得之權利言、看似平等、就所盡之義務言實是不平等、且無比較卽無競爭、無競爭卽無進化、意美而法殊未良也」(以上亦見洪水集)凡所云云皆極端反對共產主義之論江氏尙謂未嘗有隻字言其非耶夫思想言論各有自由反對共產斯反對共產耳又何必模稜兩可忽而推崇共產主義爲社會主義不祧之宗忽而自稱倡導二各五非又忽而結社研究三無二各耶抑江氏旣謂共產不易施行復有種種反對共產之議論吾輩卽不能不辭而闢之以解世人之惑江氏之對于共產斤斤以爲慮者卽「徒取所需而不盡所能者當奈何」一語也吾共產黨可簡單直提答之曰倘有此者吾人可竭誠勸戒之戒之不聽可以衆意屏之社會之外此非刑罰也非法律也天然之公理而已吾黨有一格言曰「必已盡其力之所能者方爲淸償宿債之人」又曰「無業者請他往」而克魯泡特金先生亦曰「衆人協合而爲羣無須條約無須罰律無須裁判惟以公衆之熱誠行之有悖謬者可爲衆人所屏斥」此種格言在共產之世卽爲天然之法律而無肯犯之者何也良心使之然也夫良心之失由於惡劣社會迫之使漸就澌滅耳（如詐僞者乃得衣食正直者必日就窮蹙飢寒所迫則流爲强刼殺人此其最顯之證也）若共產之世無私利之可謀無金錢之可爭吾人本來之良心自然發達相互扶助各事其事以工作爲幸樂以無業爲恥辱斷無不盡所能而徒取所需之人卽萬一有之吾人惟惻然告以「無業者請他往」一語而已固無待繁密之規條苛刻之刑罰者也今人乍見孺子將入於井未有不趨而救之者在律書中固未嘗有「不救孺子入井者處某刑」之條也然而無有不救之者何也良心使之然也各盡所能之理亦然不必設「不盡所能者處某刑」之條而人自無肯不盡所能者亦良心使之然也共產之世無物足以蔽其良心故也况乎工作輕易時間短少每日勞動數小時與游藝無異人又何苦而不工作耶至謂人有能有不能有力有不力盡十分義務者得十分權利盡一分義務者亦得十分權利實爲不平等云云此尤不知各盡所能各取所需之意義者也在江氏之意以爲人有智愚巧拙之不同智者巧者所作多愚者拙者所作少而所得權利未嘗有異於是謂之不平不知智愚巧拙乃由遺傳與感化而來而非其人之功罪同是人類智者巧者非天然當駕乎愚者拙者之上者也（今日之地獄社會智者才者輒欲居愚民之上此實最劣之心理）人乃有群性之動物已有所長當以助他人之所短豈有自恃智巧而與愚拙計較權利之理況天下事萬彙千門有宜於智巧者亦有適於愚拙者分工任事相需以成及其成功則皆相等如建一屋也智巧者可任繪圖測量之事愚拙者豈不能勝磚運斵石之勞及其落成則繪圖測量與運磚斵石皆爲構成此屋之要素而絕無軒輊於其間也然則無論何人苟旣盡其所能卽爲盡

十分義務。雖有弱者拙者。竭其能力所作。終屬無多。然亦不能不謂之已盡十分義務也。彼所謂盡一分義務。亦得十分權利之說。果何自來乎。至謂無比較即無競爭。無競爭即無進化。此語尤謬。天演家謂「自由競爭爲進化之母」。攻擊社會主義者。幾無不借此爲口實。社會主義家則力闢其說。有以爲社會主義廢衣食住之競爭。而仍存道德名譽之競爭者。論據未免薄弱。易其說者。則謂人類進化與一切生物不同。生物之生存競爭。以個體爲單位。人類則個體之外。兼有其公共心與社會性。以社會共同進化爲目的。而非恃個人之自由競爭。至克魯泡特金先生。更以生物學證明「互助爲進化之母」之原則。謂生物之集而成群。必相互扶助。乃能生存。所謂「適者生存」一語。即能互助者能生存之謂。卽指出赫胥黎優勝劣敗說之謬。且證明達爾文學說原意。並無優勝劣敗之說。自是天演學中。乃闢一新紀元。自由競爭爲進化之母之說。論據全失。而反對社會主義者。遂亦無所藉口。不料反對者用以攻社會主義。而遭失敗之論。江氏乃拾之以攻共產主義。得不令人失笑耶。以自命中國五十萬社會黨人之代表。而竟承認自由競爭爲進化之母。又幾何不輕支那黨羞天下之黨人耶。至其所主張財產獨立營業自由云云。其根本謬誤。卽由於誤認個人競爭爲進化之母。遂至倡爲是說。而不知已大背乎社會主義之原則。視集產主義尚遠不能及。記者於本報第六號。斷定其爲社會政策而不認爲社會主義。非苛論也。夫社會主義何自起。起於經濟之不平等也。富人壟斷生產機關(土地機器)。並享大利。工人則爲之奴隸。仰給其工資以度活。不平莫甚於此。社會主義乃從根本上改革之。推翻資本家。取回生產機關。由勞動者自掌之自用之。此實社會主義共同不易之原則。無論其爲何派之社會主義。殆皆同此主張。苟非然者。卽不能謂之社會主義。今江氏號稱社會主義。獨於生產機關。公有一問題。不敢置一辭。而但曰財產獨立。營業自由。雖有遺產歸公之言。而私產之存在如故。地主資本家之存在如故。資本勢力之跋扈。亦必如故。無資本無土地者(卽平民)。仍須服役於資本家。以謀糊口。與今日之資本制度何異。與社會主義之精神相去奚止千里。足下僑居美洲。嘗到美洲托辣斯之害·彼托辣斯之資本·豈必由遺產而來耶·其資本主之多慾無厭·又豈徒爲長子孫之計者耶·若但爲子孫遺產計·則煤油大王·一分鐘之收入·已足坐享數十世而有餘·又何必耽耽逐逐·甘與世界公理爲敵耶·於此足見遺產歸公·終不能絕資本制度之流毒·明矣·江氏乃欲竊共產之美名·謂共產主義之眞精神·亦不外乎是·是直不知社會主義共產主義爲何物者耳·

(未完)

▲(答規鳥)(一)讀來書·知近持吾人主義·辯服年逾六旬之老父·欽佩奚似·懽喜奚似·他日無政府主義傳播史中·又留一段佳話矣·至問「其說雖善·惟暫時不可行」一語·當持何說以破之云云·大抵今日無政府主義之阻力·全在此語·不獨腦筋陳腐之老人爲然·卽一般自命贊成無政府主義之人及大名鼎鼎之社會黨·懷此疑問者·亦幾十人而九·蓋無政府主義理論圓滿·實無可以反對之隙·故欲抵拒之者·惟有「暫時不可行·暫時不可行」一語而已·今試問所謂不可行者·其冥冥中有一上帝尼之使不可行耶·抑別有他故耶·則答者必曰·「人民程度不足·無政府黨勢力尚幼稚」矣·則又試問所謂人民程度不足者·非人民信無政府之理者尚少之謂耶·所謂無政府黨勢力尚幼稚者·非無政府黨之人數尚少之謂耶·若然·則公等·卽人民之一分子·公等·卽有可爲無政府黨之資格之人·倘公等及與公等懷同一之疑慮者·(度十萬人中·幾乎一千九百九十九人與公等所見相同)一旦深信無政府主義·毅然挺身而爲無政府黨·則人民程度·立時可足·無政府黨勢力·立時不幼稚·而無政府立時可行矣·然而公等將又有辭曰·「吾等得聞無政府之說者·尚居最少之數·其餘多數之人民·尚未聞其說·雖欲信而末由·雖欲爲無政府黨而不可得·吾等少數人·雖信之雖爲之·於事無濟也」·則又敢問公等·謂少數人於事無濟·然則何法可得多數人耶·是又必藉傳播之力·無疑矣·然公等既知無政府主義之善者·尚不肯深信之而傳播之·試問·將賴何人以傳播之耶·吾知公等必又曰·「此乃無政府黨之事·非吾人所敢預聞」·公等須知·所謂無政府黨者·非四手八臂飛天遁地之人也·無政府黨·亦猶是人·苟公等一旦深信無政府主義·卽爲無政府黨矣·然則傳播無政府主義·

使人民程度不至不足使無政府黨勢力不至幼稚者非公等之責而誰責耶是故公等苟反對無政府主義以爲無政府主義如何如何不善是則吾可無言矣若既以爲善而又以爲不可行則非公等所應出口也何也所謂不可行者非眞不可行實公等使之不可行耳蓋知而不爲其罪尤甚於不知苟天下人皆如公等之知而不爲則將地老天荒終不可行又豈僅暫時不可行而已耶天下事特患其不爲耳焉有爲之而不成者當十年前人人皆謂中國暫時不可行革命然革命黨人聒而不舍不數稔間滿洲政府果推倒矣今日之言無政府猶之十年前之言革命也公等苟能聒而不舍無政府實行之期又豈甚遠耶此外有謂教育未普及無政府不能行者有謂強鄰交迫無政府不可行者吾皆已於本報第一期「無政府淺說」明辨之又有謂無政府當經過國家社會主義之一級者此則社會民主黨人之謬論也夫天下事安有所謂階級中國未革命前保皇黨人皆曰民主共和必須經過君主立憲之階級今則何如耶階級之說果尙有價値否耶姑勿論國家社會主義之無益於社會姑又勿論今日民主社會黨之手段決不能達到國家社會主義之目的即使如願相償果達到國家社會主義之境矣試問須用若干時日若干勤勞然後可達到此境及其達到又須爲第二次無政府之革命取前功而盡廢之吾人果何苦而爲此不憚煩之事耶今吾請正告公等曰無政府之可行不可行全在乎公等公等以爲可行而爲之斯可行矣斯無政府矣以上即所以破無政府暫時不可行之說者也請持此以語老父何如

(未完)

風雨雜聲錄

▲政府之敵　本報之香港代理人現被香港政府禁止代理本報並禁登報上之廣告緬甸仰光代理人亦被警察驅擾而日本警察近復密查本報之發行所區區一民聲支那政府忌之葡萄牙政府忌之羅馬尼亞政府忌之今英日之政府又忌之嗚呼政府爾之敵日多矣繼民聲而起者日衆矣爾之命不永矣爾雖挾持強權然奈吾人百折不撓何哉

▲吾道其不孤乎　南京無政府主義討論會來書欲以該

會討論文件寄登本報・常熟某君又函告組織一常熟無政府共產主義傳播社・名曰Antauen gis Venko・東京又發刊一雜誌名「犧牲」・第一期出版未及半旬・即被日本警察禁止沒收・現聞將易名續刊・據編輯人云・第一期因多收投稿・議論未免龐雜・殊不洽意・以後當純粹主張無政府云・此方彼方・一鱗一爪・亦足見吾道之萌蘖漸漸生長也・

鳴鐸助本報印刷費二圓(常熟)

本報要告

本報經費近處支絀凡閱報諸同志望各視其力之所及有餘者多助印費否則略寄紙墨費及郵費若有萬不得已並報費亦不能付者則不必勉强本報持各盡所能各取所需之義原與營業不同特本報內部之經濟狀況倘不明白布告閱者固無由知況報費由各人分任其數輕而易舉(每人每月不過八分)若全責之本報同人則艱困異常(每月但紙墨費及郵費兩項需百五十元)倘一旦因費絀停版豈非愛讀者之本意中國同志雖無多然苟各盡其所能則區區支持一民聲又豈甚難之事乎本報同人竭盡智識勞力於文字排印諸務其他力所不能者則不能不望同志之互助也至各地代理及傳播諸君倘收得報費亦望隨時陸續寄來或有寄報過多不能消盡者亦望函示減寄以免虛糜郵費是爲至盼

各地同志出版物一覽

犧牲	東京
正聲	仰光
實社自由錄	北京
勞働	上海
人羣	南京
太平	山西
進化	上海
自由	上海
勞動潮	鳥約
近世科學與無政府主義	上海
克魯泡持金的思想	上海
革命潮	山西
共產原理	上海
一個兵的談話	上海
告少年	上海
夜未央	上海
極樂地	四川

民聲

第十二號

麵包略取

Conquest of Bread de P, Kropotkin

克魯泡特金著
冰　紘譯

第一章　論吾人之財富

人類之生。由來已遠。其始穴居野處。利用石器。以游獵爲生活。天然之祕。廣漠之域。恐怖之狀。畢凡當日所存在之惡物。悉一一而與之戰。經此紛擾長期。然後人羣結合。其時初無所謂貨財也。濟其原野。燥其淤澤。啓山林。修道路。期安其居。未幾建築發明。視察推理之功日進。浸且能製繁式之機械。巧奪天工。甚至蒸汽電力。胥資利用。其結果造於今日文明之人。雖童子亦能知其自生能備用於將來。至是無限資本。充牣有餘。蓋早經前人富儲以錫其類矣。此資本者。夫人可獲。凡能勞動者。無論爲自營。或合作。均可得之。（按所謂資本。所謂財富。非指金錢也。凡機械、物產等等皆是。）

今之土地。墾而愈廣。適於耕植。從而施以巧工。則所獲直可超過人類需要之額。謂予不信。盍徵諸美。美有田原一廣區。以百農之力。輔以機械。數月產麥。足供萬夫周歲之用。苟更變化地質。慎擇種子。所得或二倍三倍可也。有如古之獵者。據五六十方里之地。始給一家之食。今則得其千之一者。已不虞飢寒矣。氣候本自天然。似非人功所得而變者也。今亦不能爲農事障礙。日光既喈。有人爲之熱力以代之。將見人造之光線溫度。亦足以資生物之需。於斯時也。生產不限於天然之氣候。不又增十至五十倍耶。以言工業。尤足駭人聽聞之人。助以新巧之機械。其結果有非發明家始願所及者。百人織布。而萬夫披衣。兩年無赤體之慮。百人采煤。而萬家烟火。隆冬無寒栗之憂。觀於最近萬國賽會。而知工藝之方興未艾也。使農工大業。公諸社會。原始家。發明家。及一般工

人不當少數人所私有各求[illegible][illegible]之助人誰可爲也

信夫吾人之富吾人固有之充吾人生產能力其富有加取自吾人之土壤成自吾人之勞力科學技能其富且無極審是斯可與言人類幸福矣願今之所謂文明社會中貧乏者何其衆苦役者何其甚社會主義家所爲亟亟討究而得其原因焉土地也礦產也道路也機械也飲食也宮室也教育也智識也無一不爲生產上直接間接之要素而皆握諸少數人之手「即資本家」夫是以困憊若斯也彼其侵奪於公由來以漸借名殖民煽動戰爭窒其聰明馭以壓力其結果乃至舉平民勞動所得生產物三之二爲少數人所佔有且不得其實用而等於耗擲焉豐於此則嗇於彼而大多數人之生活遂不可以終日矣然則生產雖豐其如勞力者供大半於壟斷之家以資其淫樂何生計於以促貧苦於以衆有由然也社會主義所由起也

今開化之國森林既啓沃野既闢氣候改良而適於棲息矣昔爲蕪穢不治之荒土今則嘉穀美植彌望皆是昔爲石壁危巖之谷今則大堤坦道馳行自在野種蔓枝離離垂實深根盤葉蒼翠成蘚此皆改進之功也大道鐵軌交於陸機聲械響鳴於郊扁舟容與於江河輪船橫渡乎洋海石山巖采采掘靡窮金鐵炭煤取用弗竭五都三市百貨重城美術科學商業工藝燦乎其備矣願致力於此者則皆生息於憂患遭虐於主人疲乏於所事茹苦無量夫然後克成今世紀之璀燦也彼森林原野水陸道路何莫非千年之功萬夫之力乃底於成故一坏之土盈尺之路先民血汗實沾溉之幽深壙塚工人之遺迹顯然冥渺地層工人之手澤尚在當工人糜軀竭力妻若子咸倚其薄値以爲生嗚呼工人德胡厚也今於文明都會發掘地層每得古人宮室道路之遺迹依於歷史而知其所由來者遠矣而知工人手造文明之勞矣庸知延綿至於今日之工人其價値亦僅止於工人而已乎積點滴而成所謂一民族之財富實則一部分人致之餘人不與也使倫敦巴黎而非居於世界商業中點之地位其所以爲倫敦巴黎者果何如使工場鐵道而無水陸輸運之方其所以爲工場鐵道者又何如然則吾人今日所舉以炫人之文明徵勞動者其孰與成之且今後而無勞動者爲之修改

保全吾恐不五十稔歸於刼燼矣故一理想也一發明也無論舊有新生皆非自然而生而具有與人同等之能力之機器則固或存或歿有名無名之發明家所發明者也若夫哲學文學諸家其於濬瀹智識匡正謬誤啓發科學思想要亦所謂勞動也苟無此等勞動今世紀之文明永無出見而哲學文學家又未嘗不有賴於工人而後克遂其生要而言之體力心力之有殊其爲勞動一也賴此種種勞力而進化於以成然則勞力與資本果孰爲生產之根源孰爲進化之原動力亦可見矣先民出其才力以發明工藝布之世界資本家何與焉彼聰慧者之致其才力於科學工業猶子女之於所親孜孜焉非一日矣蒸汽機能生無上熱力由此熱力而生聲生光生電然在汽機未發明之先又曷嘗不已究論機器之本源與夫生物之動力也吾人生當十九世紀而後左宜而右有考察自得其由彼十八紀時代之人措想雖及顧無徵驗是發明一物又有待於幾許改革更非多數勞力不爲功數十年前吾人未明物理追蒸汽動力之例著而後習以爲常卽蒸汽之發明亦非瓦特一人之能事實無數巧匠爲之取汽機各部完成之乃克操作如意而成近世工事之靈魂也此外凡一機器之成都有其如上所述之歷史以記其研求探索之苦功某也徹夜不寐某也窮困無聊由誤趨眞得其道而樂復逐漸改良協以無數無名之工匠始克有濟否則仍歸烏有耳又其所謂新發明者必本舊有之發明集合參究而遞進者也故科學工業智識理想與夫所發明者及由經驗而成定論者胥爲腦力手術心思筋力所集成已往現在生理心靈之作用所構備者也信如是則萬有中之一拳一勺誰能私有之而貿貿然號於衆曰「某物屬我非儞所有」乎然而積人類長期之勞力以成以當之物產今則竟爲少數人占有矣吾人旣論列其已往之迹而於現在之事實不可不有以析論之也

（第一章未完）

通信討論欄

▲「續答李進雄」　江氏之反對共產前期旣論之矣今當再論其反對無政府之謬江氏通信片謂「鄙人非絕對否認政治者……若無機關無組織無契約之說所不敢深信

也」據此以爲江氏反對無政府之證。江氏或尙有遁辭。吾今再舉其洪水集之言以互證之。江氏曰「無政治卽無系統無契約無機關。如此之世界。試以吾人設身處地思之。能安居乎。能進化乎。」痛詆無政治之流弊。至於不能安居。不能進化。謂非反對無政府而何。江氏尙有辭可遁否。無政治何以不能安居。何以不能進化。江氏並不能道出隻字。而惟信口譏議。既不研究無政府之學說。而一概字之曰無系統無契約無機關。又不審所謂無契約無機關之意義。而以爲紛紜擾亂之謂。其武斷爲可惡。其鄙陋抑又可憐矣。無政府之學說。千條萬緒。有主張無契約說者。高得文。託爾斯泰司梯爾等是也。有主張有契約說者。蒲魯東。巴枯寧。克魯泡特金等是也。重理想者主無契約說。而重實行者則大抵主有契約說。今請舉克魯泡特金之學說。以代表之。克氏曰。「無政府之世。衆人結合而同活于社會中。不本於强權之管轄。而本于衆人之協約。」又曰。「無政府之世。法權全滅。儐權不滅。仍有契約。爲衆人志願所認可。保此儐權者。共同工作。互相協助。雖有不肖。不敢犯衆也。」又曰。「衆人協約組合而爲羣。無須强爲協約之條款。無罰律。無裁判。惟以公共之工作大衆之熱誠行之。有不踐行者。可爲衆人所屛斥。」於此可見無政府之眞意。江氏乃以無契約三字抹殺無政府主義。吾黨豈能承認乎。至無機關無組織云云。（機關卽組織。可不必分爲二語）尤非無政府主義之本旨。無政府所排斥者。强權之機關。若自由之組織。則固無政府主義之所尙也。蒲魯東之國民銀行。巴枯寧之公民會。固爲有目共見之組織。而克魯泡特金言無政府之組織。尤精。克氏曰。「無政府之世。以自由組織爲社會組織之新法。各業皆有公會。如食品衣物以及技藝。皆然。無論何種出產。互取所需。而無界限。道路。鐵軌。學校。機器。物具。均由工作者自經營之。自組織之。將來之社會。卽以代今日之政府。」於此足見無政府自由組織之大意。曾何無機關無組織之得乎。至於無系統云云。更不解其何謂。以意測之。其殆紛亂而不統一之謂乎。夫無政府固非紛亂。前已言之。若統一者。乃國家統治機關之所尙。政權統一。卽强權集中之謂。無政府黨之極端排斥者。卽在於此。以此責無政府。吾黨固順而受之。然不統一卽不能安居不能進化其理由又何在乎今世之所謂立憲國家可謂達統一之極軌矣其人民果皆安居否耶果得眞正之進化否耶江氏又分政治爲官治與自治謂「自治如敎育實業等當取積極手段俾日進於完密」其下卽接以「若無機關無組織無契約之說所未敢深信也」語意之間一若無政府主義惟有破壞對於敎育實業亦不措意也者其不知無政府主義之本旨而誤會以爲如此耶則是盲昧也明知其不然而故爲此語耶則是誑語欺人其心更可誅矣夫無政府主義排斥政治法律何嘗排斥敎育實業排斥國家統治何嘗排斥人民自治無政府之組織以各盡所能共同工作爲社會之基礎生活之本原工作者卽今世之所謂農也工也卽江氏之所謂實業也敎育更無政府之所重主張人人皆受完全高等之敎育其時任敎育者亦不啻工作之一種安見其不日進於完密更安見其不取積極手段耶抑豈必有政府然後能完密能積極耶吾黨常曰無政府者人民自治而不用政府統治之謂也江氏一孔之見乃以爲無政治卽不能自治又何其陋耶

吾今更以簡單數語總括江氏言論之大謬點條列於下

一江氏不主張生產機關公有不主張廢私產違背社會主義之原則故江氏所主張非社會主義

二江氏對於政治主張限制軍備採用單稅對於產業主張營業自由財產獨立皆屬國家的社會政策故決不能竊社會主義之名

三江氏既主張社會政策與共產主義無政府主義相去太遠故不惜誣共產爲阻滯進化誣無政府爲不能安居不能進化因是之故吾人不能不認爲反對黨

江氏如不承認則請取本報第六號之論及此次答李君書一一解答記者亦斷不偏執己見自以爲是倘江氏有圓滿之理由爲記者之淺學所不識者當卽將之更正或更當舍己見以相從若不能與以圓滿之答辭則請江氏自今以後愼斷出話勿再鼓其簧舌以熒惑海外華僑之觀聽蓋江氏之言在國內已無價値而在海外則爲患方長哀我華僑甫失望於政治革命之無効忽聞有所謂五十萬社會黨員之代表者不先不後應時而至遂舉其信政治革命者而信之

而不悖其患視政治革命爲尤甚．此吾所以不避好辯之名而亟亟與之商榷也．

▲「再答耑任」　耑任君於本報第八九兩號之答辭．意仍未愜．故復列舉八疑．而根本之辯難．則絕對否認無政府主義之簡稱．以爲必不可用．凡讀者對于本報言論既有所疑．記者自當負解釋之義務．且恐懷此疑點者當不止耑任君一人．則解答尤不可以已．故不避絮絮．先答其根本之辯難而後再釋其八疑．

答辭之先．記者當重複申明一語．以告讀者．本報第五號所謂「吾人欲表揭一正確之定名以號召天下．莫若曰無政府共產主義（簡稱則曰無政府主義）」此數語之由來．根於上文先敍無政府主義一名之正當．次敍無政府主義對于產業問題有共產集產獨產之殊．吾人主張爲共產學說．故謂無政府共產主義之語．尤爲明確而完足．惟有時意在表示無政府之概念．而非詳示對于產業之特別主張．則不妨簡稱曰無政府主義．然非以無政府主義爲無政府共產主義之別名也．猶之主張共產社會主義者．當辨別流派時必曰共產社會主義．而有時儘可渾舉之曰社會主義．亦非以社會主義爲共產主義之別名也．今來書以爲無政府主義之名．絕對不能用．其理由則謂恐聞者誤會．不知無政府主義．自有其本質．一聞無政府主義之名．無政府之概念．可以同時聯想而得．無政府者．無強權之自由組織也．何至有所誤會．猶之一聞社會主義之名．雖未明示其爲共產或集產．然社會主義之概念．則總不離乎無私產之組織．亦斷不至有所誤會也．本報前次答書．以爲簡稱之用．一方面爲言辭之便利．來書則曰無政府共產主義與無政府主義僅差二字．無若何之便利．不知一文之中．常有用無政府主義之名至於數百者．在一二語不以爲簡．在十百語則以爲簡矣．故苟所言非有表示共產主張之必要者．即不妨但言無政府主義．況所謂便利者．更不獨簡便之謂．有時立言之體．適宜於無政府之名．而無政府共產之名．反覺其不愜者．最淺而易見之證據．即本年之無政府黨大會．發起者皆爲主張無政府共產主義之團體．而其所揭之名．則但曰無政府黨大會．而不曰無政府共產黨大會．然吾人不以其名爲不正者、以此時立言之體實適用無政府故也。又英德法等無政府黨聯合會亦主張無政府共產主義者。然除法蘭西因有特別歷史標明共產外（此會成立於去年之巴黎大會、因排斥獨產黨、故特名爲「用法語之無政府共產革命黨聯合會」）其餘英與德皆但曰無政府黨聯合會而已。於此可見無政府主義之名之用法矣。本報又謂簡稱之用、一方面從世界之通稱、來書則曰不必從人之通稱、不知通稱之不當者可不必從、通稱之當者安可不從。無政府之名並無不當之處、何嘗不可用。如克魯泡特金爲無政府共產主義之發明家、然其生平所著書除表示其特別主張外、十八九均通稱無政府主義。今來書以爲不必從、豈將取克氏之書盡易其無政府主義之字爲無政府共產主義乎。又豈將盡取各大家汗牛充棟之書一一易其無政府主義曰無政府共產主義乎。度足下亦必知其不可。然則世界通稱、蓋有不能不從之勢矣。總之足下苟審及無政府主義非無政府共產主義之別名、及知無政府主義一名並無可以誤會之弊、自可渙然冰釋矣。

以上來書所謂根本之辯難、既已解答、今當再釋八疑。

第一、無政府主義乃一概括之公名、以爲克魯泡特金以前諸家之無政府主義可、以爲克魯泡特金之無政府共產主義亦無不可。蓋無政府主義自有其共同之意義、無論何家學說、均無所出入者也。

第二、第一疑既釋、第二疑可不辯自明。

第三、無政府共產主義者在歐文實以二字合成爲一名詞、今書來之意止許用無政府共產主義、而不許用無政府主義、是無政府主義一字已失其單獨之效用、故謂無異廢去無政府主義一字也。又無政府共產主義實爲無政府主義之一派、今來書絕對以無政府之名爲不適用、無異止許稱人而不許稱人爲動物。設有人問於足下曰、「足下是否主張無政府主義者乎」、當此之時、足下將答之曰、「然、吾爲主張無政府主義者、且爲主張無政府主義中之無政府共產主義者」乎、抑將答之曰、「否、吾非主張無政府主義者、吾乃主張無政府共產主義者」乎。由前之說、則是適用無政府主義之名、足下必不以爲可。由後之說、則是不主張無

政府主義而主張無政府主義之一派於名學爲不通矣

第四來書謂「無政府主義之定義曰排斥政府廢除私產然皆係一種手段而未明言目的之所在其主張要爲不完全」此語未免大誤推翻政府及資本家此可謂爲無政府主義之手段而其目的所在卽在無政府無私產之自由社會(此爲無政府主義家共同之目的)其主張何嘗不完全如來書所言則無政府主義名家不下數十除克魯泡特金自號無政府共產主義外豈其他皆主張不完全者耶來書又謂「社會主義以廢除私產爲手段而以共產集產爲目的」此亦不然社會主義以推翻資本家爲手段而以取回生產機關歸之社會公有爲目的(此乃可謂社會主義家共同之目的)若共產則共產社會主義之目的集產則集產社會主義之目的如此分說方合論理社會主義雖未明言共產或集產亦自有其共同之目的若如來書所言則社會主義苟不繫以共產集產之辭卽不免成爲主張不完全有手段而無目的之主義矣因之社會主義一名亦將如來書所謂絕對不適用矣足下豈肯道此耶本報所謂無政府主義能兼賅社會主義卽謂其能兼賅社會主義共同之目的也足下始終誤會之點卽在誤會無政府主義祇有排斥私產之手段而無財產公有之目的因恐無政府主義一名不足以起世人之信仰而其所以致此誤會之原因則又由於忘記社會主義共同之目的也今辨析及此度足下必可豁然無疑矣

第五來書謂「舍無政府共產主義外無所謂無政府集產主義而主張獨產者亦非眞能主張無政府」此又大誤無政府學說中按其對於產業之意見實可別爲三派一共產派克魯泡特金之無政府共產主義是也一非共產派蒲魯東 Proudhon 之國民銀行策是也(蒲魯東學說不自表其學派故作學派史者或列入排產派或列入獨產派或列入集產派以愚意論之蒲氏排斥共產主義主張國民銀行策以勞動時間之多寡而定所得之厚薄與其謂爲排產獨產無寧謂爲集產矣然遂列入集產仍覺未愜故特名曰非共產派)一獨產派都克 Tueker 之個人無政府主義是也(都克之個人主義在無政府主義中亦卓然成一家之言

近在歐洲、其勢亦甚盛、幾欲與共產派爭衡、特流弊滋甚、主張共產者乃極力排斥之耳）此外又有稱爲集產派者、巴枯寧 Bakounine 是也（巴枯寧所主張原與今日之共產主義無甚出入、特因當時集產社會黨之元祖麥格斯發表「共產宣言」自稱共產主義、巴枯寧反對之、故自謂主張集產主義、以示區別、此實歷史上名稱沿革之問題、原與學理無涉、特因其明明自稱集產主義、故學史上不能不列爲集產派耳）無政府主義派別之不一、如此、安能以無政府共產主義之一派而盡蔽之、更安能謂無政府主義非一種之公名乎、來書之誤會正由忘記無政府共產主義爲無政府主義中之一派、因生種種枝葉之辯難、實則無政府主義之有無政府共產主義、猶之社會主義之有共產主義、吾人之簡稱無政府主義、則猶之主張共產主義者亦可渾言之曰社會主義也

第六、共產主義爲社會主義之一派、惟無政府主義則祇可謂兼賅社會主義、而不能謂兼賅共產主義者、此亦易明、蓋所謂兼賅者乃同時兼具之意、譬謂凡無政府主義必兼有社會主義於其中、社會主義者何、卽生產機關公有之共同主張也、若共產則爲社會主義中之一種特別主張、除共產外尙有集產及其他各派、第舉無政府主義一公名、烏能同時兼具之、猶之謂「凡國必有人」然不能謂「凡國必有支那人」也

第七、無政府主義之所謂主張人民完全自由、卽主張無强權之自由組織（與野蠻社會之自由夫人皆知其不同）是卽其積極目的之所在、復系以共產主張、乃更進一步、是無政府與共產、均不失爲積極之主張、而斷不能謂無政府爲消極之手段也、（無政府與排政府意義迥別）況世人道聽途說、往往誤會無政府主義爲單純破壞之主義、因之一聞無政府三字、幾以爲殺人放火之別名、甚或譏爲無思想無實際之暴徒（卽歐美人亦不免此）吾人爲發揚主義計、正當極力解釋此種誤會、使世人皆曉然於無政府主義理論與主張之完善、而勿誤會爲單純破壞之主義、實爲今日傳播者之急務、故吾黨有恒言曰、「無政府非但破壞政府之謂、乃人民自治、不用政府統治之謂」此語卽所以解釋

一般之誤會者也今來書始終謂無政府爲消極手段不幾重世人之疑惑耶

第八來書謂「必無政府而後能眞共產故共產主義不必藉無政府三字表示之」此說亦非共產主義家不主張無政府者固數見不鮮即發明「各盡所能各取所需」兩大原則之魯意布蘭先生亦爲主張政治之人故吾人於共產之上必須繫以無政府其說始完也來書又謂無政府主義不能成爲公共之名詞此亦不然其說已詳第五節

來書結末處又言此後當以「從有政府達到無政府之經過」及「無政府時代之狀況」兩事發爲問題以資研究愚意以爲此兩題尚不免寬泛不若先取「克魯泡特金學說」(載入「無政府主義叢刻」中於此兩問題均已道其大畧)研究一過苟於其中或有疑點再提出討論方不至一部十七史從何說起也

▲「續答規身」(二)來書又謂本報第七號以禽獸爲人之同類不若易禽獸二字爲一切動物夫禽獸與一切動物又有何別耶禽獸二字在舊社會之陋見以爲鄙賤之稱若以科學之眼光觀之則禽獸與人確爲同類此固可以倡言而不必諱者也賤視禽獸即爲殘殺之一種原因亦即爲社會迷信之一種陋習吾人欲使道德進化欲使思想正確不可不以科學之眞理藥之是則禽獸爲人之同類之說正當提倡之闡明之無庸避而不言也

投稿欄

本欄專載投稿文字之責任則由投稿者自負之

致江亢虎書

葉緻芳

……社會主義之在歐美不外共產集產兩派(均產初雖有人主張近已均知其弊幾於無人道及矣)共產多爲無政府的其分配方法各盡所能各取所需集產多爲有政府的其分配方法各售所能各取所値二派以外無所謂特殊之社會主義也所以然者因此二派皆經許多碩學極深研幾始能立定脚跟各樹一幟今先生對於共產集產皆一概屏絕而惟以遺產歸公調劑貧富不均之弊微論遺產歸公私產制度尙未除盡不能爲社會主義之眞諦即使能之

先生所以達此目的之方法。既不主張武力抵抗。又不主張政治限制。而惟主張普遍鼓吹心理感化。使社會主義果可以鼓吹感化收效也。豈不甚善。無如鼓吹感化。只能施於一般平民。若萬惡之資本家。鼓吹不足以入其耳。感化不足以動其心。先生縱具蘇張之舌。耶佛之心。末如此爲富不仁之陽虎何哉。所以歐美黨人或謀武力抵抗。或謀政治限制。皆不得已而出此也。先生不此之務而他務。吾未見其可也。

觀先生不主張無政府之理由。則以無機關無組織無契約之說不敢深信。夫無政府時代未必全無機關無組織無契約。特皆人民自爲之。不必如現今之專有立法行政司法諸色人等耳。且先生亦嘗主張戀愛自由矣。戀愛自由者。無機關無組織無契約之一種也。如於此說不敢深信。則莫如仍主張自由結婚與共和家庭。免滋流弊。可先生於此則深信不疑。於彼則不敢深信。不猶信飲能止渴。而不信食能止飢乎。又觀先生不主張政黨之理由。則以不信政治萬能之說。夫政治本無萬能。先生不信之。是也。然既不信政治爲萬能。則舉政治根原摧陷廓清之。亦何所惜。而先生又曰「鄙人非絕對否認政治者」且將政治分爲官治自治兩種。而於官治之直接害人者。惟日望其簡單。而不謀其廢絕。是何異知盜賊能害人。而不設法弭止之。而惟望其殺戮之稍殺乎。凡是種種。皆不免自相矛盾。予人以可疑之實也。

……鄙意則以爲社會主義之在今日。雖尚未成一完全之學科。確已成一有統系之學派。共產集產。不彼則此。莫能逃其範圍。先生雖不專守一家之說。究之所陳各義。皆散見各家。無一語爲已出。不過雜糅錯而遺其根本之要義耳。先生亦何樂此買櫝還珠之學說乎……

此外更有不能已於言者。陳翼龍君之死。純爲他事牽涉。與社會主義毫無關係。人言嘖嘖。未可厚誣。去歲初芳反對用本黨名義開追悼會。已函陳一切。即先生呈袁總統論解散社會黨事文中亦已申明。蓋陳君乃一不學無術殉利忘身之人。其致死之原因。不但不能比附社會革命。即政治革命猶相去遠甚。今先生竟以之與幸德秋水相提並論。辱沒幸德秋水。更辱沒社會主義矣。在先生之意。豈不曰獎許死者即鼓勵生人。何妨鋪張揚厲。要知人而良心未死。斷未肯違背自己之良心者。縱無先生一字之褒。亦必盡力於社會事業。人而良心已死。則此過情之譽。勸善不足。長惡有餘。蓋假借名義。生前既可以博金錢。死後又可以得名譽。人亦何憚而不爲惡哉。此等處願先生愼之。

按葉君爲「中國社會黨」南昌部之主任。而其對於江氏之意見如此。足見反對江氏。實非本報之私言。其他如該黨南京部主任無吾君、常熟部主任愛眞君、及本部幹事客公君白蘋洲君徐安眞君等。據記者所知。均已不滿意於江氏之主張。輿論不誣。江氏可以自返矣。

顯父助本報紙費一期十八圓　樂天助郵費五圓　子英壹圓

無政府者

無强權也

非擾亂也

孺子溺水。四人立於岸。其一以爲不干己事。漠然無動於中。此誠蟊賊。不足掛齒。其二自思曰。苟我救之。則爲善舉。上聞諸天。天帝必有以福我。乃翻身落水以救之。此自利也。非救人也。宗教家之道德。以利害誘人。大概如是。豈眞道德耶。其三羣利學家也。以爲世間幸樂。一爲高等幸樂。一爲底等幸樂。而最高之幸樂。莫過於救人。遂決意救之。勝於前者遠矣。然爲我之見甚深。倘一念及煩勞過甚。能保其不忽然中止耶。最後一人。其生也與衆共苦樂。以爲世間事物。宜與人類共之。故人憂則已在其中。人樂己亦在其中。見夫孩溺母悲。乃不稍瞻顧。落水施救。及婦人謝之則曰。毋何謝。吾悲見母悲。一時天性發動。故行吾心之所安。今母樂吾亦樂矣。此四人之中。前三者無非自利。如第四者。乃可謂之眞道德。此卽吾黨之所謂道德也。

克魯泡特金

民聲

第十三號

無政府主義之元祖

師復述

無政府主義之元祖果誰氏乎。克魯泡特金嘗于里昂裁判所中宣言曰。「汝輩以予為無政府之祖。予何敢當。足稱無政府之祖者。蒲魯東先生耳。」蓋蒲氏於一八四八年著「革命之思想」。首發表無政府之意見。是為無政府學說之權輿。至無政府黨之運動。則始於一八六九年巴枯寧入萬國勞動會為會員。謀實行社會革命。越二年創「猶拉會」"Jurassienne" 又翌年與麥格斯派分離。是為無政府黨之權輿。以故吾人溯無政府之元祖者。必首推蒲魯東巴枯寧也。

由此觀之。無政府學說之誕生。距今不過六十餘年。無政府實際運動之開始。則僅四十餘年耳。而現今無政府之風潮。已有一日千里之勢。其突飛進步。誠有非尋常意料所能及者。然則再越二三十年。無政府之社會。又何難實現於吾人目前耶。吾黨勉乎哉。今揭二氏之遺像行略及其學說之大概於篇。其詳則俟異日。

蒲魯東　巴枯寧

P.Proudhon　M.Bakounine

蒲魯東 Proudhon 以一八〇九年生于法國之 Besançon。家貧甚。為印刷工。殫精研究哲學及社會主義。一八四〇年。大著作「何為財產?」"Qu'est-ce que la Propriété?" 一書出版。詳論私有財產之起原。而判斷之曰。「財產者贓物也」。「財產所有主盜賊也」。是書一出。爲社會主義史中開一新時代。一八四三年傭於里昂之航海公司。一八四六年其第二之大著「經濟矛盾論」Systeme des Contradictions Economiques 出版。次年去里昂而至巴黎。一八四八年法國大革命起。蒲氏獨不與聞其事。蓋政治革命非其志之所在也。革命後爲「人民代表」報編輯。未幾以出版事被監禁。三載。一八五八年。復以著書攻擊宗教。被判監禁三年罰金四千佛郎。蒲氏乃逃于比利時。一八六三年歸巴黎。越二年而卒。蒲氏學說。對于政治。主張去政府。對于財產。指爲盜刼。對于社會組織之形式。主張社會契約論。而其生產分配之方法。則非共產主義。而主張國民銀行策。按各人工作之時間。由銀行給以相當之易劵。以故世人或目爲集產無政府主義。(按國民銀行策。在吾黨主張共產者觀之。不能不謂爲蒲氏千慮之一失。然當無政府主義大輅椎輪之始。其理想縱有不能十分圓滿之點。究不足爲蒲氏病也。)

巴枯寧 Bakounine 以一八一四年生于俄羅斯。少學於砲兵學校。一八三二年卒業。駐波蘭爲軍官。越二年辭職。歸莫斯科。研究哲學。一八四一年遊學於柏林。未幾遊巴黎。此時法國社會主義大倡。一八四〇年蒲魯東「何爲財產?」一書出版。學說披靡一世。巴氏適於是時在法。爲「改革」報記者。與蒲魯東輩遊。一八四三年。適瑞士。發刊共產主義雜誌。一八四七年。重來巴黎。演說于波蘭革命紀念會。痛詆俄皇爲盜賊。爲殺人魔王。俄政府捕之急。乃他走。次年法國大革命後。重來巴黎。從此奔走於歐洲各國運動革命。先後被囚於德奧及俄之西伯利亞。一八六一年。由西伯利亞脫獄。經日本北美而走倫敦。爲新聞記者。一八六三年。助波蘭革命。失敗。由瑞典丹麥而至巴黎。一八六五年。轉之意大利。自後遂爲極端急激之無政府家。一八六九年入「萬國勞動會」Internationale Arbeiter Association 爲會員。實行運動。以瑞士爲中心點。勢力蔓延西歐各國。一八七〇年。謀共產革命於里昂。不成。當是時萬國勞動會中。德意志之麥格斯派。爲勢頗盛。麥氏主張政治運動。巴氏反對之。而主張革命論。麥氏主張共產。巴氏反對之。而主張集產主義。(按當時之所謂共產、乃中央集權之共產主義、巴氏之所謂集產、則卽今日之自由共產主義、質言之麥氏實主集產巴氏實主共產也、）屢次大會兩派爭論至烈至一八七一年倫敦大會後巴枯寧派否認大會之決議組織「猶拉會」"Jurassienne" 翌年(一八七二)大會於海牙巴枯寧派遂與麥格斯派完全分離、「猶拉會純取無政府主義之組織、西班牙意大利比利士英國北美等處其勢殊盛、是卽近世無政府黨發達之雛形也、一八七六年巴氏卒於瑞京巴氏學說撮其大要不出無神論、無政府論、及集產主義（卽自由共產主義）三端主張廢政府法律及私產凡土地器械及一切資本均歸社會、惟工作者得而用之、而實行之方法則取革命手段一處之革命已行卽組織公民會經營經濟問題及傳布革命並聯合各地之人以圖世界革命、

麵包略取(續第一章)

Conquest of Bread by P. Kropotkin

克魯泡特金著　冰．紘譯

土地之爲用原以供給隨時遞增之人類之需要者也今爲少數人所私有、乃禁制吾民耕作矣、或雖許以耕作而不得用新法矣、又若礦地雖予諸生產之工人、然又從而吸收售價、人口既繁、製作之需要頗大、既吸其價礦仍屬諸少數、此少數者苟有利于其壟斷之謀、則竟禁制礦產之多出、又若種種機械、何一非少數人之私產、既私有之、復從而驅役工人、改良之設有某種機械發明者之子若孫挾械以求權利于今日工廠中、則將謂之曰、此械詎爾所有乎、蓋已忘其反客爲主矣、苟強取還之、鎗臨爾胸矣、盜憎主人大抵然也、又若鐵路、使無多數之人民、更附以工商之業、則團團廢鐵將焉用之、惟以與衆相成之故、而彼少數資本主乃得坐享路線所及大利、隨生富、乃甲於王者、苟彼多數人死於飢寒、子若女充塞其路線橋梁間以求食、亦惟刺刀飛彈從事驅逐耳、曾何念相需以成之功也、

先世勞動者之子若孫、求生活於此變惡制度之下、欲耕無田、欲工無械、欲采礦而無山、欲增生產而不見許、則惟有售其技、於極賤之傭金而已、而田與械則固其祖若宗、所繇闢、構造者也、先嚐竭力於製作、後人乃爲世界無匹之貧者、下

等野人倘或僥之幸得寸地而耕作矣則須獻其生產四之一於地主焉又四之一於政府及紳士社會焉而政府資本家貴族及紳士每增其徵納之額務窒其生產權力而後已不得已或轉向工業之一途而所値主人乃一如其舊凡所生產亦獻其半或三之二於資本主而後可

在昔封建之世食邑勳爵嘗禁墾地苟欲耕者當納其出產四分之一吾人謂爲野蠻時代由今觀之表面改革矣而實際仍在也勞動者之被制如故也居自由之名受貴族凌壓之實縱欲逃之將安逃之無往而不然耳私產制度一日存在勞動者坐困凍餒以犯焉而已準斯而談吾人生產物實皆不得其所向弗措意于平民方面第爲居奇者豐其囊橐遂使商業時聞漲落每經一度之風潮勞動者之失業無限重以工人手造之物產工人不得而享用蓋已爲資本家所壟斷工人徵値所入安能辦此出產斯有餘彼工廠主遂覓市場于異國其在東方如非洲如埃及如越南歐人率先攫高其農奴之生活以爲銷貨計效尤紛至因而競爭斯起戰禍以興爭東方商市而戰爭海權而戰畝制黑人之反抗而戰輸饑運械之聲鬨于四方人類互相殘殺自歐洲言之物產三之一糜于軍械平民負擔之重可以思矣

進論教育尤爲最少數所專有勞動家之子女十三齡卽從事農工父母旣筋疲力竭于所事遑及訓育於是乎社會不得不起兩大階級自由云云至是乃無可言彼民黨者初則力求伸張民權比知自由空氣足以長平民之燄遂翻然改其初志惟樹植強權是務若法庭若裁判若刑戮若警察若牢獄爲保障私利計無一不備凡是布置率由于見有所蔽觀念龐雜而社會制度隨之謬誤吾人所寄生之社會制度如此社會善意遂爲之抑沮然吾人固莫不知苟無直道無自尊無惻隱互助則人類滅絕猶之野獸蠻民而已惟此種觀念不與政客同臭味政客也者方將造成其似是而非之學說以訓迪其反對方面之人所謂前哲嘉言宜于有衆特自號肩承道義者流固莫不曰是可以爲詞料而不可以見諸實行者也夫作誑語則自卑其人格此吾人所常言也乃所謂宣揚教化者作誑益甚壯者少者習焉弗察卽亦以爲譽相尙旣安於此巧辯橫生浸假而僞德佞言成爲人生第

二天性。然社會可長此終古乎。循斯而往。無反樸歸眞之日。淪胥以亡而已。故夫眞理汩沒。僞善鋪張。影響所及。生民蜷伏守分。經濟專制。肇端于此。今以痛苦死亡之相追。不得不反求眞理。而私產制度者。實劈頭第一大敵也。

夫生產之有法。得之羣力所集成者也。則產物當然爲羣衆公有。世界之物產。世界之人類所共有者也。誠以物產者。人無不需用者也。人無不與有力焉以產之者也。抑不能限以某人當獲幾何者也。農具有焉。機械有焉。便耕耘。宜紡織。可以供原料。可以成物品。無一人能攫爲已有。因以爲利。如封建世之貴族。率謂其民曰「此山彼澤。吾物也。欲耕者當稅其所得之若干」。若此者。宜使之絕迹。無男無女。各任工作之一分。卽各得世界物產之一分。天然之法則。惟有「工作之權」及「工作所得之物產。屬諸衆人」二語而已。是亦卽「安樂之權」及「安樂屬諸全體」之謂也。（第一章完）

師復按。是書學理旣邃。篇幅尤多。祇能譯達大意。不能字字直譯。而此書爲克氏鴻著。譯入華文。不宜草率。故譯者冰襟君之意。擬作爲未定稿。分期登入本報。以求讀者之糾正。俟將來全書完竣時。再加補訂。然後印行。尙望讀者勿吝金玉。今先將全書篇目。摘譯於後。俾略知全書內容之一班。 第一編吾人之財富。 第二篇安樂屬於全體。 第三篇無政府共產主義。 第四篇充公。 第五篇食品。 第六篇居住。 第七篇衣服。 第八篇實行及方法。 第九篇耗費生貧乏。 第十篇工作之樂。 第十一篇自由親睦。 第十二篇辯論。 第十三篇集產黨分等酬給說。 第十四篇消費與生產。 第十五篇分工。 第十六篇百工分權。 第十七篇農業。

平民之鐘（三續）

師復譯

第四章

夕陽西下。演說者緩步入市廛。衆手工家皆環集。

忽見一人。爲狀至憊。亦足行街渠中。

演說者問之曰「汝執何業者乎」 工人答曰「予傭於鞋廠。每日作工十小時也」

復見一婦人。兩目暈紅。鶉衣被體。

演說者又問曰「汝又何作者」 婦人曰「我爲大衣服店任縫紉爲工殆無間乎日夜」

演說者於是告彼等曰「鐘將鳴矣 盍由四郊而入城中乎

進大商店中各取汝所悅之衣履衣之御之其毋懼蓋皆汝等所手造者也

惟當保持嚴重之態度勿學劇場之沐猴可也」

未幾時已近夜大衆漸散去 惟無家可歸者則隨之游行街中

行經廣大之花園寬平之夾道則見宏壯之紀念建築物與夫華麗之宮殿觸目皆是

演說者指而問曰「誰寢處此廣大之居室者」 衆曰「殆闃無一人

蓋此爲敎會堂此爲審判廳此爲部衙此則銀行也」

彼乃坐於園傍之椅上且曰「吾等盍於此睡乎」 衆笑止之曰「吾伴乎此乃禁例所不許者也」

彼乃曰「狐有窟矣鴉有巢矣 惟人則不知何處爲息體之所……

汝等不久將聞鐘聲矣 可各取其無用之部分矣

若者爲宮殿若者爲紀念之建築物吾輩皆可居之毋懼

蓋今日無立錐之地者彼時當得最美之居室此公道也」

此時街隅中忽有一婦向彼呼曰「來乎余以愛情餽汝」且欲與之牽手

彼則曰「汝之音甚悲而容甚苦蓋非出於眞意者 余不願受此沿途叫賣之愛情也」

婦人聞言顏色慘變且嘆曰「我餓不可支矣且有一幼子其父方逝亦與我同餓也傷哉」

彼乃問之曰「汝何故不作工度日以療汝與汝子之腹乎」

婦人曰「惡是何言我當懷孕時卽被逐於工廠矣今已不能工作矣」

且汝苟知女工傭値之微薄則汝亦當不出此言矣

汝倘不喜余者余惟有別覓他人以求明日之飽而已一

彼乃告之曰「婦人乎鐘將鳴矣 汝將不必賣汝之愛情矣汝與汝子均可得正當之生活矣

且亦無人願受此假愛情也。蓋此時人之愛情各有完全之自由」

譯者案今日之結婚制度女子仰男子以爲生活愛情之不自由蓋與此娼等其嫁者卽售賣假愛情者也其娶者則假愛情之買主也怪哉然其原因果何在乎則私產制度致之耳

此時演說者一人獨立街中默默自念 適來一武裝者注目視之且拍其肩

告之曰「按警律此處不許閒人站立」 彼還問之曰「然則汝何爲站立於此汝果何人乎」

武裝者曰我乃巡夜之兵我受命令而來執行我之義務者也

此宮乃極大之產業苟當我巡守之時間而有穿窬竄入者予將受重罰矣」

彼復問之曰「然則此產業其爲汝所有乎抑有人以一部分贈與汝者乎」

巡兵笑曰「我乃一無所有惟有極薄之俸金而已」

彼乃告之曰「不覩夫狗乎爲其主人守夜所得之酬報則骨與鞭耳」

（第四章完）

譯者案軍人及巡警聽者！

通信討論欄

答樂無

樂無君旣見本報第九號「論社會黨」後惠寄一文題爲「答論社會黨」其弁言曰「樂無對於師復君之論社會黨不得不取社會黨之陳迹重申答辭自白其紕繆之由來意見之從出」而前後復盛稱本報之言論甚或予以不虞之譽然則此文似不過陳述已往意之見自表其誤而非現在答辯之辭本可不必再事討論然細讀篇中所述乃一若對于本報而爲答辯自陳不誤而非但述已往之意見者記者於此未免少有惶惑故特就原論中有爲記者所不敢苟同者不避辭費再申辯之仍附於討論之列蓋無非欲求較是之眞理而已

來稿曰「社會二字爲家族以上國家以下人類組合之名

詞」按社會者羣衆之謂也。（在西文不但稱人、凡動物之羣皆得此名）當未有人類之先、動物已各有其羣、及演進爲人、孤立獨號之時亦必甚短、不久即能合羣而爲社會、故雖謂自有人類即有社會、亦無不可、若家族則成於婚姻制度創立之後、國家則成於統治制度創立之後、是二者皆爲社會之後起物。罕而譬之、則社會猶土地也、家族與國家則猶地上之建築物也。今來稿謂社會爲家族之上國家之下之一物、得無誤認由家族而成社會由社會而成國家乎、若然、則未有家族之前、豈遂無社會乎、國家以上尚有世界、此世界又果何物乎、若謂世界亦社會、則社會又忽在國家之上矣、此種誤點、一似無關宏旨、不知吾人今日所討論者、即爲社會問題、若對於社會一字之觀念既不正確、則其他之誤解必隨在相緣而生、是固不可不愼者也。

來稿又曰「無政府則去國家、共產則去家族、故無政府而共產、則人類之組合惟有社會、而無國家與家族、自其消極者言之、曰無政府無私產、自其積極者言之、則曰有社會有共產」按社會爲人類羣體之渾稱、無論有無國家、有無家族、其爲社會則一、當國家與家族存在之時、謂之有國家有家族之社會、當國家與家族消滅之時、謂之無國家無家族之社會、蓋社會固非與國家家族並列成三之物也。今來稿既誤認社會爲國家與家族中間之一物、即誤認三者之並列、意謂三者之中、一善而二惡、當去其二而留其一、因謂無政府共產主義爲無國家無家族而惟有社會、殊不知國家與家族均爲社會之後起物、足爲社會之大害者、無政府共產主義則排去社會之大害、改造良善之社會、而非去二留一之意也。又謂無政府無私產、有社會有共產云云、亦不免語病、政府與私產、均可以人力去之、而使即於無者也、故不妨曰無政府無私產、若社會乃羣體之渾稱、將從何而有之、（如言「有人羣」、此語可通乎）共產則爲處置產業之一種方法、又將從何而有之、（如言「有集產」、此語可通乎）來稿始則誤社會爲與國家家族並列之物、引申之、遂以社會與政府私產亦爲並列之物、再引申之、遂至以社會共產與政府私產亦爲並列之物、故於此則無之、於彼則有之、而忘其立言與事實之衝突矣。

來稿又曰、「其實際則無政府在無強權、……此強權爲政府所必有而社會所必無、故無政府而僅有社會、則人類可免強權之束縛而得完全之自由」不知當政府存在之時、其社會卽爲有強權之社會、固不得謂社會必無強權也、此誤之所由來、亦無非誤會政府與社會爲並列而不相系屬之物之故、

來稿又曰「有共產卽以生產機關及其所生產之物全屬社會公有、……故共產仍以有社會而得名」按共產以產業共有而得名、猶之集產以產業集有而得名耳、非以有社會而得名也、共產主義明明爲關于社會之學說、共產之於社會、自然爲須臾不可離之物、簡直了當、又何必迂迴曲折、謂爲以有社會而得名耶、

來書又曰「本此理想上之定義、認爲眞正社會主義、行此眞正社會主義、名爲社會黨、因確認社會主義能包括無政府共產主義、社會黨能包括無政府共產黨」此數語卽所以答辯本報「無政府黨不當名爲社會黨」之說、而以上種種枝節之辭、無非此數語之注脚、蓋來稿之意、務欲牽合社會二字、嵌入無政府共產主義中、意謂「無政府者無政府而有社會之謂也、故無政府主義者有社會之主義也、共產亦仍以有社會而得名、故共產主義亦有社會之主義也、故二者皆社會主義、故社會主義能包括無政府共產主義」不知無政府而有社會云云、共產以有社會而得名云云、其理想實未能正確、既如上述、然則所持以爲社會主義能包括無政府共產主義之論據、亦因之全失矣、

來稿又曰、「凡人類所生活之域、皆可以社會名之、如曰政治社會貴族社會、乃至盜賊社會乞丐社會等、社會上加以政治貴族等字樣、無非對待上形容上區別之詞、……政治社會爲社會之一部分、政治非能爲社會對立之名詞、而與形上之制度、形上之財產、同爲社會之附屬物、故廢除社會之政治制度、則曰無政府、變更社會之經濟組織、則曰共產、要之凡附屬於社會而以對待上形容上之區別支離社會者、如種族宗教祖國家族等、皆廢除之、於是乎無界限、無階級、唯有平等公共之社會、以此定義名爲社會主義、名爲社會黨、不唯能包括無政府共產主義、並能包括無政府共產

所不能包括者」此又所以答辯本報「社會主義不能包括無政府主義」之說者也本報嘗謂社會主義乃對於經濟之學說與政治無關此實世界學者之公言非記者獨創之說也今來稿乃謂「政治社會爲社會之一部分政治制度與財產同爲社會之附屬物」因以爲社會主義能包括政治不知所謂政治社會者乃謂政治家之社會（指以政治爲生活之人）而非指國家統治機關所設施之政治也政治家與政治本不同物不能因政治社會爲社會之一部分遂謂政治爲社會之附屬物也猶之科學社會（卽科學家之社會）亦可謂爲社會之一部分然不能遂謂科學爲社會之附屬物也且政治爲國家統治機關之行動用以統治一國之人民者謂爲人類之害物則可謂爲社會之附屬物則觀念不免淆雜矣政治既非社會之附屬物則來稿所謂「廢除社會之政治制度則曰無政府」一語未免戾于論理矣以政治制度乃政府之所設而非屬於社會故也至謂「凡附屬於社會而以對待上形容上之區別支離社會者如種族宗教祖國家族等皆廢除之」此語尤不可解充來稿之意則凡存在於社會之萬有皆爲社會之區別皆爲附屬於社會之物而皆當廢除何以言之來稿謂政治社會實族社會等爲社會對待上形容上之區別然則科學社會文學社會農工社會以及其他等等亦將以爲對待上形容上之區別而盡廢之乎（按歐文社會一語原含二解一爲人羣統稱一則小部分之團體政治社會等乃屬於第二義非指第一義之社會也今來稿混而爲一故有此誤）來稿又以種族宗教等爲附屬於社會以對待上形容上之區別而支離社會者若是則天地間之萬有自農工百藝以至科學教育交通等等何一不可謂之社會之附屬物乎又何一不當在廢除之列乎來稿根本之誤乃在強牽政治爲社會之附屬物欲以爲社會主義能包括政治範圍之證既以政治爲社會之附屬物於是種族宗教等亦以爲社會之附屬物因謂社會主義廢除一切附屬物而惟存社會欲以示社會主義所包括之廣而不悟其別面之差謬乃至不可思義也原夫無政府主義與社會主義之廢除政治廢除私產蓋以其有害於人類而非因其爲社會之區別爲社會之附屬物

也。其破除種族宗敎等等。亦以其有害於人類。而非因其爲社會之區別爲社會之附屬物也。社會上區別之詞。苟其無害於社會。又何必一概廢除之。更何必廢除社會。一切之附屬物。然後可謂之社會主義乎。總之社會主義主張經濟平等。無論如何不能牽入政治範圍。苟必欲牽入政治範圍。未有能免牽强附會之弊者。此來稿謂社會主義能包括無政府共產主義之說。所由不獨有背於學理。抑且不成其爲理想也。

來稿又曰。「有此二種理想爲根據。乃不名無政府共產黨而名社會黨。不名無政府共產主義而名社會主義。」一所謂二種理想者。即如上所述。一則以爲無政府即無國家。共產即無家族。無政府共產即無國家無家族而惟有社會。故無政府共產可以有社會三字括之。二則以爲政治財產等等均爲社會對待上形容上之區別。爲社會之附屬物。社會主義則一切廢除之。而惟存社會。故社會主義不獨能包括無政府共產。且能包括其他。此即來稿所謂兩種理想也。此種理想之是否正確。能否成立。既詳辯於上。讀者可自得之。記者向以爲「社會黨」之不名無政府黨。及不明揭無政府主義之故。或爲求內地鼓吹之便利。不得不如此。亦未嘗非當局之苦衷。同志儘可相諒。不料今讀來稿。及參以他方面之議論。始知其中實有一種特別之意見。誤認社會主義爲能包括無政府主義。又以爲無政府主義之名不及社會主義之善也。此其致誤之原因。蓋有二端。一則誤認無政府僅爲排除政府之消極手段。二則江亢虎三無二各之謬論。先入爲主也。因第一種誤解。遂疑無政府主義僅排除政府而無積極之主張。因第二種之誤解。以爲無政府無家庭無宗敎三者並舉。乃謂之純粹社會主義。無政府則僅其中之一事。遂疑無政府主義爲不完全。合此兩種誤解。乃覺無政府主義之名。總不及社會主義之善。而又以社會主義向來之解釋非如此也。於是執著社會二字。向字面上迂迴曲折。多生別解。務求其牽合於無政府主義而後已。既乃覺其與學理不相容。則强而名之曰「理想上之定義」。此即來稿所謂二種理想之所由來矣。(觀於來稿所謂「自其消極者言則爲無政府」又謂「社會主義能包括無政府共產主義所不能包括者」更參觀社會世界第五期答容公之論、與江氏三無二各之說全同、是樂無君確因有此兩種誤解、然後生出此二種理想、並非記者所敢武斷也、）不知社會主義主張產業所有權屬諸社會、此定義不獨爲世界學者所認定、且爲一般普通人所認定、若必以個人之理想、執華文字面上之意義、强加以支支節節之別解、其不貽世界之笑柄者幾希矣（譬如名學化學之類、若於字面上强加別解、則名字化字之範圍既廣、別義亦多、不難生出數十種理想上之定義矣、然樂無君當必知其不可、社會主義亦猶是也、）至無政府與排政府意義不同、無政府主義並非消極之主義、已於本報第八第九第十二等號「答諳任」書中再三言之、三無二各說之謬、亦已於第五號「無政府共產主義釋名」詳論之、苟能排去此兩種誤解、自不必疑無政府主義之名不當、即亦不必斤斤思以社會主義代無政府主義矣（未完）

答朱勵公　本報第十一號反對家族主義一文乃係意譯而非直譯其中有不能明晰者由譯者補語申明之但求不背原文本旨而已

助本報印刷費者　夢覺十圓（廣州）　躬耕壹圓（上海）　峙雲五圓（香港）　澤生五圓（澳門）　悔生五圓（東京）　蔡雄飛二圓（東京）

介紹正聲　同志冰絃君現發刊一旬報名「正聲」專用淺文及白話鼓吹社會主義及無政府主義第一期已寄到每期報費郵費半角凡中國內地可向本報購閱外洋各國可向該報直接購閱地址如下 "TsingSing", % P. O. Box 256, Rangoon, Burma.

財產者　贓物也

財產所有主　盜賊也

民聲
第十四號

巴黎之自由市府

The Commune of Paris, by P. Kropotkin

克魯泡特金著
涓聲譯

第一章

一千八百七十一年三月十八日巴黎革命軍與官軍惶懼席捲所有棄城而逃革命黨不折一兵不血一刃而政府自倒翌日巴黎城完全自由獨立不復為城狐社鼠所盤踞革命者由奴隸而進於自由者也自古迄今革命無時或已而此次特為革命界闢一新紀元且為將來無量數革命之起點

「自由市府」Commune者巴黎城當日所標揭之名也（按Commune 乃地方自治區域惟此次之命名其意微有不同蓋以示自由獨立之社會無復政府管轄者也故從其義譯之曰「自由市府」）亙古未有之新思潮由此產焉致此效果者非三數人亦非一二哲理家所能為力也乃全社會之人羣也蓋其心目中先有此印象先有此思想日積月儲故一發而不可遏前人之犧牲身命于此者亦不及知今日之效果也以其時革命之理解尚不免矇昧至今日始昭然大白耳

未建自由市府之五六年前「萬國勞動會」The International Working Men's Association 鑒于社會革命之不容已特開大會謀預備及解決之法

「近代工業之發達一日千里將來必激起經濟大革命以至于廢私產為共產此時經濟之現狀已變欲求適合此現狀之政治果何者為宜乎」此為諸問題中之最重要者也其決議案則曰「無論如何此時不應有國界各種疆域及階級亦當消滅」此說一出深入人心雖經幾許誅鋤幾許

蹂躪然春風吹之又勃然生矣。

一問題已解決別問題又生別問題爲何卽萬國聯合其組合分子應如何是也。

對于此問題之主張最有勢力而又最相逕庭者有二派一主張有政府一主張無政府。

主張有政府者爲德國之社會黨若輩主張以財產屬之政府然後由政府分配于社會及工人並組織生產及兌換機關監督人民之工作。

拉丁民族則最富于革命經驗者也對于此論極端反對謂政府者窮兇極惡之妖物也重建一政府是以暴易暴強權終不能去吾人欲獲完全自由當徹底廢絕一切政府及其附屬物另組織一完美之新社會其組織由簡而繁一本乎自由之原理。

國家社會黨之稍有自由思想者亦知無政府之優于有政府第其期期未敢附和者則以無政府之學理太高恐不能一朝達到也。

凡一新理出欲求聞者信之信者篤信之實踐之必須有精密確當之條理方能深入人心否則無效也無政府主義亦然苟不取此主義近日之趨勢淵奧之精義必能達到必不可免之理由與夫切合于人民天然生活情狀之原理及事實歷歷指出而欲使人篤信之不亦難乎是故立一基礎以作無政府之實證實不容緩之事也。

巴黎城不爲狐鼠所擾者五閱月矣此五月中實證徹底披露矣政府果何物乎蓋一最無用而專害人殺人之妖物也行使強權則有餘禦外侮不能也法國之被困于德其出死力以抵拒強權者平民耳吞驚受險者平民耳而政府之袞袞諸公方酣嬉淫逸歡樂之未艾由各方面觀之政府除殘民外一無所能故政府一倒市民卽乘此時機改巴黎爲自由市府自由市府者共產之社會所以別乎國家者也

自由市府固吾人所馨香頂祝者也不意呱呱墮地轉瞬卽殤威賽之軍官(當日政府旣倒軍官逃匿威賽)倉卒撲來可憐淸白之巴黎一朝復爲狐鼠之窟苟其壽命能延長數月者前途未可量也雖然自由未死豈無捲土重來之日而今不過偶爾酣睡耳。

虎狼之軍官前日爲市民嚇退今一旦歸來其報復手段之兇狠可想而知矣現社會之人析分之祗有兩派一爲生利者終日辛勤勞苦以其所生產大半供奉他人而已反俯首帖耳一任他人之踐踏一爲分利者卽社會之蠹蟲也驕奢淫佚坐享他人之血汗視殺人爲兒戲質言之實狠毒之野獸其完全人格已消滅淨盡矣所謂軍官者卽此類也

威賽政府之兵又惡劣之尤者也彼嘗謂市民曰「嘻死者汝輩特有之權利也無論如何汝必死汝手兇器乎？死！汝用兵器乎？死！汝欲乞憐乎？死！無論何方前後左右上下皆汝之死路也汝輩不惟不納于法律之內（蠹蟲以爲法律能保護人也）抑且擯出人類之外無論男女一死終不能免也噫汝必死但未死之前必使汝飽嘗苦惱受盡父母兄弟妻子之累更使顚連困苦恐怖悲慘之情狀激刺汝之耳目以至汝死之日嗚呼！死！死!!死!!」

自由市府之形式已劃絕無餘矣自由市府之印象之觀念則長留于各人之心目中也自由市府之種子則潛滋暗長而未有已也涓涓不塞流爲江河吾人拭目俟之矣（未完）

駁江亢虎

師復

「江亢虎新大陸通信片」第十一期內載一文題爲「紀民聲雜誌論載事」對于本報批評江氏言論之要點均置而不答而惟以詆毀干涉專制橫逆幸災樂禍世態炎涼下井投石等醜語加之本報甚而攻擊及記者個人本報於第六號經已聲明辯論範圍「純爲研究學理絕非對于個人而爲非議」復於第六號申說記者之反對江氏乃「反對其言論而非反對其個人」江氏苟不以記者所論爲然自可根據學理反覆辯論雖千百回不爲贅也不料江氏絕口不談學理而惟以惡聲向人江氏誠工於趨避而善於罵人哉今試撮舉本報第八號以前批評江氏言論之要點條舉於後而附注其有無答辯俾讀者畧淸眉目（至第十一十二號答李進雄書江氏或尙未見故畧之）

（一）本報謂江氏不主張推翻資本家收回土地資本歸諸社會是爲違背社會主義之根本要義故江氏所主張不得稱爲社會主義（江氏不能答）

(二)本報謂江氏不主張土地資本公有而惟主張營業自由財產獨立以及限制軍備專徵地稅等均屬社會政策而非社會主義(江氏不能答)

以上二條爲最握要之論點此外則

(三)本報謂江氏忽而稱共產主義爲社會主義不祧之宗忽而謂共產主義阻滯人類進化贊成反對同時而出是爲自相矛盾(江氏不能答)

(四)本報謂江氏並舉共產集產之學說統稱爲共產主義是爲不明學派(江氏雖有答辯而其謬加甚於下文再駁之)

(五)本報謂江氏舉社會主義之各派(均產集產共產)一律推翻而自稱爲特殊之主張(不嘗自居於社會主義之之)益顯見其所主張爲社會政策(江氏不能答)

江氏既於以上各要點不能置答則其他連篇累牘刺刺不休之談其有無價值可想見矣今請取其誤會及强詞奪理者順次駁之

江氏曰粵人劉師復君本同盟會會員政治革命黨人也滿清時謀炸李準試驗炸藥自斷其腕革命後復謀刺袁世凱挾鉅資北上行及滬而和議成乃轉而刊布社會主義無政府主義小冊子並發起心社及晦鳴學社於廣州比又以毒斃李世桂之嫌疑去粵

按此一段文章全爲師復個人作傳記寫履歷江氏之筆墨如此休暇誠可謂不憚煩豈與人辯論必須爲其人詳敍過去之履歷然後可討論耶則試有人與江氏辯論一事而開宗明義即曰「江亢虎即江紹銓滿清之進士(或舉人?)而兼小京官也」此語爲有意識否抑又或以本爲同盟會會員本爲政治革命黨即不可主張無政府主義耶則記者曾入同盟會爲會員固未嘗自諱十年前之同盟會會員與今日之無政府黨豈復可以相提並論者(記者之入同盟會在東京同盟會最初創立之時彼時可謂純粹之政治革命黨越二年謀刺李準方出門而彈發事覺入獄兩年餘經種種刺激及研究而余之思想一變出獄後組織暗殺團暨程爲余所起草以「反抗强權」爲宗旨取單純破壞之手段自是之後余雖未嘗標揭無政府之主張然敢自信確爲反

抗强權之革命黨、而非復政治之革命黨、且此後皆獨立運動、與同盟會亦幾無關係矣。是時團中同志各謀其單獨行動、多注重廣州方面、如炸李準炸鳳山等。余與同志數人則担任入京刺載灃。本在四川湖北革命軍未起之前、某君實先行、並輸運炸彈、不料中途敗事、余等計畫更勵、故延及革命軍興、始得成行。此時强權之魁首已轉爲袁世凱、故余等之目的物亦因而移於袁世凱。抵滬時南北議和適開始、某君止余等勿急行、及議和旣成、余等之意以爲可以乘此機會散布社會革命之種子、而單純破壞轉非所亟、此卽晦鳴學舍之所由發起、冀以爲傳播無政府主義之機關者也。以上爲余個人思想變遷之瑣事、殊無載入本報之價値、以耗讀者之目力。徒以江氏旣贅述余之生平、而又不能盡實、不得已畧述之、以告江氏耳。）至謂余以「毒斃李世桂之嫌疑去粵」一語、則尤非事實。余之去粵、由於民賊之封禁本報及晦鳴學舍。此固無人不知、且曾具述於本報第四號。江氏夫豈不聞、而必故爲此語。其有意耶、抑無意耶、明眼人可以判之矣。（余之由廣州走澳門、時爲去年九月、在澳復被葡萄牙干涉、則又去澳、時爲去年十二月。若陳某之毒殺李世桂、則在本年一月、其後牽涉余名、則在本年二三月。時日之相隔乃如此、至此事嫌疑之由來、尤爲可笑。余固不必辯、亦且不屑述之。請觀本報第五號之啓事可知矣。）

江氏曰、「自社會黨解散、入室操戈、下井投石者、頗不乏人、惟絕不意世態炎涼、雖至高尙純潔之無政府主義家、亦不免竟爲其所中。觀師復近所發刊之民聲雜誌、對於社會黨及鄙人、冷嘲熱罵之作、諷刺不休、幸災樂禍之心、躍躍如見。……攻擊過去之社會黨、詆毁出亡之鄙人。……」

嗟夫、江氏老羞成怒、乃欲以幸災樂禍、世態炎涼、下井投石等語詆我耶。「中國社會黨」雖解散、而江氏之言論與主張具在、批評江氏之言論及主張、與中國社會黨之解散有何關涉。夫人苟對於現社會而思有所改革、無論其屬於何派、必不免爲政府所嫉視、此乃題中應有之義。區區一命令解散、安足當社會黨之一哂、何災害之足言。又何所謂下井、更何所謂涼。必江氏腦筋中先存有重視政府、崇拜政府之印象、故一遭大總統之命令解散、卽大驚而小怪之、曰災曰禍、曰下井曰涼、(又如在上海徧登報紙、親友榮餞、然後出遊美洲、亦必飾其詞曰出亡、曰九死一生、與災禍等詞、同一聲口、)反而觀之、無怪未被解散之前、時時宣言曰孫前大總統推許唐前總理贊成、又曰袁大總統贊成趙總理保護、一若無上之光榮無上之炎熱矣、自己既懷此齷齪思想、更無怪一見有人批評其言論之不當、即指爲幸災樂禍……云云矣、且余既屢次聲明「反對江氏言論而非反對個人」至社會黨則業已解散、其物已不存、更無所用其攻擊、有時取其黨綱而批評之、則以黨綱爲江氏之手筆、批評其黨綱、仍批評江氏主張耳、非批評其黨也、今江氏則指爲「攻擊過去之社會黨誣毀出亡之鄙人」余究有何語爲攻擊社會黨、何語爲誣毀江氏個人者、江氏能指出否乎、若謂蕪雜矛盾……云云、即爲誣毀、則當先定誣毀之界說、誣毀者、攻擊個人身上之私德及並非實情而造謠以非議之若是者、方可謂之誣毀、倘爲批評一人在社會上之行動及其主張、則言論自由、無論其批評合否、惟有辯論更正、而不得遽指爲誣毀、即使武斷之曰凡批評不合者即爲誣毀、亦必須指出其批評不合之實證方合辯論之道、今本報謂江氏平日所主張爲蕪雜矛盾……云云無一不舉出江氏原文加以評論、然後下此斷語、並非憑空造謠以誣之也、江氏苟以爲不然、當一一答辯之、證明其非蕪雜非矛盾非……而後可、今江氏則未嘗有隻字剖辯、而惟悍然鬭之曰周內曰誣毀、然則江氏之言論及其主張、殆所謂神聖不可侵犯之物、設或有人評論之、即加以誣毀之罪、吾恐俄羅斯皇帝之上諭亦未必如是之尊嚴也、

江氏曰、其最奇者、既痛斥極端社會主義純粹社會主義名詞之不經、而直接標揭爲無政府共產主義矣、而又申言即眞正社會主義完全社會主義、不知眞正完全字樣、勝於純粹極端者何在、且誰全誰偏、誰眞誰假、有何憑據、有何標準、

記者於本報第五號「無政府共產主義釋名」中以爲極端社會主義純粹社會主義等名均屬不當、其理由已具述於該論、然並未申言無政府共產主義、即眞正社會主義完全社會主義也、江氏果何所指而爲此言耶、該論雖有「非反

對眞正的社會主義也」及「吾見近人之習用純粹社會主義一語者往往誤會以爲完全之社會主義」之言。然非申言卽無政府共產主義。苟稍通文義者。當無不能辨之也。「無政府主義卽眞正社會主義」此語出自科學大家無政府主義之泰斗克魯泡特金 Kropotkine先生。吾人固常常稱述之。完全社會主義。則對於集產主義之不完全而言。亦爲近世所習用。然所謂眞正社會主義。完全社會主義者。均有所對待之詞。而非有一定之界說。亦非專有之名詞。以爲無政府主義或共產主義之注解之形容詞則可。以爲無政府主義或共產主義之別名則不可。本報第十號答悟塵書中。已論及之。吾人所以謂極端社會主義及純粹社會主義等名爲不當者。亦以其用爲無政府主義之別名耳。倘其但用爲詮釋而非用爲專名詞。則旣無關於正名之要旨。吾人又何必斤斤討論乎。至謂誰全誰偏。誰眞誰假。有何憑據。有何標準云云。余亦有說以證明之。眞正社會主義一語。出自克魯泡特金。完全社會主義一語。尤爲共產主義家所習用。如馬龍氏 B. Malon 曾著有「完全社會主義」"Socialisme Integral" 一書。熙拿爾氏 G. Renard 又有「完全社會主義與馬格斯主義」"Socialisme Integral et Marxisme" 一書。此外尙不可枚舉。用語旣有來歷。卽不能謂爲無憑據。若問何爲眞正。何爲完全。尤屬易曉。社會主義者。廢除私有財產。而歸之社會公有之謂也。旣以財產公有爲社會主義。則必如共產之說。生產機關及所生產之物全屬之社會。然後可稱爲眞正。可稱爲完全。若集產之說。則生產機關歸公有。而所生產之物仍屬私有。是僅得財產公有之半面。卽不啻爲不完全之社會主義。不啻爲失其眞相之社會主義矣。是卽偏全眞假之確切標準也。總之。眞正社會主義完全社會主義等語。已成爲當世無政府家共產家之熟語。江氏自未之聞。故訝以爲無標準無憑據耳。

江氏曰。以余所聞。社會主義發軔於聖西門。集成於馬格斯。社會主義之馬格斯。譬之中國儒教之孔子。……吾人可反對社會主義。而不可謂馬格斯非社會主義。而自有其所謂社會主義。猶之吾人可反對儒教。而斷不可謂孔子非儒教。而別有所謂儒教。

謬哉頭氏社會主義之理想實淵源於希臘之古哲遠十八世紀之下半期社會主義家蔚然勃興如巴比夫 Baboeuf 加彼Cabet(以上二人主共產) 孚理亞 Fourier 聖西門 St.Simon 等同時並出以言發起則不獨聖西門一人也特瀰集產學說之淵源者乃稱聖西門耳社會主義乃一公共之名其中派別自夥卽從其最簡單者言之亦必有共產 Communisme 集產 Collectivisme 兩派固不能以集產主義獨占社會主義之名也今江氏乃謂社會主義集成於馬格斯(卽麥格斯)譬之儒教之孔子豈知馬氏以前共產主義之理論已極發達魯意布蘭 Louis Blane 出更與聖西門派之學說立於反對地位馬氏旣主張集產縱能集聖西門派之大成然豈能集共產派之大成乎若比之孔子尤爲擬不於倫儒教倘認爲宗教則孔子實爲教主以馬格斯比孔子然則馬氏其殆社會主義之教主乎然則一切之社會主義家必皆馬氏之徒乎然則共產派之社會主義江氏其殆屏之社會主義之外乎江氏之謬妄一至於此可謂嘆觀止矣至謂「不可謂馬格斯非社會主義而自有所謂社會主義猶之不可謂孔子非儒教而別有所謂儒教」尤爲怪絕馬氏之集產社會主義爲社會主義之一派此固記者所承認且屢次稱載於本報誰謂彼非社會主義者然馬氏祇可謂爲社會主義之一派而不能以社會主義爲馬氏之專利品馬格斯派之外固尙有理論圓滿之共產社會主義今江氏乃欲謂馬氏之外別無所謂社會主義比之孔子之外別無所謂儒教嗚呼江氏其瞀忘耶抑夢寐縈縈於教主遂不覺加大成至聖之冕於馬氏頭上耶馬氏有知將啞之矣

江氏曰嘗巴枯寧馬格斯未脫離分立以前無政府主義實兼賅於社會主義中及其脫離分立以後無政府黨特標無政府主義之名詞而以社會主義之名專屬之馬格斯從此無政府黨絕不自稱其所主張爲社會主義……而師復反謂聖西門馬格斯爲片面的社會主義而稱無政府共產之主張爲眞正社會主義完全社會主義吾恐不但全世界社會黨人不公認卽全世界無政府共產黨人亦不肯公認也此眞所謂怪劇不啻夫子自道矣

謬哉江氏巴枯寧派與馬格斯派分離之歷史乃無政府黨

與國家社會黨分離之歷史而非無政府主義由社會主義脫出之歷史也世之耳食者流往往誤會以爲巴馬二派未分以前無政府主義實統屬於社會主義中而別無所謂無政府主義一若巴枯寧之無政府主義亦由馬格斯之社會主義所產出也者此實不明歷史之故江氏亦其一人也今請以簡單數語約舉二派未分離以前之歷史以告讀者可乎　一八六四年「萬國勞動會」Internat·ionale Arbeiter Associ·tion—International Working Men's Associaton—Association Internationale des Travailleurs 開會於倫敦是爲勞動者國際同盟成立之始是會宗旨在聯合各國之勞動者謀直接推翻資本家取回生產機關由勞動者自用之至於取若何之手段及採用何種之分配制度其初固未有規定且屢次大會均不能得確定之決議是萬國勞動會乃勞動者反抗資本家之團體其命名非社會黨其性質更與國家社會黨懸殊凡贊成勞動革命者無論其屬於何派均不妨入會故主張國家社會主義之馬格斯與爲主張無政府主義共產主義之巴枯寧克魯泡特金又與爲會員中學派既各有不同則關于進行之手段及目的均必有所爭論以是之故馬格斯之國家社會主義派與巴枯寧之無政府主義派乃互相角逐互有勝敗及其最後(一八七二年)卒致意見決裂而不可復合是即國家社會主義派與無政府主義派分離之歷史所謂分離乃兩派不合併爲一黨而分離非無政府主義由社會主義分出之謂當未分離之前兩派之主張固始終各執一說各樹一幟並非巴枯寧之無政府主義原在馬格斯之社會主義中至是始分離也江氏乃謂未分立以前無政府主義原隸於社會主義中其欺人耶抑不明歷史之由來耶　無政府主義始於蒲魯東以一八四八年發表其意見實在巴馬二派分離二十餘年之前試問此時蒲魯東之無政府主義是否兼隸於社會主義中耶且即言巴枯寧無政府之運動亦不限於萬國勞動會兩派未分離之前巴氏亦自有活潑之運動當一八六七年「萬國和平自由會」開會時巴氏實首先提出無政府主義於該會主張廢除政府以保全和平與正義該會議決採用巴氏遂被推爲終身會員翌年巴氏復

提出議案主張極端破壞當此之時巴氏尚未入萬國勞動會試問此時巴氏之無政府主義又是否兼賅於社會主義中者耶又翌年(一八六九)巴氏始入「萬國勞動會」爲會員當未入會之先勞動會之瑞士分部已有「羅馬聯合會」之組織與馬格斯派意見不合而贊成無政府主義巴氏入會而勢愈張反對馬格斯派最烈次年(一八七〇)拿破崙第三帝政傾覆巴氏遂乘勢運動欲實現其理想之無政府社會以里昂爲根據地宣言廢棄國家不幸而遭失敗復之瑞士次年(一八七一)萬國勞動會第五次大會於倫敦馬格斯派勢力日盛巴氏乃與「羅馬聯合會」共組織「猶拉會」"Jurassienne"以無政府主義爲宗旨又次年(一八七二)乃與馬格斯派完全分離由此觀之巴氏之無政府運動在未入勞動會以前已明標無政府主義固與馬氏無關卽入會以後亦時時有獨立之運動亦明揭無政府主義之名旣與勞動會不一致更與馬氏絕對不一致是巴氏之無政府主義與馬氏之社會主義始終絕對不相合所謂合者不過同在勞動會之三年中互相角逐互相爭辯而已相合且不可更何兼賅之可言耶　江氏又謂「分立以後無政府黨特標無政府主義之名詞」然則未分離之前巴氏果未標無政府主義之名耶巴氏由一八六七至一八七一數年中之種種運動其社會主義耶抑無政府主義耶請江氏稍展其眼光一讀巴氏之歷史及著作當可恍然悟矣

江氏又謂「從此無政府黨遂以社會主義之名詞專屬之馬格斯而絕不自稱其所主張爲社會主義」豈知社會主義之中有共產集產之兩派馬氏特集產社會主義耳若共產社會主義則固無政府黨之所主張者安能以社會主義之名專屬之馬格斯乎克魯泡特金吾黨之泰斗而極端排斥集產主義者也然其生平著述乃往往稱述社會主義其辟闢集產主義時必明著集產主義或集產社會主義之名而不單稱社會主義且常曰「無政府主義卽眞正社會主義也」又曰「無政府主義者廢去政府之社會主義也」其他無政府大家之著作論述社會主義者尤觸目皆是不可以縷述江氏乃謂無政府黨以社會主義專屬之馬格斯而絕不自稱其所主張爲社會主義果又何所見而云然耶夫

今日一般人之習慣以社會主義之名專屬之社會民主黨固誠有之吾無政府黨人因社會上既有此習慣乃於名義之間辨別益嚴自稱或曰無政府黨或曰無政府社會黨或曰無政府共產黨而不欲單稱社會黨以免與社會民主黨相混此亦誠有之然此乃習慣問題若夫論述學理則社會主義之名吾人固不必諱言安有絕不自稱主張社會主義如江氏所云云者耶　江氏又謂「師復反謂聖西門馬格斯爲片面的社會主義而稱無政府共產之主張爲眞正社會主義完全社會主義」且謂全世界之社會黨人無政府黨人必不公認而指爲怪劇按本報第二號嘗曰「近日好談半面的社會主義者往往謂借政治能力可以達社會主義之目的」蓋吾人以爲社會主義當向社會謀解決不當向政治謀解決以社會問題而乞靈於政治是自失其社會主義之價值故目之曰半面的社會主義今江氏乃易其詞曰以聖西門馬格斯爲片面的社會主義使與原意不符因聖西門固未嘗主張政治運動也然此或稱引之偶誤亦姑可以不論第就學理言之則西馬二氏之學說謂爲半面的社會主義亦非苛也何以言之社會主義必廢絕一切私產方得稱爲圓滿今西馬二氏之學說對於產物之分配均許私有是明明尙有私產焉得逃半面之誚乎至無政府主義即眞正社會主義一語及共產社會主義與集產社會主義相對待時往往稱爲完全社會主義吾既於上文歷歷證明之江氏乃指爲怪劇謂世界黨人不公認抑何所聞之不廣耶江氏若必以爲怪劇則克魯泡特金先生及當世之多數共產主義大家當先承其咎如師復者又何足道耶且江氏以三無二各爲純粹社會主義又謂「純粹社會主義乃對國家社會主義而言」(見洪水集)然則國家社會主義之不純粹不言可知國家社會主義非他即馬格斯主義也然則江氏明明謂馬格斯爲不純粹之社會主義而稱無政府共產(彼之所謂三無二各)之主張爲純粹社會主義矣全世界之社會黨人無政府黨人肯公認乎抑不肯公認乎怪劇乎抑非怪劇乎忽而奉馬格斯爲社會主義之教主忽面謂其主義爲不純粹怪劇之中復有怪劇吾於是又不得不嘆觀止矣

(未完)

答悟元　來書規以與人辯論不可盡言以取怨咸甚惟鄙人生性惡惡如仇愛道若命故認爲有害眞理者輒言之不覺過激此雖鄙性褊急之一端然吾聞惟君子能受盡言若其聞己過而不受反因以怨人者此其人去小人之途必不遠我輩之取怨於小人又豈自今日始耶至於同志之討論復以爲無論如何激烈必於友誼無損此不獨復敢自信且敢信與我討論者之心必有同然也師復白

張桐再助本報印費五圓（漢口）　山鹿一圓（上海）　破天荒二圓（東京）　黃葉　圓（上海）　滄海次俠再助十圓（新加坡林朗）　伯炎五圓（怡保）

更正　第十二號第十二頁誤載無吾君爲中國社會黨南京部主任今接無吾君函稱係從前黨員而非主任合更正

無政府—係一種社會的理論，以去一切人治爲旨歸，以共同之秩序爲目的。

飢寒之民不知有法律，分其鄰之麵包而食之，此乃飢者之天然權利也。

汝等向社會取工作，如無工作，則向社會取麵包，二者不與，則奪其麵包。

心社意趣書

吾人處今日不正當之社會受一切僞道德惡制度之薰習所作所爲恆日與非理爲緣而不自覺顧吾人各具良心苟明知其非又何忍以己身甘犯良心之不韙用特舉最顯最大之數事凡吾人良心上認爲違背眞理者相與戒而不爲設爲信約名曰心社將以求當世同具此心理之敎言倘不我遐棄相約相勉養個人之良德用振厲乎流俗風雨如晦鷄鳴不已一切僞道德惡制度之破壞庶幾不遠矣

本社社友相約之事如下

不食肉
不飲酒
不吸烟
不用僕役
不乘轎及人力車
不婚姻
不稱族姓
不作官吏
不作議員
不入政黨
不作海陸軍人
不奉宗教

我—良—心—上—喜—歡—如—此

民聲

第十五號

無政府共產主義 Anarchist Communism

其宗旨及其原理

涓聲譯

無政府Anarchism 一字以最單簡之詞解釋之為廢絕政府及所有以人治人之強權共產Communism 為各得正當之生活以壓其體質道德智能上之需要凡為無政府黨則必盡力抵抗一切壓制及強權同時消滅其淩人之思想世界所以紛紛擾擾憂愁困苦殺人流血之事無時或已者以多數人類抱有此思想故也凡取得其所需要而不盡其所能以維持人類公共之幸福者即為坐食與近世之蠹蟲無異（凡不工作之富貴人社會黨目之為蠹蟲）故取其所需者必盡其所能現社會之制度—一方面政府擁無上之強權一方面資本家壟斷所有之財產—質言之即顛倒之社會即所以與人類于衰頹奴隸之境者也

吾人苟細察古今來之歷史則政府必當毀滅之理由按圖可得顧此理由仍隱而不露者而法律家政治家及一般之社會民主黨為之障礙也故無政府黨必盡力掊擊壹切擁護國家似是而非之謬說幷鼓勵工人在經濟上爭回其完全之自由

時人對于無政府主義之見解不免時有誤會若語其真相無政府主義對于政治經濟皆純粹主張革命者也社會上種種不正當之事皆無政府主義所極端排斥者也

所謂無政府者即以正確之眼光體察人類生活及社會狀態期滅絕一切迷信成見及謬誤虛妄之思想以實現社會之真相（案社會本善也其所以惡者則為政府及資本制度等種種之怪現象所蒙蔽也）從各種事實觀察之苟現社會之大毒物—國家—已倒斃共產實行則人人有完全

之自由個人之智能才力亦必異常發達此非對于人類社會空幻之理論也

吾人類學問及自由組織個人及社會之能力鼓其勇氣以反抗政治經濟期達吾人之目的有以為此事難于實行者吾請得而解釋之近世之科學文學美術其理論無一不與無政府之旨趣相吻合蓋無政府之趨勢傾向者已如涓流之赴東海矣吾人之絕對反對黨亦贊美吾輩之「夢境」並謂此主義若「果能實行」則為人類無上之幸福矣無政府共產黨乎爾其堅爾心志振爾精神竭力傳播以期實現此「夢境」恢復人類之自由幸樂使此主義「果能實行」乎

巴黎之自由市府（續）

克魯泡特金著　涓聲譯

The Commune of Paris. by P. Kropotkin

第二章

由建設自由市府以至于今歷年二十矣（此書作于十數年前故云）而社會仍趨向此思潮孜孜不已者何耶自由市府果有何魔力能引起全世界平民之傾向耶此無他一八七壹年之革命平民革命也其思想發乎人羣公共之心理其目的在求多數人之幸福進人民于自由平等之域天日可隕此思想弗能沒也

有欲變換此思想圖脫離中央政府之羈絆而改巴黎為壹獨立小國者此則非市民之素願也巴黎斷不能閉關自守也亦不能脫離法國也市民所以革命以革命足為全世界社會革命之起點而社會革命即改變現社會之惡劣制度而別組壹新社會以代之而人民得以自由幸樂無復各種階級之弊也

一八七一年三月十八日之革命苟能免威賽官軍之侵襲又能全循正當之程序而行則庶幾有望雖然市民未革命以前宜有所預備凡欲一種新思想實見當若何栽培之灌溉之并加以若許之人力不能倉卒有成者也二十年前社會主義方在過渡時代壹八四八年之半宗教的專制共產主義已不能維繫人心集產主義又難動聽而自由共產主義—無政府的共產主義—始發曙光當是時人心尙搖搖未定也

當巴黎政府倒斃時、市民有提出純粹無政府之條議者、乃以為時太早、市民未盡明此主義、故不能完全實行、仍設一所謂鄉鎮議會、然既已承認各羣縣不必受中央政府之約束、(其時巴黎亦一羣縣、政府已倒故云)則組成此羣縣者之分子、彼此往來交際、更何必受他人之干涉乎、自由市府之外、不應復有政府(所謂議會)也、

要之、一八七一年之革命、實第一次反對政府之革命、可稱破天荒之舉、雖不免少有瑕疵、然亦不失為無量數革命之起點、社會革命之先河也、

前車之覆、足資殷鑒、巴黎市民、苟再興革命者、必創絕一切寄生蟲、滅絕一切政府、寔當是時也、私產廢、政府滅、階級泯、準無政府共產主義之原理、社會財產、公之于衆、人人各盡所能、各取所需、無復種種束縛、惟振其精神、鼓其勇氣、向較善之途、日進無已、

(第二章完)

駁江亢虎(續)

師復

江氏曰、師復又痛斥余不明社會主義之派別、而以馬格斯之集產主義納之共產主義、為可駭、以余所聞、則社會主義最通行最緊要之第一著作、即馬格斯所手草、固明明曰共產主義宣言也、馬格斯自己不明社會主義之派別、而自己納之共產主義中、當尤為師復所大駭特駭不一駭者已、

嘻、此卽江氏欲藉以掩飾其不明學派之答辯詞乎、一八四七年、馬格斯發表「共產宣言」自稱共產主義(此宣言之綱領、卽禁土地私有、課累進稅、禁相續權等等、卽今日社會民主黨之黨綱所奉為藍本者也) 蓋因當時共產Communism 集產 Colloctivsm 兩名詞、尚無嚴確之定義、故馬氏得混用之、而巴枯寧卽以反對馬氏主張之故、特稱集產主義以自別、若在今日、兩名詞之定義、既已無人不知、便可從而詮釋之曰、馬氏名為共產、實卽今日之集產、巴氏名為集產、實卽今日之共產、可見馬格斯之所謂共產主義、不過歷史上之名詞、(在今日論列學派者、則皆以馬氏為集產派) 稍讀社會主義史者、當無不知之、記者於本報十二號第九頁答當任書、亦嘗下以詮釋、曾何足駭之有、惟江氏之

不明學派其病不在以馬格斯爲共產主義（江氏向未嘗有此語本報亦未嘗謂江氏有此語）而在臚列共產與集產之學說統而名之曰共產主義（參觀本報第六號四五兩頁）今江氏欲護其短乃易之曰「師復斥余以馬格斯之集產主義納之共產主義爲可駭」思藉馬氏之共產宣言以自掩此其狡猾欺人爲何如耶馬格斯之共產宣言談歷史者不妨仍其共產之名若諸家之集產學說則無論如何決不能謂之共產今江氏則統而納之共產主義中其言曰「共產主義― 產分動產與不動產此派中有主張一切共有者有主張不動產共有而動產仍私有者有主張不動產公有而動產則廢除者卽廢產主義廢產主義有名實俱廢者各盡所能各取所需不計價值也有名廢實不廢者卽一種進化的銀行匯劃法也此外更有均產主義集產主義與共產頗不同」江氏此論其不可解之點不可枚舉請申說之田地房屋爲不動產金錢器物爲動產此法律上用以分別產業之種類者也若社會主義之分別產業則以土地機器等爲生產物（卽生產機關）衣食房屋等爲需要物（卽所生產之物）而動產與不動產之名詞則不適用於社會主義之意義者也今江氏之動產不動產云云不知何指亦不知爲誰氏之學說然以意度之則必誤以生產物爲不動產需要物爲動產無疑（本報第六號如此假定江氏亦無異辭）社會主義中最淺而易知之用語江氏尙不能辨別不可解者一若不動產與動產果作生產物與需要物之解釋則主張生產物公有而需要物私有者明明爲集產主義之學說今江氏乃列之爲共產主義之一派不可解者二各盡所能各取所需爲魯意布郎之學說當世學者皆通稱曰共產主義而已江氏則又從而名之曰廢產主義其本之誰氏不得而知然以余所聞則共產主義乃尙產派 Domoinist 之學說與廢產派 Indominist 乃適相反不可解者三江氏之所謂進化的銀行匯劃法語不明瞭不知何指然集產學說中有主張按各人工作之多寡而給以相當之工劵可以互易物品無異銀行之金劵者江氏或卽指此種亦未可知若然則明明爲集產學說江氏又列爲共產主義之一派不可解者四江氏此論分共產主義爲四派（一動產不動

產均公有、二不動產公有動產私有、三各盡所能各取所需不計價値、四進化的銀行滙劃法）若由今世學者普通之分派言之、則第一第三兩派均共產主義之學說、第二第四兩派均集產主義之學說、江氏乃統列入共產主義中、既以集產主義列入共產主義、混共產集產爲一物矣、復從而申言之曰、「此外更有集產主義、與共產頗不同」此種集產主義、究爲何物、不可解者五、有此五不可解、江氏之不明學派、又豈余深文周內之詞耶、　吾久欲聞江氏如何分別共產與集產、而不可得、近偶檢天聲第一集、忽見其在杭州之演說曰、「共產社會主義、欲保持財產之平均、主張將私人所有之財產、作爲共產、國家存在之日、則歸之國家、集產社會主義、主張集私人之財產於一處、以營事業、年終均分紅利、以免自由競爭之弊害」嗚呼、此即中國社會黨五十萬黨員代表之江亢虎先生所下共產主義與集產主義之定義乎、苟以稍有社會主義之常識者觀之、其不爲之噴飯者幾希矣、夫所謂將私人財產作爲共產者、其但指生產物（土地器械等）耶、抑兼指生產物與需要物（衣食房屋等）耶、於此二者既不明言、則共產之義、尙未明瞭也、且共產主義、必主張以一切財產、歸之社會、無論是否無政府、均無有主張歸之國家者、（若德意志派之專制共產主義、與近世之所謂共產主義、全異其旨趣、不能借以爲口實）主張以財產歸國家、則惟社會民主黨之集產主義耳、烏足以言共產、至其解釋集產主義、以爲「集財產於一處、以營事業、年終均分紅利」尤足令人捧腹、以此爲集產主義、則所謂集產者、乃一大貿易之公司、以有財產者爲股東、而相與經營商務、是眞古今東西未有之奇聞、江氏之分辨學派、如是如是、吾於是又不得不嘆觀止矣、

江氏曰、師復又謂余初則宣言贊成無政府主義、今則宣言反對無政府主義、兩者皆不知其何指、惟余十年前所倡道之三無主義、固明明爲無國家無家庭無宗教、師復乃代改國家二字爲政府二字、而謂家庭宗教不能與政府並列、至以種種醜語形容之、如此强題就文、殊令觀者叫絕、

江氏之忽而贊成無政府、忽而反對無政府、記者於本報十

二號答李進雄書中已歷歷指出其證據請江氏一讀自知其所指不可誣也至江氏之所謂三無主義其「三無主義懸論」一文中雖指無國家無家庭無宗敎然除此之外凡言三無主義皆舉無政府無家庭無宗敎爲言如在杭州之演說曰「無治社會主義……余欲稱之爲三無主義即無政府無家庭無宗敎」(見天聲雜誌第一冊題爲江亢虎大講演)「中國社會黨重大問題」又曰「大抵高尙卓越之士多祈望本黨爲純粹社會黨以達到無家庭無政府無宗敎之理想世界爲宗旨」其答案又曰「無治黨可標舉無政府無家庭無宗敎爲其究竟之宗旨」其後江氏又發起三二學社其社約又曰「純粹社會主義有三無二各之學說三無者無政府無家庭無宗敎也……」以上皆江氏之言論明證具在豈可虛造是江氏除三無主義懸論之舊文外其他最近之言論皆以無政府無家庭無宗敎三者並舉稱爲三無主義且以代無政府主義又以爲無政府黨之究竟宗旨(江氏之三無主義懸論乃數年前之舊文自謂「事過境遷不復成章不過存爲紀念而已」然則吾人引述江氏言論自當以最近者爲正此實徵引人言之通例也)言猶在耳墨且未乾江氏乃狡賴不認反謂余代改國家二字爲政府謂余强題就文噫既食言之不已復反脣以誣人江氏之無俚至於此極能不爲之齒冷哉抑吾且姑讓一步假定江氏之所謂三無確爲無國家無家庭無宗敎則又試問此三者果足以盡無政府主義Anarchisnm之意義否耶除國家家庭宗敎之外如軍國主義Militarism資本制度 Capitalism 等無政府主義亦反對之乎抑不反對之乎以無國家(或政府?)無家庭無宗敎三者爲無政府主義(因江氏明言稱無治社會主義曰三無主義又謂無政府無家庭無宗敎爲無治黨之究竟宗旨故云)此眞未之前聞之解釋誠非吾人所能夢見者矣

江氏曰至於 Anarchisim 一語其內容誠可解爲廣義然一譯作無政府三字則既曰政府即非家庭亦非宗敎而師復乃以爲一切包括無遺忽而取其多則謂政府家庭宗敎三者尙在未盡忽而取其少則謂無政府二字卽己有餘日近長安近祇顧自己說得有理而已余意則以

爲就文字言無治主義較爲適當就習慣言無政府主義較爲通行故吾人姑沿用其名詞而別須分疏其定義若謂政府二字却有家庭宗教種種之含義如余搆昧良不足以知之

江氏以爲Anarch'sml 一譯作無政府卽不足以包括無家庭無宗教然 Anarchism 之原字則謂可釋作廣義是其原語足以包括無家庭與無宗教江氏想亦知之 Anarchism 旣足以包括無家庭無宗教今譯入華文稱爲「無政府主義」仍不過藉以代表 Auarchim 而此主義之性質作用及定義則固未嘗有所出入斷無在 Auaachi-m 則其義可廣一易以無政府主義之代表名詞其義忽變而爲狹之理也今江氏乃謂一譯作無政府卽不能包括其理由果何在乎豈所謂無政府主義者在西文則其義廣在華文則其義狹如水銀之忽縮忽漲者乎在吾人之意以爲無政府主義 Anarchism 反對一切强權所包甚廣苟於其中特標政府(或國家?)宗教家庭三者反對之尙不足以盡其義惟取無政府主義 Anarchism 之名然後其義乃無所不賅前後意義一貫何所謂忽取其少忽取其多耶且吾人但謂無政府主義 Anarchism 可以包括無家庭無宗教耳固未嘗謂「政府」二字之字面足以包括宗教與家庭也今江氏乃强易之曰「若謂政府二字卽有家庭宗教種種之含義……」云云雖三尺童子皆知其不通是無異吾人謂 Anarchism (無政府主義)可以包括 Anti-familia ism (反對家族主義) Anti-religionism (反對宗教主義) 而江氏則易之曰 Govornment (政府) 一字可以包括 Family (家族) Religion (宗教)豈不令人噴飯耶夫無政府黨無有不反對家族與宗教者其反對家族反對宗教之學說亦皆納之無政府主義中固未聞以反對家族 Anti-fem iliali sm 反對宗教 Anti-reli gionism 與無政府主義 Ana rc hism 三者並舉也江氏乃謂姑沿用其名詞而別須分疏其定義然則無政府主義。Ana.c hism 苟非如江氏之分疏以無政府(或國家?)無家庭無宗教卽不足以知其定義耶江氏之所謂無政府(或國家?)無家庭無宗教果可以盡無政府主義 Anaro hism 之意義耶以無政府(或國家?)

無宗教無家庭三者平列分疏無政府主義 Anarc hism. 果出之何家之學說耶今請正告江氏曰所謂無政府主義即 Anarchism 文字雖不同而此主義之定義與範圍則未嘗有異惟江氏執著字面誤爲排斥政府反對政府無怪其格格不入以爲不能包括無家庭無宗教而特創所謂三無主義之名矣江氏又謂以文字言無治主義較爲適當吾不知無治二字與江氏之所謂三無又能相合否無治則無政治耳又豈能有家庭宗教種種之含義耶然則所謂較爲適當者又果何在耶

江氏曰主張無政府主義恒攻擊社會主義此各國無政府黨人之通病也攻擊社會主義又自稱爲社會主義而反謂社會主義非社會主義此則中國無政府黨人之特色也

無政府黨所攻擊者集產社會主義國家社會主義也而非攻擊一切之社會主義也無政府黨多數主張無政府社會主義共產社會主義是無政府黨不獨不攻擊之抑且主張之矣江氏挾其一孔之見以爲國家社會主義集產社會主義之外別無所謂社會主義甚至欲奉馬格斯爲敎主以社會主義爲馬格斯之專利品於是以攻擊社會主義爲各國無政府黨人之通病陋哉至余之反對江氏乃反對其遺棄社會主義之根本要義（土地資本公有）而以社會政策爲社會主義江氏所最尊崇者馬格斯而馬氏最要之主張（土地資本公有）江氏卽不敢附和是江氏雖欲竊社會主義之名而其實尚不足以望集產社會主義國家社會主義之項背然則吾人之反對江氏特反對社會政策耳尚未足以語各國無政府黨之反對集產社會主義國家社會主義也而江氏乃謂余攻擊社會主義江氏誠欲借社會主義以自重其如實不足以舉其名何至謂「攻擊社會主義又自稱爲社會主義而反謂社會主義非社會主義爲中國無政府黨人之特色」今請卽如其言以釋之曰吾人之所攻擊者江亢虎之社會主義（實卽社會政策）也吾人之自稱爲社會主義者乃主張共產社會主義無政府社會主義也吾人謂社會主義非社會主義者（此語有語病特姑仍江氏之語耳）乃以集產社會主義國家社會主義爲不完全之

社會主義而江氏之社會政策則更每下愈況尤不足以列於社會主義之林也此種意見不獨中國之無政府黨爲然即萬國之無政府黨亦無不皆然

江氏原文此下尙有八九百言欲求其意旨之所在了不可得無非對於師復個人謾罵而狂吠（如謂余不欲中國更有倡導社會主義之人謂余干涉彼之言論行動謂余專制勝周厲王秦始皇百倍如此種種頗類瘋人之語）江氏自己不重惜其人格惟本報則決不願效其尤與爲村嫗之角口故惟有一笑置之而不欲贅述以汚讀者之耳目自今而後江氏如能循辯論學理之範圍而有所答辯本報當樂與討論若猶是一派謾罵之談本報亦祗有自守言論上之道德決不與之嘵嘵江氏之罵人自由儘可達至圓滿之域也

風雨雜聲錄

▲無政府共產主義同志社　上海同志近發起無政府共產主義同志社經已成立其作用爲傳播主義研究學理聯絡國內同志及國外同宗旨之團體是實吾黨最近進行一可喜之事也（通信暫由上海美國郵局九百十三號信箱轉交）

▲無政府黨與議員　涉里安尼 Cipriani 者老成持重富有經驗之革命黨也意政府久欲得而甘心涉氏虎口逃出居法國多年此次忽被舉爲意國議員（案意國之對待違犯每以議員之位置餌之勸其回國然後以官僚之氣習熏陶之使之漸漸變節毒哉政府）涉氏不受致書于選舉人曰「我已處於法律之外長留此地我所願也」同時有阿姆比利 De Ambris 者亦被舉爲議員阿氏本工團革命黨又爲反對國會主義之一人不意竟坦然受之以斯人而有斯行可異也縱使阿氏或有難言之隱衷圖回國爲祕密之運動（阿氏前以被判一年監禁逃亡於外）然此舉究足搖惑一般工團黨之心也馬拉鐵達 Malatesta 嘗曰從前革命黨每有苟且就議員之席以避去十年至二十年之監禁或軍流者然阿氏欲免一年監禁不惜屈身入議院此則大可駭怪者矣

▲無政府黨與瘋狂院　前以鎗擊軍官致被囚於瘋狂院

之馬瑟 Masetti（意大利無政府黨）諸同志爲之極力運動現已移居一較善之院馬氏所以囚于癲狂院而不囚于尋常監獄者以軍醫指爲癲狂也然馬氏之神經固絕無絲毫昏亂者以是人皆知軍醫之作僞意國無政府黨對于此事異常憤激政府若不釋放馬氏及爲袒護馬氏而被禁之馬利女士 Maria Rygier 黨人必不甘罷手云

通信討論欄

答樂無（續十三號）

來稿又曰「復以歐美各國及中國習慣上之迷誤以集產主義及社會政策爲社會主義故於社會主義上加極端或眞正二字以示區別」按以社會政策爲社會主義自是迷誤然凡略有常識者皆能知之能辨之可不必論惟集產主義固明明社會主義之一派爲世界學者所公認不能謂爲習慣上之迷誤也亦正惟社會主義中有集產之一派吾人主張無政府共產者乃不能不正其名義而不當仍用社會主義之統稱耳今來稿謂加極端或眞正二字以示區別亦既知區別之必要矣則何不直接正其名義曰無政府共產主義而必取此絕無界說之極端眞正等字乎且言及區別尚有一最顯而易見之事實足令「社會黨」之名決不能成立者何以言之樂無君之發起「社會黨」也當時亦有世界革命之言然則「社會黨」必須與世界黨人聯合而不能以閉關自豪也明矣則試問將與世界之無政府黨聯合乎抑將與世界之社會黨聯合乎度樂無君必答曰與無政府黨聯合既與無政府黨聯合則此名不正言不順之「社會黨」一名尚能存在否乎抑將堅執一偏之理想而强世界之無政府黨易其堂皇正大之名以相從乎苟涉想及此「社會黨」之名雖美不能不割愛矣

來稿又曰「社會黨社會主義之名雖由譯歐文而來一經集產派政黨派襲用吾人豈便不可糾正其謬誤但須服從彼謬誤之習慣學術乃無國界乎」不知苟有謬誤豈但可以糾正之雖排斥之可也惟集產主義則明明社會主義之一派雖吾人主張共產者有時排斥集產謂爲不完全之社會主義甚或字之曰非社會主義然此不過尤類至盡極

端之論調不能爲學術上之定論也（在集產黨之攻擊共產亦未嘗無此種極端之論調）論學術者貴持中集產主義雖卑終不能屛之社會主義之外是吾人乃服從眞理而非服從謬誤之習慣也

來稿又曰「彼歐美各國區別無政府主義社會主義之界說吾人豈卽須奉爲金科玉律如教徒之守聖經不容決擇變通乎此蓋吾人自由之思想非關乎國粹非國粹也」不知思想之自由無論達何極度而眞理則不能不服從故苟其言而是也無論其出自何人吾人稱述之承認之甚或奉爲不可易之格言皆所謂服從眞理不能以教徒守聖經相譏議者也今當世無政府主義與社會主義之界說來稿亦未嘗指出其謬誤而惟恃不充於學理之理想以爲思想自由記者竊不敢妄爲附和且樂無君亦知今日之世界乃科學之世界乎十九世紀以來徒憑理想之唯心論已爲事事徵實之唯物論所戰勝矣故凡立一論持一說苟非有科學之精神以爲其礎其說必不可圖存不待攻而自破今無政府主義與社會主義雖尙未成爲專門科學然社會主義自有馬格斯之後（馬氏雖爲集產派之祖然其學說之一部分亦自有甚精之點不能一概抹煞之也）無政府主義自有克魯泡特金之後均各就其主義洗淨從前不正確之理想而納諸科學之軌律中於是社會主義無政府主義亦駸駸具有科學之精神矣世界學術之趨勢方日向於實驗之科學而我乃持蹈空之理想以相抗豈能有濟乎抑更有一義凡一學術之定義其重要有非普通理論所能比擬者學術之名稱其字面之意義與其學科內所含義理往往各不相侔最淺而易見者如論理學（或譯名學）原名爲 Logique 溯其字之古訓實爲思想與論理學之意義固迥別者也然自有定義則人人皆知其爲立言推理之學而斷不至誤爲思想之學矣今社會主義無政府主義亦然社會之字義爲羣衆其範圍至廣然自有定義則人人皆知其爲主張財產公有之學說而不至誤生別解無政府原名 Auarchie 普通解作擾亂然自有定義則人人皆知其爲主張無政府之學說而不至謂爲擾亂之學說然則學之說其義定價値於此可見其不能執著字面以相求亦於此可見今來

稿不惜舍當世認定之義．而執著社會二字．生出兩種理想之定義．而以爲思想自由．充類至盡．不難謂論理學爲思想學．謂無政府主義爲擾亂主義．足下必知其不可也．(未完)

飄飄助本報印費荷幣二十五盾(巴達維亞)　劉公甫五圓(上海)

無政府主義者

廢去政府之

社會主義也

欲借政治能力

以達到社會

主義之目的

是

半面的社會主義

民聲

第十六號

無政府共產主義

ANARCHIST COMMUNISM: Its Basis and Principles.—by Kropotkin.

克魯泡特金著
消聲譯

第一章

無政府 Anarchy 即廢去統治制度之社會主義其原則有二由現社會經濟政治兩潮流所產出概略言之無政府黨之意見有如普通之社會黨主張私有之土地財產器械將來必廢一切生產所需要之物皆爲社會公有生產者則公共處理之又如政治急進派主張一切政治組織將來必逐漸消滅恢復個人之完全自由并藉自由的團結及協合得以饜人類之種種需要但無政府黨對于社會主義一方面幾已一致主張共產主義反對僱傭制度 the wage system（按僱傭制度即「視其勞力之多寡而給以相當酬報」之意含有集產主義的意味）對于政治一方面主張廢絕一切政治的組織使政府之影子絕迹于社會此即無政府 Anarchy 也此即最美善之社會組織法也

無政府之理想非如烏託邦之設想的寓言的又非如斯賓塞爾之推斷的乃根于確實之進化學理而生者也其對于社會也詳察其現在已往之趨勢進化之陳迹及人類結合之歷史所以不進化之原因總而言之無政府主義乃發展各個人互相協助之本能使個人體質上智能上以及一切之需要完全無缺以促社會之進化故謂爲進化主義可也

吾人今日之歷史有兩大趨勢一則趨于公共勞動以求勞動所產出之結果置之公有并阻止將來之破壞此公有制度者一則趨于個人之完全自由無政府主義在今日非復一種信仰乃純粹科學問題也

＊　＊　＊　＊　＊　＊

今日最足令人注意者、即社會主義之發達、及工人厭受社會主義之空氣若是其廣也、雖欲止之、其可得乎、七十年前、吾人預決將來生產之能力、必異常發達、斯時財產之豐裕、當出吾人意想之外、此說徵諸今日、誠爲不誣、然以有僱傭制度之故、此驟然增多之資財、(乃由科學家及工人合力所致之結果)、乃源源入資本家之囊橐、而大多數工人、反朝不保夕、困苦愈甚、

近世工業之變遷、經濟潮流之險惡、滔滔不已、拙劣之工人、固日與顛連困苦爲緣、即有巧者、目前所處之地位、縱或略占勝利、然必有一日變爲悲苦無告、一如今日之拙工者、驕奢淫逸之資本家、與牛馬奴隸之工人、其階級愈去愈遠、致社會之和平爲之破壞、進化爲之窒抑、同一社會、儼然分爲二層、然惟階級愈嚴、工人之覺悟亦愈速、若輩蓋已曉然于社會之情勢、矣資本家堆積如山之財產、皆若輩勞動所致者也、社會所以能成立、能維持、大半皆若輩之力也、一切之公共事業、財產之處置分配、以及科學、美術、乃至各種幸樂、若輩必爭回其固有之一分、平等之思想愈熾、社會改組之聲浪愈高、贊成此主義者亦愈衆、此十九世紀之社會主義、(此書著于一八……年故云)縱有野蠻之強權、虛僞之變法、斷不能阻止之者也、

勞動界之政權、逐漸擴張、工人似少有希望、然經濟潮流險惡萬分、所謂政治改良者、于工人絕無利益、故工人之主張社會主義、標其宗旨曰「經濟自由乃政治自由之根本」、僱傭制度一日不去、即禍根一日不除、而吾主義之進行、愈不容稍緩、社會主義之進行、不至目的已達不止也、

政治之潮流、與經濟之潮流、相輔并行者也、政府與資本家其性質及一切組織、從無少異、其弊害則愈演愈劇、政府之弊害、非偶然者、乃與政府相緣而生者、此政治急進派對于政府之意見也、派中之尤激烈者、更有嚴厲之批評焉、議會與行政部、政府之原素也、準確實之攷證、社會上一切事業、此二者絕無整理之能力、人民各部分之權利、此二者亦無法能滿足之、若夫選舉以確切之事實證之、被舉者無有能實力奉行其職務以利民者也、政府之弊害、彰彰可攷、所謂代表民意、公平正直者、無非欺人之語、故社會黨欲以一切

經濟之權能及所有關于經濟之事務盡託之政府以擴張政府之權力此乃最危險者也試思一切工業及經濟之權盡操之政府之手政府果能爲良經理乎有不挾其威權以蹂躪平民之利益者乎

十九世紀之初葉所謂社會黨者對于各種問題皆不甚了了若輩祗知經濟制度之當改革而不注意于個人自由甚而專制的或神權的政府彼輩亦服從之此非常之危險也然今日則稍有思想者亦知以生產分配及一切社會組織之事業託之政府之危險矣

四十年前社會進化已呈露一種狀態顯示將來社會必須從新組織改組後各個人于經濟上均完全自由不復爲國家之奴隸社會重新組織乃必能達到之事也近者政府之本來面目已盡情披露矣一切虛渺之思想如民約及神權等所以釋衛政府者平民已澈底棄之矣平民愈困苦則資本家愈快樂而政府之威權亦隨之而愈張大故平民之痛苦與資本家之快樂政府之威權互爲消長者也社會上一切事業爲政府之威權所不及者必異常發達故權力集中社會上一切治理權盡握于少數人之手非社會之福也社會進化則事業之職權必分散于各處以至于個人自由團結自由協合而現時所視爲政府之職守皆廢絕之

此種思想不特見于言論抑且演爲事實巴黎之自由市府 TheCommune of Paris 及加達近之自由市府 The Commune of Cntagena 其先河也吾人苟詳細攷察此思潮之活動之趨勢及人民對于此思潮之心理則知將來人類之團結必隨社會進化而發達在此互相團結之中各個人又自由獨立一切不進化之事理必皆改變其思想亦不復爲法律權力或庸衆規則所束縛巴黎自由市府議會之失敗(巴黎改組爲自由市府時仍設一所謂鄉鎮議會)卽爲個人自治必不可廢之明證自治宜愈推愈廣普遍于諸微小之組合分子斷不能以一政府或一議會爲限者也(議會之任自由市府與政府之在國家無以異) 此亦無政府之學理所由起也

* * * * *

無政府黨所主張卽趨向經濟自由政治自由兩大潮流之

公理其對于政治改良家則曰社會有貧富階級資本制度則政治必不能改良人民必不能脫苛政之陷阱而對于國家社會黨則曰欲改良現社會之經濟狀況必自徹底改良政治之組織消滅政府之權力廢棄議會之制度始政治與經濟相輔并行者也其變遷狀態亦互相吻合君主專制之與地主專橫立憲政體之與資本制度無稍異也皆制人者也若社會上資本家與工人之階級泯則政府亦當消滅勞動者當有自由的組織其組織一本乎自由契約及自由協合斷不能犧牲個人之自治權于所謂國家也此廢除資本制度與廢除政府制度所由互相關聯也破決資本家及政府之網羅恢復吾人之自由是之謂無政府乃現世紀兩大思潮(政治濟經)所組合者也

(未完)

致無政府黨萬國大會書

Al Anarhiista Internacia Kongreso

我親愛諸同志乎吾黨在歐洲之現狀諸同志知之稔矣若其在東亞之實況若何則知之者必居最少數且即知之亦決不能詳吾於是知君等之亟亟欲聞吾東方同志之報告與意見也此次大會吾人未能躬與其盛殊爲抱歉然竊喜得乘此機會陳述中國無政府黨之短期歷史及吾人之主張與夫對於大會之意見於我最親愛而尚未能握手之諸君之前諸君幸少留意

當中國未革命之前人民言論行動絕對不能自由故凡革命黨多避居於東西各國以是之故得吸受各國社會主義無政府主義之思想而轉販於國人一千九百零七年六月廿一日吾黨之在巴黎者始發刊華文無政府七日報名曰「新世紀」主筆政者爲李石曾君是爲吾黨第一之言論機關同時在留日本之張繼劉光漢等發起「社會主義講習會」於東京與日本黨人幸德秋水輩遊是會不但研究社會主義實研究無政府主義者也至次年劉氏復密刊「衡報」鼓吹無政府主義是時東京之中國留學生數以萬計張劉以著名之革命黨提倡斯道以故留學生社會中對於社會主義無政府主義諸名詞頗耳熟而能詳其時惜學生之思想大抵亟亟於種族革命政治革命而對於社會革命

之義理，不免冷淡。未幾，劉氏返國而爲端方之幕賓，張氏亦去東京而走巴黎，於是東京社會主義之聲響闃然沈寂，而巴黎之「新世紀」遂爲獨一之機關矣。「新世紀」繼續出版者三年，編輯李君不但熱心且精研學理，多與法比黨人遊。凡克魯泡特金 P. Kropotkine 及其他諸大家之著述，時時譯爲華文，復別刊傳播小冊子多種，雖當時滿洲政府文網綦密，郵禁殊嚴，「新世紀」絕不能輸入內地，然中國無政府主義之種子實由此報播之矣。至一九一0年四五月間，竟以他故停版，至今言之，猶爲惋惜。李君現仍居巴黎，潛心譯著，欲以科學教育灌輸無政府主義，歐洲之中國留學生咸受其思想者殊衆。

一九一一年十月，中國革命軍興，南方各省次第獨立，江亢虎乃在上海發起「中國社會黨」，其黨綱有八：一贊同共和，二融化種界，三改良法律尊重個人，四破除世襲遺產制度，五組織公共機關普及平民教育，六振興直接生利之事業獎勵勞動家，七專徵地稅罷免一切稅，八限制軍備併力軍備以外之競爭。就表面觀之頗類社會民主黨之主張，惟江氏宣言非政黨，且不運動選舉，而對於資本制度之解決，則祇主張遺產歸公，而不主張土地資本公有，又批評共產集產以爲均不可行，而仍贊成自由競爭，此則視社會民主黨爲尤下者也。尤異者，江氏嘗自稱主張無政府社會主義，然忽又批評無政府以爲不能安居不能進化，又謂無政府黨採用強權，其矛盾而可笑，於此可見矣。

一九一二年五月，晦鳴學舍發起於廣州，是爲中國內地傳播無政府主義之第一團體。數年前「新世紀」所下之種子，至是乃由晦鳴學舍爲之灌溉而培植之，刊布多數之印刷品，介紹其學說於內地，一時風氣頗爲之披靡。凡一般研究社會主義者皆知無政府社會主義之完善，且知國家社會主義之無用矣。

無政府之思想既漸漸發生，故是年（一九一二）十月「中國社會黨」大會時，遂有無政府主義與國家社會主義之兩派提議分離。惟江亢虎則騎牆中立，提議在「中國社會黨」之內分組兩黨：一「中國社會黨之無治黨」，一「中國社會黨之民主黨」。兩黨皆冠以「中國社會黨」之名，皆須奉其所訂之八條黨綱(前所舉)其說頗能發曠開會後無人贊成兩派分離之議亦無結果卒有憤憤樂無等宣布脫黨別組一「社會黨」主張一實行共產二尊重個人三教育平等四破除國界五破除家族六破除宗教其思想及其組織雖與吾人見解微有出入然不能謂非曇花一現之無政府的社會黨也惜發起僅一月卽爲袁世凱所禁止不能自由運動矣

一九一三年夏間袁世凱復借內亂之名解散「中國社會黨」袁氏之驕橫暴戾固不待論而「中國社會黨」亦以分子複雜實力缺乏之故一經風潮立卽瓦解當是之時全國之中碩果僅存者惟一廣州之晦鳴學舍耳風雨飄搖傳播事業仍孜孜不已至是年八月二十八日其機關報「民聲」乃乘南北戰爭風潮最烈之時而出世直接鼓吹無政府主義僅出二期遂爲龍濟光所禁止並封晦鳴學舍袁世凱及黎元洪且通電各省拿禁諸同志出走澳門期繼續吾人事業而彼等復聳恿葡人干涉「民聲」不能公布雖會在澳秘印兩期然偵緝過嚴舉動悉不自由不得已復去而他適「民聲」得續刊至今

最近一二月間上海同志發起「無政府共產主義同志社」本社之設一方面傳播主義一方面聯絡世界同志期爲一致之進行又一方面則鼓勵內地之同志各就其所在地設立傳播機關以爲將來組織聯合會及實行革命運動之預備此則本社之目的也

此外如常熟則無政府傳播社 "Ant auen gis la Ven-ko" 南京則有無政府主義討論會廣州不日亦將有無政府共產主義之團體成立凡此皆足爲傳播機關者至言論機關除「民聲」外尙有「正聲」出版於南洋在中國工人中傳布頗廣

以上卽中國無政府黨十年來之歷史及現在之實況也

無政府主義之在中國所謂襁褓時代之嬰兒耳吾人述之亦殊滋愧然而無足怪也當滿淸時國人蜷伏於專制政體之下遭最痛苦之苛政受最腐敗之教育(大多數人且並此亦無之)人格全失新思想何由發生及其季年歐美日本之新思潮雖漸漸輸入而其間有志者又皆汲汲於政治

革命之一途。未暇留意於社會之革命。迨乎清室既倒。宣布共和。吾人以爲可以乘此機會自由傳播矣。不料袁氏秉政。其專制乃甚於滿清。不獨吾黨備受摧殘。卽溫和如「中國社會黨」亦且不能相容。言論集會之自由。剝奪淨盡。以吾黨之幼稚。而處此艱難之惡境。其不能有若何猛厲之進步。固有由矣。是故吾黨今日在中國之運動。有較歐美爲易者。亦有較歐美爲難者。何以言之。中國之無政府同志。雖皆主張共產主義。而無主張個人主義 Individualismo（亦譯獨產主義）者。思想既一致。門戶之見自泯。易一。中國向無社會民主黨。亦無人倡集產主義之學說。至江亢虎所倡之社會政策。則自「中國社會黨」解散後。聲響已寂。雖江氏仍在美洲期傳播於中國之僑民。然信者絕稀。不足爲吾人主義之大梗。易二。然既有二易。亦有二難。中國工人智識極低。全無普通教育。識字者稀。卽或略識之無。亦鮮能讀書報者。各行業雖間有工會。然絕無社會的及政治的思想。故欲激發之。使能抵抗資本家。頗非易事。難一。中國政府既嫉視吾黨。在內地不能自由行動。吾黨之書報均被禁止。官吏之對待平民。稍不如意。卽加殺戮。故皆相戒不敢閱讀及收藏無政府書報。以期免禍。因之傳播事業。異常棘手。難二。雖然。吾人固絕不畏其難。抱至死不撓之精神。竭盡能力以與境遇戰鬪。非至達吾目的不止。

今度大會。吾人雖未能赴會。然稱有無限之歡祝。無限之熱誠。鄭貢於我大會之諸同志。並欲有所提議於大會者。如下。

（一）組織萬國機關—吾黨萬國機關 Tutmonda Organizajo 之談。發起者已非一日。今則時機已至矣。吾黨散在各國。非聯合 Unuigo 則聲氣不通。勢力不厚。其要固不待言。然圖精神之聯合。不可無聯合之機關。此萬國機關之所由不容緩也。顧此種機關。其性質祗爲吾黨交通聲氣之樞紐。而決非權力集中之主體。其職務祗在聯絡各分會及各小團體。倡導吾黨事業。而無統轄各分會及各小團體之權。

（二）注意東亞之傳播—此事固吾東亞黨人惟一之責任。惟吾等勢力幼稚。外圍之迫壓復酷。苟非得歐洲諸國吾黨之先進。本其所經驗。竭力相助。以匡吾等之不逮。則進步倍覺其難。今日無政府主義之傳播。略廣者。僅歐洲一小部分

耳欲圖世界革命之實現不可不注意於人口極衆地積極廣之亞洲也

(三)與工團黨Sindikatistaro聯絡一致進行—吾人恒言無政府其目的工團主義 Sindikatismo 其手段明兩者之不可須臾離也近來工團黨與吾黨之聯絡似尚未達圓滿之域吾黨不可不留意

(四)萬國總能工—總能工之議吾黨歷年運動均未得圓滿之効果是皆吾黨未能聯合之故日下奥塞戰爭全歐之和平勢將破壞竊謂宜即乘此機會與工團黨及反對軍備黨携手運動實行萬國總能工則吾黨之進步必有一日千里之勢

(五)採用世界語—吾黨散在各國言語不一此實爲不能聯合之一原因竊謂宜採用世界語以收語言一致之效凡吾黨之正式文字均以世界語爲主而各國語爲輔並多結團體傳播世界語於吾黨(如「自由星」Liberiga Stelo 之類)多刊世界語印刷品從事於萬國傳播 Internacia propagando 此舉不獨足收言語統一之効且於東亞之傳播有絕大關係蓋東方同志之諳世界語者頗多故也

以上皆無高論之意見想諸君早已見及惟諸君有以教之並引領以祝大會之成功

無政府萬歲!

大會萬歲!

無政府共產主義同志社啓

Anarhiist-Komuuista Grupo

凡此次大會之報告及以後關於吾黨之一切消息與夫各團體各個人之願與本社通信者均請寄至下列地址

U. S. P. O. Box 913, Shanghai

(附白)此書之世界語稿將載入下期本報

巴枯甯之百年祝典

Centjara Festo de M. Bakunin

涓聲譯

巴枯寧以一千八百一十四年五月二十日降生歷時至今適盈百載英倫無政府黨特在倫敦舉行大祝典以揚無政府之聲威而促吾人主義之進步赴會者極一時之盛新學

院(主張西班牙佛瑞氏之敎育者)之學生則奏樂助慶諸同志相繼演說佛蘭克氏 Frank Kitz 爲巴氏之老友講演當日之歷史及傳播之艱苦幷謂巴氏學說一出馬格斯之國家社會主義卽直接爲之推倒其于吾人主義厥功極偉後又詳述近日吾人主義之發達克魯泡特金氏亦有函致該會今錄之如下

親愛諸同志鑒今日爲慶祝先師巴枯寧氏誕生百載之期予以事不克涖會歉甚對于世界之革命工人最親愛而可敬者未有如巴枯寧之名者也巴枯寧何人宣佈人道之福音者也萬國平民革命之原動也

革命之前宜有所準備運動也鼓吹也皆不可或缺者也而社會罪惡卽製造吾人反抗精神之原料也

自來理解(覺悟社會之罪惡)與實行(掃除社會之罪惡)中間隔一階級巴枯寧卽所以導吾人過此階級使吾人由理解而進于實行者也

巴氏富有學問且醉心于淵奧之哲理一八四八年從事法國革命皇室既倒所謂革命志士者紛紛攘奪政權巴氏獨淡然退而從事平民事業蓋預見若輩一握政權必爲平民之害也

巴氏在巴黎極力提倡平民革命見惡于法政府遂被逐一八四九年巴氏倡德利士頓之革命自是以後連年與牢獄爲緣先後被囚于普奧及俄之西伯利亞一八六二年巴氏從西伯利亞脫獄繞道美利堅而至倫敦與舊友夏臣 Herzen 阿格廬 Ogaroff 携手運動

一八六三年波蘭革命軍興巴氏奮身從之後四年爲萬國勞動會會員巴氏鑒于資本制度之大害而政府又爲資本制度之護符也乃大倡廢國家主義未幾廢國家廢國家之聲洋溢於全拉丁民族之工黨矣

國家之於資本制度始則爲之父繼則爲之友唇齒相依最終則必與之同歸消滅

巴氏一生所得之經驗與拉丁工人交處之感情無非國家之直接催命符而最後十年巴氏更純爲最急激之革命的無政府共產黨之先鋒也

其言論則皆最高尚之學理無一語不足爲社會之藥石

自始至終直至垂危瀕死之時巴氏之心志未嘗少餒無時不作反抗國家反抗資本之準備無時非堅定不搖篤信眞道之革命的無政府黨

我親愛之同志乎汝其步巴氏之後塵繼巴氏之事業勿忘吾故友在里昂受訊時所言之二事此二事爲何！腦中之思想鎗內之子彈是也！嗚呼革命！嗚呼鬱鬱勃勃之革命導以無政府之思想！

克魯泡特金白

通信討論欄

答樂無(再續)

來稿又曰「況孜之社會黨無政府黨之歷史無政府黨本出於社會黨因安潭士大會(按巴馬分離乃在海牙大會安潭士三字當是誤憶)馬格斯主張有政府集產主義巴枯寧主張無政府共產主義分離而示區別故有無政府主義無政府黨之名卽克魯泡特金亦有無政府主義卽廢除政府的社會主義之解說然則無政府三字特用之以爲社會主義一派之區別名詞……而社會主義能包括無政府主義於是益明矣」按巴馬二派分離之歷史乃國家社會主義與無政府主義衝突決裂之歷史而非無政府黨出於社會黨之歷史無政府主義無政府黨之名亦非始於是時本報第十四號「駁江亢虎」文中(第九頁)已詳引當時歷史說明之今不贅述至克魯泡特金「無政府主義卽廢除政府的社會主義」一語乃適足爲社會主義不能包括無政府主義之明證何以言之社會黨與無政府黨同主張廢除私產制度惟有一不同之點無政府黨主張廢除政府而社會黨則未嘗標此主張故克氏之釋無政府特於社會主義之上狀以廢除政府云云蓋社會主義祇能表示無政府主義關于經濟一部分之意見而未足表示其廢除政府之主張故必須狀以廢除政府一語然則單舉社會主義其必無廢除政府之意義彰彰明矣社會主義既無廢除政府之意義則社會主義之不能包括無政府主義又彰彰明矣更安得以無政府三字爲社會主義之一派耶「廢除政府的社會主義」一語與「集產社會主義」「共產社會主義」等不同共產集產均社會主義本有之意義廢除政府則非社

會主義本有之意義也、

答飄飄

來書曰「蒙所疑者、恐將來（指無政府之初期）之工作分配不均、例如機器未十分發明之時、必有挑擔之工、然同是挑擔、草擔輕而糞擔臭、孰不擔草而擔糞乎」、 答曰無政府之世工作之分配、純以自由之意志及互助之熱誠爲根本、吾人苟認互助爲人類之本能、則規避工作及苟且塞責之弊、在無政府之世、可決其必無、雖有用力較勞之工作、其筋力較強者必爭先擔任之、而決無所畏避、至於一切有礙衛生及令人厭惡之事、則必竭力求其改良、如笨重之輸運、穢濁而危險之礦坑、以至如來書所舉之挑糞等等、均必改用機器、此等機器、現在歐美發明已久、其應用尚未廣者、則以有資本制度之故、凡較人工略貴之機器、卽不肯採用耳、若一旦無政府共產實行、便可自由使用、其未有此種機器之地方、立發一電[illegible]問需用某種機器若干、朝接電而夕裝運、不及數月、無論天涯地角、機器鱗鱗於道矣、若謂需用太多、一旦不能應其所求、此亦不必過慮、蓋此時凡軍事之大工廠及一切無益之消耗品製造廠、皆將改爲製造日用必需品之工廠、且各處均可招請技師、多開機器製造所、依式仿造、則機器之出產、自無缺乏之患、至於運輸未到、及製造未成之最短期間、吾無政府黨當力守多勞力而少享福之格言、凡一切艱苦之工作、吾無政府黨當率先勉力任之、須知無政府何以能實行、必無政府主義已得多數之贊成而後可、是卽無政府黨已占多數也、以多數之無政府黨獨不能任此區區乎、

來書又曰「初行共產之時、道德尚未充分、又無法律之限制、共聚一方之人、固能盡其所能、取其所需、若志好遊歷者、今日之東、明日之西、東西之人、豈可不許其各取所需乎、苟其許之、道德未充分之多數人、尤而效之、將若之何、欲擯之一羣之外、則彼輩東西無定、擯之無從擯、若設法限制之、則彼輩任意掠奪、限之無可限、若武力對待、又恐寡不敵衆、此則不能無疑耳」、 答曰討論此問題者、當先承認兩前提、一則無政府共產之所以能實行、必無政府共產主義傳播已廣、贊成此主義者已居多數、二則私產既廢、不道德之根

苗已絕。（「道德」一語本無界限、在無政府黨之意見、則以爲不道德之根苗、純由社會組織之不善、宗敎法律、固足爲道德腐落之原因、而私產尤爲萬惡之源泉、若一旦私產廢除、復無宗敎上法律上之僞道德以束縛人心、則人類本來之良德必異常發展、此理由本報第一期無政府淺說曾詳論之）此兩前提既認定、則來書所疑「道德未充分之多數人」一語、必無從見之事實、而所謂任意掠奪寡不敵衆云云、尤可決其必無者也、至對于遊歷者之工作、亦甚易解決、蓋聚處一方者、既當工作、則遊歷異地者、在理亦當工作、在勢亦未嘗不可工作、（如以半日遊歷半日工作於勢極順）且聚處一地者、既能各盡所能、則遊歷時亦必思有以盡其所能、是事實上亦斷無於此則工作於彼則不工作之慮也、至謂專藉遊歷之名、以規避工作、此等卑劣不進化之種子、吾不敢謂天地間必無其人、然卽有之、亦必最少最少、此則可斷言者、既屬最少數、則屏斥之或感化之、均屬不難、斷不至如來書大多數云云之所慮也、夫人而至於借名遊歷以規避工作、其苦更甚於今世之逃犯、遊歷之快事、反變而爲無限之苦惱、人又何樂而爲此哉。（逃犯爲避慘酷之刑罰、且爲抵抗强權之一端、故比較上反覺其樂、若僅避輕易之工作、而受良心責罵、社會擯棄之苦惱、誰肯爲之）

本報啓事　邇來酷暑苦人每日工作時間不能不略爲減少加以刷印費支絀籌措狠狽以此二因近數期出版不免稽延一俟入秋天氣稍凉及經費略裕卽當加工趕速出版以補前缺讀者諒之

鶴儔助本報印刷費十圓（神戶）　赤手二圓（香港）　攻獨二圓（香港）　李華熾十圓（南美哀瓜多爾）　方惠池十圓（哀瓜多爾）　陳惟心再助三十圓（哀瓜多爾）　鍾自牧一圓（上海）　安仁一圓（東莞）　秋水五圓（香山）　規梟一圓（廣州）

願與同志通信者注意　本報爲聯絡同志及圖各同志互通聲氣之利便特擬徵集通信地址錄分贈同志凡欲直接與同志通信者無論國內國外均請將地址函寄本報爲盼

民聲

第十七號

無政府共產主義同志社宣言書

Deklaracio de Anarhiist-Komunista
Grupo de Shanghai

一九一四年七月無政府共產主義同志社成立於上海、聚會既畢、乃公布宣言書於衆曰、

無政府共產主義者何、主張滅除資本制度、改造共產社會、且不用政府統治者也、質言之、即求經濟上及政治上之絕對自由也、

資本制度者、平民第一之仇敵、而社會罪惡之源泉也、土地資本器械、均操之不勞動之地主資本家之手、吾平民爲服奴隸之工役、所生產之大利、悉入少數不勞動者之囊橐、而勞動者反疾苦窮愁、不聊其生、社會一切之罪惡、匪不由是而起、故吾黨誓殲此巨惡、廢除財產私有權、凡一切生產機關、今日操之少數人之手者、（土地工廠及一切製造生產之器械等等）悉數取回、歸之社會公有、本各盡所能各取所需之義、組織自由共產之社會、無男無女、人人各視其力之所能、從事於勞動、勞動所得之結果、（衣食房屋及一切生產）勞動者自由取用之、而無所限制、

政府者、名爲治民、實即侵奪吾民之自由、吾平民之盜賊也、吾人有自由生活之權利、有個人自治之本能、無需乎強權之統治者也、故政府必廢、將來之社會、各個人完全自由、無復一切以人治人之強權、是之謂「無政府」、行無政府於共產社會、是之謂無政府共產主義、

抑「無政府」以反對強權爲要義、故現社會凡含有強權性質之惡制度、吾黨一切排斥之、掃除之、本自由平等博愛之眞精神、以達於吾人所理想之無地主、無資本家、無首領、無官吏、無代表、無家長、無軍隊、無監獄、無警察、無裁判所、無法

律、無宗敎、無婚姻制度之社會、斯時也、社會上惟有自由、惟有互助之大義、惟有工作之幸樂。

吾人爲欲實現無政府共產之社會、所用之唯一手段則曰「革命」（革命者非但起革命軍之謂也凡持革命之精神、仗吾平民自已之實力、以與强權戰鬬之一切行動、皆曰革命）對於眞理之障礙物以「直接行動」剷除之無所容其猶豫。

吾黨乃宣言於支那之平民曰、無政府共產主義、乃光明美善之主義、出汝等於地獄、使入正當愉快之社會者也「無政府」乃社會進化必至之境。近世紀科學之發明、與夫進化之趨勢、皆宛與無政府之哲理相吻合、故謂「無政府」爲理想世界無從實現者非也。無政府之社會、人人自由、人人自治、以獨立之精神、行互助之大道、其組織之美善、必遠勝於政府之代謀、故不必慮無政府卽秩序擾亂也、無政府黨萬國聯合、不但爲一國說法、故中國無政府、他國必來干涉之說、亦不必慮也、吾人之反對資本制度、乃主張廢除資本之私有、非但反對大資本家而止、故中國尙無大資本家社會革命非所急務之說、亦不足以阻吾人之前進也、人類之罪惡、實生於社會制度之不良、吾人改造現社會之組織、卽所以滅除人類罪惡之根苗、改造社會、同時卽改造個人、故人類道德不良、不可無政府之說、亦無由成立也、總之無政府共產乃人類天然生活之本、則社會進化之要道、亦爲二十世紀不可避之趨勢、吾人可無庸疑慮者也。

又宣言於支那之同志曰、無政府共產之實行、賴乎吾黨之實力、而欲增進吾黨之實力、則聯合全體、一致進行、實爲今日惟一之要務、凡我同志當各在其所在地、與宗旨相同者聯絡爲一、相其情勢、創設自由集合之團體、（或爲祕密之組織、或爲表面研究學術之機關）、以爲傳播主義、聯絡同志之機關、以爲將來組織聯合會之預備、聯合會未成立以前、則以本社爲暫時之交通機關、無論爲個人、爲團體、均望隨時與本社互通聲氣、務使散在各地之同志、精神上皆聯爲一體、實際上皆一致進行。

又宣言於世界各國之同志曰、「萬國聯合」、已爲吾黨今日一致之趨勢、吾人雖不敏、竊願互相攜手、向此同一之途徑而行。當支那無政府黨聯合會未成立之前。暫以吾社爲交通機關。凡世界各國吾黨之團體或個人、均望隨時與本社互通聲氣。凡吾黨之國際的行動。本社同人願勉力擔任之。

我輩向前進！

無政府萬歲！

通信處　上海合衆國郵局九百十三號信箱轉區克謹

或 A. K. G., % U. S. P. O. Box 913, Shanghai.

無政府共產主義(初續)

克魯泡特金著
涓聲譯

ANARCHIST COMMUNISM: Its Basis and Principles. —By P. Kropotkin.

無政府與進化之哲理。其趨向目的。如出一轍。論有機體之組織。進化之哲理指導切合於生活狀態之機構。使結合體愈與其遇遭情狀相適而組成此結合體之分子自由團結之力愈廣大。在有機體之界。吾人觀察其情況。則知生活之能力與組構之能力同時增長。無稍差異。其地位亦日臻完美。故進化(求人類所處之地位日益完美)者。即社會道德也。人類在生存競爭中。其適存者。必其能以一已才智助社會之生產以謀公共幸福者。斷非今日之富人也。以若輩或其祖若父實强盜也。吾人試致察人類社會之需要及習慣。耕道德科學之公例推斷之。所謂生存競爭者。必非個人相爭相奪之狹隘的競爭。實組成一種類或一團體之個人。各自奮勉。圖改良此種類或團體之遇遭情狀。求個人及羣體之完全幸福之競爭也。生活狀態既改良。則博愛之性必隨而增進。故欲求人類進化者。當先改良人類之生活狀態。苟其遇遭情況悲苦愁慘。而徒託道德之空談。望其進化。此必不能之事也。生物學家之觀察人類社會與無政府家之致察現勢及歷史。其歸宿無稍差異。在將來進化之道上者。必爲財產公有。共同勞動。個人恢復完全之自由。

世人所視爲進化學家之斯賓塞 aerbert Spencer 亦曰。「社會進化則政府之權能必逐漸消滅。而自由乃愈擴大」其所推斷。蓋近於巴枯寧 Bakunin 蒲魯東 Proudhon 者矣。對於日用飲食交通等事。斯氏之言與無政府家之言。爲二爲一。幾不可辨。其進化之思想。蓋不約而同者也。

斯氏又嘗于「倫理學探原」"Data of Ethics" 第三版之附言 Appendix 曰「人類社會現方趨于一途在此途中爲我與兼愛皆證爲同一之物人之快樂必爲得自他人者」又曰「將來社會其組構可使切合于生活之需要爲公共幸樂而耗費之才力不特能節省爲個人而耗費之才力且能取而代之使此才力足以保持個人之生活其餘則以發展公共之幸樂」此斯氏之論羣體及個人也其論據則全得自無政府之先覺爭理亞 Fourier 及羅弼歐文 Robert Owen 之人性論

他如伯因Bain之提倡道德習慣論及法蘭西哲學古友M. Guyau 之創「道德無義務亦無制裁」說米爾 T. S. Mill 之排擊代議政治研究自由問題魯意摩根Lewis Morgan 之論國家與私產在古代自由社會中發生之狀態及歷史以及近世生物學證明動物界有互助及自由協合之必要凡此皆足證無政府哲理之精確使吾人之信力益堅益篤者也社會已趨向較善之鵠矣惜進化之速率尚未能相應以吾人願力與能力不一也

(未完)

無政府黨萬國大會之先聲

消聲譯

The International Anarchist Congress.

London, August 29—September 5.

萬國大會之舉行爲期不遠就各國現在之布告推斷之將來大會必呈霹靂驚人之光彩英倫蘇格蘭偉爾士法國德國荷蘭與大利保希米西班牙意大利俄國瑞士美國墨西哥亞爾然丁及南美諸共和國皆滿意遣代表赴會而贊助會務者則有英倫之「自由」Freedom「勞動之聲」Voice of Labour 兩報社「無政府黨教育團」Anarchist Education League「猶太無政府黨聯合會」Yiddish Anarchist Federation 法國德國及英國之 Glasgow, Newcastle, Bristol, Liverpool, Cwmtillery, Ammanford 各地之無政府黨團體

將來發表之重要論題如下「工人之活動」「革命黨之學術及韜略」「近世國家乃侵奪生產能力之大壟斷家」「無政府革命之直接行動」「設立萬國交通機關之必要」「法蘭西之組織」「反對軍備主義」「萬國公語」

此次大會將致其全神於最重要之三大問題所謂三大問題者卽萬國機關、工團主義、反對軍備主義是也邇來無政府之思潮洶湧澎湃萬國機關之組織在今日實爲最要之急務故本會特別留意更望各地同志發舒己見竭力贊襄俾吾人一致進行促此神聖事業之進步

本會之應用語言爲法文英文德文三種有其一則兼譯其他二種(如佈告等爲法文則以英文德文譯之)

開會定由八月廿九日至九月五日開會地點在倫敦德賓大會堂 Devonshire Hall, Devonshire Road, Hackuey. Loudon E.

師復附記本會刊有特別報告書 Bulletin 由五月起每月一次中述會務綦詳今將開會秩序表附譯於後

(一)述開會詞—克魯泡特金 P. Kropotkine

(二)各國代表報告無政府黨活動之現狀

(三)萬國機關問題

1 無政府黨萬國機關之組織—俄國自由共產黨

2 創立萬國事務所—荷蘭代表

3 法蘭西之組織—Schneider (Bezons)

(四)無政府主義與工人活動問題

1 工人之活動—克魯泡特金

2 革命黨之學術與戰略—W. Tcherkessoff

3 無政府主義革命的直接行動之捷法—R. Grossmann

4 近代國家乃侵奪全國生產力之大壟斷家—W. Tcherkessoff

(五)反對軍國主義問題

宣布反對軍國主義小冊子—F. DomelaNieuwenhuis

(六)墨西哥革命

墨西哥革命中無政府之舉動—"Regeneracion"報

(七)萬國公語問題

英語有如萬國公語—荷蘭代表

* * * * * *

江亢虎之無政府主義

師復

余與江氏辯難旣詳且數。雅不欲再瀆閱者之聽。惟見江氏最近宣言書其中對於無政府主義之意見獨具別解。足令聞者愈滋疑竇。故不避詞費。再辯之以解第三者之惑。固不爲江氏一人發也。

江氏之宣言曰「鄙人……對於無政府黨。不贊同其採用强權否認機關」江氏以採用强權否認機關二者爲無政府黨之咎。此吾人不能不一爲研究者也。

「强權」一語在歐文爲「奧陀利替」Autorite（法）Authority（英）其譯爲「强權」實始於「新世紀」報。如克魯泡特金所著之"La Loi et l' Autorite"譯爲「法律與强權」。此外凡遇「奧陀利替」字均以强權譯之。而日本幸德秋水譯克氏「麵包略取」一書。亦沿用此譯語。考之英法各大詞典。「奧陀利替」者法定之權力。如「法權」「親權」「首領權」等是。申言之。凡法律或章程所規定或社會習慣所認定之一種權力。足以命令人或限制人者。謂之「奧陀利替」。實自由之對待語也。此物在法律家視爲正當之權力。惟無政府黨則惡之如仇。無政府黨之反對「奧陀利替」。與社會黨之反對資本制度無異。蓋無政府主義主張無限制之自由。絕對不承認法定之權力。凡所謂法定之權力。必侵奪他人之自由以爲權力者也。故命之曰「强權」。凡無政府黨無不以反對强權爲職志。今江氏反指無政府黨採用强權。眞不知其從何說起也。或乃告我曰。江氏之所謂强權。蓋指無政府黨之主張以武力對待政府耳。若然則以武力爲强權。不但誤解字義。抑且重誣吾無政府主義矣。夫政府挾其政治勢力。侵奪吾人本來之自由。資本家挾其資本勢力掠奪世界共有之生產機關及工人勞動之結果。兩者皆與强盜之挾武器以行劫掠無異。人苟被强盜刦掠。而以武力抵抗之。取還其贓物。無論何人均許爲正當之防衛者也。今無政府黨以武力對待政府與資本家。抵抗政治上及經濟上之强權。恢復本來之完全自由及正當生活。與抵抗强盜事同一例。亦爲合理之防衛。而乃誣爲採用强權。此何理由乎。然則吾人當任政府與資本家之迫壓。束手帖耳而不與抵抗。始謂之非强權乎。或又告我曰。江氏之意。亦未必如此。特欲用和平手段而不主張激烈耳若然則激烈手段更不得指爲强權也江氏不曰激烈手段而曰强權是已顯存先入爲主之見矣且無政府黨之手段向分兩派一不主用强勁手段而欲以漸變革者是爲改良派 Reformiste 如高得文蒲魯東等是一主用强勁手段而不主漸變者是爲革命派 Revolutionnaire 革命派之中又分爲兩支派一主張抗稅抗兵役等者是爲抵抗派 Renitente 如都克托爾斯泰等是一主張暗殺大革命等者是爲擾動派 Insurrecttonnelle 如巴枯寧克魯泡特金等是可見無政府黨並非全數主張激烈江氏如不主張激烈儘可曰不贊同擾動派之無政府主義而贊同抵抗派或改良派之無政府主義固不必以激烈手段概盡一切之無政府黨更萬不能誣激烈手段爲强權也

（未完）

安那其

師復

「安那其」Anarchie（法）Anarchy（英）Anariho（世界語）一語華文譯曰「無政府」此術語之定義及其內容時人不甚研究而種種謬解遂緣之而生今特略述數種定義以爲研究之一助

（一）「安那其」Anarchie 乃政治的及社會的學說主張個人自由發展不用一切政府之統治（見法文新百科詞典 Nouveau Dictionnaire Encyclopedique）

（二）「安那其主義」Anarchism 乃一種新社會制度之哲學以絕對自由（不爲人造之法律所限制）爲根本又斷定無論何種政府無不憑藉暴力故皆爲悖理害人之物當廢棄不用者也（見「母地」雜誌 Mother Earth 引）

（三）「安那其」Anarchy 乃社會的學說主張人羣聯合廢絕一切以人治人之統治制度者也（見英文百年詞典 Century Dictionary）

（四）「安那其」Anarhio 乃政治的及社會的學說主張個人獨立生存無一切首領或政府（見加比氏世界語詞典 Vortaro de Esperanto, de Kabe）

據上所舉則凡釋「安那其」者皆以無政府之義詁之而克魯泡特金亦謂「安那其」Anarchy 即無政府 No-government 之社會主義又謂將來之社會政府職權消滅淨盡是為無政府之社會Society Without government 是為「安那其」Anarhy 又謂安那其共產主義 Communisme anarchiste 即無政府之共產主義 Communisme sans gouvernmant 是克氏之解釋「安那其」亦直以無政府為注脚尤為簡單直捷然則華文譯「安那其」為「無政府」於義甚切（惟有當注意者「無政府」乃一具體之名詞其分量與「安那其」相等猶言無有政府之自由社會非但排斥政府之意也）不知者乃疑其名之不當必欲易以種種支離破碎之名詞未免庸人自擾矣

其名既定義亦隨之「安那其」之定義既如上述撮要言之廢卻政府之自由社會是也廢卻政府之自由社會各個人完全自由無一切强權惟藉自由之聯合滿足生活上之需要而無須乎强權之統治若是者謂之「安那其」謂之「無政府」故無政府主義即反抗强權之主義凡一切依附强權及為强權之保障者無政府主義皆反對之世有嫌「無政府」為不足而以無宗教無家庭無政府（或國家）三者並舉名之為三無主義者又未知「安那其」之真相者也

克魯泡特金無政府共產主義之要領

師復述

克魯泡特金無政府共產主義之學說可以數語概括之

（一）一切生產盡脫資本勢力之束縛凡共同勞動之結果（即所生產之物）勞動者得自由取用之（是為經濟上之自由）

（二）脫政府之束縛而自由組織各種公會及團體由單純以至複雜（是為政治上之自由）

（三）脫宗教的道德束縛以達於無義務無制裁之自由境域人羣生活之關係以互助之感情維持之（是為道德上之自由）

通信討論欄

答無吾

此次歐洲之野蠻大戰各國社會黨與無政府黨之機關報無不竭力持反對之論各處之黨人示威運動反對開戰者

者所在皆是。至於反對無効。則固非黨人之咎。且亦明知其未必有効。特表示反對之態度。以見眞理之未滅於天壤。且以促起一般平民之醒悟而已。一言以蔽之。政府者。司戰之魔鬼。而和平之大敵也。政府不滅。世界必無和平之日。吾人欲不見此種獸行之戰爭。於「無政府」求之可也。至詢記者對於此次戰事之觀察。則竊以爲無論何國勝敗。亦無論戰期久暫。戰事完了之後。世界平民之痛苦。必較前倍蓰。政府之罪惡愈顯。經濟之衝突愈烈。歐洲大陸。必將起一度之社會大革命。此則可爲預料者也。

再答鼎任

來書復列三問題。

(一)否認無政府共產主義簡稱曰無政府主義。　答曰。所謂「吾人主張無政府共產主義。簡稱則曰無政府主義」一語。其意義經解釋於以前各號。意謂「吾人主張無政府共產主義。簡單言之。亦可曰主張無政府主義」。猶之吾人主張共產社會主義。簡單言之。亦可曰主張社會主義耳。既經解釋。誤會當可免。今來書仍以爲不可。則直如來書之意。改「簡稱」爲「渾言」可也。

(二)否認無政府主義能兼賅社會主義。　答曰。來書之意。以爲無政府主義。祗有廢除私產之意。而無財產公有之主張。故謂無政府主義不能兼賅社會主義。不知廢除私產。即爲財產公有。如二五之與一十耳。社會主義亦可謂爲廢除私產之主義。(當世學者如此解釋者甚多)無政府主義亦未嘗不主張財產公有。並非社會主義乃主張財產公有。而無政府主義則祗主張廢除私產也。來書既謂無政府主義有廢除私產之意。是即能兼賅社會主義矣。

(三)否認無政府主義爲一種公名。　答曰。無政府主義中有種種之派別。經略舉於第十二號之答書。且所舉不過爲最簡單之分派。據當世學者各以其所見。分列種種派別。尙不止此。實難殫述。無政府主義中既有種種派別。則「無政府主義」自然爲一公共之名詞。今來書之意。以爲「克魯泡特金由無政府主義。進而主張無政府共產主義。因之不認無政府共產主義爲無政府主義之一派。且因之不認無政府主義爲一種公名」。余按克氏學說。始終皆主張無政府共產主義絕無由無政府主義進而主張無政府共產主義之說來書不知何所據而云然耳來書又引本報第五號所言「無政府黨所主張者爲共產主義而集產則社會民主黨所主張獨產則獨產黨所主張二者皆無政府黨所不取者也」數語以爲無政府主義非一種公名之證不知第五號之文主旨在正名而不在分辨學派凡分辨學派祇當臚列派別而不必參以己之主張若所謂正名者則本一己之主張而爲之正其名義記者既主張無政府共產主義則獨產與集產均所否認一如克氏之意見以爲無政府黨必主張共產（克氏嘗曰無政府黨對於社會主義則主張共產對於政治組織則主張廢絕政府其去年致法蘭西無政府黨大會書亦曰無政府黨同時必爲共產黨獨產黨若必堅守其單獨思想必不能爲無政府黨）彼文所謂集產獨產均無政府黨所不取即謂此也然此特以一己意見所下之斷語若論列學派則自有普通派別不能一律抹殺之也（猶之共產主義家往往謂集產主義爲僞社會主義非社會主義然論列學派則集產必爲社會主義之一派）

以上三問題之答解倘能滿足下之意則其餘來書中種種支節之辯難皆可渙然冰釋矣

風雨雜聲錄

死耗之謠傳　先是日本世界語雜誌「東亞細亞」載一喑文據稱得支那同志之報告謂本報記者師復忽被暗殺刺客爲政府所指使云云登出後始函詢本報確否經即覆函請其更正不料英國同志某君一見該雜誌即譯登英文社會黨報「每日報告」由是徧傳一時倫敦吾黨之報紙如「自由」「工人之聲」等均相繼登載而各國之世界語報亦多有轉載者一時各國同志來函問訊者不絕而據以爲眞覓停止通信者亦不少幸巴黎「評論」雜誌代爲更正始漸知其爲謬矣然此說之所以流傳未始不由於現政府之慣用此種手段也

「勞動者」之創刊　日本大杉榮君乃幸德秋水之舊友凡幸德氏之運動君皆與焉以是先後曾入獄數次近擬創刊新雜誌名「勞動者」直接倡導勞動革命並欲加入世界語

惟日本政府禁賑社會主義無政府主義書報異常嚴酷。此報一出。必遭禁止。且必科以酷刑。（日本政府素嫉視大杉君故也）經多數友人勸告。惟大杉君仍毅然籌畫。絕無顧慮。蓋已立志犧牲矣。

歐洲野蠻大戰與吾人之關係　倫敦萬國無政府黨大會定於八月廿九日至九月五日開會。巴黎第十次萬國世界語大會亦定於八月二日至十日開會。乃不先不後。適於其時演野蠻無人道之大戰。令歐洲兩大會皆必為牽動。且開戰之後。西伯利亞鐵道梗塞。通信為之停滯。故亦末由得大會之消息。可慨也。

廣州吾黨之活動　廣州同志某某等已發起廣州無政府共產主義同志社。並擬發刊雜誌為言論機關。如有欲得其通信地址者。可函詢本報也。

三水之閱書報社　廣州某某兩同志近在三水縣之某鄉倡設閱書報社一所。專藉為傳播吾人主義之地。兩君平素對於吾人傳播事業異常熱心。近益猛進。可喜也。

答鳴白　克魯泡特金 Kropotkin 著作等身大抵法文爲多然已譯入英文者亦有十數種今舉其要者及價目於下

(1)Conquest of Bread(麵包略取) Is. 6d.
(2) Fields, Factories and Workshops (田地製造廠及工場) 9d.
(3)Modern Science and Anarchism (近代科學與無政府主義) 1s.
(4)The Stae Its Hitoric Role (國家 其歷史事實) 1d.
(5)Anarchism Its Philesophy and Ideal (無政府主義 其哲理及其理想) Id.
(6)Anarchist Comimunism Its Basis and Principles (無政府共產主義 其根本及其原理) Id.
(7)The Place of Anarchism in Social Evolution (社會進化中無政府主義之地位) Id.
(8)The Wage System(傭僱制度) Id.
(9)Law and Authority(法律與強權) Id.
(10)Anarohist Morality(無政府黨之道德) Id.
(11)An Appeal to the Youug(告少年) Id.
(12)The Commune of Paris(巴黎之自由市府) Id.
(13)War(戰爭) Id.
(14)Mutual Aid(互助) 3s.6d.
(15)Memoirs of a Revolutionist(革命黨事略) 8s.6d.
(16)The Grant Franch Revolution, 1789—1793 (法

蘭西大革命）

此外尚有數種暫略又倫敦英文無政府共產主義機關報「自由」Freedom 常登載克氏著作此報絕佳不可不讀全年價 Is 6d. 6s, 其報之地址如下 Freedom, 127 Ossulston St., London, N. W. 凡一切英文無政府主義書籍均可在該報社訂購或在美洲「母地」雜誌社亦可其地址如下 Mother Earth Publishing Associaton, 74 West 119th St., New York, U.S.A. 又除克氏著作外其他英文之無政府主義尚有多種將載入下期

答特行　來書所提議二事本報均極贊同特佈於下

一民聲當爲支那全部之交通機關凡表同情者均當以名字地址函告民聲藉知全國同志之多少與將來進行極有關係民聲亦當互爲介紹同志　本報按交通機關實爲吾黨之要務本報自當勉任其責凡我同志如有願互相聯絡者本報當將其通信地址刊錄成帙以備將來遇有緊要報告得以按址寄達並爲之分送各同志俾各得直接交通聲氣且當酌量介紹於上海無政府共產主義同志社及各地方吾黨之團體也

二凡同志當各將其所在地之學校地址教員姓名函達民聲即將報寄贈之冀有表同情者能傳播吾人主義於青年學生也　本報按此事亦可照行

本報要告

本報現因經費支絀之故特擬節省郵費凡非已付報費者酌量停止寄報各代理處之未將報費寄來者亦酌量停寄或減少份數統俟報費寄到然後續寄此爲本報萬不得已之辦法讀者及代理諸君當能見諒也

再在各代理處訂報者如或已交報費而代理處未爲轉寄以致停止寄報不能接閱者望直接函告本報自當寄上

同仁助印刷費一圓（廣州）　無名氏一磅五先令（英國）樂無二圓（上海）

世界語消息　廣州世界語學校第一期學生於八月二日畢業第二期擬添設函授部全期祗收掛號費一圓講義費一圓講義每七日寄一次質疑者隨時函答　澳門又設有世界語夏令講習會由廣州畢業之某君主講學者十餘人

民聲

第十八號

麪包略取(續)

Conquest of Bread — By Peter Kropotkin

克魯泡特金著　冰紘譯

第二章　萬民之安樂

第一節

萬民安樂、非夢也、實必至之道也、先民既積累勤劬、爲吾人增進生產之能力、固當享此結果者也、

今日文明國之人民、其致力于生產者僅三分之一耳、然所生產已足供各家之慰安、此吾人所共知者也、設一旦人人勞動、向之不作工而徒消耗他人勞動之結果者、至是皆從事於有用之工作、則物產之增加、當與勞力之增加爲正比例、且或過之、此又吾人所共信者也、彼馬爾德 Malfhus 之學說、—中等社會經濟原論—與事實乃適相反、人類生產力增加之速率、實遠勝於其生殖力、大地人口愈衆、則富源之生發亦必愈速、

師復附注、馬爾德氏乃舊經濟學家、其書畧謂人口增加之速率、爲幾何級數、每二十五年遞增一倍、(如由一而二而四而八) 物產增加之速率、則爲算術級數、每二十五年僅增一分、(如由一而二而三而四) 故將來必有人滿乏食之患云云、此說自近世新經濟學家及共產主義家力駁其謬、已全無價值、然往日之經濟學者則皆奉爲不易之論、稱曰「馬爾德之公例」者也、

攷之英國、自一八四四年至一八九0年間、人口增加率爲百分之六十二、而物產則倍之、卽增加百分之百三十也、法國人口增殖最遲、而物產則銳增無已、雖屢遭農事之凶歉、與夫國家干涉、血稅(强遏當兵)銀行、財政、實業、種種恐慌、而過去八十年間、米麥之產額增四倍、工業品增十倍有奇、

若美國尤覺猛進。彼中以移民之進口、歐洲無業工人紛至、財富乃驟增十倍焉。

然此等富力之進率、尙未足擬將來良善社會之萬一也。何則、今日之世吾人之生產力雖異常發達。然一方面游民與仲買人Intermediary（即商埸中之經理代理等）亦同時增加無算。彼社會黨之豫想以爲資本一旦集中於少數人之手、此時但從二三富豪手中以國力取還充公、恢復財產之共有者、事實乃大相反。一般坐食以耗損人力之寄生者、蓋日日增加無量數也。

其在法國、居民三十八人中、從事生產者曾不及十人。統計全國農業之生產者不過七百萬、採礦紡織兩大工業不及二百五十萬。然其間坐享工人勞動之結果者何其多耶。

其在英國、人民業紡織者百萬有奇、（合男女兒童）業採礦者不及九十萬、耕作者不及二百五十萬、一切工業最近統計（合男女兒童）亦不過四百萬有奇。（最近統計全國五十三工塲連國立兵工廠合算僱工四百萬零一萬三千七百十一人其中執役于鐵路之建設管理者二十四萬一千五百三十人其生產物價值總數一千零四十一兆零三萬七千磅除消費外贏餘四百零六兆七十九萬九千磅云）於是統計學家所得之比率曰、居民四千五百萬人中從事生產者八百萬。顧此等統計其中尙多溢侈。若嚴密言之則英國徧輸全球之貨物、其造成之者實六七百萬之工人耳。惟間坐收其利之股東及仲買人攙入生產者與消費者之間、從中壟斷其利益、所給予生產者之工値、尙不及其取于消費者之價之五分一甚至二十分一者、又抑何多也。

師復附記、參考是書一八一０年第十一版法文原本及幸德秋水之日文譯本（由英文本譯出）均作英國業鑛者五十萬有奇、耕作者不及五十萬、且無工業統計之人數、又居民總數作四千六百萬、與此數目不符。大約冰絃君所據之本係最近重版所增訂、且法文本及幸德氏本均注云除去愛爾蘭蘇格蘭不計、此則或併入計算也。

不寧惟是、資本家爲欲減少貨物之產額、又時時限制生產焉。富貴之家、衣服飲食用具等等、窮奢極侈、暴殄天物、不可計算、姑且不論。但論其限制吾人必要物品之生產可矣。試觀多數之礦夫未嘗不欲日日採煤以供給禦寒也、無如三分一或竟半數之礦工常被限制每七日間不能作工過三日、問其理由則爲欲保持煤價之低落也、業織工者如之、亦每被限制工作、彼輩妻子皆衣敗絮、歐洲人口四分之三、殆皆可謂無衣之人也、

他如千百之煉礦塲製造廠、亦時時輟業、停工時期幾居半數、各文明國中求工作而不得者、每國均在二百萬以上、試思此千百萬之衆、倘獲樂壤而耕之、得瘠土而沃之、其欣幸何極也、今法國南境之磽地一海克脫阿爾（合十七畝五）歲僅產小麥八石、若以人工改良之、當可增殖五倍、無如具此開拓富源之能力之勤勉工人、今皆無業賦閒、而彼土地礦山工廠之資本主、則專投其資本—原由公衆奪來者—於土耳其埃及之外債、或投之巴達乾尼金礦中、以埃及之苦農、獲大利、之流氓支那之苦力、爲其儲金的奴隸、以上特限制生產之直接手段耳、此外尚有間接之限制、爲人所不覺者、則虛糜人力以製作完全無益之物及專供富人饞獲虛榮之物是也、

吾人之富力、受間接限制之損害者幾何、吾人當用於生產事業及生產器械之精力、虛糜於無用之地者又幾何、此其實數雖難確舉、然但觀歐洲最大支出之金額、實以軍備爲第一、其目的則無非爲握諸市塲之霸權、使其商旗飄揚於外國、然後施於本國之掠奪行爲愈益便利耳、每年各種官吏之俸額支出若干百萬、此等官吏之職務則不過保護少數能操縱平民經濟者之權利（換言之卽少數富豪之權利）耳、他如司法監獄警察以及一切附屬物所稱爲正義者、又歲用若干百萬、亦皆無益之浪費也、蓋現時各大都市中、倘平民之疾苦略輕、罪囚卽因而減少、固吾人所熟知者也、此外用印刷方法、傳佈邪說、有如報章之各揚己黨利益或頌政客、或謏投機事業之奸商、其中消耗、亦以若干百萬計、苟由此細察之、思過半矣、

更有顯而易見之耗費、不可不計及者、如狗馬奴僕之畜養、奢靡之競尙、無賴之揮霍、以及强消費者購其無用之物、或鋪張廣告以圖銷劣品、（師復附記此處法文原本尙有一句云、「更復製作完全害人之物、爲企業家 Entrepreneur

是利」日文本英文本均無之) 凡此種種消耗積而算之、吾人之與富當增一倍苟一轉移間用以置備多數之機械於製造所及工場中則今日三分二之人民所缺乏者轉瞬間充斥於市矣。

是故言其實際在現今之社會制度下、各國生産者之被限制停工每年坐食三四月者不下四分之一。其他勞動之結果、徒供富人娛樂、及爲公役所强奪者、卽不及半數亦最少占其中四分之一也。

準是思之一方面增加生産能力與速率、一方面因社會制度之不良致直接間接受種種之限制然則經濟組織倘一旦改善吾知不一二年間吾人必要之生産物必且充積也。爾時衆必欣呼曰「足矣吾人之煤薪足矣麵包足矣衣服亦無不足矣吾人且可以休息矣吾人且思如何以施展我能方如何以利用我暇逸矣」

信夫萬民豐裕非夢也古代之民終日勤動、一畝之地、會不獲小麥數升農工器械悉濫手製當此之世與語萬民豐裕、誠所謂夢耳今則非其時矣人類既有發動機 Motor 之發明、一瓩之鐵、一擲之煤其動如馬、雖極複雜之機械、運之如不費力處此時代倘可謂之夢乎。

然欲使萬民豐裕見諸事實、則一切巨大之資本、—都市宮室牧場田地工廠道路教育—必不許其爲私産而後可、必不委之獨占者之手中而後可。

吾人祖若父艱難辛苦所獲得所建設所潤色所發明之無量財富全歸之社會公有一切利益當共同享受以實現人類全體之最大幸樂。

於是「充公」Expropriation 尙焉萬民安樂其目的充公則其手段也。 (第二章第一節完)

師復附記是書法文原名"La Conquete du Pain"英文名"Conquest of Bread"日本幸德氏譯爲「麵包略取」吾人仍之略者、戰爭所獲得謂之略(左氏傳所謂武公之略及史稱略地者是) 非掠奪也此書命名之用意蓋謂食爲民天吾人所提倡之社會革命乃爲萬民之麵包問題而起(西文言麵包猶華文言飯也)必革命以改造今日不良之社會制度然後吾民乃可獲得愉快之

生活、克氏所謂今日之革命以要求萬民之麵包爲旗幟者也、故謂之麵包略取、頗有不知此書名之取義者、故特注明之、

江亢虎之無政府主義（續）

師復

至謂「無政府黨否認機關」吾已於本報第十二號答李進雄書詳辯之、蓋無政府黨祇排斥強權的機關、而主張自由的機關、並無絕對否認機關之說、世人不察、往往懷此誤會、故託爾斯泰L. Tolstoy嘗曰「世人常謂無國家卽無公共事業（如教育等等）之機關、噫、此何說乎、吾人不用統治機關之後、何故不能組織生活必要之機關乎、吾人此時自治吾事、豈不較統治機關之爲他人治事者爲更善乎、在今之世、吾亦見有種種獨立的組織、並不藉國家之力、而反勝於國家統治機關百倍者矣、「勞動公會」「合作團」Cooperative「工團」Syndicat 等是也、況在無國家之世、一切強權、消滅淨盡、吾人豈反不能從事種種組織乎」、託氏此言可以關盡一般之誤會矣、

然江氏之所謂無政府黨否認機關者、其僅如一般人之誤會乎、抑所謂機關、固別有他解乎、吾嘗參之江氏平日之言論、始知江氏之所謂機關、固非如是云云者也、

江氏之洪水集有曰、「俄國無政府黨人史特孟君……謂無政府實無強權之意、非無機關組織之意、若免關稅、撤軍備、專從事於教育與實業、則教育與實業之機關組織、必更繁密完美、而政府者、不啻公司之經理、學校之教師、無強權卽無罪惡矣、意與余全同、竊自信爲無政府之正解也」、（記者按史氏現在上海爲律師、自稱非無政府黨、且非社會黨、惟其人學問尙佳、當不至爲此無意識之論、余嘗以所述之言質之、詢以有無僞誤、史氏謂當直接致函江氏、囑其更正、但不欲宣佈意見於報上云、然江氏既自謂「意與彼全同」、則上述之言、是否出自史氏、及其中語意有無出入、均可不論、直假定爲江氏之意見可也、）所謂「無政府實無強權之意、非無機關組織之意」、此語極是、惟所謂「強權」與「機關」、當先爲界說、強權者、「奧陀利替」Autorite 也、（其定義已述於上文、載在前期）凡握有「奧陀利替」之機關無

政府主義必主張廢絕之何爲渲有「奥陀利替」之機關卽政府是也卽立法行政司法三部之種種機關是也（無論中央的或地方的）換言之卽由法律或章程規定有權管理公務之機關是也此種機關既含有「奥陀利替」之性質卽爲强權的機關故無政府黨必廢絕之而主張自由組織之機關何爲自由組織之機關卽關於生活必需之公共事業如衣服飲食建築教育交通及其他等等當自由組織種種公會或團體以經營之由單純以至複雜惟絕無絲毫之特別權力（奥陀利替）可以施號令定規則含有管理之意味一切經營惟按公共意思之結果而行之若是者爲自由之組織今江氏之所謂「機關」者其爲自由組織的機關乎抑爲奥陀利替的機關乎由前一說則當與無政府黨完全同其意見何以宣言書又自稱「所異於無政府黨者在有機關」乎且既主張自由組織則必排斥「奥陀利替」（强權）而凡屬政府在所必廢何故又謂若政府無軍備關稅卽無强權乎由後一說則既主張奥陀利替的機關卽主張强權之存在卽爲主張「强權主義」Autoritarisme「之强權論家」卽與無政府主義之宗旨根本反對卽當絕對否認無政府主義又何必爲無政府多作解釋且自稱爲無政府之正解乎兩說無一可通江氏之討論學說或表示主張向皆語焉不詳（無非祇下斷語而不說理由）致令人無可捉摸然試細按上文所引之言則江氏之所謂機關實指政府而言蓋爲後一說之解釋無疑何以言之江氏謂免關稅撤軍備政府卽無强權是江氏明明主張有政府者特反對關稅軍備而已蓋江氏之意以爲政府惟有關稅軍備乃有强權若但從事教育與實業卽無强權對于「强權」之解釋既誤（世人往往以强暴行爲Violence爲强權而不知强權乃「奥陀利替」江氏亦同此誤）斯對于無政府之理解亦因之而俱誤殊不知無政府主義之反對强權乃反對一切「奥陀利替」（以其侵害完全自由之故）而不但反對暴行而止所謂政府者乃由「奥陀利替」建築而成縱無軍備關稅而既名政府則必有政府之性質與作用無論如何改良如何縮小權限然必認爲法定的機關必以法律或章程規定管理者之權限管理者對於被管理者必有行使之

職權人民對于此機關必有應負之義務且必受此機關之規則所制裁有一於此卽所謂「奧陀利替」卽所謂强權卽爲妨害完全自由之障礙物凡無政府黨無論屬於何派無不絕對排斥之者也江氏乃以爲無强權則其誤解可知矣江氏又以政府比公司之經理學校之敎師不知公司之經理卽爲公司之首領凡首領必有規定之首領權且與其他職員各分階級尤爲顯而易見之强權江氏引喩及此足以證明其所謂機關確爲强權的機關（至學校爲敎授學業之地而非處理事務之機關以此政府更爲擬不於倫且卽就學校言其管理員敎員皆有特定之權力對于生徒能施以種種命令制裁及罰規是亦奧陀利替之一種）江氏旣是認强權的機關則其根本思想旣與無政府主義相乖舛而所謂「不贊同無政府黨之否認機關」者質言之實不贊同無政府黨之否認政府耳江氏祗認否有軍備有關稅之政府而是認辦理實業敎育之政府無政府黨則否認一切政府（卽凡含有奧陀利替的機關）是無怪其格格不入不肯贊同矣然則江氏心目中之所謂無政府不過裁撤海軍部陸軍部及稅務處而留敎育部與農工商部耳所謂無政府之正解如是如是此其所以爲江亢虎之無政府主義也吾乃約爲簡明之語以告讀者曰

（一）江氏之所謂「不贊同無政府黨採用强權」實則「不贊同無政府黨採用激烈手段（或武力）」然不曰激烈手段（或武力）而必目之曰强權則未免與當世之資本家及紳士常誣無政府黨爲暴徒者同一聲口矣

（二）江氏之所謂「不贊同無政府黨否認機關」實則「不贊同無政府黨否認政府（卽强權的機關）」「無政府黨主張完全自由排斥一切政府實爲無政府主義之根本思想今江氏不贊同質言之卽不贊同無政府主義

萬國無政府黨大會決議延期

倫敦之萬國無政府黨大會原定八月廿九日開會現因歐洲戰事決議延期業已於機關報宣布矣

＊　＊　＊　＊　＊

風雨雜聲錄

▲「平民新聞」復活　日本無政府黨大杉榮君創刊新雜誌曾載前期本報現悉該雜誌初擬名「勞動者」嗣因有同名之報特易名「平民新聞」月出一冊定於十月出版其登報之預告云「日本社會運動史中「平民新聞」之名初出現於日俄戰雲瀰漫極東之際今則全世界皆捲入戰塲炮煙蔽野脅人類而爲帝國主義之犧牲吾等乃於此時復刊「平民新聞」從足無立錐手無一錢之勞動家地位發大膽真摯之言論而自任爲世界革命思潮工人運動之唯一唱導者」於此足見將來該報內容之價值按「平民新聞」七日報在日俄將開戰之頃幸德秋水所創刊被禁而改爲「平民新聞」日報復被禁而改爲「大阪平民新聞」半月報後又改名「日本平民新聞」未幾復被禁寂響至今今大杉氏捲土重來實吾黨在日本之第一快事也又按日本之言社會主義者向分三派一溫和派安部磯雄屬之一馬格斯派堺利彥屬之一直接行動派幸德秋水屬之自幸德氏被害後繼之者實爲大杉氏且由直接行動派進而主張無政府共產主義蓋今日吾黨之健將也

▲無政府黨之語言問題　本年倫敦萬國無政府黨大會之應用語言議採法英德三種現所刊行之大會「報告書」Bulletin 則爲法文而荷蘭同志又提議以後以英文爲公語將來開會對於此問題必有詳細之辯論現有L. A. Motler君致書「自由」報 Freedom 討論此事反對「報告書」之用法文對於荷蘭同志之提議亦不贊成而主張以世界語 Esperanto 爲公語蓋與上海無政府共產主義同志社所提議者意見相合足見世界語之有普及希望也

▲克魯泡特金之新刊　克氏 P. Kropotkin 所著「戰爭與資本制度」"Wars and Capitalism" 準於八月內由「自由」報社出版(價一辨士)近代戰爭之真相當爲此書揭破一切吾人不可不拭目讀之也

▲哀瓜多爾政爭之黑幕　僑居南美哀瓜多爾某君通信云彼國近因競爭政權全國鼎沸民不聊生蓋其國賦稅繁重工業不興民生墮落於是一般狡滑無藝之輩惟政權是爭以一入仕途便可暴富也有此覬覦故政治競爭之風乃

縱若輩爲富貴計殺戮凶辱在所不顧鼓其如簧之舌排擊現政府思取而代之日以國利民福爲口頭禪及既握政權時已負債纍纍不得不向民間誅求以償所欠所謂國利民福者忘之久矣不寧惟是既得之患失之苟又有人與之爭位則汲汲然調兵自衛如臨大敵社會遂騷然矣

其國人民雖少內訌則多故招兵散兵幾無寧日軍人之滋味其國人嘗之已飽且洞悉兩方面之舉動皆爲私利而來人民雅不欲當兵爲若輩之傀儡以故招兵極難若輩乃藉口「國民有當兵義務」之法律兵隊四出逢人便獲如捕盜然國人聞風逃匿晝伏夜出以避其禍則又夜中破扉入室肆意搜索既得其人即束手縛足逮之於獄其有財者可贖(四月之十七日有約瑟 Jose Cipien 者爲兵擒去次日由其家人暗賄以五十金即釋出此款向余借貸故知之甚詳類此者不知凡幾) 無力贖者則載赴戰場矣當押赴戰場時所謂兵官揚眉吐氣咄咄迫人其被擒者及其父母妻子痛哭之聲與高唱萬歲之聲同時幷作遙聞數里噫慘矣此等慘劇常常演之尤以近年爲最蓋現任總統「巴拉沙」氏曾慘殺前任總統「亞花盧」氏及首領數名其黨人既持金錢主義兼持復仇主義故兵爭較前爲尤烈去月黨人又將 Esmiraldas 全埠焚毀矣(去年曾焚毀 Babahoyo)

▲南洋羣島之工黨　南洋羣島之華工人數以數百萬計皆當錫礦種煙種橡等勞動飽受資本家壓制去年有航海者數人(受傭于來往倫敦南洋航船者)慕英倫工黨之善歸而聳當地人士仿傚組織遂在檳榔嶼發起「工黨」黨綱有四一曰扶植貧民生計二曰培養工人道德灌輸工人智識三曰要求減輕力役痛苦而最無用之第四條曰要求工人之政治權利然工人痛苦已甚聞有團體可資保護則紛紛來歸初數月僅二三千人至國民黨解散後驟至萬五千餘人曾發行一「平民七日報」出至七期已停版機關則遷至星架坡平民書報社每員徵極微之捐金以支持費用雖無大起色然苟得有學識者爲之整頓爲之提倡亦不難成一極有力之團體也蓋支那大資本家尙鮮淺識者恒不覺資本制度之遺禍南洋則不然資本家與工人階級懸隔工人之痛苦與歐美等故鼓吹易入也

彼等非大人先生也

量能譯

西伯利亞 Imiokentij 投稿原文載十四號世界語部

本年三月俄羅斯本部之南陡起颶風阿梭勿海之漁夫遭難者無算．事後舉以爲天災不可抗．一場浩刼．末如之何也．至近日眞相漸露．乃知天地間人類之罪惡．眞有爲吾人所不可測度者．蓋此次遭難．與上年鐵但尼郵船沈沒於大西洋之往事若出一轍．自然現象對於人類．極不平等．其「情面」大有厚薄也．鐵但尼之悲慘歷史．現出一場社會不平等之黑幕．讀者當知之矣．（譯者按中國人當尚未知希各注意！）關於漁夫遭難事．俄報「日聞」曾詳記之如下．

關於阿克塔斯克漁夫生命之詳細消息．近日漸確．蓋不僅自然現象之「情面」有厚薄．救生之次序以社會階級爲先後（！）其實茲事之布置．乃使自然現象不得不僅僅將最下等最卑賤之漁工一舉而殲之耳．（１１）蓋衆漁工立於土股上時．實在平均海岸水平線之下．必遭滅頂無疑也．該處有警察．有商人．有企業家．時在夜半．天氣不佳．或有以招漁工上陸防不測爲請者．企業家獨怫然曰．「汝何謹細若是．……彼等非大人先生也．！」事前數小時．接得急電．爲報告颶風者．彼等以爲所關乃「非大人先生」．則投之字簏中耳．於是數千漁工．莫有知生命之危在頃刻者．

嗚呼．「彼等非大人先生」．夫「非大人先生」者．苦況何如．見有讀報紙者．重鞭之．每日作苦工十八小時．倦極而仆．則鞭之使起．然則千百工人死於自然現象者．尚得謂之超生．其不屑注意也．微特不怨之．直感謝之矣．企業家大盜耳．旣掠生者．重掠死者．受難之工人．遺有孤兒者．生前以勞力所獲而未領之工資．已被一概沒收．無他．「彼等非大人先生」耳．記者索得確實可靠之見證．乃知鞭撻威逼．慘酷之役使．痛楚萬狀．遭難前數時．工人中尚有受互杖者．

此難之起．莫不預知之．該處地方官曾勸企業家以預防此事．爲要．然企業家不過視爲具文．毫不措意．警察亦漠不關心．蓋漁夫者乃富於反抗性質之人也．且漁夫有時動衆能工．企業家又須賴警察爲之處置．警察欲迎合企業家之意旨．故濫用職權．地方官又視工人爲人民以外之動物．而毫不注意．長此以往．結果何如．則「非大人先生」一語了之耳．

是故無論工人之位置何若災異之侵襲又何若執此一語以斷之則不忍言矣工人所受天災人禍已非一次即此次風災彼等先時亦畧能料及一聞風聲莫不知死期將至無如積威之下幷不敢高聲呼救蓋不呼救者或遇上天好生之德尙得延數小時之殘喘一呼救則巨挺隨之命在頃刻矣是故此次千百工人之死於非命雖謂非死於企業家巨杖之下不可得也企業家之巨杖乃使工人失其自衛之心與求生之念彼爲大人先生者淫威一至此哉

通信討論欄

答蔡雄飛

(一)問無政府之實行各國間必有先後其先實行者難免受他國之干涉否　答將來無政府之革命其爲一國先舉抑爲數國合舉今日尙難預測然其起事最先者必在歐洲且必爲現在之所謂强國此則可斷言者以今日無政府主義之傳播最廣而最速者實不出乎所謂數强國也歐洲壤地接近黨人之聲氣素通一旦有事或一國已革命則歐洲諸國必同時接踵而起各國政府方自顧不暇安得有所謂干涉即使有之無政府黨能抗本國之政府者獨不能抗外來之政府乎歐洲既紛紛革命列强次第倒斃則美洲亞洲諸國亦必相繼而起此時情景可不必徵諸遠但觀前年中國之革命各省皆聞風宣布獨立即將來無政府革命之小影也故今日最要者莫如竭力傳播吾人之思想待人民具此思想者日多一旦時機既熟自響斯應沛然莫之能禦矣

(二)問中國改革政治之人物皆主張國家社會主義將來無政府共產主義之實行彼等難保其不阻礙否　答中國今日所謂改革政治之人物大抵迷信國家主義之政客尙未足以語國家社會主義也要之無論其爲國家主義或國家社會主義均爲無政府之障礙吾人欲實現吾主義一方面與政府戰又一方面當與此種謬說戰必先戰勝此種謬說然後吾主義能得平民多數之贊同然後人民能推翻政府然後吾主義能實現故無政府共產主義實行時已無所謂阻礙矣

(未完)

答岸父　英文無政府報最要者爲「自由」Freedom（倫敦出版全年報費英金一先令六辨士）次則「母地」MotherEarth（紐約出版全年美金一圓）均月報也地址已載第十七號答鳴白書中　書則除克魯泡特金先生著作已介紹於答鳴白書外尚有以下各種

(1)Anarchy, byE.Malatesta(無政府) 1d,

(2)A Talk aboutAnarchist Communism betweenTwo Workers, by Malatesta (工人之無政府共產主義談) 1d.

(3)DirectAction v.Legislation, by J. BlairSmith (直接行動反對立法) 1d.

(4(The Social General Strike, dy Arnold Roller (社會的大罷工) 1d.

(5)The Pyramid ofTyranny, byE. Domela Nieuwenbuis (暴政之金字塔) 1d.

(9)Evolution and Revolution, by Ellsee Reclus (進化與革命) 1d.

(7)Useful Work v. Useless Toil, by Wne.Morris (有益之勞動對于無用之苦役) 1d.

(8)The International Anarchist Cougress,1907 (一九〇七年萬國無政府黨大會記) 1d.

(9)The Concentraton of Capital,by W.Tcherkesoffs.(資本之集中) 1d.

(10) Anarchists and Esperanto (無政府黨與世界語) 1d.

(11)Anarchy, byAndreGirard(無政府) $\frac{1}{2}$d.

(12)Non-Governmental Society,byE.Carpenter(不立政府的社會) 3d.

(13)State Socilaismand Anarchism,byR.Tucke (國家社會主義與無政府主義) 3d.

仁軒助本報印刷費十圓　汜濱六圓　慈魂五圓　一倫四圓（均廣州）

民聲

第十九號

麵包略取（續第二章）

克魯泡特金著　冰紘譯

LaConquête du pain—P. Kropotkine

第二節

「充公」Expropreation 云者、乃一種歷史表現於二十世紀吾人目前之問題、卽一切足供人類安樂之萬物悉恢復爲共產制度是也。

顧此問題、斷非特立法手段所能解決、無論何人、未有發此癡夢者也、凡屬政府、凡屬政治革命之改革、均未由得此問題之解決法、無貧無富、皆所共知者也、蓋所要者、惟社會革命而已。此革命之日益迫近、不久必將爆發、斯又富人與貧民所共認者也。

十九世紀之後半期、思想界之進化雖已成熟、無如財產階級迫壓太甚、天然之發達終被杜塞、今則以猛力破抉其網羅、新精神由革命湧出矣。

革命從何而來乎。其來也如何報告其消息乎。此誠無能遽答、蓋未來者固不可預測也、雖然、凡能察微知著之人、苟不誤認其先兆者、無論勞動家或壟斷家、無論革命黨或保守黨、蓋無不知革命之迫人來矣。

善哉、一旦革命既至、吾等當何爲乎。

從來吾人所研究者、革命之演劇的情狀而已、革命之實際的事業、固未深察也。故吾人所得知者、亦不過如舞臺上之大活動、有若初期之爭鬭、市街之防堵等耳、不知此種小戰、俄頃卽可告終、必奪制度傾覆之後、革命之眞事業始開端也。

彼治人者、四面受敵、骨頭臟落、暴動之鼻息、已足吹而去之。如一八四八年之富貴社會的王政、不數日間已不復見、路易非立拔 Louis-Philippe 乘車潛遁、巴黎市民不復知有所謂王矣。又如一八七一年三月十八日之役、僅年小時間、替愛爾 Thiers 之政府不知何去、巴黎全城委之司命之主而已。顧此兩役、皆所謂暴動 Insurrection 者也。若當平民革命之際、政府消滅之迅速、更不可思議。彼等既倉卒逃遁、則匿於安全之地、密謀規復其昔日之所有耳。

按「富貴社會」原作 Bourgeois 乃貴族與勞動家中間之一級、即本報前譯之「紳士社會」今改此稱。

舊政府既倒、軍隊則猶豫於平民風潮中、不復服從軍官之命令、軍官亦或遁走、義勇隊全失勢力、或且通款於黨人、警察亦悠悠而立、或揮斥群衆、或高呼「自由市府萬歲」。城市之警察則伏匿家中、「仰待新政府之成立」、都中富豪、皆荷囊提篋、竄身於安全之域、所留者惟平民而已—此即最初報告革命之消息者也。

按「自由市府」原作 Commune 普通譯自治區域、或自治會、惟法國革命時之用此名、卻含特別意義、蓋表示不立中央政府之自由聯合體者也。故從其意譯曰「自由市府」、又「巴黎自由市府」 Commune de Parris 則專指一八七一年三月十八日之役、可參觀本報第十四號。

多數之大都市、皆公布自由市府宣言。盈千累萬之人、擠擁於街衢、入夜則群集俱樂部中、提出「我等當何爲乎」之問題、熱心討論公務、人人皆興致勃發、昨日方游移無主者、今日異常熱心矣。到處歡欣鼓舞、希望真確之勝利、蓋無人不懷奮勇前進之心也。

凡斯所陳、美矣偉矣、然而未可以云革命也。革命之事業、至是乃開始耳。

於時彼等或恣意復仇者有之、華德連 Watrin 及多馬士 Thomas 等或因衆怒而被罰多金亦有之、然此亦不過與戰鬭相緣而起之細事、亦未可以云革命也。

按多馬士爲神道教士、華連德未詳。

則有社會黨之政客、急進黨報館之落拓文人、演說家—富貴社會及前日之勞動家—等等、無不競集於都市之公會堂及政務廳、占領其空席、或且御金線之袖章、樂樂無極。彼等皆對政廳之明鏡而自鳴得意、威儀莊肅、心目中蓋業業於新職位之命令將從天降也、或則赤帶金冠、儼然大人之態度、以凌轢其昔時編𦂳室或工場中之舊侶！其他則日與二三解事之城𥚃埃身文履囊中若輩公然制定法律、或發布大言炎炎之官誥、惟欲求一奉行之人則渺不可得、以革命方至故也。

彼等手無强權、而心欲攫之、則希圖重建政府之舊制、創為臨時政府、公安委員、市長、縣知事、保安會長、種種名目、或選舉、或委任、紛紛集會於議院、或自由市府之議事廳、此等烏合之衆、常分為一二十之黨派、意見各各不同、然即此可見關于革命之程度、勢力、責任之千態萬狀矣、可能派 Possibiliste 集產黨 Collectiviste 急進家 Radicaux 遜可賓黨 Jacobin 布蘭克黨 Blanquiste 共集一室、擲時光於口舌之戰鬭、正直之人、與夢想權勢得志則凌蔑羣衆之野心家、混合成羣、各具直接反對之意見、組織有名無實之同盟、以圖聯合多數、然皆不能相與終日也、彼等日與守舊黨官僚黨奸黨互相爭罵、絕無絲毫實際之措施、終日啾啾、不出微末之抗論、除秉筆作誇大之文誥外、殆一無所能也。總之劇場兒戲、徒足快觀劇者一時之耳目而已、非所云革命也、彼等固毫無所作為也。

當此之時平民苦矣、製造所休業、工場之門閉、貿易停止、勞動家欲如從前博最微之工資而不可得、食物之價則日日騰貴！

平民者、既常具忠實之性質、且當極盛時代中方達至最高之點、則相與忍耐以處之耳、當壹八四八年之役、彼等皆奔走相告曰「吾人當忍此三月之痛苦以盡瘁於共和」、豈知彼等之「代表」及新政府之袞袞諸公下而至於差役、固無壹不按期領受薪俸、源源不絕也！平民苦矣、而彼等則質直如小兒、多數迷信其首領、方且仰望彼中所謂議院市廳公安委員會者為彼等謀福利也。

詎知彼中之大人先生、胸羅萬物、慮無不周、獨於多數人之痛苦、則未嘗壹念及也、壹七九三年、法蘭西全國大饑、革命為之挫折、平民方顛連展轉於從來未有之苦難、而彼快活世界 Champs-Elysees 之人、則猶是輕車駿馬、以示豪或則麗人滿前、盛飾珠玉以相耀、羅華士比愛爾 Robespierre

則惟知鼓吹遮可賓黨討論彼所提出關于英國憲法之意見書！讀八四八年工商業大恐慌、勞動家方百般茹苦、所謂臨時政府與議會者乃雍容討論軍人之年金、與監獄之工藝、而當此危急時期多數平民之生活問題、獨不聞一人之提議．至若倖存於普魯士巨礮之下僅得七拾日生命之「巴黎自由市府」若對之而爲非議、則又有特異之點、蓋都市革命，Revolution communale 非軍食充足、末由得最後之勝利、且每人每日僅給三拾蘇士(每蘇約合二仙)而責以力戰於軍前、復須贍養其家族、固勢有所不能也．平民苦矣、則相與嘆息曰、「如何斯可脫此困厄乎」

第三節

善哉、吾人對於此問題、惟有一言以答之曰：吾人當首先承認、且太聲宣言、凡人無論昔日所處之地位若何、無論爲强爲弱、爲能爲拙、皆有「生活之權」La droit de vivre 萬衆之衣食住、皆由社會供給、其分配方法、無有等差、承認之、宣布之、且竭力以實現之！

是故革命之第一日、勞動家知新紀元之現於彼等目前矣．何謂新紀元、卽從今以後，不必蹲橋畔而望巍峨之廣厦也，不必朽腹於糧食山積之廩門也、不必凍斃於衣物如林之店前也．世間萬物、皆萬民所共有、事實與原理、成爲一致、此革命也、歷史所未有、而今乃產生、先滿足人民之需要、然後課其義務者也．

然此非一紙文書所能爲力也、必也其取還一切、擔保萬民生活之直接的實際的財產所有權乎．斯乃進行上眞確科學的唯一方法、而亦人民大衆所希望之唯一目的也．

吾人當以「造反平民」之名、取還糧倉衣店房屋之所有權．＊此時刻不容緩者、聯合全體、救濟凍餒、充一切之缺乏、應一切之需要、凡所生產、不復爲誰某誰某之私利、而惟社會之生活及發達是謀．

按「造反平民」原作 Peuple revolte、其意猶言革命的平民、並非不美之名也、英文本則但作平民而無反字

又按＊誌處英文本多一句云「無論何物不可虛糜暴殄」法文本無之

「勞動之權」Droit au travail 斯語也、一八四八年所用以

欺誑平民、及至今仍執以相誑者也、此等模稜之口吻休矣。

吾人惟決心承認萬民之安樂、今後必能實現而已。

當一八四八年勞動家要求勞動之權之時、國有市有之工塲紛紛建設、驅人苦役其中、一日僅給四十蘇士耳！勞動家有以組織勞動機關爲請者、則答之曰「姑忍耐之、吾友乎、政府將爲汝圖之、今日之四十蘇士在此矣、汝其各自休養、汝其各勤工作、汝其瘁全力以糊汝口！」同時練砲隊矣、召集預備兵矣、盡出富貴社會所快意之種種手段以解散團結的勞動家矣、且也靑天白日之下、彼等忽下一令曰、「速往豈非利加殖民如違槍斃！」

然勞動家倘能轉而要求「安樂之權」、Droit à l' aisance 其結果有不可同日語者矣！吾人宜言獲取全部社會的財富之權、領取房屋以安居家人之權、沒收食物之倉庫及享受安樂幸福於大饑饉之後之權、吾人復宜言對於一切財富—卽過去及現在勞動所得之結果—之權、及美術科學之高尙幸樂向爲富貴社會所獨佔者、吾人共領畧之、抑吾人主張安樂之權、同時復宜布同一重要之權、卽決定何者方爲安樂、—凡足爲安樂之保證者致力生產之、將來無用者悉排棄之是也。

所謂「安樂之權」者、乃獲得人道的生活、及培養幼稚、使在將來較爲高尙之社會中得爲平等人類者也、若所謂「勞動之權」則不過傭奴苦工之權、永受富貴社會之管轄及掠奪而已、「安樂之權」社會革命也、「勞動之權」則不過工業的牢獄而已。

今也佳時至矣、勞動家宜布對于公共遺產之權、及實行取還所有權、此其時矣。

（第二章完）

師復附記、此書譯者冰紋君原稿、祇節譯大意、而非全譯、今自第二章起、由師復爲增改、悉譯全文、無所刪節、字句則祇求通順而不加藻飾、蓋恐失原書眞解也。（其第一章及序文將來亦依此改訂）至其中謬誤、知所不免、惟望讀者有以糾正之。

本報前登廣告徵求同志通信地址（請閱第十六號廣告及十七號答特行書）現擬日間付印、凡願附登錄內者、望速函告爲幸。

無政府共產黨之目的與手段

上海無政府共產主義同志社公佈

何爲無政府共產黨乎．無政府共產黨之目的果何在乎．試以簡明之語述之．

(一)一切生產要件．如田地．礦山．工廠．耕具機器等等．悉數取還．歸之社會公有．廢絕財產私有權．同時廢去錢幣．

(二)一切生產要件均爲社會公物．惟生產家得自由取用之．(例如耕者自由使用田地及耕具．而不必如今日之納租於地主或受傭於耕主．工業者自由使用工廠之機器原料以製造物品．而不必如今日之受傭於廠主)

(三)無資本家與勞動家之階級．人人皆當從事於勞動．(如耕．織．建築．交通．教育．醫藥．保育．以及其他等等．凡人類正當生活所應有之事業．皆爲勞動) 惟各視其性之所近．與力之所能．自由工作．而無強迫與限制．

(四)勞動所得之結果．如食物．衣服．房屋．以及一切用品．亦均爲社會公物．人人皆得自由取用之．一切幸福．人人皆得共同享受之．

(五)無一切政府．(無論中央政府或地方政府)凡爲統治制度之機關．悉廢絕之．

(六)無軍隊警察與監獄．

(七)無一切法律規條．

(八)自由組織種種公會．以改良各種工作．及整理各種生產．以供給於衆人．(例如長於農事者可聯合同志組織農會．長於礦業者可組織礦會．) 公會之組織．由簡單以至複雜．惟組織某種公會者．即爲某種工作之勞動者．而非首領非職員．任此者亦視爲勞動之一種．而無管理他人之權．會中亦無章程規則以限制人之自由．

(九)廢婚姻制度．男女自由結合．產育者由公共產育院調理之．所生子女受公共養育院之保養．

(十)兒童滿六歲以至二十或二十五歲．皆入學受教育．無論男女皆當得最高等之學問．

(十一)無論男女由學校畢業至四十五或五十歲．從事於勞動．此後休養於公共養老院．凡人有廢疾及患病者．由公共病院調治之．

(十二)廢去一切宗教及一切信條道德上人人自由無所謂義務與制裁使「互助」之天然道德得自由發達至於圓滿．

(十三)每人每日勞動時間大約由二小時最多至四小時．其餘時日自由研究科學以助社會之進化及游息於美術技藝、以助個人體力腦力之發達．

(十四)學校教育採用適宜之萬國公語．以漸廢去各國不同之語言文字而遠近東西全無界限

以上．卽無政府共產主義之最終目的也．欲達此種目的．當用以下．之手段．

(一)用報章書冊演說學校等等傳播吾人主義於一般平民．務使多數人曉然於吾人主義之光明．學理之圓滿、以及將來組織之美善．及使知勞動爲人生之天職、互助爲本來之良德．

(二)當傳播時期中．各視其時勢、與地方情形、可兼用兩種手段． 1抵抗．如抗稅抗兵役罷工罷市等． 2擾動如暗殺暴動等．此兩種手段．旣所以反抗强權．伸張公理．亦所以激動風潮．傳遍遐邇．無異迅速有力之傳播．

(三)平民大革命．卽傳播成熟．衆人起事．推翻政府及資本家．而改造正當之社會也．

(四)平民大革命．卽世界大革命．故吾黨萬國聯合．而不區區爲一國說法．現在傳播時代．各同志各就其地位之所宜．與能力之所及．從事於(一)(二)兩種方法．將來時機旣熟．世界大革命當以歐洲爲起點．如法德英西班牙意大利俄羅斯等國．均已傳播極廣．一旦起事．或數國合舉．或一國先舉．其餘諸國必皆聞風響應．工黨罷工．軍隊倒戈．歐洲政府將次第倒斃．吾黨之在南北美及亞洲者．亦當接踵而起．其成功之迅速．必有不可思議者．若就今日中國言．則最要者莫如急起直追．致力於傳播．庶免歐洲一旦有事．而東方傳播尚未成熟．反足爲世界進化之大梗也．

以上．又卽吾黨用以達吾人目的之手段也．

抑時人對於吾黨主義．往往多所疑慮者．無非以爲「離行」而已．或則疑今日人類之道德不齊．一旦無政府．必有種種

紛擾、及規避勞動任意奪取需要品之流弊。或又疑大地人類衆多。傳播勢難普及。各國政府之强權終非少數之無政府黨所能敵。此兩種疑慮。大抵爲今日一般人所通具者。今當有以解釋之。

一、吾人已言欲實現無政府共產之社會。須先傳播吾人主義。要求平民多數之贊成。倘多數人曉然於此主義之美善。則少數人之未明曉者。感之固自易易。曾何患其紛擾。況無政府之人民。非必具有若何高深難行之道德。無政府之道德不外「勤勞」「互助」而已。二者皆人類之本能。非由外鑠。但使社會改善。生活之狀態日趨於適。此種天然之美德。必能自由發展。且彼時之勞動。乃最愉快之事。非如今日之苦惱者也。科學發明。復無金錢之束縛。凡事皆可使用機器。無論何種工作。必求其輕捷省時。合於衛生。故每日數小時之工作。無異於體操遊藝。人亦何樂而避之。夫既有機器之迅速。加以作工者之衆多。生產之豐富。當不可思議。需要品惟有過多。無虞不足。又何所用其奪取。倘仍有冥頑强暴之人。必欲他人爲之服役。而已則飽食安坐者。吾人當本反抗强權之大義。擯之社會之外。彼少數人豈能爲患哉。

二、凡事不合天然之公理者。其傳播難。合於天然公理者。其傳播自易。今無政府共產主義。實人人良心上所同具之公理。其傳播又豈極難。但視吾人之毅力何如耳。試觀歐洲無政府主義之出世。不過六拾餘年。黨人從事運動傳播者。不過四拾餘年耳。然今日歐洲各國。已異常發達。近拾年間。其進步更有壹日千里之勢。無政府之團體。徧布各地。無政府之書報。汗牛充棟。在中國人聞而咋舌者。在歐洲則已視爲老生常談。今年萬國無政府黨大會於倫敦。已預定有萬國聯合機關之組織。萬國革命之實行。且將不遠。尤可喜者。歐洲社會。除資本家外。即是工人。今日之工黨。腦中皆已深印社會主義無政府主義之義理。觀近年工黨之活動。即爲無政府實行之朕兆。政府所恃者。不外軍隊。而各國皆行徵兵制度。當兵者亦無非平時之工黨。故在數年前。已常有政府調兵禁壓罷工。而軍人均不肯從命。甚或倒戈相向者。蓋不肯爲政府以攻其兄弟朋友也。然則將來壹旦大革命起。軍人亦將反抗政府。此實可斷言者。彼食肉之政府與資本家。

何足懼哉．若就中國今日情形論之．此主義之傳播．誠不若歐洲之廣．然吾東亞同志苟能羣策羣力．犧牲二十年之時光．竭力從事於傳播．吾敢決吾主義行將徧布於東亞大陸．此時歐洲之進步．當更不可思議．實行之時期．必爲吾人所親見．愼勿視爲不可實現之理想也．

嗚呼．歐洲戰雲．彌漫天地．以億兆人之生命．爲彼富貴者之犧牲．政府之罪惡．至是而完全揭露矣．戰事完結之日．卽爲宣布政府資本家死刑之日．無政府風潮．必將洶湧而起．願吾東亞平民．急從好夢中醒覺．奮步疾追．幸勿瞠乎落後也．

廣州無政府共產主義同志社告同志書

吾親愛之同志乎！吾等之廣州無政府共產主義同志社已宣布成立矣！良心正義．直破愁雲慘淡之廣州而吐出光芒．君等之喜可知也．然同志中亦有未能深悉吾人之旨趣．以至懷疑莫決．裹足不前者．故不可不有以慰之也．同志乎．君等既懷抱無政府宏願矣．將欲爲一潔己自愛之道德家以長終乎．抑爲一徒托空言之言論家．挾此主義之皮毛．快一時之口舌而已乎．吾知君等必曰、否否．吾等將必……也．然則吾等可以起矣．蓋廣州固吾黨之一小紀念地也．忍令昔日燦爛絢美之花．隨風雨飄零而去乎？

本社之設．原因有二．一、諸同志散處各方．不可無精神上團結之方法．使之互相砥礪．冀道行學識．均隨之而日增．否則吾道將長此默默．必至疑者不信．信者轉疑而已．二、凡事力分則難集．力聚則易周．吾人現受此社會上種種之迫壓．個人進行上．每有所苦．故不可無一團結堅固之團體．以爲合力的傳播．一致的進行．此廣州無政府共產主義同志社之所以必當創立者也．諸同志倘有疑本社爲結黨性質．與無政府主義原旨已相剌謬者．吾等當有以解其惑．夫無政府黨之所以不取黨制行動者．其意若曰．一、吾人行事．依於自由爲原則．吾人惟當各視己力之所能者爲之．不必藉全黨之力．爲規則之組織」而已．非曰「無政府黨不當有團體」也．無政府黨之團體．視猶各個人之集合體．各個人均有自由自主之權．雖爲同羣合一之運動．而仍與個人主權未嘗衝突．既無首領以爲統治．復無階級以別高下．故此種團體質毫無普通黨會之性質。此團體內之分子。各有完全之自由者也。歐洲諸國無政府黨之全國聯合會所在多有。無政府黨人自由集合之小團體。更不可勝數。(各大都市、常有一城中分區之小團體、多至十數處者) 邇者萬國大會、且預定有無政府黨萬國機關之組織。然則吾等之同志社、又何足異之有乎。

廣州處於惡政府勢力之下。或有以強權爲慮者。嗚呼。吾人之受制於強權、豈自今日始哉。政府者、萬惡之原。強權之母也。欲無強權。必自無政府始。今吾人生活於有政府之世。而鼓吹無政府之事。必將躬冒大難。以與強權相見矣。諸同志乎。天下烏有能脫去強權之羈絆、優悠快活以傳播無政府主義者。嗚呼。強權乎。反抗耳。吾人惟恃此至死不朽之精神以與之惡戰而已。強權愈兇則反抗亦當愈烈。最終之勝利。吾人必將得之。此可斷言者也。而此惡戰期中。則惟有前仆後繼。百折不回。如是而已。

顧吾等今日之同志社。其性質特爲研究學理傳達主義之團體耳。文明各國。本無對此種團體橫加干涉之理。雖今日之中國。不足以語此。則吾人亦惟有預備實力。以對付外來之干涉。其他不必問也。不觀南京之無政府主議討論會、常熟之無政府主義傳播社、皆屹然存立于馮張勢力之下乎。邇者滬上又發起無政府主義同志社矣。讀其宣言。讀其致萬國無政府黨大會書。足以破東方之沈夢。示吾人以警鐘。並誘使吾亞細亞之平民與歐洲之平民。攜手而覓將來之大舉也。嗚呼。廣州者、非此主義輸入支那較先之地乎。又非吾黨同志多數之產地乎。而交通機關之組織。遲至今日始露端倪。此則吾人當引以爲深憾者也。乃同志中尚有首鼠兩端。畏法懼罪者。是則適足爲無政府黨人之羞耳。同志諸君乎。吾等惟知有神聖之主義耳。以死自勵。更烏知有強權我諸同志亦有聞而興起者乎。吾等請先自誓曰。決死！曰。毋畏！

通信討論欄

答蔡雄飛(續)

(三)問、中國人民程度尚淺。共和尚不知爲何物。何有於無政府共產主義。若遽以軍隊革命實行此主義。社會上能免種種紛擾否。　答。無政府之革命乃平民革命而非英雄革命也。英雄革命。可以三數英雄驅遣黨徒運動軍隊而爲之。於大多數平民無與也。(從前一切政治革命多屬如此)若平民革命則必由於平民之自覺。以平民自己之實力行之。斷非但使用手段運動軍人倉猝起事所能成功者。故吾黨第一級最重要之工夫卽爲「平民傳播」。要求平民多數之贊成。所謂平民者。除政府資本家外皆是也。言平民則軍隊亦自在其中。(近世各國皆行徵兵制度。中國不久亦必效顰。凡平民皆不免經過數年兵役之苦難。而入伍之前。退伍之後。終平民也。)故將來傳播成熟。平民大革命起。軍隊亦必倒戈而向政府。此時惟有平民革命之大義。不復有所謂軍隊革命之特別名稱矣。然平民革命。須俟傳播成熟。聞者必疑其難。不知天下事無所謂難。惟自畏其難。斯易者亦難矣。歐洲二三十年前無政府主義傳播之艱難。與今日之中國等。然黨人不畏其難。前仆後繼。百折不撓。至今日則婦人孺子皆知有所謂無政府黨。有所謂無政府主義。雖尚未至「多數贊成」之境。然而相去不遠矣。今中國之傳播。旣得歐洲諸先進之成法以爲前事之師。已覺事半功倍。況近日世界風潮洶湧澎湃。爲歷史以來所未有。其力足以震撼一切進化之障礙。中國雖僻處遠東。然直接間接。終不能不被其影響。故傳播之成效。比之歐洲二三十年前。自當迅速數倍。吾人倘能羣策羣力。堅忍前進。各相時勢之所宜。利用種種手段。(或文字鼓吹。或教育補助。或激烈行動)以爲傳播。吾敢謂難之一字。當消滅於吾黨之傳播史中也。

(四)問。中國第三次革命之機熟時。卽別豎一幟。實行此主義。各國同志能響應否。　答。中國第三次革命。充其量不過軍隊革命。然非所云平民革命也。凡平民革命之機會未熟。而欲遽達至無政府。必無由成功。觀法蘭西一八七一年三月十八日之役。其往事矣。(參觀本報十四號巴黎之自由市府)　然則傳播未熟之時。必不可起激烈之風潮乎。曰不然。激烈行動。亦爲一種最良之傳播方法。如罷工。罷市。暴動。暗殺等。苟有合宜之機。迺隨在可以行之。三數日之風潮。能勝於千萬册書報之散布。特仍須恃吾人自己之實力以爲活動．萬不可使用不正當之手段．（金錢權位）運動少數軍隊或無賴倉卒起事．徒足貽吾黨之笑柄也．至問各國響應云云．在吾人之意．以爲將來世界革命之起點必在歐洲．以彼中數國傳播極廣．革命之時機已漸漸成熟故也．然則吾黨在中國之工夫．卽預備爲歐洲響應之實力是矣．若不從事實力之準備．而欲於政治革命中以少數人虛揭無政府之名．僥倖歐洲黨人之響應．此則所謂貧子說金者耳．

（五）問各國政府乘中國之危．應行其蠶食手段．而各國同志．竟任各國之政府橫行．不加阻止．其故可得聞歟．　答各國同志對于各國政府之蠶食中國．無不髮指眥裂．吾黨各國之機關報．時時攻揭其非．不遺餘力．又有反對軍國主義之運動．以殺其勢．此皆口舌上手腕上之阻止也．至言根本救治．則當言滅除．而不但阻止．如何方可滅除．卽運動無政府革命是也．此種革命．固無時不在運動之中．特時機未熟．末如之何耳．須知所謂蠶食手段者．在政府之口中．則有種種美名．曰帝國主義．曰殖民政策．曰……當其蠶食中國時．中國人深惡而痛絕之．然各國之政府則以爲最正當之手段．最光榮之主義也．卽中國若一旦達至所謂强國之地位．其蠶食他國．亦必與今日各國之政府無異．此時中國之愛國主義家．或將錫以嘉名．而忘其爲蠶食手段矣．然則蠶食手段．實可謂爲政府最大之事業．亦爲政府唯一之義務．必能行蠶食手段者．方謂之「强有力之政府」方謂之「國利民福」．方謂之「國家光榮」．是蠶食手段與政府實爲須臾不可離之物．苟一日有政府．卽一日不能免蠶食手段之橫行．空言阻止．胡能有濟．是故根本之救治．舍無政府革命外別無他道也．吾人不忍中國之被蠶食．則勇猛前進．與各國同志攜手而促無政府革命之成功可矣．

大姿助印刷費一圓（東莞）　仁俠一圓（香港）

無政府主義

即眞正社會主義

民聲

第二十號

麵包略取(續)

La Conquête du Pain—P. Kropotkine

克魯泡特金著
冰紘譯

第三章　無政府共產主義

第一節

凡社會既破除私產制度、必將以無政府共產主義離Com-munisme anarchiste 改造之吾人敢決其必然者也無政府生共產、共產達於無政府二者皆近代社會研求平等之新趨向所產出也、

在昔之時、農家耕而獲粟、織而獲布、以爲一已獨力之生產物矣、不知此等觀察、即在彼時、亦未能盡確、蓋道路橋梁、乃公共所作成、淤澤之排洩、亦需乎衆力、而牧場公用、其藩籬又藉乎公共之修理者也、又如紡織之機杼、染料之方法、亦皆經一人之改良、而供萬衆之利用、然則當此時代、農家已不能孤立生活、萬事皆有賴於一村或一市之組合矣、

況夫今日之工業狀況、凡百皆互相維繫、生產之各部、均與其他一切相聯屬、若貿貿然以個人主義之原論施之各生產物、蓋絕對無當者也、即如今日文明諸國織業礦業之發達、異常完美、察其原因、則實由其他千百種大小工業同時發達所致、凡鐵道之擴展、大洋之航行、百工之精巧、勞動社會全體之文明程度日高、莫不與有關係、約言之、則全世界之人類彼此相互造成者也、

開鑿蘇彝士 Suez 運河時死於虎列拉疫病、哥殺 Gothard 隧道中死於骨節固著病之意大利人、及南北美放奴戰爭時戰死之美人、皆於英法棉業之發達與有大力、其功蓋不下於曼遮達 Mauhester 及羅因 Rouen 工廠中勤劬萎弱之少女、與夫改良織機(亦由其他工人開其端倪)

之機械師也。然則由吾人全體出力漸漸積成之財富、安能分析計算各個人所占之實額者乎？據吾人之概括的總合的眼光以觀察生產、彼集產家、所謂相當酬給、＊按乎各個人對於財富之生產之勞動時間、爲理想之布置、或向此理想而進一步、皆吾人所不能苟同者也。現社會中物品交換價格之計算、是否確合乎生產所需之勞動額、（斯密 Smith 及理加多 Ricardo 所倡、而馬格斯 Marx 祖述之者）今姑勿論、後當詳說之、但集產家之理想、以吾人觀之、決不能實現於所謂生產機關公有之社會者也。若根據原理、惟有澈底廢除僱傭制度而已。

＊「相當酬給」 remuneration proportionnelle 亦可譯「比例分配法」按勞動時間之多少、給以相當之「勞動劵」持此以易取需要品、與僱役之薪金、事同一例。故謂之傭僱制度。 salariat（法） wage. system（英）

所謂集產制度之緩和的個人主義、必不能與土地及勞動器械公有之部分的共產主義同時存在、此吾人所共信者也。蓋財產之新制、當有酬給之新制以應之、生產之新制、必不能與消費之舊制並存、亦猶其不能與政治組織之舊制並存也。＊

＊所謂財產之新制、即指廢私產爲公產、酬給之新制、猶云分配新制、各取所需是也。生產之新制、即共同勞動之生產制度、對於現社會之資本家的生產制度而言、消費之舊制、即用金錢易取消費品之制度、集產主義用勞動易取消費品、亦正相同。

僱傭制度、乃由土地及生產機關之私有而生、實擴張資本家的生產之必要條件、而假「勞動利益」之名以欺人者也、夫勞動器械既歸公有、則共同勞動之結果、亦當共同享受之、此必要之事理也。

抑吾人更有所確見、共產主義不但屬之希望而已、即現在之社會本建立於個人主義之上、然亦向共產主義之途進行不已也。

三百年來個人主義所以發達之故、蓋爲抵制資本及國家之威權、思有以自衛人人之思想中、皆以此爲完全脫離國家及社會之善法、即所謂「我有金錢一切需要均可買來」是也、不知此等觀念其謬殊甚、苟無社會全體之協助、雖金錢山積、亦一無所得、近世歷史已詔示吾人矣。

實則在此個人主義之潮流中、亦有兩種趨向、一方面保存古代之部分的共產主義、一方面重建共產原理於現存之凡百事物中、此吾人所得見於全部近世史上者也。

十、十一、十二世紀之自由市府、不爲習俗的宗教的君權所羈絆、共同勞動及共同消費、異常發達。

由邑市(非私人的)僱賃船舶、遣送商隊、經營遠方貿易、所得利益、歸諸全體、而不屬個人、復購買多數糧食、以供居民之需、此等制度之遺迹、直至十九世紀猶未盡泯、而平民所永留紀念於口碑者也。

至於今遺風全滅矣、然鄉野之自治體、猶竭力保存共產制度最後之殘迹、且得甚良之效果、使國家不得投其重劍於秤上。

同時以「各取所需」之原則爲根據之新組織、亦發生於種種方面、蓋苟無多少共產主義之分量混合其中、現今之社會亦末由存立也。雖今日之商業的生產制度、足使褊狹利己之風、深入人心、然共產主義之趨向、仍時時發現、且影響於吾人之關係者不少也。

昔日行人例當納稅之橋梁、今已成爲公衆紀念物矣、鋪石之大道、昔日按里徵稅者、今則除東方諸國外、已不復見矣、博物院、自由圖書館、免費學校、兒童公餐所在皆是矣、苑囿公園、人人可以縱游矣、鋪石燃燈之街衢、萬衆皆自由往來矣、自來水徧供萬戶而無所限制矣、凡斯組織、實皆根據於「取爾所需」之原則而建立者也。

電車及鐵道、已行用一月或一年之長期券、乘車次數、絕不限制、最近匈牙利俄羅斯之鐵道、又已行用帶域制度之車券、五百里與一千里之程途、許納同一之車費、與郵政之價值劃一制正復相類、凡斯革新事業、以及其他種種、皆趨向於不較量消費之點者也、夫一人旅行一千里、其他一人則僅行五百里、各應乎個人之所需、不應因其人之所需爲二倍、遂責以納費二倍也、當今日個人主義之社會中、其朕兆之發現已如此矣。

(未完)

通信討論欄

▲答恨蒼

來書曰予每與友人討論吾人進行之方法・多數皆主張漸進・而否認急進・非反對急進派之學說・不過以爲漸進(即改良派)則手段和平・而措施不倘急迫・及成功時・人人皆能深悉無政府之旨趣・而於無政府社會中之種種佈置・必較易爲力・若急進(即革命派)則手段激烈・措施倘急迫・大有以最短期限達到無政府目的之心理・深恐一般人民・於此短期內・不能普及無政府智識・及增進其個人道德・至成功時・不免有佈置艱難・甚至大有窒礙・(如惰者不肯工作・但取所需・或避重就輕之弊)故不若舍彼就此之爲愈・以予愚昧・對於上述・亦不能定取舍之途・願有以敎之・又民聲文字太深・倘能演爲白話・或淺文・以期普通人之能曉・則尤善也・

按時人往往誤會「急進」二字之意義・以爲「欲於最短期間達到無政府」・此卻不然・吾人之所謂急進者・質言之・即激烈行動之代名詞耳・激烈行動之作用・一方面爲反抗强權・伸張公理・一方面爲鼓動風潮・迅速傳播・其用意則無非欲使多數人明白無政府之眞理・贊成無政府之組織也・淺而譬之・中國革命之迅速・人人皆歸功於廣州黃花崗之一役・及迭次之暗殺案・此卽所謂激烈行動・自此之後・從前之反對革命者・亦不期而附和革命矣・可見激烈行動之效果・實有勝於十萬書冊之散布者・無政府之革命・亦然・若徒藉口舌筆墨之鼓吹・而欲達吾目的・眞不知至於何年何月・且敢決其無由達到・故吾人於口舌筆墨之外・不能不更以激烈行動助之・如能工・暴動・暗殺等等・(暴動在歐文爲 Insurrection 並非不美之名・其意猶云突然而起之激烈舉動耳・黃花崗之役亦是也)皆可視爲傳播之一種方法者也・然吾人主張激烈行動・並非遂舍口舌筆墨而不用也・或印刷物・或演說・或敎育・或戲劇・以及其他種種・皆爲由今日以達至無政府之傳播期中・不可一日或息之事業・激烈行動則行之於一時・遇有可用之機會・乃始爲之耳・且中國目前之情形・此等機會・似尚未至・故吾人於現在最近之時期・當先致力於口舌筆墨之傳播・俟吾人之思想漸漸發達・然

後再謀激烈舉動以助其進步．似尙未晚也．

更有當注意者．無論如何急進．凡欲無政府之成功．必須無政府之思想普及於大多數．此爲不易之事理．特用急進方法．則思想之普及較速耳．來書所謂「急進恐不能普及無政府智識及增進個人道德．」此實不然．所謂無政府智識．不過如吾所謂無政府思想．而急進則傳播思想之最良方法也．至個人道德．在無政府共產主義之根本論據．以爲必社會改良．然後個人道德可以改良．與「個人無政府主義」之學說（卽都克氏所倡導）適成極端之反對．（個人主義以爲必先改良個人．然後可以改良社會）個人主義之哲理．與共產主義比較．孰長孰短．今不暇詳論．然試以最淺而易見者言之．如欲人之不爭奪．必須衣食豐裕．衣食既豐裕．自然無所用其爭奪．欲人之親愛互助．必須生活共同．利害共同．否則各懷個人主義．人人各爲其私．愛他之念．又從何而生．又如人之偷惰．乃由於僱傭制度．職業不自由所致．終日爲他人服役．焉得而不惰．若人皆勞動．勞動之結果．卽爲自己之利益．自無慮其偷惰．而反足以生奮勉之心．（今人無論何種職業．無非爲强權者服役．而與已無關．又擇業但求多得薪金．而未必已心之所欲與性之所近．又服役時間太長．爲衛生上直接之苦惱．皆所謂職業不自由．皆爲令人懶惰之原因．余嘗爲某學校敎師．無權參與全校之改良．徒爲上堂領薪之敎員．形同傭役．因之敎授亦苟且塞責．及自辦學校．雖無一文之修金．而敎授異常熱心．又嘗爲報館記者．每日勉强草成若干字．付之手民．卽出而閒遊．且覺其苦．今編輯民聲．每日執筆十小時以上．反不以爲苦．而以爲樂．於此足見職業之自由不自由．與個人勤惰之關係．）凡此皆須共產實行．然後可望實現者．但個人主義之根本論據．遠不及共產主義之精確．卽在於此．吾人亦硏究已熟．乃決主張共產主義．然則吾人今日之預備工夫．惟在使多數平民知無政府組織之美善．知無政府道德之自由．（勞動與互助）足矣．若欲人人於有政府之世．先具無政府之道德．此可決其不能．且亦不必也．

來書又謂「急進則……至成功時不免佈置艱難．甚至太生窒礙．如惰者不肯作工．但取所需．或避重就輕之弊．」此亦無足慮無政府之成功必由於平民革命卽大多數平民贊成無政府乃起而革命之謂也而所以能得多數人之贊成則由於吾人用口舌筆墨之傳播復從中助以急進之方法乃能得此急進方法其用意亦無非在要求多數之贊成並非用急進方法卽不顧平民之贊成與否而徒以少數無政府黨倉卒起事便以命令頒布無政府之謂也然則所謂成功必由於平民自己之革命以平民自己之革命布置又何至艱難窒礙更無庸論矣至所慮不肯作工避重就輕云云吾前已屢屢辯之如第一號之無政府淺說第十一號之答李進雄第十六號之答飄飄以及散見其他各論者均已解釋頗詳請參觀之

來書又指漸進爲改良派急進爲革命派亦微有誤會漸進急進本無一定之界說第吾人所論之急進實指激烈之舉動若改良革命云云則別有解釋改良者卽變法之謂不激底推翻現社會之組織而以變法之手段從漸改良之革命則主張以實力推翻現社會之組織也淺而譬之保皇黨之變法立憲謂之改良革命黨之顚覆帝政改建共和謂之革命又社會民主黨欲借議會之力實行社會主義是爲改良派社會革命黨(法國此黨甚盛其目的則仍不外集產)不藉力於議會而欲以革命手段實現社會主義是爲革命派今吾人之無政府主義實卽革命主義斷無改良變法可以達到之理故近世之無政府黨主張革命者蓋十之九也但主張革命之中仍有和平與激烈之兩種方法文字敎育之鼓吹所謂和平暴動暗殺所謂激烈和平方法用之於常日激烈方法用之於一時各視乎一己能力之所及與乎地方時勢之所宜取其適者而用之可矣

來書又謂本報文字太深宜兼用白話或淺文以期一般人之了解此說極是但本報之用意原爲通曉文字者而設冀於閱者之中得多數研究有得之人以助吾人之傳播今日同志寥寥以極少數之人置之地積極廣之中國欲期思想普及豈不大難然則養成多數之傳播家實爲今日惟一之要務故吾人第一期望多數人遊學歐洲或研究西文直接閱讀無政府書報然力能遊學及通西文者無多而華文書籍關於此主義者又絕無而僅有雖或有志研究而無從故

本報所最注意者、爲介紹名家學說、解釋一般疑問、及報告世界之社會運動、其用意則無非欲供無政府傳播家之研究品而已、其他普通鼓吹、尚須多刊白話通俗報或畫報、惜爲財力精神所限、一時未能急就耳、

▲答悟塵

(來書)近來對於吾主義進行之意見如下、

一勞動者簡易識字塾之組織、　歐米各國强迫敎育已行、人人皆得受初等之敎育、讀書閱報、無甚困難、故主義之傳布較易、中國則文字旣繁、難貧者復絕不能得絲毫之敎育、全國之中、不識字者占最多數、數千年來、舉國人民、竟爲一二腐儒操縱而左右之、發號施令、愚者盲從、眞理公道、末由表見、故欲公理發揮、必使一般勞動者能自覺悟、由眞理判斷雙方之利害而後可、以是之故、平民敎育實爲首要、吾黨處此困苦顚連之境遇、建立學校、雖非易事、然有一最善而易舉者、莫如勞動簡易識字塾、其用費甚簡、於勞動工畢之暇、使其自由入塾、爲之講解單字、由簡入繁、以期其能直接閱淺近之書報爲目的、

本報按敎育爲社會進化之原動、亦爲吾人傳播之良法、故吾人於此、所當注意者有二、一爲科學敎育、(所謂科學、乃眞理的科學、而政治法律軍事等無用之學不與焉)世界之進化、與人類之幸福、胥於科學是賴、顧中國今日學術之幼稚、欲使科學敎育發達、非得多數人留學歐美不可、故鼓吹留學養成多數他日改造社會之工匠、實爲敎育上之根本大計、李君眞民近日頗專意於留法儉學會之經營、其意卽在此也、二爲平民敎育、平民敎育對於國家敎育而言、政府所經營之敎育、無論如何、祇能得皮相之敎育、而決無精神之可言、甚或足爲眞理之障礙、(卽如提倡宗敎宗法愛國主義軍國主義等是)故私立之平民學校最爲要務、卽來書所謂簡易識字塾、亦屬此意、顧記者以爲當名平民學校、或平民學塾、而不宜曰簡易識字塾、蓋此種學校、其目的不僅在識字而已也、歐洲平民學校之辦法、除敎授淺易實用之科學外、尤注重於演講、戲劇、歌曲等、一方面與以應用之智識、一方面卽以傳播吾人主義、對於勞動者精神之敎育、全在乎此也、中國同志、苟欲委身於此、亦當注意及之、尤

當相地方情形之不同而各異其教法如在都市或商埠宜予以製造廠工人所應具之智識在鄉落則宜予以農業所應具之智識其他類此時間則或半日學或夜學或星期日學亦各視其地方情形而異大抵中國勞動社會中農人及手工家識字者最少此兩種工人多在鄉落而不在都市而鄉落中經營此種學校比都市爲尤易以所費更廉而得校地亦不難故也此種事業吾同志隨在皆可爲之其事易舉其功極大愼勿以爲無用而忽之又南洋美洲華工所集之地凡旅外之同志亦宜留意於此也

(來書)一勞動白話報之組織　資本制度之害直接受其痛苦而占勢最大者莫如勞動家吾黨對於勞動家之傳布方法第一勞動者之敎育第二白話報之組織所以開通其智識而啓其反抗强權之决心彼勞動家終日勤勞秉具樸素誠厚之天性一聞新社會之組織未有不樂從而歡賀者也故悟主張鼓吹之事應注全力於勞動界若於一般人中傳布之用心雖苦而終難得一二眞同志般般以主義爲已任也以彼等正孜孜於吾黨反對之事中而討生活耳是以有力能多刊白話報輸入一般勞動家較發刊高深之學理報爲要也

本報按共產主義無政府主義質言之實卽勞動階級與富貴階級戰鬬之主義故吾人傳播事業自然不能出乎勞動階級之範圍斷無向敵人方面(富貴階級)而希望傳播者也所謂富貴階級與勞動階級之辨別雖若甚難然有一最顯而易見之點卽凡不勞動而亦能生活者謂之富貴階級申言之則地主商業家工廠主官吏議員政客以及其他等等是也凡必賴勞動而後能生活者謂之勞動階級申言之則農人手工家工廠工人苦力僱役以及其他等等是也凡家無恒產之敎師醫生工程師等亦屬此類對於前者吾人不但不必希望傳播且當極謀所以顚覆之對於後者則因其人之智識程度各有不同吾人之傳播方法亦當因之而異就以報章論對於通文字及稍有敎育者不妨用文言以達較高之學理對於未通文字者當用白話或淺文專論尋常社會所覩見之事實與道理是也然勞動社會中不通文字者實占最多數故論普通之傳播當以白話或淺文爲最

要。記者亦久已有意於此。特以種種困難。一時未能成就。然固無日不有此事縈旋於腦中。且甚望各地同志之匡我不逮也。除此之外。尙有數法極利於傳播者。(專就報章論)一爲普通之日報不必標明吾人宗旨。但每日載入一二段關於吾人主義之記事或評論或小說。使閱者於不知不覺之中。浸潤眞理。必有一旦領悟之日。其功實足與機關報相敵。因機關報固非一般人所愛閱也。二爲畫報。三爲小說報。此二者皆借美術文學之趣味。引人入勝。對於向未受吾人感化之人。其收效視機關報爲尤勝。四爲科學報。無政府主義實爲科學之一種。近世最進步之科學。無一不與吾人主義互相發明。故借科學以瀹輸吾人思想於研究學問之人。及學校之敎師與學生。亦比機關報爲易入也。總之傳播方法。千萬門類。不可殫述。惜記者個人精神財力均已受不可伸展之限制。故卒未由實行其一二。是不得不望各地同志各就力之所能。與勢之所宜。人人各任其一分。則傳播之途。或能以漸開闢。而不至爲最狹之範圍所限矣。

(來書)一無政府試行地之組織。　今之反對我主義者。多謂吾黨乃空想而不易實行也。故在今之世。非有一試行地之組織。不足以啓世人之迷。是不得不以集資購地爲入手之辦法也。

本報按試驗地之舉。倘能辦到。固亦甚佳。然其中種種困難。不可殫述。況處現政府之下。吾人在內地者。一言一動。尙須祕密。遑論所謂試驗地乎。

(來書)再女子性質。似勝於男子。故傳播吾主義。以女子爲尤宜。在兒童之敎育。亦有最大之效力也。

本報按男女性質。各有所長短。女子性質勝於男子之說。今姑可以不論。但女子同爲平等之人類。其地位與男子相等。故吾人論事。無論對於何種社會。均統男女而言。不應置女子於例外。(卽如上文所論之勞動家。亦統男女言之)且兒童敎育於母敎爲尤接近。則今日爲傳播吾人主義計。自當同時注意於女子。更無疑義。因之女子敎育。亦不可忽。(嘗日鴨笑君嘗來書主張女子敎育。今附答於此) 惟吾人所當知者。今日之女學。其入學者大抵富貴社會之女子占最多數耳。於勞動階級無與也。故苟經營女子敎育。當以平民女學爲急。即上文所論對於勞動家之平民學校之一種也。

▲答樂無

(一)萬國無政府黨大會通告書中之「召集」二字。不過譯者之隨宜便用其意猶云招請同志來會耳。並非如法律條文上之所謂「召集權」也。此次大會由德國同志發起。經英法同志之贊成。於是定期開會。蓋吾黨之在此三國者爲最多。又皆已設有固定之交通機關(即聯合會)聲氣極爲直接。互商極爲便利。故由此三處同意發起之。並非法律規定此三國之黨人有權召集開會也。以事實論。五洲各國之黨人及團體。散處四方。即欲發函互商。亦勢難遍及。若必全世界之無政府黨人一一皆互商妥協。然後開會。竊恐地老天荒。亦無開會之日。然則任由一二處最多數同志所聚集之團體。便宜協議。定期開會。實爲事實上不得不然者也。至謂與各個人完全自由之宗旨相戾。則不必慮。蓋發通告者不過招人赴會。並未嘗迫人必須赴會。各個人既有赴會不赴會之自由。又非規定某人有召集之權。於自由之旨何嘗違戾乎。來書又以通告書中有君等吾等之字樣爲不當。愚意亦以爲於理無礙。蓋此次通告之署名者爲德法英三聯合會之書記。所謂吾等。即署名者之自稱。所謂君等。即對於所通告之人之稱。(君等二字。在西文爲汝等。非特別之尊稱也)既有通告。即不能免此等字樣。亦事實上所必然者也。

(附言)德法英無政府黨之聯合會。不知者或疑其尚有國界。此實不然。蓋語言文字上之關係耳。法國聯合會之原名爲 Fedèration Communiste Anarchists Revolutiolutionnaire de Langue Francaise 譯即「法語革命無政府共產黨聯合會」所謂法語。即用法語之人。(除法國外。尚有比利時瑞士及德國之一部。亦用法語。即其他各國之通法語者亦在內)所謂聯合會。即聯合各地之小團體而設一中心的通信機關也。其他德英等國亦類此。其以同一語言文字爲範圍者。不過爲傳播上交通上之便利。非國界亦非種界也。今次大會有萬國交通機關之提議。則又爲世界的聯合會矣。

(二)來書又謂「本報第十號所載平民之鐘。有所謂共產屋者。彼時人類所需用者無非共產。何必特以一屋標名曰共產又何必於共產屋中置簿籍二壹書所作何工壹書所需何物乎」云云按「平民之鐘」乃壹種小說近於寓言之體所謂共產屋者譬之共產社會也簿籍二種譬之各盡所能各取所需之天然大法也人人皆書於簿上譬之人人皆實踐此原則也設諭之詞幸勿誤爲事實否則共產社會中有所謂共產屋及如何如何之簿籍豈非千古之笑話乎

(三)關於無政府共產社會之概情及吾人如何能達此目的已擬爲「無政府共產黨之目的與手段」一文業經刊布來書所謂傳播上不能少者殆近之乎

風雨雜聲錄

▲亞爾然丁工人之活動　南美諸共和國之民拉丁之遺族也其人富于革命冒險之性有無政府之思想本年佩諾阿爾士 Buenos Aires (亞爾然丁之都城)舉行勞動大會與會者有各處之同志及亞爾然丁、比魯智利巴西各勞動聯合會之代表

偉哉此會勞動工人與蠹蟲(不工作而坐食之資本家)經年苦戰相持未下今者此會舉行此後工人之團結必愈堅工人之勢力必愈厚蠹蟲之死期必愈近矣

蠹蟲與平民方戰爭未已政府(資本家唯一之爪牙)則一面誑誘歐亞人民移居亞爾然丁現來者仍源源不已其狀況愁慘悲苦可憐可憫溫格地報云此種手段實最野蠻亦最愚蠢者倘故態仍不改則禍機暴發必非政府之福也

▲古巴之傳播事業　古巴現有鼓吹吾人主義之報紙二家壹無政府的名 Tierra 壹工團的名 El Dependiente 此間同志多有仿佛瑞氏 F. Fearer 設立學校以圖傳達主義者成績極佳現又有同志二人周遊各地傳播無政府及工團主義之思想

▲三藩市華僑之曙光　同志某某等君近在三藩市糾合同志組織「無政府主義研究會」會友約二十人以卜技利大學之學生及勞動家爲多云至江君亢虎在該處所倡之「社會主義同志會」近因衆情渙散勢難支持演說久不舉行其新大陸通信片亦已停版云

▲廣州同志之活動　「廣州無政府共產主義同志社」之

同志近於社內特組織「無政府主義研究會」每星期日開會討論演講。凡對於無政府主義之學理有所懷疑者。及所主張無論屬於何派。均可入會云。廣州處於殺人魔王龍濟光勢力之下。而諸同志之進行不怠如是。誠可喜也。

答岸父(讀十八號)

(14) Antimilitarism, by B. Montefiore (反對軍國主義) 1d.

(15) Land and Liberty (土地與自由) 5d.

(16) God and the State, by M. Bakunin (上帝與國家) 1d.

(17) Anarchism and Other Essays. by Emma Goldman (無政府主義與各派之言論) 4s. 6d

(18) Prison Memoirs of an Anarchist, by A. Berkmau (無政府黨之獄中紀略) 6s. 10d.

(16) Anarchism, by P. Eltzbacher (無政府主義) 9s. 10d.

(20) Speeches of Chicago Anarehists (芝加高無政府黨之演說) 1s. 5d.

(21) What is Property? by Proudhon (何爲財產?) 2s. 4d.

(22) Moribund Society and Anaichy, by J. Grave (垂死社會與無 1s.

(23) Prsisons, Police and Punishment, by E. Carpenter (監獄警察與刑罰) 2s. 3d

(24) Anarehy v. Socialsm, by W. C. Ouren (無政府對于社會主義) 2d.

(25) Anarchism, by Goldman (無政府主義) 10c.

(26) Syndiealism, by Goldman (工團主義) 10c.

(27) Marriage and Love, by Goldman (結婚與戀愛) 10c.

(28) Patriotsm, by Goldman (祖國主義) 5c.

(29) Origin of Anarchism, by C. L. James (無政府主義探原) 5c.

(30) Amcricau Communists. by W. A. Hinds (美洲之共產黨) $1

此外尙有多種不能備列各書均可向倫敦自由報社函購由(25)至(30)則當向紐約母地雜誌社購之(所列價目均併郵費合計)

根蓬助本報印刷費壹圓(香山)

*　*　*　*　*

民聲

第二十一號

高曼女士、美洲著名之無政府黨也。著作極富。喜雄辯。主張激烈。凡聆其言論者無不感動。一九0一年榜谷士 Leon F. Czolgosz之刺殺美總統麥堅尼。郎聽高曼女士之演說而興起者也。(參觀本報第五號美洲無政府黨之歷史)女士一生之革命運動。勇往無倫。以是入獄數次。現在紐約發刊母地雜誌 Mother Earth 爲美洲無政府黨之唯一機關報。奔走運動。無時或息。女士又爲劇曲學大家。頃承以所著 "The Social Significance of the Modern Drama."(近代劇曲之社會的意趣)一書寄贈本報。中附肖像。亟布之以誌景仰。(女士之無政府主義著作已介紹於前期。今不贅)

Emma Goldman 高曼女士

無政府共產主義：其根本及其原理

ANARCHIST COMMUNISM Its Basis and Principles—P. Kropotkine

(續十七號)　克魯泡特金著　涓聲譯

顧上列之哲學家。其論點亦有不確之處。如斯賓塞爾等謂文明社會之困苦。乃由生產不足所致。此最大之謬點也。此種誤解。本甚顯著。顧哲學家亦信之不疑者。殆生存競爭各方面每多錯亂也。

與衆協合以圖生存、或孤立以圖自存生存之法各自不同。或純賴他人製成的植物或動物界之生產品以爲生活之原素或自食已力純賴躬自產生之生活資料以自贍、更增益一己以外之生活資料以供他人此生存之法之大相逕庭者也又如獵者自獵自存或與人同獵以圖存、及文明社會以機械發展生產之能力以利人羣、此生存之法又各各不同也。

總之人類各種智識、及生存之能力與人類之生殖爲比例。若人類愈多、則生存之能力愈大、各種智識亦愈富、是故人類有科學智識而又能互相協助致力於生產、以謀人類之幸福及正當生活、其進化之軌道、與馬爾德 Malthus ＊之公例適成反對、生產能力及各種幸樂增加之速度、實遠過於人類之生殖力也、此進化之公例推斷之、若社會組織無不善之處、則生產方法與人類生殖、二者增加之速度、當爲正比例、吾人生產能力與科學智識、則尤速尤捷、繼長增高無時或已、卽前人之一切新發明、亦大足爲生產之助力也。

所謂人類生殖日繁則生產日蹙、此等不經之言百年前或能見信於人、若在今日科學進步、工業隨之發達、生產之能力百年來增進無已、其說已成絕無價值之迂論矣、一八四四年英國人口一千六百五十萬、至一八八三年、增至二千六百七十五萬、其增加之率爲百分之六十二、而一國之財富(照所得稅A款Schedule A of the Income Tax Act之統計)竟增多兩倍有奇、由二萬二千一百萬增至五萬七百五十萬、卽增加百分之百三十也、又法國情形亦同、美國則尤劇、蓋僑美之民日增、故財富亦隨而飛漲也、觀上舉之數、可見生產之速度、過於人類之生殖、然此尙非生產之眞相也、吾人生產之能力、必不止此、此不過生產界中之一微末小影耳、近世資本家之操縱產物、一方面則減少人力、一方面則限制生產、以冀獲利較豐、不顧平民之疾苦、若某物之價低落、彼等或竟杜塞其生產、蓋供過於求則物賤而獲利微、求過於供則物貴而獲利豐也、吾人試舉目四顧、彼賦閒失業、欲求一飽其生產之能力而不可得者、恒

＊馬爾德或譯作馬路梭士。

以億兆計此外工廠停業致消失其生產之能力者又無算即倫敦一隅失業者亦以千計凡此皆今日之現象也皆資本家所製成者也若輩心目中除金錢外尚有他哉然則生產不足之說其不足爲社會困苦之眞因明矣

＊　＊　＊　＊　＊

然此不過生產之直接的限制耳此外尚有間接的限制也所謂間接的限制者何即以有用之人力而耗費於無用之事業是也試遊於繁華之市一瞻大商店之品物則耗費之大概可知矣富人以千金建一馬廐耗若千日或六千日之人工若社會組織較良此五六千日之人工移而置於有用之事業—如屋宇—則千百貧民可得安居不至蹙縮於破屋蝸廬中矣又如婦女之盛服一襲動值百金此百金者又耗兩年之人工若以之移於有用之事業當能供百婦以適當之衣服或能增加若干生產也此即人力之虛耗也每年虛耗之人力不知幾千萬日＊而各種機械又從而製造無用之品物消損其生產之能力若以此種能力置於有用之事業吾知產物及各種幸樂必十百倍於今日可斷言也

＊一人每年虛耗三百六十餘日二人則爲七百餘日合而算之故謂每年虛耗不知幾十萬日也

吾人若一計算人類之能力生產之遞增及生產之直接間接的窒礙（此爲現社會所不能免者以經濟組織之不善也）即知人類日增生產日蹙之說絕無根據社會所以困苦別有原因也

＊　＊　＊　＊　＊

今文明之國林澤既闢河道已通陸則鐵道交馳海則輪舶來往工廠遍於四野科學燦然大備人皆知揭取天然能力以饜其所需要而一切文明事業復蒸蒸日上此其現狀可謂美矣善矣然致此者誰耶此非平民祖孫數世之合成力之結果耶

彼林澤宮室水陸道路無不耗百年之光陰萬衆之勞力乃底於成而千百著述家哲學家科學家及機械發明家賴以無量數工人之窮愁困苦以死者彼此共同操作共同扶助然後由其合成力產生今日之効果微斯人者今日之文明何由實現哉是故工業技藝之發達工人之力居多而資本

家無與焉、機器變熱為機力、由機力生聲生光生電、此事既發明、然後世人始喧傳熱之本源及質力相互的關係、然後吾人始領悟此種學理、苟無發明家及工人各致其無限精力於機器使之日臻完善、恐再過數十年吾人仍昧於工業之常識也、機器最微小最簡淺之部分、吾人究心攷察之、亦必有一段歷史、即發明家殫精竭力苦心構思之歷史、或一部分之發明一部分之改良之歷史也、凡機器每一部分、必費發明家及工人之若干心力體力、然後能成、故機器者千百人的合成力之結果也、非一人所能致也、是不獨一二種特別之機器為然、即所有一切之機械亦莫不皆然、

文明城市、水陸交通無不便利、此數世紀所積成之結果也、城市位於繁盛之區、交通利便之地點、則城市中之屋宇店舖工廠因而得有足以存在之位置、蓋所謂文明之地點、有如許價值者、以此地點佔有全部文明區域或繁盛區域之一部分也、使倫敦最繁盛之店舖、而不位于擁有居民五兆交通利便文明發達之倫敦、(移往較冷淡之地點)則此店舖果何如乎、又使世界交通不便、商務不振、則一切工廠船廠煤礦又何如乎、是故一切事物、如屋宇也、街道也、工藝實業也、科學美術也、其興起發達、前人與有力焉、今人與有力焉、近於咫尺之人有若干力以協助之、遠在萬里之人亦有若干力以協助之、質言之、即古今東西之人之合成力的結果也、然則有指定某物而言者曰「此物我所造成、故屬於我」、寧非大謬乎、世上一切所有、無非世人交綜錯雜的合成力所造成、烏能據一部分為個人私有乎、

(未完)

克魯泡特金學說之特點

師復譯

克氏無政府學說之特點何在、即本科學方式以為論據是也、近世所稱為大主義大發明者、其立說必準據事實、用歸納法的科學方式、而不復採昔日之獨斷的演繹法、克氏之無政府主義亦依據此大例者也、彼以為社會者原由各個人之一切能力一切所有一切目的所造成、故不可不依各個人之自由團結而組織之、故所謂社會者、必由各個人行「互助」之大義、為自由一致之團結、然後可、此克氏之社會觀也、所謂互助之大義、即克氏社會論之骨髓、彼所稱為互

助之感情著。凡天地間生物皆有之。而高等動物爲尤著。此感情卽所以爲宇宙間道德的秩序之根本感情也。卽倫理學家所謂愛他之感情也。在蒲魯東謂之正義。在康德謂之博愛。在士梯爾謂之完全的個人。其名稱不同。而其指歸則無大異。人苟無此感情。則人人皆利已偏私。共同生活之自由社會。決無由成立。自蒲魯東以來無政府主義諸大家。對於此點。均不過於理論上說其所當然。而此種感情所能以發達之故。未嘗論及也。

克氏於此。乃純用科學的方式以證明之。與蒲魯東巴枯寧之獨斷的論據大異其趣。克氏蓋力避演繹論之謬誤。而取歸納法者也。互助之感情。凡屬動物。幾無不具之。克氏欲發現此種證據。乃先於動物界研究其生活之狀態。蒐集事實以證明此感情爲動物界所通有。然後因此以論斷宇宙之大法。顧一切動物之道德。較下於人類。則人類之互助感情。自然當比一切動物爲較優。然事實上此感情表現於人間者。往往不若動物界之顯著。動物界無所謂國家與政府之一切强權的組織體。(卽「無政府」也)而彼等之經營團體的生活。反能藉互助之感情以維持之。然則人類互助之感情。苟能發達。則國家與政府。自然歸於無用。而自由社會。自由團體。必可實現矣。以上克氏之互助論也。(欲知動物界皆具有互助感情之證據。及人類互助之眞理。當讀克氏原著「互助」一書。) (Mutual Aid-by P. Kropotkine)

至此種感情。在今日人類中尚未圓滿發達之故。克氏以爲實由現社會之惡制度有以妨害之。故非先改革現社會之組織不可。改革現社會之組織。其要件有三。(一)廢絕財產私有制度。恢復生產家(卽勞動家)之自由。實行共同生產之組織。凡所生產之物。社會一般人得自由使用之。(二)廢政府之組織。惟本互助之精神。爲自由之組織。以供給各個人之需要。(三)舊社會所據以成立之一切習慣。義務。制裁等。一律廢絕。宗敎的道德。亦徹底廢除之。總而言之。卽以互助之感情爲根本。以圖社會之改革。廢私產制度。除勞動者不平之痛苦。凡社會之人。皆共同從事於生產事業。各個人之需要。以互助之精神供給而滿足之。而從來舊社會之一切習慣。義務。制裁。及固陋矯僞之宗敎的道德。一律排去之。

如是政府去。法律毀。吾人自能經營和平自由之生活矣。

尚有當解釋者。克魯泡特金與蒲魯東皆主張廢私產。惟蒲氏以爲一切財產無論何人不能領有之。司梯爾 Stirner 反其說曰「萬物皆我所有」而克氏則以爲一切財產生產不應爲各個人所有。惟當爲社會全體之人所共有。由是可得三者之分別如下。

(一)凡物不得爲某人所有。(蒲魯東)

(二)凡物皆皆我所有。(司梯爾)

(三)凡物皆社會全體所共有。(克魯泡特金)

蒲氏以爲凡物不當爲某人所有。故集而置之。人人皆得取用。司氏以爲凡物皆我所有。自然無私於我之心。而各人可以自由取用。克氏以爲凡物爲全體所共有。故當共同使用之。此即集產無政府主義。個人無政府主義。及共產無政府主義論據之異點也。(譯者案司梯爾乃德之哲學家。雖不自名爲無政府主義。然凡言個人無政府主義者。幾無不宗其學說也。)

*　*　*　*　*

社會風潮Socia Movado

▲日本名古屋電車加價之大風潮　日本名古屋地方自前月電車加價問題起。報紙羣起攻擊。各處均開反對演說會。至九月六日午後。乃開名古屋市民大會於鶴舞公園。市民來會者萬餘人。決議三事。壹電車價由壹分起。最多不得過六分。二每朝須開特別半價之車。以便勞動家。三招待車客須切實改良。散會後暴動遂起。警察雖用全力警備。然卒無濟。羣衆之壹隊。遂擁至老松町電車廠。擊毀電車。又壹隊擲石轟擊榮町之警察分局。其他壹大隊襲擊電車總公司。放火燒其倉棧。次日羣衆復投石攻擊公司總理之住宅。又進迫總公司。及焚燒郡部之發車場。更襲擊廣小路之警察分局。與警察之非常線大衝突。黑夜中鬨聲與槍聲相繼不絕。至拾壹時軍隊大至。羣衆漸散。又次日復放火焚鐵砲町電車要員之住宅。及襲擊反對減價之大股東吉田之家。恰值騎兵壹中隊。步兵弍中隊馳至。警察復拔劍助戰。羣衆乃避而他去。是日茅場町之警察局全被破壞。又次日驟援路息。入夜羣衆復擁集於吉田家之附近。以軍隊警察防備嚴

密不能進擊又次日電車公司以爲無事欲復開車附近居民大動公憤立卽開會於劇場壽座決議若不實行減價不許開車否則以掘毀軌道破壞總公司爲最後對待公司不得已乃停車焉此四日間之暴動警長警官警兵幾無不負傷者死者亦無算其結果電車公司對於市民提出之條件一律承諾風潮始息而名古屋市民四日間暴動之大犧牲遂完全貫徹其目的而大奏凱歌矣偉哉暴動！

▲紐約之階級戰鬭　七月四日紐約某屋中忽有炸彈爆發死者四人嘉隆 Caron 碧Berg 漢臣Hanson 及馬利杳佛女士Marie Chavez其餘傷者多人是諸人者皆素受壓制常爲自由而戰者也今次之死殊出意外事發後論者或謂此彈本爲謀炸洛忌花拉Rockefeller（煤油大王）而設蓋嘉樂多省礦夫罷工爲洛氏所制止全美之人無不恨之也惟有深悉資本家之萬惡技倆者皆證明此彈之暗置室內實爲洛氏陰謀然則嘉氏諸人之死蓋與洛氏戰鬭而死也紐約之無政府黨以是深爲惋惜擬舉行會葬禮爲警察所阻乃決於七月十一日結隊游行街市由母地 Mother Earth 雜誌宣布是日與會者約二萬人並由巴門Berkmen等演說勞動家與資本制度戰鬭之必要且須用激烈手段以繼死者之志云後爲警察所驅散衆乃漸知資本制度之害而贊同無政府黨之戰鬭矣

▲平民新聞之厄運　日本大杉榮君發刊「平民新聞」之計劃前曾兩記本報現接最近報告該雜誌第一期印刷初畢卽被警察沒收日本政府之罪惡可謂貫盈矣來函如下

「余等經無限阻力(如募集保證金尋覓代印所及其他等等）第一期雜誌始印就由代印處送至大杉君之家大杉君卽攜樣本往郵局掛號方出門而警察卽至聲稱奉內閣總理之命沒收本雜誌至於以後辦法尙未宣布或逮捕大杉君或罰金或將保證金一千二百五十元充公皆難預測大杉君將親往面內閣總理詰其沒收本雜誌之理由若爭論無效仍當設法祕密印刷也……」

▲平民新聞之第一聲　「平民新聞」第一號既被沒收仍有少數由同人冒險密藏者本報現承秘密郵來一册題曰勞動家革命運動之機關報一小部分爲世界語餘爲日文

中有幸德秋水墓之影片其內容如「勞動者之自覺」「尊重言論之真解」「紳士之愛國心」「支那之無政府黨」「勞動用之人肉」「鬭戰論」「萬國無政府黨大會」及其他紀事雜評劇曲小說等內容殊富今節譯「吾人之自覺」一段亦足見吾主義在日本之近況也文曰「自幸德秋水案發現後吾黨幾全被覆沒(按卽一九一〇年謀刺日皇案)社會主義及無政府主義之思想完全不能發表甚至祕密行動勢亦有所不能政府每年增加十六萬金之豫算專爲撲滅危險思想之用吾輩時時均有警察一二人或五六人暗隨與在監獄無異一九一二年十月大杉榮與荒畑勝三出獄(在幸德秋水判決死刑之前一月已下獄二年有半矣)後發刊「近代思想」雜誌政府對之雖似畧寬然仍不能直接發表吾人社會的經濟的政治的意見惟借科學文學哲學之面目撒播革命思想於青年學生間耳吾人同時復創立「工團主義研究會」以爲之助如是進行者又已二年然吾人終覺沈默無生氣也今日者吾輩捲土重來矣勞動革命之運動復開始矣吾人明知現政府之禽獸的強權行將落於吾人身上然吾人不能不藉此以驚醒我輩同儕之沈沈大夢也」

▲船役罷工之惡果　上海招商局怡和太古三公司航船中之工人以廣東與寧波爲最多數寧波之工人於數月前曾組織一會所於上海人數幾達一萬團體頗盛近由客房侍役及廚役兩種工人要求增加工價每月須各加五圓公司不允僅許加二圓各寧波工人遂於十月十五六日同盟罷工每逢船舶到滬泊岸時卽由運動者下船通知各工人停止工作各船因是不能如期開行廚食無人供給船中執事人均須入飯店覓餐一時聲勢頗盛公司乃借用強權每船泊岸時由警察嚴守不許罷工者登岸並扣留其行李復在寧波工人之會所中捕去首領一人處以煽惑罪名下之獄中一面設法別招廣東工人承罷工者之乏廣東工人懼寧波工人與之爲難則由警察保護下船並擔任日後保護於是各船之寧波工人皆被撤退代以廣東工人寧波工人之失業者不下八九千人云按此次能工之失敗全由於寧波工人與廣東工人不能聯爲一氣之故平時兩處工人已

有互相傾軋之弊。工人會所又以省界區分。故罷工一起。資本家即乘隙而入。利用廣東工人以排斥寧波工人。誠堪痛惜也。敬告一般勞動家。共速自覺悟。聯結大團體。以與資本家(勞動家之大敵)抗戰。幸無於勞動階級之中自生畛域(如省地之界限行業之界限)而授資本家以漁人之利也。

▲上海漆業之罷工　上海漆業工人。近因要求增加工價。同盟罷工。以陳金龍等八人爲代表。聚衆開會於滬城內之漆業公所。議決要求每工增加四十五文。(向例每工三百三十五文。今要求增至三百八十文。)並因錢價低跌。要求改照銀數核發。資本家不允所議。(止許增十五文)各工人復集衆擁至公所。各持磯物以爲對待。資本家見工人勢衆。迫得允所要求。由公所董事呂合興等當衆宣稱。決於十一月七日起實行加價。各工人以爲目的已達。斂資相慶。僱音樂酬神三天。(可笑)不料屆時各店主復反悔。不允實行前議。工人代表陳金龍等。乃於六日晚間偏發傳單。行第二次罷工。略有小騷動。嗣由兩方面各向上海縣署互控。不能解決。乃定於十七日兩方面各舉代表。會同縣署警局之代表協議加價。是日工人數百名結隊遊行市街。向各漆作店爲示威運動。及至美界吳淞路及海寧路某某兩店時。將門窗玻璃擊毀一空。站街警察不能制止。卒由美警局加派西警多人。荷鎗馳至。捕去二人。餘衆乃退入華界散去。後事續報。

▲蘇州香業工人之罷工　蘇州香業工人因要求加價。由孔慶洪袁老三蘇和生張生財等。邀集多人。於十月二十日分赴各店與店主面商。各店主不允。至二十三日。各工人一律罷工。二十五日邀約各香店主在牛角濱同樁茶館協議。屆時孔慶洪等約集工人二百數十人。擁至同樁茶館協議。無效。遂至用武。杜天雲店主方燮元等皆被毆辱云。

通信討論欄

▲答敖霜

來書謂「世人誤會共產主義以爲共他人之產。而不知所謂共產者。乃以已之產與人共之也」云云。竊以爲二者皆非也。所謂共產主義者。乃本此主義以改造現今之社會。非少數人之單獨行爲也。共產主義。乃社會問題。而非個人之道德問題也．推翻現社會之私產制度．取回地主資本家所竊據之生產機關．如土地工廠機器等．全歸之公共．由勞動者自由使用此生產機關．共同勞動以致力於生產．凡所生產亦全歸之公共．若是者．謂之共產主義．至語其理由．則以一切生產機關．(土地器械等)皆由數千百年來無量數之人力所經營所造成．不應爲少數人所占有．故當由地主資本家之手取回以歸之公共．是謂取回少數人所奪據之私產．與社會全體共之．而非取某人之產與某人共之也．至各個人勞動所得之結果．(衣食住及用品等)察其由來．亦無一事不須社會之協助．(例如耕者必需乎他人所製成之耕具．製造者必需乎農人所種植之原料等等．)故亦不應據爲已有．而當歸之公共．凡致力於生產者．皆得自由使用之．是謂以社會全體共同勞動之結果．與社會全體共之．亦非取某人之產與某人共之也．是故共產云者．謂取他人之產與我共之者固非．謂以已之產與他人共之者亦非．必曰以全社會之產．與全社會共之．其說始可通．若來書所謂以已之產與人共之．此乃朋友通財輕肥與共之義．乃個人道德問題．非「共產主義」之的解也．共產主義必須推翻現社會之組織．非革命不能成功者也．每見世人不明此理者．一聞共產之說．輒來相詆曰．子言共產．子之衣曷不解以與我．子之屋曷不遷出以讓我乎．此等無擇之言．其根本之謬誤．卽在混社會問題爲個人道德問題耳．今來書謂宜先注意共產．然後從事於推強權．其誤略同．須知不推倒強權．固末由實行共產也．

來書又謂同志中有以酒食徵逐爲共產者．此無異殺人放火而自稱仁慈．自非瞽人．斷不受其所紿．苟有此者．亦卽不能復名爲同志．吾人鳴鼓攻之可耳．凡無政府黨．犧牲目前之幸樂．以圖將來者也．犧牲一已之生命．以爲社會者也．非具此精神者．決不足與言無政府主義．決不能爲無政府黨．

▲答規鳥

來書所述某君疑「共產之世．一切物產．仍當有人管理及分配之．實與今之官吏無異」．不知共產之世．各取所需．一切物品．人人皆可自由取用．故無所謂分配之人．若管理之責．不過保存運輸等等．將來當有各種公會以任之．在某種工會任事之人。即為某種工事之勞動者。以勞動之餘暇為之。其所事繁劇者。可直視為勞動之一種。譬如某人長於農業學問。或熟悉農田之工作。即可自由擔任。或由他人推舉。以任事於農會。研究農務之改良。調查各地農產之盈缺。保存物產以供給於衆。或運輸所餘以補他地之不足。如此等等職務。皆社會生活不可缺之事。故任之者可視為勞動之一種。而絕無絲毫管轄命令之意味。亦無絲毫特別之權力。與官吏絕不相同。總之將來無論何事。均屬於勞動。而「奧梭利替」Authority(即法定的權力即強權) 則當使之絕迹於社會。此即官吏與非官吏之大異點。亦即無政府之精義也。

某君又疑「將來房屋不足。或則茅屋草房。或則高樓廣廈。美惡不平。將起爭端」。不知此亦不必過慮。蓋無政府革命之後。資本家之高樓廣廈。與乎一切公共建築。及一切店舖。均當先取以安居今日貧無片瓦之人。不足則分居於室有餘地之家。(譬如某屋本可居十人者。今祇居五人。則益以五人與之同居) 又不足則用簡便建築法(如木屋之類)即日營造。務使今日之無屋者均得安居。其已有住屋者。則暫仍其舊。而不復納房租。此為革命初起時最要之務。大局一定。即調查人口。擇曠爽之地。興建公共房屋。以適合衛生為度。成則移現在屈居於湫室破廬中者先往居之。而悉毀其舊居以為他用。如是以漸更革。二三年間。必可使全社會之人。皆得有適合衛生之居處。而美惡不平之患可以悉泯矣。在此二三年間。如有因爭居優美房屋而致齟齬者。吾黨當以公理曉諭之。強暴者則擯斥之。且其時無政府之真理必已大明。縱有二三未盡明曉者。亦必居最少之數。吾堅忍博愛之無政府黨。儘可暫讓一步。斷不至有若何之爭端也。

▲答微覺

問、男女交合固宜戀愛自由。惟同血統者於傳種必有妨害。既無父母子女兄弟姊妹之名分。則互不相知血統相交之害將何以免之。　答、將來共產實行。家族制度廢除。父母子女兄弟姊妹之名分自然不復存在。惟以理想測之。將來之公共養育院中。必立詳晰之簿籍。如某兒為某人所生。皆有紀載。人欲知其身之所自來無異指掌。故血統之同異未必互不相知而此時科學眞理日益昌明所謂同血統者不宜相交之理人人皆當深曉而不至自蹈其禍固不必以空談之道德爲妨閑也(觀於現社會表兄妹結婚視爲正當兄妹通姦之事亦不一而足皆由不明科學眞理之故雖有道德妨閑亦無能爲力也)

世界語素食會報出版　萬國世界語素食會　Vegetara Ligo Esperantista 新刊機關雜誌一種名 "Vegetarano" 譯稱「素食者」每兩月一期第一期已出版凡會員不收報費編輯地址如下 Oscar Buemann, Via Au relio Saffi 24, -Milano(Italujo)

介紹世界語新刊　日本中村精男黑板勝美千布利雄三君合著之「大成世界語和譯辭典」全書約一萬二千餘字除普通語外專門語及學術語燦然畧備解釋精確且所譯十之八九皆用漢文中國學者亦極適用定價日銀壹圓半又千布利雄君著「世界語全程」壹書凡世界語之文法語法練習會話文例字彙均搜羅於一小册中定價日銀六角

助本報印費者　毅存二圓(加拿大)　道實二圓(香山)　遂生一圓(巴雙)　尉文九角(香港)　雷金滋十圓(沙陣)　若鵬六圓(芝加高)　恬民四圓(加拿大榮納辟)　又香港赤手攻獨普善各助同志地址錄印費壹圓

常熟無政府共產主義傳播社啓事　本社以傳播命名蓋以傳播爲吾黨今日惟一之事業故也嗣以傳播二字範圍較狹緣於十月廿七號開第一次談話會時公決易名爲常熟無政府共產主義同志社通信處現在暫寄常熟愛輿轉或 "Antauen gis la Venko", 150 Kung-chin St. Changshu.

揮爾額上汗
療爾腹中饑
盡爾十指能
織爾身上衣

民聲

第二十二號

杜美拉紐文嬉士 F. Domela Nieuwenhuis

F. Domela Nieuwenhuis

杜氏、荷蘭著名之無政府黨、亦近代有數之反對軍國主義家也、初為社會黨員、當一八九一年萬國社會黨第二次大會時、杜氏曾提出「國際戰爭將起時關係國之勞動家當以總同盟罷工反抗宜戰」之議案、惜贊成者少數、不能通過、一八九三年第三次大會杜氏復提出戰時總罷工案亦被否決、自後杜氏轉為無政府黨、著「社會黨對於戰爭之度態」一書、大受勞動界之歡迎、杜氏又嘗創立萬國反對軍備主義協會、傳播不倦、今年倫敦之萬國無政府黨大會、杜氏亦有反對軍國主義之提案、此次歐洲大戰爭、駸駸有波及荷蘭之勢、杜氏卽發起荷蘭無政府黨大會於安士潭、決議以全力反對、主張「不自衛」說、(參觀本期「無政府黨與戰爭」)杜氏著作宏富、魄力偉大、荷蘭無政府黨之一切運動、殆無一不由杜氏主動者也、現為無政府機關報「自由社會黨」"De Vrije Socialist"編輯、(按荷文習慣稱無政府黨曰自由社會黨無政府主義曰自由社會主義、」)

克魯泡特金對于歐洲戰爭之意見

Letero pri la Nuna Milito, de P. Kropotkine. 此為克氏答瑞典士梯芬教授 Prof. G. Steffen 書、發表於倫敦自由 Freedom 報八月號、

耀榮譯

君詢予對於戰事之意見、予在法國已屢言之、今不幸予言竟中矣、

予以爲凡懷抱人類進化之思想、及屬於歐洲平民所注視之萬國勞動會之旗下者、皆當盡其能力以阻壓德意志之侵入西歐。此實重要之責任也。

此次戰爭之原因、不在乎奧大利致哀的美敦書 Ultimatum 於俄羅斯。實由於傳受俾斯麥 Bismarck 心法之德政府努力實現之也。方七月十九日、西歐之大陸政治家、靡不知德政府確已決議宣戰矣。奧大利之哀的美敦書、乃其決議之結果、而非其原因。此吾人所由反覆不置於俾氏一八七〇年之著名奸謀也。*

*原注俾氏僞造「愛姆斯電報」Ems telegram 宣布於衆、使人信戰爭之起由於法國。彼曾自誇其妙計。

此次戰爭之原因、卽伏在一八七〇年至七一年戰爭之結果中。此等結果、列匿微 Liebknecht 及畢布爾 Bebel 二氏在一八七一年已預言之。二氏者、反對亞路沙士 Alsace 及羅林 Lorraine 之一部併入德意志帝國、以致入獄兩載者也。彼二人預料此次兼併、必爲新戰爭之原因、普魯士之軍國主義必日益澎漲、足啓全歐之戰機、阻社會之進步。而巴枯甯 Bakunin* 及法蘭西宣布共和時統義勇軍爲法助戰之加里波的 Garibaldi、與夫歐洲凡有先見之明者、亦莫不預知之。

*原注巴氏預言、見其所著「與法人書」Lettres a un Francais 及「德意志帝國與社會革命」L' Empire Knouto—Germanique et la Revolution Sociale 兩書。

本報按亞路沙士及羅林、原爲法國東境之兩省、與德毗連。一八七一年戰敗而割讓於德者。

無論社會民主黨或無政府黨、凡曾從事於歐洲之社會運動者、靡不知德國侵略政策之威逼、足使比利士法蘭西及瑞士之進步爲之停滯。而勞動家亦皆知三國內亂一起、德之侵略必接踵而至。今比利時已示以預告矣。法則不待預告而亦了然可知矣。

法人深知德人所經營之疆士 Metz、非爲保守疆土之用、而實爲攻勢之強固野營。其地去巴黎僅十日行程。一旦宣戰之日(或在此日之前)彼二十五萬之陸軍、立携其砲隊輜重、由蔑士直趨巴黎矣。

本報按蔑士即羅林境內之要塞。

由此觀之、法國之受制、而不能自由發展、蓋與瓦薩 Warsaw 之受扼於俄國外城及圍壘之砲、比利士之受困於奧國先林 Zemlin 之砲、無以異也。

自一八七一年以還、德意志實爲歐洲進步之大障礙物。各國皆以德人懷抱野心之故、不得不效尤彼國所倡義務兵役之制度、擴張軍備以圖自保、而各國遂日處於突然侵略之威嚇中。

不甯惟是、俄羅斯及東歐之政治日趨於復古退化之狀態、實由德意志贊助而擁護之。普魯士之軍制、德國議會及德意志帝國之一部之議式 Landtags 侯國所發生人民代表之僞機關、與夫對待征服地亞路沙士 Alsace 及波蘭之暴虐政策、普屬波蘭人之受虐與俄屬波蘭無異、—並無政黨爲之抗議—凡此種種德意志帝國主義之結果、即爲近代德意志(俾士麥之德意志)教授其鄰國之教科書、而首先成爲俄羅斯之專制政治者也。所謂「文明德意志」之模型、實由專制政治所產出、專制政治、即屬於德意志保護之下者也。苟非然者、彼專制政治豈能長存於俄羅斯若斯之久乎、又豈敢虐待波蘭及芬蘭若斯之甚乎。

威廉第一與亞力山大第二締結密交、因法蘭西扶助意大利之自由而皆忌法。一八六〇年意人逐去佛羅林斯 Florince 巴馬 Parma 摩甸納 Modena 三處之奧國官吏、而以佛羅林斯爲都城、彼等又極力反對之、吾人所不能忘者也。一八八一年威廉第一對於亞力山大第三爲變政復古之勸告、及其子一九〇五年對於尼古拉斯第二之扶助、亦吾人所不能忘者也。法人深知德奧意三國同盟、協以謀法、俄國於滿洲失敗後、若不能恢復其軍備勢力以相牽掣、法國必將爲三國所蹂躙、故一九〇六年俄國獨夫之借欵於法、法國必即應之、此又吾人所不能忘者也。及乎近事發生、遂證明種種預料之不爽矣。

一八七一年、巴枯甯有言、法蘭西之勢力若一旦不振、歐洲之進化必日形退步、將亘半世紀而未已、此言於四十三年

前已證明之、而今日德國對於比法之侵略、尙不爲歐洲各國所合力擊退、吾人將更有半世紀之退化也、

四十年前、法德之戰、全歐倒懸之時也、乃法國大敗之後、俾士麥之心猶未足、彼逆料法人將迅復其元氣、而恨未能兼併參辟納 Champagne 省、又恨未能索取五百萬萬佛郎之賠款、而僅得五十萬萬、德之帝國主義家、屢欲再攻法國、亞力山大第二及亞力山大第三曾三次干涉而阻止之、當此之時、彼等皆恐伸張海權、而德尤視爲首務、圖毀滅英國之海軍、經營强固之根據地於海峽之南岸、日以侵略政策威嚇英倫、今之德文報謂彼輩發兵焚掠比法之後、卽往攻俄羅斯、惟吾以爲苟非痴人、斷不信此妄語、蓋德勝比法之後、必卽往攻英倫矣、

本報按所言海峽、卽指英法間之海峽 Channel 或稱英國海峽 English Channel

彼輩之目的、蓋欲收荷蘭以入德意志帝國版圖、而印度洋與太平洋間之航業、現歸荷人掌握者、可以悉入德手、佔領盎凡爾 Antwerp 嘉萊士 Calais 二地、兼併比利時之東部、而法之參辟納省亦然、於是不一二日間、可以直達法京矣、此乃俾士麥時代德國皇黨 Kaiserists 之夢想、未幾俄法交好、卽所以遺留彼輩之夢想者也、

本報按盎凡爾在比利時西北境、嘉萊士在法國北境、皆要港也、參辟納則法之東境、與從前德所割佔之亞路沙士及羅林相連、

一八六六年、德之伸其巨掌於丹麥、兼併齊歷士威何士典 Schleswig Holstein 省、非以攻俄也、建立無道之海軍、開掘基路 Kiel 運河、而使之强固、復建築安全祕密便於進攻英倫或入寇布里斯 Brest 及卓爾堡 Cherbourg 之威廉沙芬、Wilhelmshafen 軍港、亦非敵俄、乃敵英法也、德報所散佈由比法平原攻俄之說、雖喧傳於瑞典及美國、惟德之明眼人固無一不知彼邦近日所注視之仇敵、實爲英法、試觀德人今次戰事之行動及其言論、已悉自揭露而不能隱諱矣、

本報按威廉沙芬爲北海之著名軍港、在德之西北境、布里斯及卓爾堡均法國西北海岸之要地、

今夏六月二十日、德人在基路運河擴張軍備之工程、迅速告竣、宣戰之決意、蓋在彼時矣。顧此次戰禍、潛伏旣久、壹九壹壹年七月間、幾已爆發、此吾人所共知者也、及乎去夏、風雲益急、倘德國戰備已完、彼時又必已發難矣。當去年二月、戰機已動、余在保的希拉 Bordighera 已告法友、以爲德人準預開戰之不暇、何必反對三年之兵役、吾又嘗忠告俄友、不可仍留德士、誠以戰機之啓、間不容髮也。實則事實昭彰、苟非無目之人、安有不灼見之者乎。

吾人今已洞悉德人之慾望矣。其要求如何無厭、其戰爭計畫如何詳密、倘彼戰勝、吾輩尙有何種「進化」能希望於德人者乎。彼輩戰勝之夢想、如何已由德皇及其子及其大臣宣言之、今吾人復有所聞、不特某醉酒之德國將官當衆辯護德意志蠻民在比利時之殘暴舉動、自謂無罪、甚至如德意志社會民主黨首領蘇狄根 Dr. Sudekum 者、亦覺公然代表全黨、靦顏向瑞典及意大利之勞動家宣言德意志匈奴在比國城中鄉中之野蠻舉動爲可恕！彼輩之出此暴行、蓋怒文明居民之拒逐侵略者以自衛其土地也！是誠不愧爲德意志之社會民主黨矣！拿破崙第三之暴政時代、其部兵轟斃巴黎之居民、拿氏宥之、全歐皆目爲惡徒、今則此等暴舉較前尤甚、而德國馬格斯 Marx 之徒、亦覺左祖而寬宥之！

然則四十年來彼國退化之程度、可由此測之矣。

倘此次戰爭最後之勝利果屬於德、其結果將何如乎。試由各方推測之。

荷蘭─必被逼而併入德意志帝國、以彼握有印度洋至太平洋之航業、爲德人所垂涎也。

比利時之大部份必屬於德─今已見之事實矣。然必再徵極重之苛稅、以繼續其前此之劫掠也。

盎凡爾 Antwerp 及嘉來士 Calais 必變爲德國軍港、與威廉沙芬 Will elm·hafen 相鼎足。丹麥─久處德國勢力之下、亦不免於兼併。

法國東境─必合併於德、而德之新壁壘、可於兩三日內行抵巴黎、從此法國伏處德國勢力之下者、最少五十年、所有法之殖民地、如摩洛哥 Merocco 亞路支爾 Algiers 及安南之東京等必為德所佔威廉之長子嘗言曰「吾人無一殖民地値二辨士者然必須有之」其坦直而不自諱也如此！

德國海疆之對岸沿海峽之南以及北海必有連如貫珠之軍港為德國所佔領足以制英倫三島之死命英之能否自存惟恃此新戰爭之理想能戰退侵略之大敵耳—侵略之繼續未有已時蓋侵略者方日事經營其大巡洋艦潛水艇及空中飛行機也

芬蘭—必變為德國行省自壹八八三年以來德人無時不經營及此而今次戰爭之第一步即表示其目的之所在矣

波蘭—將為德所逼而消滅其一切國家獨立之夢想今德之待遇波先 Pozen 之波蘭人其虐酷非與俄羅斯無異且或過之乎德之社會民主黨非以波蘭人恢復國家之夢想為無意識之妄談乎 Deutschland uber Alles! 「德意志為世界雄長！」（此語即德人所誦者也）

然而足矣其他詳細凡明瞭歐洲二十年來之大事及其趨勢者殆皆能言之矣

「顧關於俄羅斯之後禍又何如乎」此凡讀者所皆欲致問者也

對於此問題凡有識者將莫不答曰人苟為最大之禍難所逼當先與之決鬬然後再顧其他今比利時及法蘭西之大部已為德所勝而全歐之文明皆為其鐵拳所擊碎矣吾人先與此大禍決鬬可乎

其次人人所能見及者即此次戰爭俄國中一切黨派皆合力以對待公敵彼耄老無能之獨裁政治豈能復活乎彼凡曾從事於俄國一九0五年之革命運動者無不堅信其直接自由選舉都馬 Duma 之思想也彼輩又深知俄國全部之完全自治為自由黨及急進黨之根本要義也更有進者芬蘭亦將實現其民主自治之革命而由都馬贊成之

本報按都馬為俄羅斯國會

最後凡知俄國國情及其以前之社會運動者必曉然於一九0五年前之獨裁政治決不能復立於今日而俄國憲法將不復採帝國主義家之形式及精神如德國所行之議院政治也者至於我輩深察俄國內情更敢決俄人必不能成

爲侵伐黷武之國、如德國今日之所爲、不但俄國之全部歷史業已指明之、而俄羅斯將來不久必改爲聯邦國、與黷武之精神尤相背馳也

余之觀察、縱或謬誤、然有識之俄人必堅信之、—夫如是佳時至矣、可與俄羅斯之帝國主義相戰鬭、壹如現在愛自由之歐羅巴準備與德國自屏棄其文明遺訓而採用俾士麥帝國主義以來所獨有之卑劣的黷武精神相抗鬭矣、

現在之戰爭、爲世界各國所當研究、彼實詔示世人、使知戰爭非和平主義家之夢想所能打滅、而歷來反對軍國主義家之傳播、亦無能爲力、不能不更進壹步以求之也、

戰爭之種種原因、須於根本上探討之、吾人深望此次戰爭、或能驚醒勞動界及曾受教育之中等社會之睡眼、彼輩將洞見「資本」與「國家」乃所以演成國與國之戰鬭者矣、

然就此時言之、吾人之眼光、不可忽略今日所當爲之事、此法之土地、當向侵略者恢復之、德國之侵略、當打滅之、此乃可以達到之事、毋畏其難、壹切進行、惟當循此方針耳、

本報按統觀克氏此書、可約舉其要點如下(壹)此次戰爭之起因由於德國蓄久必發之侵畧政策、(貳)德國之帝國主義爲專制政治之擁護者、爲歐洲進化之障碍物、(三)倘德國戰勝、歐洲將有五十年之退化、(四)此次戰後俄國之專制政治將不能復存、而其最要之結語則爲(五)戰爭之根本原因由資本與國家式者所產出、然則欲免戰爭、必從根本上廢除資本與國家、(六)爲現在計、當盡力阻遏德國之侵畧政策、蓋德之侵畧爲進化之障碍、與侵畧者戰、即與進化之障礙物戰也、顧有當注意而不可誤會者、克氏所謂阻遏德國之侵畧、乃示各國人民當合力以抵抗進化之障礙物、而與壹般贊助政府鼓吹戰爭之盲論則逈異、蓋各國政府宣戰之目的、及壹般鼓吹戰爭者之思想、無非傳染愛國狂熱及軍國主義之流毒、而決非爲進化而戰也、要之此次戰爭、爲亘古所未有、當世之無政府大家眼光所注、各有不同、持論亦因之各異、如巴黎「新世紀」編輯格拉佛 J Grave 則有「無政府黨當投身於今度之戰爭乎」遁逃倫敦之意大利著名無政府黨馬拉鐵達 E. Malatesta 則有「無政府

黨忘其根本主義矣」著名攻擊社會黨之健將赤格蘇佛 W. Tcherkessoff 則有「今度戰爭之原因及德國之負責」比利時著名無政府黨威比連 Fr. Verbelen 則有「與荷蘭同志書論比利時無政府黨何爲而戰」諸名論所見各不同當於下期譯登之以供參考

戰爭與無政府黨

La Milito kaj la Anarhiistaro. 此爲荷蘭同志 Kreu 來稿原文載本期世界語部

八月式十五日荷蘭之無政府黨大會於安士潭主席爲杜美拉紐文嬉士 F. Domela Nieuwenhuis 所議之問題爲「歐洲大戰爭嘗且波及荷蘭時吾無政府黨當持何種確定之態度」能預議者以主張「不出壹人不出壹錢以助軍備」之人爲限經切實討論之後其決議如下

歐洲戰爭之起實爲資本制度之結果而日事離間各國人民感情之軍國主義則其導火線也本會對於此次玷污文明與人道之殘酷的屠戮當竭全力以反抗之

又社會民主黨及萬國基督教徒均妄用其手段激起各民族間之惡感本會亦合力以反對之

荷蘭國之領土壹旦爲他國兵力所佔據亦意中事然吾黨勞動者對于他國之勞動者不應互相仇視蓋國界之存在朝家及政制之保存均於勞動家無絲毫之利益勞動家無論立於何種國旗何種政府之下均不免負擔極重困苦顛連以歿又無論何種政體勞動家惟有若干材力與膽識乃得若干權利與幸福此吾人所深知也

防衛國境而戰其痛苦與損害較不防衛爲尤甚吾人若揭「不自衛」爲標幟必將有偉大之活動向和平而前進荷蘭之勞動家現在雖獲得微小之權利及政治上之自由然對於人生之價値實不足道一旦荷蘭人民處他國勢力之下平民運動雖或較難然實足以促吾人之進步不患其障礙也

爲種種抗議而出衛國境殊足阻礙吾人平昔反抗壹切兵制之運動蓋反對軍國主義實吾黨最重之責任軍國主義乃組織完密之强權代表富貴階級手中最强之權力的器

械者也。

本會乃宣言曰。吾人此後當準預實力。繼續運動反抗經濟上政治上之壓力。以平昔經驗之方法爭吾人之自由與幸福。反對保護國界之流血。各同志各相情勢而行之。

休矣國仇！休矣國界！休矣戰爭！

萬國勞動界之睦誼萬歲！

本報按荷蘭同志之決議。以爲荷蘭縱爲德國所侵佔。無政府黨亦不出而抗戰。此蓋反對軍備主義反對愛國主義之極端主張。與克魯泡特金所發表之意見頗有出入。克氏爲歷史學社會學專家。其於人類進化之消息。洞澈中邊。故觀察今次戰爭。亦向此點著眼。以爲德之侵略政策若一旦得志。歐洲將有半世紀之退化。故爲現在計。不得不合力以驅除德國。其立論純從事實上判斷。若荷蘭同志之主張。則純從理論上判斷。此其所由不同也。若夫根本意見。則皆謂戰爭之原因由於資本與國家。若謀根本解決。當反抗一切經濟上政治上之壓力。廢除資本與國家(即無政府)此則不謀而合者也。

社會民主黨與戰爭

Social-Demokrato Koj la Milito　此爲荷蘭同志 Kreu 來稿世界語原文將載入下期

「吾人所產生之土地。吾社會民主黨夙昔所持以與富貴階級戰鬭之主義。皆神聖者也。不可不力爭之。故凡社會黨之黨綱。無不主張國民自衛。蓋防禦祖國。乃萬國社會民主黨所同認爲當然之義務也。」

斯語也。蓋一九一三年五月二十日荷蘭社會民主勞動黨首領福爾斯達 P.J. Froelotra 之宣言。而現今世界各國社會民主黨之首領。除俄國外。殆莫不抱同一之意見。

「萬國平民其速聯合」此言非馬格斯 Karl Marx 所大聲疾呼者乎。然今已爲愛國狂之社會民主黨所唾棄矣。國之存否。與平民原無關係。本無所用其防禦。亦無所謂喪失。此彼等所深知者也。然今則相率荷戈效命於戰場。而防禦其所神聖之祖國所產生之土地矣。福爾斯達親導其子以謁陸軍總長。請願充當義勇兵。蓋將以效力於彼等所持以與富貴階級戰鬭之神聖主義以鞏固乃父在議院中所占之神聖地位使得藉發言權以凌壓萬民運用強權保持吾人中立(按卽謂壓制平民之反抗)以淺媚於政府也·反對資本制度之運動今已寂然矣·所謂黨者不復存矣·彼等乃犂倡「國家思想」矣蓋社會民主黨日惟希望獲得政權·而特借國民自衛之說以鞏固其權力若平民則始終如故·不過主人之更易而已·

目下之現象實足喚起勞動界之醒覺·俾恍然於國會主義家之虛妄·(按主張國會主義 Parlamentism 者爲國會主義家·卽主張運動投票·圖在議院占多數·以實行其主義·而反對平民之直接行動者也·社會民主黨卽屬此)工人諸君乎·恢復自由之戰鬭·當由吾工人自爲之·其事特在田野間與工廠間耳·

本報按此次大戰爭當禍機將發之際·(卽八月二日以前)各國之社會黨皆一致反對·如法國社會黨則決議以總同盟能工反抗開戰·德國四十萬社會民主黨員所奉爲首領之里博尼希·及廬格森布亦主張總同盟能工·二氏·後卒以此被德政府鎗斃·萬國社會黨議員特開臨時大會·亦決議示威運動以反對開戰·當七月二十九日之夜·比利時之工人大示威運動·舉行於比京·英法德各國社會黨議員均參與行列·法國社會黨首領喬雷氏赴會後復返巴黎·卽在酒店中被暗殺·其他各國社會黨之示威運動者更不勝書·及至八月二日德國對俄法宣戰後·各國之社會民主黨忽全變其態度·比利時社會黨擊言防護國土與政治之自由·首棄其非戰之態度·而以全力助政府·其首領華德爾威因此得佔內閣之一席·英國社會黨亦同時以正當防衛之名·停止示威運動而助政府·法國總合社會黨之硬派首領卡德與山巴二氏向以不入內閣爲標榜者·亦皆入閣而參與戰爭·德國之社會黨則贊成戰費之全部·各國社會民主黨對於此次戰爭之態度·其前後互異也如此·惟俄國之社會民主黨則決議乘戰事中實行社會革命·推翻帝政·廢除軍備·徧發議案於前敵各軍·以期同時並舉·詎事機洩漏·被警察部於十壹月十七日破獲機關·捕去黨員十壹人云·

通信討論欄

▲答恨蒼

來書畧曰民聲第十八號江亢虎之無政府主義一文內有「且即就學校言其管理員敎員皆有特定之權力對於生徒能施以種種命令制裁及罰規是亦與陀利替之一種」數語余意以爲管理員及敎員之特定權力祇屬分職又對於生徒施以命令制裁及罰規均不外維持求學之秩序學校組織中萬不可缺安得目以與陀利替之惡名　答曰與陀利替Autorite者法定之權力凡以法律或章程規定之權力皆可施以此名學校敎員管理員有權施命令制裁罰規於學生明明由法律章程所規定故即可曰與陀利替此物在吾人謂之惡名而普通之解釋則不特不以爲惡抑且以爲合理之權力即來書所謂維持求學秩序所謂萬不可缺蓋亦視爲合理之權力矣學校之有命令罰規明明與國家之法律同其性質彼制定國家法律者何嘗不曰維持社會秩序何嘗不曰萬不可缺乎以學校之命令制裁罰規爲維持秩序爲萬不可缺則國家法律亦當在不可廢之列惟吾人既從種種理論與事實證明法律之當廢則與法律同性質之學校規則自然亦屬無用此至易明者也若謂「幼年學生未能自治故不可不施以命令罰規」此尤不然凡未成年之人在今日兇猛可怖之法律家亦謂不能適用一般之法律是現在之陷阱的社會尚能寬幼年人於法網之外安有絃歌誦習之地而獨以法網繩幼年學生者乎兒童腦智未發達判斷是非之力尚未充足任敎授之責者祇當施以勸導與感化若命令罰規等兇惡之物不獨有背道理抑斷非幼年學生所能任受者也近世新敎育學家已盛倡「自由敎育」說學校之命令罰規等等久爲有識者所反對非必無政府黨始排斥之也至本報謂「管理員敎員皆有特定之權力」猶云特別規定之權力即指能施命令制裁及罰規於學生之權力而言非指管理員與敎員之分職也

戰爭與無政府黨機關報

巴黎無政府機關報「新時代」Les Temps Nouveaux(或譯新世紀)因開戰後欵項奇絀竟不得已而暫行停版

其他之無政府黨機關報亦多停版者報紙檢察官侵奪言論自由不遺餘力主張愛國之社會黨報亦被禁止云

倫敦無政府機關報「自由」Freedom 及「勞動之聲」Voice of Labour 兩報運來經費亦極困難特於九月十七晚舉行懇親跳舞會及圖書抽彩入場券每張九辨士抽彩之第一者可得價值二十先令之書籍其餘十先令五先令者不等以售劵所得爲兩報之維持費云

助本報印刷費者　李卓立一元半(廣州灣)　天畏一元(東京)　聲白一元二角四分(廣州)　符海山一元(文昌)　符厚昆二元(巴生)　王子貞一元(巴生)　許景春一元(巴生學生)—劉性朝四元(雲高華)　伍春榮一元(三藩市)　雷金滋再助二十二元(沙陣)　心齋　彭就　劉殿生各美金十元　楊篆雲美金三元　方若朝美金二元半　方壽初　鮑祥　李卓之　鄺藻森　唐料　陳瑞生各美金二元　馮祺　鄭天祿　鄺莊裔　鏡海　譚少英　劉安　林祖慶　劉康　宗裔　劉金勝　劉次蕃　敬初　饒珍　徐乾芳　楊政　嚴傑樞　楊家新　遏雲　余日朝　鄺潤叔　許晴輝　劉惠畧　余文偉　李伯籌　劉芬各美金一元(以上均三藩市)　無名氏十圓(東京)　李竺玄一元(天津)　志道一元(南京)

本報啓事　(一)海內外同志惠助本報印刷費者無論一分一文必登報端但捐款者無論直接滙來或託別友轉寄均請另函告知本社以憑稽核倘或日久尙未見本報登載必因該款延誤當即設法追查爲要

(二)頃得內地郵局中同志函告近來民賊搜檢郵件異常嚴酷而封面之收件人無姓氏者尤足惹起彼輩注意等語本報爲欲免郵寄之阻難不得已特請讀者諸君凡從前通信不用姓者望速另開姓名函告本報專爲郵件封面之用是爲至要

(三)頃接南洋友人來書欲求某君所譯「社會總罷工」The Sociol Generalstrike 一書(前在東京出版者)擬翻印散贈於南洋勞動界凡同志如藏有是書者望即寄來本報以便轉寄南洋將來翻印出版時當以多本奉酬也

正聲報啓事　南洋勞動者昏然伏處地獄中欲稍爲灌以智識使聞大道淺文白話報百十尙未爲多而竟無之用是不揣棉力於夏間刊行本報個人獨任諸不滿意尙承酷愛眞理者歡迎不期戰事乍興出版物郵便物檢查倍嚴不得不暫爲停刊容有機會當再改良繼續六期出版以前區區報費尙希代理人寄到原處以彌虧缺幸甚

* * * * *

民聲

第二十三號

本報編輯主任師復君於千九百十五年三月二十七日以病逝世　本報謹訃

師復君行畧

頴父述

君以千八百八十四年六月廿七日生於支那廣東香山縣。性奇慧。善屬文。十五爲諸生。稍長。薄舉業不爲。究心樸學。旁綜百氏。有所闡發。老儒不能異。治小學尤勤。篤所記錄數篋爲滿。古算如天元八線諸術。皆究其微。爲學無師承。孤造獨詣。砉然理解。千九百一年。君方弱冠。憤政府無狀。吮脂歙血。視民如鹿豕。創設演說社香山城。提倡革命。發言誠摯。聞者

師復君遺像　S-ro Sifo

感泣。旋東航留學日本。逾年。會黨人組織同盟會。君爲號召甚力。成立後。卽走香港。主某報筆政。鼓吹急進主義。復以間旋香倡辦女學。時香風氣猶未通。抗者環起。君堅拒勿動。女學卒以成立。千九百七年。黨人將有事於欽廉。搜督李准故

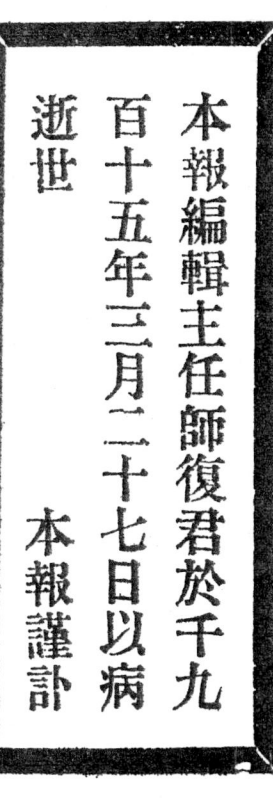

號擢鋤革命最勇。大吏咸倚爲重。君謂宜先取此獠。令歐驚亂。乃舉事。因攜炸彈潛入粵城伺焉。頃之覘李當出。欲遮擊所經途上。甫行。彈遽發。傷君頭胸及手。仆地血泉湧。邏者聞聲馳集。舁之病院。醫斷其左腕。療治彌月。得不死。自是堅如以炸彈震悚國人。君其第二人也。既瘳。清吏鞫之數四。君堅不吐實。卒以嫌疑下獄。繼移香山獄。君則本其獄中經歷。草改良監獄議上之縣吏。吏驚異。謂君奇士。爲請於大吏釋焉。君在獄幾三載。略無焦灼之色。間爲筆語自娛。成粵語解一書。舉吾粵今語與古語離異者。爲之鉤考流變。推合本始。令殊音秘義。粲然如折符之復合。精審翔碻。恒言錄新方言之儕也。君出獄。卽重走香港。糾合黨人之有志於單獨行動者。組織晦殺團。以反抗強權爲揭櫫。蓋君獄中經種種激刺。及研究無政府之主張。已根荄於是矣。千九百十一年。團員林冠慈刺李准粵城南門。君實多所擘畫。尋君欲赴宛平圖弑攝政載灃。抵上海而清廷覆。君意吾黨主義已獲傳播機會。單純破壞。轉非所亟。因旋粵發起晦鳴學舍。先是支那留學歐洲之無政府黨人。於千九百零七年發行新世紀報於巴黎。常譯載巴枯寧克魯泡特金諸大家學說。轉販國人。惟時文網密。流布未廣。至是晦鳴學舍乃遴選新世紀論文之尤精要者。錄刊多數之小本。傳之內地。風聲所播。化者良夥。君謂世界大同。當以言語統一爲先導。於時復發起世界語研究會。旋被舉爲環球世界語會廣州代理人。會二次革命軍發難。湖口黨中同志。多以顛覆袁氏專制政府。黨事進行必較易。因相率參與其事。君獨不謂然。屹然不動。經營其傳播事業益篤。且卽於此干戈擾攘之時期中。完成其艱難締造之民聲而布焉。其特立獨行。不靡於物之風概。蓄之有素矣。迨南軍敗。龍濟光入粵。民聲被禁罷刊。君走澳門。續布兩期。以葡人干涉復輟。君轉徙數地。百折不撓。卒規復之東京。翌年七月。復還上海。成立無政府共產主義同志社。爲實行社會革命運動之預備。君作事耐勞堅忍。魄力毅力兩足。民聲之刊。本無憑藉。助君撰述者。亦寥寥無幾人。文章經濟。幾交責一身。君無暇寢饋。素羸弱。每成一期。輒爲不起數日。病少却。則孜孜者又如故矣。論其堅剛。金石可銷。矧在血氣。卒以盛年積勞遘疾。以殞。行路傷之。始君得疾。困莫能延醫。同志多以出鬻印機爲言。君曰。此吾黨主義東方命脈。斷之以活一人。吾不爲也。後藉友助。始就醫某病院。而病已深。醫百計營救。無能爲矣。以千九百十五年三月二十七日卒。年三十有一。君爲人孤介寡嗜慾。薄榮利。夙慕托爾斯泰之爲人。既介紹其學說於世。復儀型其道德。與同志數輩發起心社。社約十有二事。一不食肉。二不飲酒。三不吸煙。四不用僕役。五不乘轎及人力車。六不婚姻。七不稱族姓。八不作官吏。九不作議員。十不入政黨。十一不作海陸軍人。十二不奉宗教。既布世論頗相非難。君畧不措意。履行益謹。當疾亟。醫數强之食肉。君以死自矢。卒不渝其守。

本報哀告

師復君致死原因。行畧中已道其概。今復就君臥病始末。畧述一二於此。倘亦讀者諸君之所願聞也。先是君於正月上旬。患咳。無何轉劇。君不以措意。猶日夕爲本報服務不輟。迨二月下旬。肺部漸覺疼痛。痰唾復作惡臭。始出就診。醫謂是肺癆。不急治且將不救。君以醫費無著。初尚猶豫。以同人苦勸。乃入某病院。醫爲施注射及種種手術。卒無起色。三月二十四日。乃投以迷藥。剖其腹達肺下部。破其癥結。僅半時許。即中止。創口亦未爲合。云將有待君醒。則容色頓改。嗽益急神思昏亂。間發囈語。越三日。醫爲復剖治如前。去其肺質之腐爛者盈掬。事未竟而君目已瞑。醫盡法施救。不可爲矣。嗟夫。君病即不易療。然使得醫較早。或猶可爲。今乃以金錢之故。失時不治。以致不起。凡我同志。能不爲之同聲一哭哉。溯自新世紀報停刊以來。吾黨主義之在東亞者。聲銷響絕。陷於沈寂之境者數年。自君創刊斯報。叩晨鐘於永夜。撥障翳於光天。而學派以明。眞理以彰。異說以寢。遂令吳李諸先輩所下種子。得以發榮滋長。蓬蓬渤渤。幾有沛然莫禦之勢。使天假之以年。令得從容從事。縱其力之所能至。其於東亞傳播事業。必有巨大之影響。可預知也。今竟以積勞中途遘疾以殞。譬不中身。健將云亡。前途何賴。嗚呼。此吾人所爲於君之死。所以哀君者猶小。而所以哀吾神聖主義之前途者實大也。

本報創刊迄今。殆將兩載。摧於强權。厄於窮乏。瀕於危者屢矣。賴君辛苦支持，得免夭折。凡此情形，不待縷述，當已在讀者諸君洞鑒之中。同人等不忍君死，而此東亞無政府主義一線曙光，隨之泯沒。爰舉克謹君繼爲編輯。自第二十三期起，賡續刊布。非不知汲深綆短，來日大難。同人等要必以百折不撓之精神赴之，不敢畏難以自畫。至其結果如何，非所預計已。

無政府黨忘其根本主義矣

馬拉鐵達著　　耀榮譯

歐戰猝起，彌漫全陸。一般社會黨——甚或社會民主黨——有贊成而樂參與之者，吾固非之。無論其爲德國或爲聯軍也。乃無政府黨亦竟爲之。是又何說乎——雖居極少數，然其事甚確。其間且有最良之同志，爲吾輩所最愛且敬者也。

說者謂現在之事情，已呈現吾黨法則（即吾黨之主義）破壞之象，將來必須修正之。然吾則有說。

無論何種法則，當其與事實相接觸，而呈現不適當時，必須修正之。此固恒人之言，然不可以語今日之情勢也。今之破壞，非由於吾黨法則之謬誤，實由吾人遺忘而反背之耳。

請復返於吾輩之主義。

吾非和平家也。吾輩之運動，無壹非爲和平及人類友愛之凱旋而發者。但吾以爲希望不戰，惟有兩方面皆不願戰而後可。若有侵害他人之自由者，則被侵害者之自衛，實爲正當。吾又以爲抗爭乃自衛惟一之良法也。尤有進者，吾以爲被壓制者常在正當自衛之地位中，且常有攻擊壓制者之權。以是之故，吾許戰爭爲必要而且神聖。蓋爲自由而戰者也。若是者爲「文明戰爭」，即革命也。

然則今度之戰爭，於吾人所持之人類解放問題，究有何關係乎。

今日社會黨人平庸之論調，吾聞之矣。其論「法」「德」及其他政治的或國家的結合——歷史上競爭之結果——與論人類分子之性質無異。各有其特別的利益希望及任務，而與其對峙之分子之利益希望任務，則絕相反者也。實則被壓制者（最著爲工人）無自覺心，不自知其所處地位之不平，至成爲壓制者馴服之器械。於是夫權力階級得日謀保持及伸張其權力與夫一切偏見及個人的意思焉。且藉端挑吹種族間的野心及惡感。而令其國家及羣衆與外國敵。蓋其目光所注在從其他壓制者之手。解放彼輩而令彼輩服從其政治上及經濟上之權力也。

然凡欲滅除一切壓制及以人役人之惡象如吾輩者。其要務當喚起凌人者與被凌者勞動家與役人者間之利益自覺心。以及啓各國內之階級戰鬬。並使工人聯結一致奮勇赴戰。無異對抗敵國異種之私見及情感焉。

此種事實。吾輩嘗爲之矣。吾輩常言各國之工人皆兄弟。而所語仇敵。(或外國人)祇指彼野心家耳。無論生於遠邦或近鄰。又無論言語相同或否也。吾輩之對於朋友僚件及仇敵。祇審其宗旨之所在及從事于社會競爭之地位何如。而絕不計及何種族及何國家也。愛國主義爲過去生存之物。保護壓制者之利益最甚。吾輩當與之戰。然吾輩亦曾以得作「國際家」Internationaliot 爲榮。非僅溢於言表。實深印於腦中矣。

今之資本制度及國家統治權之窮兇極惡。且將揭露。即盲者亦知吾輩之理爲正確矣。乃有社會黨中之最多數及許多無政府黨之在交戰國中者。竟與政府聯合。並與有戰事關係之國之富貴家相交結。所有社會主義階級戰鬬國際友愛及其餘諸事。均盡忘之。胡墮落至此乎！

以現在事實觀之。國家觀念已更呈活動之象。而國際友愛反益露根本未固之形。實出吾輩意料所及。雖然此適足以令吾輩益熱心於反對愛國主義之傳播。而使之猛烈長進耳。此種事實。以法國宗敎問題徵之益明。宗敎觀念愈强。信侶威權愈大。較之吾輩所料。不啻過之。然詎足爲令吾輩改從羅馬敎之原因乎。

當意外之事突然發生。則互助以求公共之安全。實爲必要之件。例如過時疫－地震－及被野蠻人侵略。受者將盡遭毀滅－等。當此之時。階級之戰鬥。社會地位之等差。必須盡忘。當合羣力以抵抗全體之危險。然斯時兩方皆自然忘其差別矣。又設有囚於獄中者。當地震時有淪於死亡之危險。吾輩責任應爾救之。即獄吏對之當亦如是！此時亦必啓其獄門矣。使於此危迫之際。獄吏仍用種種戒備之手段。以防範囚徒。則爲囚徒者。對於自己及同獄伴侶之責任。宜乘時自救。而遺留此災害於彼獄吏。令其自受也。

當外兵侵犯祖國疆土之際。倘操特權者放棄其特權。其所爲足令「祖國」變爲人民公共之財產。則大衆起而與侵略者戰。誠爲正當。惟彼所謂王者仍欲爲王。地主仍欲保其土地。居室商賈仍欲保其貨品且高價售焉。則工人社會黨及無政府黨自當脫離關係。令若輩自行從事而謀圖機會以掃蕩國中之壓制者。壹如對待外來者然。

無論處何地位。爲社會黨者(無政府黨尤要)之責任。當竭力使國家及資本階級日卽於弱。而以社會主義的意趣爲行動之唯壹方針。卽或實力不充。不足以收効。然至少亦須謝絕壹切增加敵人利益的行動。旁立以保護其主義—亦卽救護將來之意也。

＊　＊　＊　＊　＊

以上所說。不過理論耳。顧雖屬理論。實際上或爲彼輩作背馳的舉動者所嘉納。未可知也。然則此理論果能適合於現勢乎。吾輩當何爲。何欲以求吾輩目的之利益乎。

來因河方面之人有恒言曰。聯軍之勝。卽爲軍國主義之告終。實文明及國際正義等之凱旋云。而別方面之人論德國之勝。所言亦同。

以余個人所見。則彼身上染有血腥之俄帝。凌迫印度。欺騙波斯。壓抑波亞諸共和國Boer Republico之英國外交家。屠戮摩洛哥土人之法國富貴家。放任「剛果」Congo 爲惡且獎以大利之比王。論其價值。實與柏林之「狂犬」(指威廉)及維也納之「老狡吏」(指約瑟)比較上實無略大之信任。故吾人惟有表暴彼輩兇殘無狀之過失。令勿再從事政府及資本階級對待國內工人及反對政府黨人之暴行而已。

吾意以爲德勝固爲軍國主義及退化的凱旋之明證。然聯軍若勝。亦適以助成俄英(卽執箝世界之資本家)普遍歐亞之統治勢力及英之軍國主義的精神之實行幷發達。法國僧侶或君主黨恢復勢力耳。

吾意又以爲兩方面或無判然之勝敗。蓋經一次久戰之後財產生命損失極大。兩方面之力均竭矣。一種之和平或將草就棄置(一切問題而不解決如是乃準備一更爲兇殘之新戰爭。

唯一之希望惟革命而已以余所料則戰勝德國後復因現在各種景況革命行將起矣以是之故吾乃望德敗耳。吾之所料或亦有誤要之凡爲社會黨(無政府黨或其他)皆不宜與政府或政治階級少有牽連然後能得可乘之機會恢復及繼續吾輩革命之預備及傳播也。

麪包略取(續)

La conquête du Pain P. Kropotkine

克魯泡特金著
冰紘譯

第三章

第一節(續)

此外尚有一種趨向卽對於個人之需要不較量其過去及現在盡力於社會之如何是也吾人既視社會爲一體各部分互相密切結合故知盡力於個人卽所以盡力於全體焉。

君等試一遊公共圖書館—非指巴黎之國民圖書館乃指倫敦之博物院或伯林之圖書館而言—欲得一本或五十本之書館員卽以相奉絕不問君等在社會所盡之勤勞如何也若不能檢尋書目亦每相助又若具有會員證書—或代以勤勞者亦甚多—則各科學協會必出其陳列所花園書庫試驗室講習會等以貢諸會友無論其爲達爾文或爲一平常之學者也。

若在聖彼得堡中意欲有所發明卽可投特別試驗室求一席地凡試驗桌機車機械及科學器具等苟所能用得如意取給其間久暫亦惟所欲器械既備或合巧工共作或獨爲之皆可盡其意將以濟衆也發明與否亦非所問但令得從事其所經營斯足矣。

同乎此者若操舟救生操舟者於沈沒遭難之人固未嘗先問其出處證書奚若惟知驅船赴救於洪濤巨浪間耳有時救人者轉自溺而所救者爲素不相識之人何必相識同是人類互助而已奮其能力以相救濟而已。

由是觀之吾人於此假定爲個人主義的社會中猶每見共產的趨勢常表現於各方習慣上矣。

譬有名城將遭災害如被圍攻則城中人此時一致之私心

必以安置老幼爲首要。不問其在社會服何職務。以其不能自養也。有食則先食之而後壯者皆出以禦敵。婦人則不期自至看護傷者焉

此趨勢而存在吾人所亟須者一經滿足。應卽覺察之。且知其增進必與人類孳生力之增進爲正比例而日常先入爲主之意念破其逐出時。此傾向卽成一有勢力者焉

然則生產器械悉歸公用。一切事業依共產主義之原則而行。而以勞動于社會中爲最尊貴。則生產將超過需要之額。吾人何用其致疑耶。此意念行將擴充其活動餘地。以成爲社會生活之正道。更何用其致疑耶。

就以上諸證據而思實用一方面(此節下章言之)吾人敢決將來革命興起。擊壞彼維持現任制度之權力時。吾人第一責任爲急切實行共產制度。不必猶豫而已

抑吾人主張固非孚埋亞 Fourier 及法蘭士德蓮 Phalansteriens 之共產主義。亦非日耳曼之國家社會黨之共產主義。實爲無政府黨之共產主義。Anarchist Comunism 共產主義而無政府者也。—自由的共產主義也。我人類經年累月所著之兩種思想之組合也。兩種異想而何。所謂經濟上之自由及政治上之自由是也。

(本章第一節完)

社會風潮

上海之罷工風潮

師復遺稿

上海漆業工人之罷工運動。已紀本報二十一號。今續聞十七日之大騷擾。不獨在租界而已。凡城廂內外南北市各處均有工人結隊示威。或聚衆於行政公署及警察總廳之門首。或擁至反對加價之店舖及董事家中。或盤踞於漆業公所。亘三四日間。騷擾尙未息。工人之被租界及城內警察拘捕者不下百數十人。代表陳金龍亦被租界警局捕去。最後卒由行政官與店董強定每日加價二十五文。用威嚇手段迫工人工作。自二十二三日後。漸有少數工人復業。再二三日。各工人均一律復業。風潮於是全息。而各工人之被捕拘留者亦以次釋

當漆工風潮最劇時。水木業工人復乘時躍起。由十一月十八日下午起停止工作。十九日會議於魯班殿。議定要求每

工加價一百文。(查水木業內分三行一鋸木匠向例工價每檔二人每日合四百文、二木工、內分包工每日一百九十文、點工二百五十文、三泥水工、包工一百四十文、點工二百十文、) 即日工人百數十人擁至水木業公所某董事之家騷擾。被警察捕去十六人。同日西門外又有工人要挾同業罷工。被捕數人。連日租界及城箱內外因要挾罷工而被捕者不計其數。隨由[illegible]工人舉出代表數人。以單雲章爲總代表。與公所董事協商。廿一日復開會議。工人到會者數千。縣知事與警察長率隊馳至。任意驅逐。工人不散。警察長竟喝令警察將鎗頭向工人亂擊。及工人奔避。復在路口要截痛毆。各工人身受重傷者無算。廿二日工人代表與公所董事開會協議。不得要領而散。至廿四日由工人代表公所董事及縣知事警察長等開會於魯班殿。卒議定每工增加工價三十文。次日即一律復業。被拘之工人亦次第釋出。

罷工風潮。鬨動全市。除漆業水木業外。同時尙有成衣業水爐業及其他均有蠢蠢欲動之勢。惟各店主鑒於罷工之不利。急從中設法調停。不至釀成罷工事實。最近復有碼頭堆裝業工人要求加價之舉。其如何結果。尙難逆料也。

本報按觀此如火如荼之風潮。勞動界之進步。一似有不可思議者。殊不知非也。罷工要求加價之舉。各業內常有之。即以上海之漆業水木業論。十年以來。行此者亦不下數次。此次風潮。亦不過循其庸腐之古方而已。並非於勞動界所處之地位有所覺悟也。故所執以爲要求之理由與夫所用之手段。亦皆最舊之故技。而未嘗有所進步。如結隊游行時。或手執香火。或肩負神牌。或高提魯班先師之燈籠。如此等等可笑之舉。不一而足。以是之故。社會上一般人均輕視之。以爲無意識之舉動。官吏則指爲流氓痞棍所煽惑。故卒未由得良好之結果。考其原因。實由工人智識缺乏之故。工人現在所處之經濟地位。實爲人類以下之地位。愈貧愈愚。於是工人之智識程度。亦幾幾乎退至人類以下。凡此實「資本制度」爲之賊也。故工人欲增進自己之生活地位。第一須增進工人智識。然方今資本壓力重於萬鈞。欲增進工人之智識。又不能不先有團體。於是本報所竭誠獻議於中國一般之勞動家者。不外六字曰「結團體求智識」。各行各業之勞動家皆當獨立一團體。名曰某業工團或工會。大畧如向來之公所會館。惟推廣而改良之。且絕對不宜與資本家所立之公所會館同處一地。（向來工人方面多有爲資本家利用。兩行同一公所者。此最爲受愚之事。）團中費用。由會員每月納最微之月金。若人數太少之行業。可合二三行或三四行而爲一工團。團中最要最急之事。卽爲平民學校。每行至少設立一所。人數衆多者。當多設之。以爲會員及會員之子弟求學之地。敎授或以半夜。或以星期日。當各相其地方及行業之情形而異。（參觀本報第二十號答悟塵書）其人數衆多。會費收入較豐者。可兼出一工人報。復由各分業之工團。聯爲一工團聯合會。或曰總工團。以爲全體之交通機關。此城之工團。當與他城之工團時通聲氣。互相聯絡。工人之智識旣漸漸增進。團結力亦必日見進步。及乎勢力旣厚。聲氣宏大。資本制度之死命。將由此工團操之矣。

顧此種進行有當注意之點三。（一）此種工團之根本目的自然爲反抗資本制度。惟今日工人智識幼稚。一時尙難顯出此作用。故目前之要圖。實在乎多設平民學校。平民學校無論何人皆可舉辦。惟由工團爲之。則其事輕而易舉也。迨乎工人之入學者漸衆。工人之自覺心發生。然後乃可以與資本家抗鬬矣。至於最普通之條件。爲今日所可行者。卽要求增加工價及減短工作時間是也。二者皆社會革命時機未熟。不得已而思其次之法。工價當就各地方之生活狀態。得一略優之率。工作時間。當以每日不得過八時爲限。而星期日之休息。尤不可無。此爲工團設後可以次第要求者也。（二）工團之組織。吾無政府黨及社會黨皆當爲之鼓吹。且加以贊助。惟仍當以各業之工人自爲主體。吾人但予以指導。以養成其獨立戰爭之能力。更當由小而大。由簡單而複雜。先從各業作始。然後聯絡各業而組織總機關。萬不可徒驚虛名。苟且立一總工團或工黨本部之名目。其實空無一物。祇呼號奔走。慫恿各地方設立支部。此等無實力之團體。其收效必不良。且往往爲不肖所利用。前年上海之「工黨」卽坐此弊也。

(三)工團之宗旨當以革命的工團主義爲骨髓而不可含絲毫之政治意味如英美等國皆有勞動黨加入政界爲政黨之一遂爲一般無恥之政客所利用而各國之工人亦往往受社會民主黨之煽惑皆以政治思想未擺脫淨盡之故法國總工會章程第一條曰「本會宗旨在保護工人道德上經濟上各種權利此會組織純立於政治之外惟恃工人自己之實力減除貧富之階級不得以工會之名目及勢力協助政治家而爲運動選舉者盡力」不恃政治而惟恃自己實力以減除貧富階級是即用革命手段以反抗資本制度也是可見革命的工團主義之精神矣

風雨雜聲錄

▲記師復君追悼會事　師復君不幸逝世吾黨同志咸爲惋惜四月一日上海無政府共產主義同志社同人等卽於該社開會追悼到者凡數十人首由章誠君宣告開會理由次由君虛君講述師復君歷史畢衆以民聲爲東亞唯一傳播機關關係吾黨主義前途至巨亟宜設法維持遂由章誠君提出辦法數端衆均贊成繼復討論同志社此後應行舉辦各事甚詳乃散

▲紐約無政府黨之暴動　本年二月中旬紐約之無政府黨集衆暴動擬倉猝炸毀銀行及教堂等事爲巡警先期偵知故當轟擊教堂時擲炸彈者多被拘捕然霹靂一聲全市爲之大震矣此事經遍傳各國影響頗大歐美同志傳播手段之猛烈于此可見一斑

▲南京同志被逮　南京無吾君吾黨之健者也近欲刊一雜誌藉以傳播主義取名一九一五屬各印刷店代印各店以其內容多反對政府語且未經警廳認可不敢承印後至某店其司事固不諳文義者允之後爲同業偵悉嫉甚密告警廳警廳卽派人至該店收其稿幷逮君鞠訊時君悉吐所抱不少隱飾聞南京政府謂君非亂黨中人將從寬省釋云

通信討論欄

▲答苦餘生　來書言「吾人投身軍營運動軍界不如投

身政府運動政界、同是陷于不義、無所別擇、而政界居軍界上、上好下甚、故以運動政界爲宜。」不知吾人當兵所得至賤、所業復至危險而殘酷、人性好生、苟非政府誘逼吾人決無樂夫此、喻以公理、動以利害、翻然改圖、至屬易易、至於政府、爲强權所自出、政府中人、卽無不主張以强權凌制吾人者也、吾人反抗强權、故與政府中人互立於絕對不能相容之地位、向之運動、寧能有倖、譬遭强盜、不圖抵抗、而徒哀盜矜憐、冀不我奪、世非凝人、慮不至此、且武力者、政府之爪牙也、爪牙一去、政府卽失其所恃以自固之具、卽欲不亡、其道無由、吾人設能去其爪牙、於事已足、他更何慕、故運動政界、一舉、以理論言則不能、以事實言則更不必矣、至不義云云、亦屬非是、今夫暗殺、固至違反人道者也、然吾人時或藉爲傳播主義之壹種手段、決然行之、不稍躊躇、投身軍界、亦正類此、皆吾人壹時權宜之計、本出萬不得已、與心有所利、甘犯不韙而爲之者、逈別、固無義不義之可言也、本報第五期通信討論欄師復答悟塵書、曾一題論及此、可以參觀、

助本報印刷費者　若萍美金弍圓半(三藩市)　若雲弍十圓(保士頓)　平宇越幣十圓(廣州灣)　峙雲五圓(香港)　聲白五圓(廣州)　葛天叨幣五圓(吉隆坡)　漢夫五盾(棉蘭)　以上民聲維持會費　李景星七仙令(杜蘭斯哇)　樂從十弍仙令(仝上)　志均十五圓(吉隆坡)　廣堯七角半(仝上)　藹之七角半(仝上)　憲之印幣弍十盾(仰光)　雷金滋冉捐民聲叢書印費弍十圓(沙陣)　澳生壹圓(日本)　勵志生壹圓(仝上)　劉漢華美金四圓　S. Y.　美金弍圓半　漢醒　黃開基　譚茂延　唐日卿　季才　黃潛泉　唐貽扳　林承謙各美金一圓(以上三藩市)　煒灼弍盾　漢夫一盾　植泡弍盾半　瀚泉五盾半　(以上均棉蘭)

師復君最後致友人書

…余忽患肺病全肺皆痛咳極苦初服丁福保藥壹禮拜不見效欲轉西醫而無錢故停服藥兩禮拜惟是病勢日深恐貽大患迫得向人借貸百數十金昨日往某著名之德醫求診詎彼謂非進醫院不可進院則三四禮拜可全愈否則必日積日深不可救治云但入院以一月計最少非二百金不辨試問余從何處籌措耶則亦惟有聽之而已文明科學本爲富人之專利品託爾斯泰所由深恨而痛絕之也現在民聲甚危幾將易簀余之憂民聲比憂病爲更甚倘民聲鳴呼余又眞成爲不治之癆病則師復將與無政府主義同蹇於支那之黃土而已…

一九一五年一月三十日

民聲
第二十四號

托爾斯泰行畧

顯父譯

Lyoz Nicolaicvich Tolstoi (1828-1910)

托爾斯泰者俄之伯爵以千八百二十八年八月二十八日生於俄之「租羅」縣「克拉卑安」郡早歲不羈學於「嘉莊」大學不能卒業歸而獨學於鄉里頃之學稍進應國家學位試驗得法學士然不檢如故日從事於放縱自由之生活以虛擲其光陰者復數年一八五一年托氏年二十三去家依其兄某於「苛加沙」「苛加沙」故風景絕勝地托氏驟得此天然美術以涵育其性情文學興味至是陡發其畢生著作之所以秀逸淵懿夐絕塵表亦根荄於是矣托氏於時曾一投身兵營一八五四年「克利密亞」之役且曾以砲兵士官之職躬親臨戰惟於戎馬倥偬之際仍竊閒從事述作「幼年時代」「可索克人」等編即成於是時一八五五年以政

托爾斯泰 L. N. Tolstoi

府命赴「伯德士布」始結交文豪「奢路加尼氏」彼此相得甚歡蓋平時相欽慕久矣和平克復後去職歸里發刊其一雪嵐」「二八之輕裝騎兵」及「嚮導兵之日記」三書托氏文名至此乃大震

一八五七至一八五九年三年之間。托氏曾兩度漫游西歐。有所感觸。咸肇之書復成「家庭幸福」「三死」及游記數種。至是以後托氏惟經營其田園生活。幷從事農民小學教育。不復他出。一八六二年。遂與一十八齡之女子曰「比路士」者結婚。而託氏年已三十四矣。今日文學界中聲譽甚高之「戰爭與和平」一書。卽託氏結婚之頃所起草云。

一八八0年。託氏年五十二。忽起一種宗敎的理想。概然有飾行勵俗之志。向以得獲藝術的成功自熹者。今乃慊然如有不足。或謂此爲託氏精神上革命之時代。亦非無故。觀其「何爲幸福」「我的懺悔」「我的宗教」「我將何爲」等著。其思想變遷之跡。猶可尋也。蓋復活一書既成。而託氏藝術的著作乃告終矣。託氏素主張共產主義。一八九五年。遂斷然實行之。所有資產。概以給其妻女。已則力田及作工以爲活。脫屣富貴。去與齊氓伍。天下高之。託氏著作雖多屬小說。然其中提倡無政府主義非戰主義者。亦不少。俄政府以其不便於己。約束之甚嚴。故不克自由傳布。然各國學者多知寶貴之。展轉翻譯。傳播甚廣。故其學說卒披靡一世。其晚年著作如「何爲宗敎」「主及僕」「現代之終局」等。皆近代有數之名著也。

託氏晚年迴溯其過去之生涯。區之爲四時期。曰「吾自有生至於十四歲。是爲幼小時期。晨夕酣嬉。歡樂充滿。詩的時期也。十四以後二十年間。是爲第二時期。耽虛榮。恣情慾。放縱佻蕩之時期也。自結婚以迄心靈誕生之日。是爲第三時期。予之思想專注於文學生計及一切娛樂之事。主我的意見甚深。然自世俗眼光以觀此時期中予之行徑。似與德義不悖，復未一蹈世人所非難之惡行。惟循循然以營其家庭的生活而已。今者予生活於第四時期中。亦既有年。吾殆死其間矣。吾甚願時一追迴既往。以自諗。然予於痛改過去三時期所留遺之惡習外。不欲爲何等之變更矣。」託氏生存於第四時期中者十年。有訪之者。見其高臥一僻村小室中。倏然有出塵之概。託氏之意。本欲以其餘年實行其隱遯主義。不意臥病彌月。遂以不起。卒年八十有二。千九百十年十一月二十日也。

託氏主張極端之愛他。否認一切以人治人之權力。謂人類毋須互相宰制．政府法律．皆可廢棄．惟託氏又否認抵抗．不主復仇．革命．暗殺．皆所不取．晚年不食肉．不飲酒．不蓄僕役．謂世界衆生．咸出一本．吾人當一視同仁．不應妄生分別．以相殘殺．立言制行，咸足爲世法．死之日．萬國莫不爲之誌哀．其感化力之偉大．亦可想矣．

萬國無政府黨宣言

耀榮譯

本宣言發表於倫敦自由報三月號．署名者如馬拉鐵達 E. Malatesta 高曼 Emma Goldman 杜美拉紐文嬉士 F. Domela Nieuwenhuio 等數十人

歐洲今者竟陷於烈焰之中矣．以千二百萬之人民．相與從事於慘劇之屠殺．徵之歷史．固未之前見．也婦孺老弱．號咷涕泣．惴惴然不知死所者．且不知幾百千萬．而七大民族中之道德的智慧的生命．亦幾盡羅倒懸．莫必其命．而戰禍之擴大方日進而未有已．嗚呼．此卽七月來可哀可泣之慘狀竟發現於今日文明世界中矣．

然此役發生．實足堅吾輩自信之心．以今之戰爭．實爲今之社會制度日積月累所孕育而成也．故吾輩對之．實不少驚疑．且戰事無論其有限或蔓延．波及屬土．或僅限歐洲．皆社會自然之結果．蓋今之社會．本由利用工人而成立．而竟陷之於野蠻的階級爭鬥中．驅逼彼輩服從小數手握經濟及政治的特權之寄生蟲之管轄也．

今之戰爭．無論起於何方面．要所難免．蓋半世紀以來．可驚之武器及凡足令死率增加不止者．皆已預備若狂．必不令歸諸徒勞．也此非尋常僅爲武器的整頓也．又非吸集衆人之心思志願．以改良武器的構造以謀和平也．

戰事開始之後．伯林．及維也納．之政府．曾搜求種種文件．以表示其作戰之正大．巴黎．倫敦．及彼得格勒．諸政府．亦然．皆嘗竭力制作一無可與辦之文據．藉以樹立其良好之信用．儼然自命爲自由及公理之愛護者．及文明之保障者．苟由是言之．斷斷然考求此戰之原因．而謂誰之政府．應任其咎者．實爲一最無識最幼稚之舉．蓋爲侵略而戰．與爲守衛而戰．兩者不能有特殊之差別也．

文明乎．今實何人代表之乎．豈彼以强有力之可怖的軍國

主義壓倒一切之改革之德國乎．抑彼以酷烈名天下降服西伯利亞之俄國乎．抑彼以殘忍之侵畧加於安南馬達加斯加、摩洛哥、強迫徵募黑兵、遇同志有僅犯「以言論反對戰爭」之罪者、亦羈之獄中數年之法國乎．抑彼利用殖民地之居民且分裂及壓制之之英國乎．

曰否．求諸各交戰國中、實無一足稱爲保障文明或正當防衛而戰者焉．

卽實言之．此以鮮血玷污全歐之戰爭．與從前所有之戰爭．其原因殆無少異．蓋皆原於國家之存在而起者．而此所謂國家．卽強權政治之組織也．

國家者．發生於武力者也．藉武力之用以發達者也．今且惟武力之是賴．以維持其萬能矣．無論其組織如何．要之不過一壓制機關．特以利彼少數特權者耳．今度之戰爭．實足爲一極明瞭之解釋．誠以各種政體的國家均出而相見於疆場矣．獨裁政體爲俄．較寬之獨裁政體及國會制度爲德．以數種絕對不同之種族相與爲治者．爲奧．民政的憲法制爲英．民政的共和制爲法．

不幸之人民．希望和平之念深．冀免戰禍．乃托其信賴於政府奸詭之外交家及各政黨．（合反對黨如國會社會黨者在內）不謂此種信賴．竟爲精巧的騙術所彌縫．而目前方賡續未已也．觀今日各政府均藉報章之力．稱此戰爲解放的戰爭．以愚其民．其民皆忻然惟命是聽．則可知矣．

吾輩爲極端反對人民間一切之戰爭者．現在中立之國如意大利．其政府方欲驅其少壯之人民以入此酷烈的戰場中．吾輩同志迭曾反對．卽將來亦必當以最勇敢之精神阻止之．

處此慘劇中．無政府黨之責任．無論其居何種地位及形勢．皆當繼續宣布謂自由之戰爭只一而已．卽各國內被壓制者反對壓制者．被利用者反對利用者．而吾輩之本分．則在慫恿一切奴隸反抗其主人．

無政府黨之行動及傳播．當百折不撓．以圖衰弱及解散各種國家．栽植革命之精神．而喚起人民及軍隊不平之心．對於各國之自以爲因自由及公理而戰之軍人．吾輩乃宣言曰．汝輩英雄之慨．剛勇之性．不過使暴虐之政．不幸之民得以永久生存耳.

對於製造廠及礦山之工人.吾輩乃宣言曰.彼輩手中現有之來福槍.當革命及罷工之日.曾用以敵汝輩.自茲以往.將再用以敵汝輩.以迫汝輩服從資本家之利用也.

對於田間之農人.吾輩乃宣言曰.戰爭以後.汝輩將再被壓逼於羈勒之下.繼續耕種地主貴族之土地以供養其富.

對於一般出亡之徒.吾輩乃宣言曰.爾輩不可遽釋爾劍.解爾甲.以迄與被資本家決定談判及將一切土地工場歸諸共有之日.

對於身爲戰爭之犧牲之爲人母爲人婦爲人女者.乃宣言曰.爾之憂患及爾子爾夫爾父之罹屠戮.爾應自負其責.

要之吾輩無政府黨當乘此革命時機及不平之氣.提倡一切革命及暴動.必使社會的罪惡悉歸於盡.

縱先經一次痛苦.其慘酷或與此戰相等者.吾輩其毋倦焉.以此爲痛苦之末期也.其中必有無量數人爲其宗旨慷慨犧牲其身命者.故吾人應示以無政府黨人宗旨之偉大豪俠及純潔也.迨夫戰禍與軍國主義既絕.破除一切國家及其附屬機關.令生產家爲自由之組織.以達於完全自由之域.而社會的正義始實現耳.

麵包略取(續)

克魯泡特金著
冰紋譯

La Conquete du Pain—P. Kropotkine

第三章

第二節

吾輩提出「無政府」以代吾之政治組織之理想.不過欲表明人類進化之他一趨勢耳.歐人社會每能向一定點而發達.即破除強權之羈勒而易以一含有多少個人自由之新制度是也.徵之歷史.則社會一局部或全體既經革命.舊政府已傾覆之時.經濟的及智慧的地位.必突飛進步.然此必在市府自由開放之後.其紀念碑乃由自由勞動會社所成立.雄偉罔莫或過之.盖自平民發蹤隴畝.惹起宗教改革危及教皇而後.其不滿於舊大陸而特爲一羣於大西洋之對岸(指美洲)者.亦得小享自由之福矣.

更進而觀察現時文明諸國民之發達.則見有一種極明確

之活動．即漸限制政府活動之範圍．而增拓個人的自由．是也．此種發達．雖繼續進行於吾人之眼前．然不免爲舊制度舊迷信之殘留物所防阻．祗待一次排除障礙物之革命．以廓清進行之道．則自由之期望．將於新造之社會償之矣．

吾人對於建設政府「即強迫個人服從而不自服其爲公僕之政府」之難題．欲解決之者已久．而卒無効．因而謀脫離各種形式之政府．並滿足其對於團體「卽追求同一目的個人團體間藉自由契約所成立的團體」之希求．於是各細小區域之單位．最爲緊要．然必以彼此的同意代去法律．到處皆以共同之目的及見地以處置個人的利害焉．於是昔人所嘗注目之所謂政府功用者．至今日愈成爲一問題矣．事物之處理．較昔更爲容易．而且滿足．自無需乎國家之干涉．觀於進化之惟此方向是趨．可決人類方日事減少政府之干與．以至於無．則舉凡國家也．壓力也．專利權也．一切不公道行爲也．必底於消滅而止．

吾人更壹觀乎世界之所以維繫人類者．法律效用．已難持久．所餘者社會慣習耳．慣習爲何．個人相互間必須相交扶助．聯絡．周恤之感覺之結果耳．

雖然．社會上對於廢滅國家之意思．其阻力之多．無異對於政治的經濟組織中廢去私財也．蓋吾人稚年所受之敎育．卽以國家之建立爲出自神意．小校時所習之羅馬史．羅馬法．大校時所習之種種科學．久已使吾人迷信政府萬能．國家神聖．且常留此謊誕之說．縈繞於哲學系統中．百政治率以此爲根據．故無論何國之政客．輒日聒於國民之前曰．「假汝一部分之權力與吾．吾將去汝痛苦．予汝自由．」而吾人一生行動．遂以此爲嚮導．披社會學法律學之編．卽無異與政府相遇．其組織．其行爲．觸目皆是．幾使吾人於政府而外．更無一物足堅信者．報紙亦然．連篇累牘者．無非國會之辨難．政治之詭謀．至人民生活．日呈萬狀．乃不盈幅．僅其有關經濟者．略紀一二而已．而警察文告．法庭判牘．又纍纍然充塞行間也．讀報者欲一知人類生滅苦樂及各種情形．乃不可得．則以巍巍其崇者之陰影．舉人類而蔽之也．

吾人姑捨印刷品而復一瞥吾人之社會．則見政府所事之事．極其眇少．實足驚訝．「波爾塞」Balzac有言．村野之民．畢生不知政府國家爲何物彼與國家之關係祇納其被逼之重稅耳且社會事務不經政府干涉而成就者一日之中不知幾許又觀於商人營業設有不履行契約者亦不必訴諸政府蓋苟不以互助之信任爲基礎則商業將無可爲也言出必踐之習慣保全信用之誠心實足使交際維持於不弊不觀乎商人既以誇侈之告白眩人卽不惜百計彌縫以實其言乎其意若曰保全信用者當然之事也際此惟利是視之時期人咸期於自富尙有此美德發現將來壟斷他人的勞働結果以爲社會基礎之時期既逝必再有急激之進步夫何疑哉

又有他之較著之事實足作現代之特質觀者更足以證明吾人理想之正當則以近者私人發起之各事業其範圍逐漸擴大而各種自由組織亦隨在發達凡此種種將於自由親睦篇中詳之今茲所欲言者則以此等事實既繁夥普徧如此已成十九世紀後半之精神而彼輩政論家及社會主義著作家竟漠視不顧方且以政府職守喋喋相向則誠不可解耳

此種自由複雜之團體實出吾人文明自然之結果其澎湃甚速其聯結甚易亦出文明人欲望繼續增進之結果也夫惟如此故可以之代去政府之干涉而吾人尤當認爲社會之重大要素若其不能普現於生活現象之全部則必由於工人之貧困資本之壟斷階級國家等所妨礙矣苟拒絕此等妨礙物吾人文明事業之所屆豈有涯涘哉　(未完)

平民之鐘

方續譯

第五章

寺院中有行典禮者—平民院中人信仰者咸集焉

有人叩之曰　彼輩何爲？　彼答曰「據我所知彼輩或有恐懼之心乎」

因今日與彼輩有關係者曾有說焉曰「宗教典禮此殆末次斷續之鐘鼓將永歇也」

然彼院中人聞之則呼曰「是人慢神速去勿怠」

於是院中人信仰者羣起思所以逐之

彼乃詔之曰「噫世上固有極樂土爲平民而設者汝院中

人信仰者未曾一入．抑不令汝等入也．

噫．汝等院中人信仰者所置之邱墓．裝飾華麗．外觀似潔淨．內容則腐敗蠹蝕也．

噫．汝等院中人信仰者．竭排山倒海之力．謀所以改革宗教．不知愈改愈遠．與天理益矛盾耳．

噫．汝等院中人信仰者乃藉口於宗教禱告．而吞沒孤兒寡婦之金錢．

噫．汝等院中人信仰者．日以固貧素位爲說教之資料．乃反謀儲蓄金錢．且在任以名譽勢力爲念也」

於時有旁觀之政客攙言曰「友乎．汝爲此言．蓋侮及吾等矣．」

彼乃答曰．「噫．汝等法律家道德家．日負規則之重任．乃己身反不一蹈規則也．

噫．汝等爲他人立法律者．他人乃戕汝之祖若父．談者自談．殺人者固自若也．

此殺人流血之事．孰負其責．將惟汝等是問．蓋汝等惟知鞏固一己之權力也．

或有宣布一部分之眞理者．汝等必戕之燬之．絞之斬之．或鎗斃之．

或死於獄．或死於烈日之下．或死於西伯利亞冰天雪窖之中．

凡此種種流血之慘痛．吾今敢正告汝等．不出一世．將惟汝等是問也」

於是道旁平民之環聚而呵者．作耳語曰．「此人太豪猂矣．然彼安能爲此演說」

彼乃廣喻之曰「有人焉垂死．以豐沃之圃遺其二子．

其幼子知書善讀．惟胸中滿蓄毒意惡念．

其長者心地簡單率直．惟不能求學．蓋彼終日營營．不倦爲己且爲其弟．未嘗稍息．

其父既死．幼子取紙一枚．於其上作萬種不合之詞．及毫無意味之語．

乃以示不識字之兄曰．此吾父志願之遺囑也．

吾父諭吾儕．謂弟當掌簿籍．司祝禱．及各種秘事．凡此均爲吾兄簡單之腦所不及知者．

吾兄則當治田圃。芟緊枝。護苗去莠。果實既熟。吾兄穫之。惟吾儕不可驟食。因其爲死父之物也。此秘事也。

此至愚之兄。信以爲眞。從之甚久。」然亦嘗試一學爲書。居頃之。兄遂亦能一讀所謂乃父之遺囑者。始知所書者均爲萬種不合理之詞。甚爲其所弟杜撰者也。

兄於是日偵其弟所爲之秘事。則驚訝不已。蓋其弟獨享收穫之果矣。

且有餘者棄之。蓋欲隱瞞其騙詐之事也。

兄乃赫然震怒。以其弟之欺己也。力驅之出園。」

於時院中人及政客。均暴怒如雷。蓋彼等視眞理爲眼中之釘也。

彼等乃發爲奸譎之謀。以難之。蓋謀入彼之罪而死之耳。

(第五章完)

方按是書原名爲「鐘之福音」或「良辰之福音」。La Evungelio de la Horo 蓋報告吾儕未來之良著也。體裁一仿新約之四福音書。詞意顯明。實爲傳播吾人主義之佳作。前四章爲師復君譯述。以事中止。茲從諸同志之請。由方爲之續譯。他日全書脫稿。另印單行本。時當尙釐訂。

通信討論欄

▲答敏公　來書問共產主義之鼻祖。是否卽巴枯寧。抑其前已有發明之者。答。先哲提倡共產主義者。以予所聞。柏拉圖(Platon 427-347 B.C.)當是最古。惟所言者非無政府共產主義。與巴枯寧等所倡者絕殊。然不得謂其非共產主義也。柏氏曾著「共和國」一書。發表其共產理想。謂國民一切經濟事業。應由國家經營監督。財產則歸國民公有。不許個人私有。又言男女得自由結合。無取婚制。兒童由國家養育。並授平等教育。長則服務國家。此本書之大意也。柏氏後復著「法律論」。關於實行共產的理論。比「共和國」尤爲穩健易行矣。其後有湯馬士摩亞(Thomas More, 1480-1535)著「無何有鄉」(Utopia)書。分前後兩篇。前篇描寫英國顯理八世時平民貧困之慘狀。而歸其原因於社會制度之不良。並痛詆貴族驕恣。法律之偏私。獨占事業之橫

桿等以表暴社會不平之象。後篇則述「無何有鄉」組織之大概情形。畧謂此鄉之衆。無階級貴賤。無貧苦。無罪惡。因製造罪惡之原因(按指金錢)已絕。故無法律。無刑具。教育純潔而高尚。風習質朴而典雅。上無專制之執政。下無困厄之奴隸。遵依自然之法則。一切平等無別。鄉中每三十家置一族正 Pilaich 族正十人。置一總族正 Archpilarch 概由民選。鄉有大故。由族正聚議。是爲族正議會。又選鄉中之有德望者。集而爲元老議會。兩議會聯合舉出尤有德望者一人以統治一鄉之事。所謂鄉長是矣。任期終身。苟有不職。衆得易置別人。鄉分若干區。區各有耕地及村市。以爲人民居住生產之需。產出之物。公同處理。以一部供公衆之用。一部備非常之需。勞動時間極短。故人皆樂於盡力。游手徒食者。幾於無有。暇則從事藝術科學音樂等事。藉以增長智識。涵養情性。等黃金於瓦礫。視智慧若性命。不耽游惰。不尚奢靡。乃其鄉人之常性云。

後復有湯馬士砍摯尼拉 (Thomas Campanella, 1568-1639) 著「太陽之都」亦虛擬共產社會情形之作。所言與前述兩書畧同。惟本書特色。在鋪敘事狀之中。能將兩種根本理想。發揮盡致。即(a)家族者私產制度所由成。以有私產。故私心爭心相緣以起。而社會罪惡。由是叢生。(b)都人全體無無職業者。勞動時間。以平均而減少。故人皆樂於服役。又以無私產以啓爭競相惡之心。故都之人民。責任心與愛羣心皆甚富。好逸惡勞。避重就輕之事。因之無有。(未完)

▲答宗導　來書言今之反對之論。動謂「競爭者進化之母。吾人主張互助與競爭之說不相應。是即與進化之說不相應。因以知吾人主義。必不可行。」此種聲口。於吾人主義之進行。大有關係。似宜著論解答。以釋羣喙云云。答。欲討論此問題。似先宜就題中審其所援以爲根據者(即大前提)是否與眞理相符。如其符也。則其所推論(即小前提及判斷)吾人固樂於研究。如其不符。則餘所云云。直一架空的臆說。殆已無研究之餘地矣。今籀繹論者之旨。則「競爭者進化之母」一語。其所援以爲根據者也。請即以此一語爲吾人討究之的。夫競爭爲進化之母云者。謂進化爲競爭之所產出也。謂無競爭則無進化也。惟吾聞生物所以競爭之

原因由於生活所須之不足。以物皆好生生。必有所求。求而不能遂。則其勢不能不爭也。惟吾又謂大宇之內。除自然法 Natural law 爲永久不變者外。餘則凡屬物質 Matter 及勢力 Energy 所生現象。大至日局 Solar system 之所以旋行。小至微塵之所以結構。無不惟進化之理法是從。不獨有機之物爲然也。且卽就有機之物而論。生活分子 Living molecule（與無生物分子不同）之演而爲生活原質。Protoplasm（生命之始基）生活原質演而爲單細胞生物。單細胞生物演而爲複細胞生物（複細胞或稱器官細胞 Organic-cell）其遞演遞進亦一進化也。此等進化是否亦以競爭爲原因。姑勿深論。第欲問競爭由於所須之不足矣。所須何以不足。則達爾文以爲由於物力有限。孳生過庶也。夫曰以過庶而覺不足。則未庶而覺有餘可知。由覺有餘發達以至覺不足。其間不能無幾許之進化。又可知其間之進化。以尙未至覺不足。其原因不在競爭。又可知。審是則進化不以競爭爲原因者有之矣。抑吾又聞達氏學說。其言生物進化則是。言生物所以進化。則學者多有未饜。蓋達氏所定進化原因。多出於忖測假定。本無充分之實證也。卽如優勝劣敗之說。斯賓塞卽首倡異議。以爲按之事實。必有未通。而易以適者生存淘汰一說。學者尤多微詞。有爲極端之論者。有立論稍寬者。今略述數條於下。以示其概。

甲之說曰。自然淘汰者。一無所別擇的毀滅作用也。達氏謂生物生殖之力。原以幾何級數而增加。而其結果不爾。生出之大部分。往往滅亡。生存者僅其中之最少部分。此最少部分者。必曾經甚烈之競爭。獲最後之勝利。乃始不爲淘汰所亡以去云。不知生類生出大多數之滅亡。多在未孚（卵旁）化及幼稚時代。適與不適。尙無從辨。淘汰作用安從實施。譬有魚卵一簇。浮游海面。一旦遇敵。全體不保。幸而免者。萬中之一耳。一生一死。與卵自體奚若。絲毫無關。又此得倖免而孚（卵旁）化爲小魚者。設復遇敵。其逃生者。亦未必其中之游泳最善者也。此種事實。皆出偶然。必言淘汰。亦一無所別擇的淘汰耳。優勝劣敗。於何見之。

乙之說曰。自然淘汰者。足以鋤抑特異之進化者也。倡此說者。始於美人般甫氏 Bumpus。般氏謂自然淘汰不獨不能爲種類 Species 起源及種類增進之原因。往往適得其反。蓋自然淘汰對於生類有與其同種普通形質「Type相違之點者(指一種類中平均普通之點非指其最優之點)絕不爲之保護。竟往往首先摧殘之。例如一八九八年二月一日英國寒風陡起。氣候慘變。鳥之斃於是役者殊夥。般氏事後蒐集鳥之死體。細加研究。見其中多有具一種特殊之點爲該種普通形質所無者。其與普通形質不殊及與之相近者。諸得生存。此種關係。不獨氣候爲然。卽就其他種種事實驗之。亦常如此。由是知自然淘汰所保護者。不在更新而在守舊。淘汰作用愈烈。生類之進化愈遲。反之淘汰作用愈寬。生類之進化愈速也。

丙之說曰。今之主張自然淘汰說者。動援人爲淘汰之經驗及理論以成其說。不知兩者絕非同物。信於人爲淘汰者。未必信於自然淘汰也。據蒲拉提氏 Plate 所舉。則其相異之點。至少有六。(一)人爲淘汰必具一定之目的。(二)人爲淘汰欲令特質增進。得特別選出生物中之特異者。(三)欲達上之目的。必厲行隔離 Isolation (猶言令異者與同者隔別不使再得交接機會)(四)曾經人爲淘汰手續者。所生多屬極端之物。且體弱多疾。易趨於異。(五)人功一旦停止。必卽反其原形。(六)新取之異者。對於向日之同者。必不失其生殖之質。(猶言仍相交接)上述六事。自然淘汰幾全與之反對。則人爲淘汰與自然淘汰兩者不可相提並論甚明。不寧惟是。據主張「異類生成說」Heterogenesis 者之所言。則竭雌雄生殖法(卽人爲淘汰之一端)之能事。不能於一種Species之中。發生別一固定之新種。(固定云者卽互不交接以復反於原形之謂)是則發生新種。人爲淘汰有所不能。而依據人爲淘汰以成立之自然淘汰說。謂足以說明新種發生之原因。揆之理論。豈可通乎。

(未完)

助本報印刷費者　滾滾伍圓　偉泉三圓　夢覺五圓

---

* * * * *

民聲

第二十五號

幸德秋水君行畧

L. F. Roughedge Edelweiss述　耀槃譯

一九一一年一月二十四日日本政府殺無政府黨十二人。蓋皆經秘密審訊誣以謀炸日皇之罪者也被害者中以幸德傳次郎(即秋水)及其妻菅野爲最著名是篇乃幸德氏之事略爲幸德氏之友所述者也一九一一年二月自由報嘗刊布之

幸德秋水約於四十年前在土佐鄉Tosa(屬四國府高知縣)誕生父業醫稚年即爲一富有名望之鄉先生所薰陶時幸德雖少然對於「天皇有神聖之權以管轄宇內」及「日皇爲太陽之後裔」等說已疑其怪誕不足信矣。

據吾所知幸德氏並未曾入中學高等或大學等校故欲以「博士」字樣冠於其名之額實不倫也猶憶予偶與之論及

身殉無政府主義者幸德秋水君之遺像(左爲幸德君)

吾黨之友某博士言次予亦博士稱之彼漫應曰「君對於別人何故往往不加其人之職業於其名之前而獨於吾則不忘博士之尊號乎」吾苦無以答者屢矣

自其外貌觀之幸德氏絕類一高麗人爲人溫柔仁愛有隱

者風其身材較常人稍下。惟靈敏則判然居其上也。彼曾爲日本最著名之某某報(在東京發行者)總編輯。當日俄交戰之先。因反對戰爭辭職。旋與同志酒井 T.Sakai、西川 K. Nisllikawa、石川 S. Ishikawa 及余結一團體。爲攝一照。照中之字卽幸德親筆所書者也。後因爲反對戰爭黨代表。至爲政府所嫉視。然自是以後。彼及其伴侶遂爲社會所屬目之人矣。未幾與照中之人及其他友創一星期報曰「平民新聞」。無何被禁。復發起「光明報」以代之。又遭禁止。又有「進直」報繼起。依前人之法進行。際斯時也。酒井、西川及幸德三人相繼爲日政府所監視。然平民社印刷事業仍繼續不輟。發出小冊書籍甚多。警察乃蹂躪其發行所。收沒各物。以爲如此其保守主義便可安存。而可畏的社會革命主義及勞動主義可以一次掃除淨盡。而永遠絕跡于此島帝國之境內矣。

幸德在獄時。身體殊不康健。(在獄時與各友專習外國語言文字。後大得其用。)出獄後。有將生名加藤者。勸彼偕其長子(亦一醫生)往遊歐美。幷爲肩任旅費。幸德從其言。遂卽赴美。至是幸德遂獲與政治的及經濟的理想之新現象相接觸矣。當彼在三藩市時。適遇地震及大火。彼乃回國。歸國後身體極强。受一年少之富人所資助。(傳說其人不久卒爲漢奸及警察偵探)發刊平民新聞日報。流行極廣。幸德精於著作。時人稱爲日本近代詩人第一。爲人誠實忠厚。其立身行事。雖反對者亦爲之嘆服。惟平民新聞壽命不長。亦如前遭禁焉。

幸德氏曾於東京外諸小村落來往演講人類解放之眞理。勇往直前。不少畏懼。嘗曰。「吾聞日俄交戰以後。日婦多有權其體之輕重。視同貨品。以售諸青樓者。至爭戰當日。則彼所謂紅十字會女會員。且有公然佩其徽章。在天津城內從事醜業者。使人類眞爲上帝依己形貌所製造者。上帝寧忍令其似己之肖子。困頓凍餒。迫而爲此皮肉之生涯乎。彼操特權者。又寧得坐視其四週困苦顚連之現象。若絕無聞見。而靦然受神聖之權乎」。寥寥數語。而幸德畢生之志見矣。自是之後。幸德漸變爲政治階級之肉中刺。日深一日。然彼輩雖盡出其卑劣陰險之手段以求達其狠心。卒無損幸德之毫末也。吾猶憶八月間吾正登輪取道北美赴歐參列「加賓哈僅」Carpenhogen 之萬國社會黨大會時彼適被逮吾欲考其詳細情形會詢八人然卒難得如願之報告幸德之妻素與幸德共事生平未嘗受學校敎育只受業於私塾耳其結婚之日期吾不之知大約當在三年前社會黨在萮關 Kiukwan 聚會之後也彼爲日本婦人中之最聰慧者爲人仁雙有膽畧嘗撰小說數部行於世又嘗爲諸新聞雜誌之長期投稿員卒年僅二十有九云。酒井卒與幸德相若生於小倉 Kokura (九州Kiuchu省)

其父爲皇室之侍臣封建時代許佩雙劍(此等榮典非軍隊中之高位者未克有此也)酒井身體修列合度而微胖與幸德共事數年極熱心於其所抱之主義及其觀念與幸德殆無少異也。

彼罪果何罪乎彼罪豈在結黨以抗皇室乎否彼罪之罪不過以筆墨口舌反對勞動階級之爲擁強權者所利用及啓發鼓動其權利心而已噫此卽彼罪致攖強權者之怒之惟一原因也今幸德及其少數之同志久酣寢於荒煙蔓草中矣—所謂以死殉其道者非耶舉凡苦樂不足以介其意彼之孳孳遜吊者其月且幸德輩又豈如彼日人之所推測也哉。

同志勗諸

冰懿

無政府共產主義方始萌芽。海內稀有之師復先生。遽爲天奪。倉皇四顧。同調晨星。萎斯哲人。造化亭毒。同人聞耗。而震悼。先生齎志而不瞑。然皆我同志之過也。期年以還。信道者遲徊瞻顧。能篤信者未必能力行。以至傳播事業。尙弗克分勞負責。萃艱難困苦于其一身。神力俱疲。天年曷永。狂瀾既倒。砥柱中摧。神聖光明之大道。一縷僅存。或竟不幸。從茲歇絕。東土則誠大可痛心者矣。我同志嘗念及此。能不慘然。爲逝者傷。惕然爲來日懼。逝者已矣。來日大難。又能不懍乎責愈重。勢愈微。而致力益當猛厲乎。大道必不絕于天壤。行道必須資于人力。晦冥否塞之中。而有一師復者。同人知相告幸。今遭大變。而有廣陵散之悲。則後死者何以對先哲。何以對良心。更何以致其來日之希望。是則披髮纓冠。臨湯蹈火。鞠躬盡瘁。死而後已。我同志直宜視爲彌愆補過。未容一刻諉卸者也。

蒲魯東巴枯寧。豈其不死。而其主義磅礴歐陸。固有賴于後人之光大發揚。況今當磨戈礪矢。以與萬惡政府宣戰。中堅遽創。重倚偏師。維大投艱。匪異人任。綱願矢諸逝者之靈。作其無前之氣。其濟則先生之志也。生民之福也。利害禍福則抱道者不當容留度中。維持機關。灌輸學說。排禦困迫。撥度衆生。執鞭以從。至所欣願。同志乎。非抛一掬淚。遂可了吾人分內事也。

第十一次世界語萬國大會通告書

(一)

本會今者刊有巴拿馬賽會會場實紀一書。乃以報告桑港會場之內容。及美國西部「加利福尼」Californa 省之勝景者。此書之輯。一爲賽會作告白。二爲古太平洋世界語大會之先聲。大會之開。將於一九一五年八月二十二日至二十九日也。

三月一日賽會已開幕。全球之奇花異卉。燦爛於植物園中。一若特爲會場作點綴者。蓋桑港一區。終歲不凍故也。開幕之日。遊客之數爲二十四萬七千人。會場之建築。乃集美國三十七邦及世界十九大國之力而成者。故該會現狀之宏麗。實向來博覽會之所未有也。

世界語大會之各種設備。進行甚速。吾世界語同志宜仍依前例。將開一大祝典以作日後之紀念。蓋昔年大會。從未舉行於此等繁盛之區。而桑港一都。天氣清朗。景物和暢。素以名勝之佳。每年招致遊客。不計其數。況加以今歲絕大之賽會乎。入會之費為十「士比米」（世界語銀幣名每枚約合華銀一圓）諸君入會。務求其早。俾吾儕辦事可以較為便利。並預為諸君布置宿所也。諸君入會時。當報告住居之日數。及所需房屋幾間。連會費一併交下。此所準備之房舍於壹定期內。當為諸君保留。若有屆時不能到會者。則扣去兩士比米。其餘璧還。

自後各種通告。壹律登諸「美國世界語報」分送已入會之會員。此會場實紀函索卽寄。　本會地址如下

Esperanto Kongreso San Francisco

（二）

太平洋世界語大會第一次通告送出後。卽接「愛丁堡」同志來函。謂第十一次世界語大會。不能舉行於該處。（愛丁堡 Edinburgh）因與大會籌備委員部協定。將第十壹次大會移至桑港舉行。而太平洋世界語大會。應行取消。卽改名為第十壹次萬國世界語大會。

本會籌備處今已得「愛丁堡」同志之援助。合力進行。俾吾會之前途不因時間之關係而減色也。

大會籌備處啓。

本報按第十壹次世界語大會。原定在英國愛爾蘭省之愛丁堡舉行。乃根據第九次大會開會於瑞士時所決議者也。頃因戰事發生。原定地點。於會事進行。多有未便。不得不覓地他遷。時適美洲同志以桑港有巴拿馬賽會之舉。繁盛無倫。欲利用之以為傳播機會。因特於該處發起太平洋世界語會。本通告書之一。卽太平洋大會所發表者也。愛丁堡同志既以該地（指愛丁堡）有不適於開會之情形。因與大會籌備處協議。將第十壹次大會改於桑港舉行。而所謂太平洋大會因卽取消。本通告書之二。卽第十壹次大會籌備處報告會場易地者也。

巴拿馬賽會會長毛雅君 C. C. Moore 著名之世界語

家也．前曾遊抵滬上．該處同志嘗請其用世界語演說．今次賽會所有通告及文件均用世界語刊布．此舉於世界語之推行．關係甚大．而毛君對於世界語傳播事業之熱心亦可見矣．

平民之鐘

方績譯

第六章

有院中學生就而問曰．「夫子．然則我儕當尊重法律乎．？」

彼答曰「小蛇．(譯者按此詆其奸)何爲名我夫子．」

其實無所謂夫子無所謂弟子—因夫子獲益於弟子者正多也．

若問尊重法律與否．則須知「尊重汝身．即此已足．現在如是．將來亦永永如是．」

於是有新兵一隊過其前．—有人思教唆而傾陷之．乃問於彼曰「彼青年是否理合當兵—抑抗拒而逃之乎．？」

彼答曰「朽木哉！人始以汝爲人類也．今始知汝實一陷阱耳．

吾固非言今日者吾人當何作．吾不過報告未來之鐘．俾衆人有所準備耳．

迨至準備完妥之時．凡人均自知爲所當爲．隨機應變矣．」

其中有一人．衣常服．爲彼所不疑者．問之曰．

「君言誠靈敏—然若本國與他國間發生爭戰者．君將何以教之．」

彼答之曰「陷人之詐徒！我何人．而可以教人．？我又無祖國．我之祖國．尙未在此世界也．

然須知一旦果戰事發生者．鳴鐘之人．將聞聲而興起矣．至衆人既聞此鐘聲以後．國與國間之關係如何．則今日莫能道之．」

又有一人問之曰「然則吾等當納租稅於國家乎．」—彼答曰．君等誠憒憒者．！

人有恒言曰．凡帝王之所有者．均返之．

君等苟將鐫有肖像之紙幣一一返之於彼．君等亦無所損失．蓋會計之鐘既鳴以後．此種貨幣均無價值也．

今日貧苦之人均貼然照納租稅．彼富人則效鼠竊之行爲．

自己處置之」

別有一人又問之曰「汝比富人爲盜賊—不知此我所購之衣服應屬於我否」

彼答曰「我又焉知之—君反躬自問諸良心可矣凡爲汝生活及勞力所必需者則理可屬之於汝—因爲需要而占有方合理也人皆曰凡保存不需要之物者不啻掠奪於需要此物之人姑去—迨吾所報告之鐘既鳴則君亦不問此衣之是否屬君矣」

於是有壹婦人復就而問曰「凡爲小兒對於養之之人當愛之否乎」

彼答曰「汝所與彼之生命誠有當謝汝之價值否乎」汝不見此幼女乎遍體創痕—鹽重受苦楚瀕於死者屢矣彼之此種生涯盡得諸其母之賜蓋其母不願生產曾設各種秘密方法謀去其胎也彼幼女者現已盡知之人以此種生涯與彼彼反當以愛情與之乎？迨鐘聲一鳴則不復有所謂肉體之父母子女凡能盡父與子之責任者則父之子之可耳」

衆人聞此言怫然不悅者久之然苦於不能翻駁且亦不敢顯爲攻擊蓋深懼衆民時衆民固蜂擁其前而願聞彼之言論也

彼等惟自語曰「此人並最神聖者而亦慢之矣」於是默思所以殺之以滅其口者

（第六章完）

社會風潮 Socia Movado

▲最近日本黨人舉動　日本無政府黨近狀本報曾迭紀之近悉其機關報「平民新聞」第一期被政府沒收後黨人不爲小餒曾秘印第二三兩期復遭干涉弗克自由傳布迫將第四期內容稍改冀以和平之言論爲間接傳播之計不料第四期發行後至排印第五期時復被警察全數沒收黨人無可如何祇得將第四期餘報立散之人叢之中而平民新聞之命運竟爾夭折日本政府之蠻橫可謂無以復加矣頃本報復得該處同志一函畧言「政府逼壓過甚吾人發

刊報章一舉．殆非易易．此後所恃以爲傳播之具者．惟口舌耳．設聽者有所不明．則利刃炸彈．亦殊足以解釋之」云云．刻聞大杉榮君等已組織平民演講會．在東京繁盛地點演講無政府主義工團主義．每月朔望開會一次．主講者以大杉氏爲多云．又一函云．同志山鹿相坂二君．近以演說主義之故．曾被拘至警署．先是二君於月之二日．在東京兵工廠前散布平民新聞舊報．並用大白紙特書「反對政府及資本家」「勞動者聯合則四處無敵」「勞動者之解放勞動者之責也」等語．張於壁間．俟工人漸集．乃暢演社會革命工團主義種種眞理．二君故善詞令．聞者咸爲感動．既復至紡織廠及停車場演講散報如前．聽者亦衆．及夕返寓．即被警察捕往警署．翌晨始就研鞫．二君爲暢述其所主張．不少隱飾．警吏不能難．復送警察總署．總署以二君初犯．遂釋之云．

風雨雜聲錄

▲日本之無政府黨世界語會　日本同志近在東京組織一團體名「無政府黨世界語團」Anarhiista Esperantista Grupo (A.E.G.) 其旨趣如下．(一)吾黨日常交際及正式之文件．擬採用世界語(二)傳播世界語於無政府黨與別種革命家及自由思想家(三)會員以無政府黨人而又屬世界語學者爲限(四)發行機關雜誌傳播小冊．雖遭強權禁阻．亦必秘密從事．聞該工會成立後．極欲與支那同志聯絡．有與之通信討論者．無任歡迎云．

▲記師復君香港追悼會．　師復先生不幸逝世．吾黨同志莫不悼惜．海內外之開會追悼者．已有數處．六月二十七日．香港同志假座民德學校開會追悼．堂中高懸遺像．四壁張掛各地寄來輓聯哀詞甚夥．到者四伍十人．首由同志某君宣佈開會理由．次起立致敬．次誦讀追悼詞．及唱世界語歌詩．次由某君陳述先生生平事畧．報告先生沒後吾黨之狀況．畢．衆提議數事．(一)聯絡同志辦法．(二)組織吾黨在香港之交通機關．(三)傳播事業之維持及擴充．決議後復有同志多人相繼演說．會遂散．

* * * * *

通信討論欄

▲續答宗寧　丁之說曰．自然淘汰者．以利不利爲標準之臺作用也．故生物體質．必其有利於生活者．乃得生存．否則滅亡．而徵之事實．則生物器官每有對於生活．幷不能爲何等之利益者．如人身之盲腸．馬腿下部之瘤起．貝殼之美澤等是矣．既無利益之可言．則其存在．雖謂與自然淘汰未嘗有關係焉．無不可也．不寧惟是．生物器官．且有向有害的方面演進．以自抵於滅亡者．如昔時愛爾蘭某種之鹿．初以角長善鬥．族類甚繁．後忽漸歸消滅．動物學者推原其故．以爲實因角之進化過大．越其適當之度．不便爭鬥所致．此等事實．按之自然淘汰說．多不可通．蓋就自然淘汰說言之．有害的進化．自然淘汰必不容其發展．以至於自滅其種也．據此以推．知生物界各種現象．多有爲自然淘汰說所不能明者．則以自然淘汰爲足以盡進化之能事．亦可謂遠於情實者矣．戊之說曰．達氏推究種類所以繁盛之故．亦以爲出於自然淘汰之結果．其說非也．夫淘汰卽能爲進化之原因．然使一「阿彌巴」（Ameba 原始生物）進而益上．以至於人類則種類終古祇一而已．無由成此紛紜繁複之局也．其能成此紛紜繁複之局者．以同種進化 Monotypie Evolution 之外．別有所謂分種進化 Polytypie Evolution 爲分種進化之原因不一．而隔離爲最要．蓋若無隔離．則羣中過有發生特質者．以全羣雜處．互相交接之故．其特質往往因遺傳而消沒於羣衆之中．不能使之固定．而日趨於異也．故隔離者．所以保特質之固定．以竟分種進化之功者也．達氏嘗以自然淘汰徹之．此其說所以爲未備也．

據上所述．達氏淘汰說之價值．略可見矣．夫競爭不壹形．有直接者．有間接者．有意識者．有無意識者．要其結果．則在存其最宜．亦壹淘汰作用耳．淘汰者．消極之事．其目的在使不適者亡耳．與其謂之爲生物之生成者．毋寧謂之爲生物之毀滅者．不寧惟是．存其最宜云者．謂必與外境相適者．始存之耳．此所謂「適」．是否必爲進化的．本非所問．退化而適．不得不存．進化而不適．不得不亡．然則雖謂進化乃淘汰（或競爭）目的以外之事．無不可也．故近世生物學家據其觀察實驗之所得．知進化之事．多有爲淘汰說所不能明．因而

別關門徑以討究生物進化之理者已大不乏人今粗舉其
中已得多數學者贊同之數說之梗概於下
(甲)徑直生成說 Orthogenetic Evoluti on 此說主張生
物進化必循壹定徑直的途徑英美生物學家主此說者甚
多而尤以德之埃廉氏 Eimer 所說爲最精闢 (埃氏說發
表於一八八八年) 先是達氏以爲生物若處一定之境遇
受同一之自然淘汰代代不變則進化得趨於壹定之方向
此說以爲不然謂進化之本源基於「壹定之變化」 Deter-
minate Variation 此 定之變化者與其謂爲起於外界
之境遇毋寧謂爲起於生物之自身蓋生物體質本賦有隨
緣感應自在變動之性質謂之「柔軟性」此性直接受宇宙
間理化學的勢力之影響則變化(或進化)自生是故生物
體質之變化(或進化)實爲此天然勢力所支配至進化所
以能取徑直的方向者乃由生物之生成法則及「所得點」
(Acquired Characters 因器官用不用所生之變化)之遺
傳所使然而自然淘汰無與焉蓋自然淘汰者視利害以爲
取舍者也而按之實驗則所以使族類別異之特質對於生
物之生活非必能爲之利害者也生物進化所取之方向既
與自然淘汰無與則生物於自然淘汰未活動時其進化必
爲徑直的無疑卽遇自然淘汰活動之際其結果亦祇能令
不適者亡耳決不能使生物趨於新方向或起新特質也
埃氏謂異種發生之原因 (卽防阻徑直的進化別壹種爲
數種之謂) 有三(一)發展之停止(二)生殖之困難(三)
進化之驟起所謂發展之停止者謂體中進化停止之部分
代代相仍不變而進化賡續之部分愈趨愈異終至令異種
發生也所謂生殖之困難者謂生物遇有一部因交尾期或
生殖器突生變異或緣兩性(牝牡)相互間之好惡各有不
同皆足致生殖作用之隔離隔離之生殖既起復各以其所
生特質傳之子孫則變異日趨於顯著亦足令異種發生也
第三原因(卽進化之驟起)與異類生成說略同說詳後方
此可不贅
先埃氏而倡徑直生成說者爲尼加利氏亦德人尼氏以進
化之本源基於「在內的向上發展力」 Inner Directive
Force 而不能明此力之所由然學者以其近於蹈空故多

不取。埃氏則根據科學實驗以立說。能與近代學風相翕合。故雖擁護達氏學說最力之蒲拉提氏，Plate 亦表同意。其價值可想矣。

(乙)異類生成說 Heterogenesis　倡此說者始於荷人托佛利士氏，(托氏於一九〇一年表發此說本自名爲突然變化說。Mutation Theory　學者以其與近時流行之異類生成說無大別。故亦以異類生成說目之。)　此說關於進化根本的主張。與達氏說亦大異趣。達氏謂生物進化。基於微小之變異。其進以漸。此微小變異者。乃自然淘汰影響之結果。故對於生物之生活。必能爲之裨益。最初起於一羣之少數。後遂漸傳衍而此類之子孫以繁。此等變異不斷向種種方面進行。久之而種種之新種以生。托氏一反前說。謂新種之生。實基於「突然」之變異。與然自淘汰無關。其所以能爲此突然變異者。乃屬生物先天的本能。不由外鑠。其變異雖不必異常偉大。惟要足爲新種發生之原因。而又能傳之於無窮者也。(托氏學說亦重實驗。其區別變化爲「積漸而致」Fluctuation　及「突然而起」　Mutation　之兩種。及斷言　Mutation　之不足發生新種。皆本實驗以爲根據。非臆說也。託氏舊所舉例證甚多。以詞繁不悉述。)

與託佛利士氏同時主張同一之說者。爲俄之哥先士奇氏。Korschinsky　德國某科學雜誌曾譯載其學說之要點。略謂(一)凡有機體必具變化之可能性。此性對於外界全然獨立。在平時則爲潛勢力寓於遺傳作用中。隱而不發。尚待其時。則突然以起。(二)此突然變化若既發現於適當之境遇。復繼續以之遺傳於其子孫。所謂新種即始於此。此變化對於生物之生存問題。不必定爲有益及有用。時或有害。(三)新生之種類之全部不再變化。獨其中之一部變化者亦不少。但既變化者(按此亦新種)之體質因遺傳之變亂及頻繁而趨於羸弱多病者有之。「不生殖」者亦有之。然新種若不遽殞滅。其特質必漸次固定。遺傳作用亦漸次固定。(四)新種之起。如無適當境遇。往往不能生存。即如生存競爭或自然淘汰激烈時。則生存較難。否則生存較易。故生存競爭或自然淘汰不獨不能爲進化之因。反足爲進化之妨害。(五)生存競爭或自然淘汰愈少。新種遺傳愈易。生物界將如一樹各枝皆得開花結實。而今日相異的種類中間過渡之物類必皆存在。由甲種進至乙種之聯絡。必甚顯明。(六)生存競爭祇能使生物所生變化之與外境順適者存耳。所謂「順適」不能遂認為進化。以此「順適」時或為退化的也。(七)生物之進化。非必能為機械的說明。以生物之自身本自有此進化的傾向。此傾向視外界(即自然淘汰)所容許者幾何。即能完成幾何者也。(按由託氏及苛氏之說。則生物之變化。基於先天的內在的固有之能力。不必受自然淘汰之影響而自能實現者也。但此所謂固有之能力。兩氏皆未嘗為充分之說明。此則未免稍有遺憾耳。)

(丙)心理的生成說 Psychical Genesis 此說以為生物之進化。雖受影響於外境。惟生物進化之本源。實本基於物之心理。如英之苛皮氏。Cope 美之格烏力氏。Gulick 即主張此說最力者也。苛氏於千八八七年發刊「適者之起源」 Origin of the Fittest 一書。略謂意識者與生物俱生。即與生物俱進者也。今日生物之意識。即由原始生物之意識進化而來。故生物之進化。實基於意識之奮發。格氏承其說而擴充之。謂生物所以異於無生物者。以生物有「目的的性質」。而無生物無之也。無生物對於外界或內部之變動。祇能隨必然的機械的之法則為轉移。不能自為頓著而生物對於此等變動。能為先期之感應。此感應者。即豫期的適合的之活動。所由起也。此之活動。不獨個體 Unit 有之。個體與個體間相與共同活動者亦有之。故此活動亦一「共同的」活動也。(此之共同的活動。個體體中之細胞間行之。一羣一團體間亦行之。) 此等豫期的適合的共同的活動。即生物所以自別於無生物之意識作用之結果。亦即進化之一大積極的原因也。

(未完)

本社月費樂助者　瀚泉五盾　子英五圓

本報印費樂助者　仁軒十圓　世昌二圓　冰天　超海　章警秋　奚謹修　李逢轉各一圓　端甫四圓　蘋州五圓　觀理二圓　聯棠十盾　振軒五盾　文華堂二盾半　植池盾半　胡勝　燦廷　桐柏各二盾

* * * * * *

民聲

第二十六號

戰後之工人與無政府黨

此篇譯自倫敦自由報五月號本 W. Teignmouth Shore氏原著題爲 Then-What 有「然後如何」之意由譯者易以今名

歐戰既息之後和平將見告矣．然享此和平者誰乎．將彼工人乎．戰爭之前工人未嘗享和平也．戰爭之後工人亦必不能享和平也．工人之地位已永陷於戰爭狀態之中．如遭狡敵復陷重圍．進退攻守皆不自主．彼蓋生而勞動者也．爲勞動而生活．非爲生活而勞動也．彼雖苦戰困鬥以畢其生．其所贏者黃土一抔之外．無他長物矣．

然則工人固亦以戰爲生者也．吾人則且一審彼輩與軍人所受待遇之區別．軍人境地尊貴．國人每許爲國家之干城．即詩人之所歌咏．詔令之所褒揚．靡不以英雄豪傑相期許．故其所得於國家者甚厚．鮮食美衣．縱情娛樂．遠非工人所可希冀．當其遠出從戰．政府於其妻孥且極意爲撫鞠謳護之役．俾無內顧．至於工人實國家命脈之所係．固無論其爲戰爭之時抑昇平之日也．然而胝手胼之餘．升斗之資猶虞不保．至於恤老之費．酬庸之典．更無論矣．故不論從何意義言之．工人決無稱爲英雄之資格．不過一粗暴愚劣略具知覺的「機械人」耳．體力苟稍衰邁．或所出稍不足以稱主人之意．則揮斥放逐如驅牛馬矣．由是言之．吾人之不獲爲軍人而售力於人以爲活者．其境遇蓋無時不在艱難困苦中矣．

雖然．吾人於此徒疾首蹙額．哀呼狂號．將何補乎．將來戰事既畢．太平景象不久必即復原．其繁盛或更爲前此所未有．而人心之忻忭必且逾恒．貿易之事或尤發達於斯時也．工人將如何者。夫預言一事。吾人所難。蓋無論何人。決不能知何事將發生於何時也。惟事之必不發生者。有時或可前知。如將來和平克復之日。今之資本家決不至由一猛虎化一馴羊。則夫人可得而決言者也。且其所以待工人之手段。必不少變。所取務盈。而所與極吝。苟力所逮。必悉爲之而無所憚。舉凡戰時所允許於工人藉以羈縻之者。彼時必能覓出種種理由以爲不克實踐之口實。今之成約。其卒未有不毀棄者。故工人苟不應用其能力以期其希望之實現。其結果必至於是矣。

以是之故。艱難悲慘之事。乃環起而困圍乎其前。雖欲逭避。不可得矣。夫工人者。其能力足以爲所欲爲。得所欲得者也。而其敵偏能以甘言誘導之。使耗於無益之地。謬誤之方。不其惜乎。

若干年前。彼剝人以自肥之資本家。慮貿易家聯合之足爲彼作梗。頗畏憚之。今則收爲己用。且揮之若利刃矣。法律與議會。且承認而維護之。一若彼之團體。皆仁慈愷悌。深有所造於國家也者。惟若輩之任指揮者。已爲壟斷者所拘。勢位所溺。終亦以讆相讆而已矣。

夫和平之福。非工人所得與也。吾意非彼以極嚴厲酷烈之撻伐加諸其敵人（指資本家）之身。彼之和平。猶無望也。夫工人本足自活。無所賴於資本家也。而資本家非工人則不可一朝居矣。然則工人將何待而不早自爲計乎。且工人之反抗資本家。不假他助而自能獲勝者也。無談判之餘地者也。工人又何待而不實行此一勞永逸之舉。猥自貶損而降格以就之乎。抑知經濟之自由。得失之間。間不容髮。無程度之可言乎。

且夫工人之職務。非必利之所在。卽當竭勞以從事也。其正當目的。亦祇在供給人類所必須者。使吾人資生之具完美有加。如是足矣。過此非其所必有事也。蓋工人亦人也。爲生活而勞動。非爲勞動而生活者也。使工人而能知此。則出困難而進於較佳之境。其必自茲始矣。

凡茲所陳。吾人言之屢矣。且言亦既顯明。若是矣。雖然。吾人其毋以爲顯明若是。既已有餘。遂噤不復言也。蓋工人對於此理。猶有未盡喻者也。彼之受惑於邪說也。日復一日。年復

一年無所間斷而解其惑者未嘗日提撕乎其旁則縱是一曝而十寒也

由斯以談吾無政府黨所首宜從事者在開發工人之蔽塞而啓迪其智慧雖無趣味之傳播事業本屬可厭而無政府黨下手之第一著舍是莫由矣吾人必使疑者信逆者從詆毀者折服一人之力雖微各盡所能未始不無少補然則吾人果已各盡其所能乎如其已盡則是已向有効而眞實之途前進且較之餘所期望者爲近矣如其未也所希勝利將安從至哉

吾黨所以失敗者安在倘欲成功其道何由？

E. Recchioni著　若虛譯

此次方興未艾擾亂世界之戰爭實與吾人以無算之教訓教訓爲何即告吾輩無政府黨更宜盡力以繼續其對於强權之抗爭是也

當此殘殺慘象開始之際彼煽動戰爭之富貴社會皆佯現一戰爭必將不免之恐慌而無政府黨異是蓋吾人固稔知戰爭爲經濟及政治競爭社會中平常之現象而不引以爲怪也然則吾人之異感何在乎則日覩多數平民應各政府召募如是其踴躍未嘗不爽然失望耳蓋無政府黨人懷奢望以爲經多年之傳播事業必已感動彼勞動社會不更服從政府之逆命而聽其嗾使即不然亦不至甘心從事互相殘殺之舉以屠戮其同類也不圖事乃有大謬不然者

無政府黨人本不謂勞動社會能於俄頃之間實行吾人所希望之神聖革命然政府逞其野心不惜冒險爲此孤注之一擲彼輩當能崛起反抗而聲討之則固吾人所能信也孰意彼輩不惟不爾且與無恥之報章及降敵之改革黨聯同一氣以助其元首且揚言此戰爲必要之舉謂足以保全祖國領土維護民族文化之利益及主義與乎振興愛國之熱誠而保衛國家之尊嚴尤爲重要云至於神聖之格言如勞動社會共同責任等早已不遑回顧矣芸芸之衆有類羊羣一任牧人之驅入屠場而不之抗寧不哀哉

然經此失望之後吾輩不得不謂工人之懷抱此種謬見以迄今日前此黨人(殆汎指各黨)應負其責蓋雖有數十年

之傳播而所恃以攻擊社會中具有有害勢力之分子之武器實由彼輩不善鑄造有以致之也試一觀乎歐陸各國社會黨與敵之戰畧益知彼輩咎不容辭當各政府下動員令時勞動社會未嘗少爲反抗則以彼輩中之染有官僚臭味者皆抱一國會主義以爲欲改革社會以達於各派社會黨人(無政府黨亦在其內)所夢想之地位非憑藉國會握有大權將不爲功工人受其蠱惑亦咸信此以爲無上之祕訣也不知吾人所欲摧毀者卽爲此種政治團體今乃欲與之協力從事與狐謀皮寧有是處夫既欲爲一堅牢精銳無堅不摧之組織其所志乃不過議院中數席之地自棄其自由提倡之機會而輸誠于政治代議制馴至事過境遷人民盡變機械革命之精神斵喪無餘更何期望可遂之足云哉

人亦有言德民之與政府聯合者蓋彼輩堅信其祖國將爲「野蠻之俄羅斯」所侵掠不得已而出此藉令如是且執此以爲參加戰事之理由然猶不足以辯護其鼓舞愛國之精神而不易之以世界大同之理想也且多數德國社會民主黨員每以德國勞動界之所有事限於德國事業之發達之說號召於衆至今猶繼續倡導之而不知止又何說乎

無政府黨所以峻絕社會黨而不與聯合者卽以此曹主張借權政策而吾黨適爲反對的進行且明揭此富有機械之作用的敎訓足以製造工人降服盲從之性質而弱其活潑之行動者也

無政府黨雖迭受政府黨人之窘逐社會黨人之排擊不稍措意以個人或黨衆之力傳播其主義亦既有年矣然用力雖多成績絕鮮曾未少收鋤强扶弱整齊秩序之効者則以吾人恢復自由解脫羈軛之主張猶未令羣衆深喻洞悉則欲導之使達經濟革命之目的固無侔也夫「信地咯黎臣」主義 Syndicalism 實宜爲無政府主義之基礎今此主義之不能實現皆由吾輩未能以吾人之主義鼓動而培成之耳夫然吾輩不特不能成功且使社會黨得售其術而令工人祗爲其選舉人矣

吾輩無政府黨人固自命爲無神派者也然吾輩果曾作何等事業令田野細民消滅其宗敎觀念乎吾輩固自命反對軍國主義反對代議主義者也然除卻數紙宣言書數本小

冊子之外。果曾爲何種反對此等主義之事業於此數年間乎。吾輩反對國家而國家之無惡不作如故。反對財產而人民之視金錢若性命如故。反對法律。而人民之恬然受縛束於法律羈勒下者如故。反對武備軍隊而人民之重視此武備軍隊不啻神聖者如故。誠以吾輩筆墨口舌之作鼓吹影響所及。亦多限於聞道已久之人。芸芸之衆得而與聞者蓋寡。吾輩徒耗心力於哲學科學論理之中。而彼畎畝力役之氓。頑固蔽塞。未聞勝義者。反輕視而忽略之。遂令執政之徒。得利用之以供驅策。吾輩之脆弱而疏虞一至於此。顧念前途。不其殆哉。

麵包畧取(續)

克魯泡特金著
冰紘譯

La Cougete du Pain—P. kropotkin

第三章 (續二十四號)

第三節

代議政體之能力。實不足以舉吾人所期望之職務。徵之十九世紀後半之歷史。其左證亦確鑿可見矣。此一時期他日必有援之以爲議會主義失敗之實證者。夫議會之無能既已大白於世。則代議政治之弊害。不辯自明矣。故近者已有少數思想家對此問題從事批評的研究。而以文字表示平民之不滿意者蓋選舉少數人使之立法以限制吾人一切舉動之範圍。而絕不問其所知於吾人者何許。其無當於事理固易知也。

由是知多數政治云者。一言蔽之。特以國事委諸彼輩模棱觀望。絕無定見。而但能於議會及選舉會中占大多數之人之手耶。

於是吾人類不得不別尋方法。今且已得之矣。如萬國郵政同盟會。鐵路聯合會。其他種種學術協會等。皆示吾人以自由的同意足代法律之最好模範也。

至於今日。凡團體之散處遠方者。若遇有事須相聯結。往往組織一萬國議會以處置之。若不能徑自集合。或祇藉電信不能謀彼此之同意。則各選派熟悉於議題之人赴會討論。且必告之曰。(就茲問題當勉圖意見之一致。祇期以一同意的議案報命斯足矣。毋取斤斤於法律爲也。至吾人承諾與否。應姑置之。」

此一方法今日歐洲之工業會社。學術協會。及各種團體。已悉用之。將來自由社會之所行者。當亦不外是矣。惟彼社會之基於奴隸以成立者。必不脫君主專利之羈絆。而社會之基於雇傭制度及資本家利用多數工人之制度以成立者。其政治現象。不能不於議會覘之耳。至於社會之能恢復其固有資產者。舍求之於重新組織。而又能與歷史上之新經濟現象相和協的自由團體。或此等團體聯合而成之大羣。不可見矣。

每一經濟現象。有一政治現象與之相應。如君人猶欲規復其所固有者。而不同時改易一政治新方法。道將何由哉。

第四章　充公

第一節

昔嘗聞之。當一八四八年革命之役。有大富豪名（羅斯茶魯德）Rothschild 者。自料其所有資產將不能保。乃以詭言紿衆曰。「予之蓄積所以能有今日。實惟諸君之惠。予何有焉。雖然。以今之所有公之歐洲億萬之衆。則一人所得不逾四施零Shillings 耳。如諸君不厭其少。當各以四施零相奉。不敢吝也。」此成約既布於衆。所謂大富豪者。卽徒步游行於(佛蘭克科) Frankfort 大道中。意殊自得。然向之求此四施零者。不過數人。彼亦卽慨然相贈。若弗介意。然至今此大富豪宏麗之門第。屹然尙存。未稍衰落。而彼之狡計。則已告厥成功矣。

今日與彼相類之中等階級之狡黠者。動言吾人所謂充公。不過欲令衆人各出其所有。聚諸一隅。以聽吾人之擇取。此種輕薄口吻。豈與事實有絲毫符合。今之困乏無告者。所志誠在利益。何容諱言。然所圖者。豈如論者之所云云。又豈斤斤有所垂涎於「羅斯茶魯德」之資產。吾人所欲從事者。要在布置社會急切之事物。咸處於適宜地位。使人類有生以後。皆有可獲之機會。其最要者。尤在使之習一必須之職業。而得盡其能力。以致精巧。次則令得自由擇業。勿須乞主人之許可。及不必以其勞力所得之大部分納諸地主或資本家。如是而已。至如「羅斯茶魯德」等所有財產。只合供吾人組織此共同生產制度之需耳。

當夫農人從事畎畝毋須取其所出之過半以獻納於人之時又當夫改善田地而豐饒其收穫所必需之器械耕者皆得自由取用之時又當夫工場之職工不仍爲獨佔家所利用而各得盡力以貢獻於社會之時勞動者生活之所需予取予攜矣彼以掠奪爲生之「羅斯茶魯德」又惡從容足其間哉而吾人又豈有乞求祗值乎所生產之小部分之賃銀以售其力者哉

難者曰是則然矣然保無有「羅斯茶魯德」其人曰從外邦來乎譬有從支那來者已從支那積累巨萬復挾其無數之僕從及奴隸移住君等社會之中君將何以處之　(未完)

平民之鐘

方續譯

第七章

時則彼之所言廣傳所市—博士學生之流每注意聽之

中有人詰之曰「君仍謂此鐘徐科學外殆莫有能鳴之者」

彼答曰「君之科學誠至美之光—然人恒藏之於暗櫝因舉世千萬之腦皆足以識此科學而策其進步者—奈何以愚昧而閉塞之乎蓋人於幼時每受各種不相宜之職務而殘廢其腦力也」

又有一人讀言曰「人當推廣基本的敎育而賴考試之法俾此敎育能爲全體享受乎」

彼復答之曰「君之所謂敎育用以强迫小兒者實足使彼等終身無生氣因此均足以伐性傷生者—而以寫字拼音文法爲起點今君竟欲小兒以考試之法埋首於其中—而至增長眞智識反視爲緩圖歟」

又有一學校敎師謂之曰「然則凡各種校正讀音寫字之規則當學之歟？」

彼答曰「此人絕類被縛絲端之金甲蟲—飛行僅及於小小範圍以內讀書寫字安用校正？若不校正將又如何？」

又一博士言曰「吾人當保存祖宗之遺訓與習俗否乎？」

彼答曰「君眞膏澤枯骨哉—曷若使之隱隱自滅—木乃伊又安可再累及吾等」

又有一議員來言曰．「法律不公平．確甚．」於理當改造新者．」

彼曰．「君等所造之法律．均足以產生罪惡．」若無法律．罪惡實不能一日存．

法律所以限制罪惡之發生．」然不能限制罪惡所以發生之原因．

故當細索過失罪惡之眞原因而剗除之．」法律刑罰自無所用．」

於是有提倡道德者謂之曰．「人之受苦溺於嗜慾故耳．」人性似本惡．」

彼答曰．「人性本以求生就樂而避苦．此又安足爲惡．

然盲目之敎育家反其道以敎之．殊不足以勝人生之痛苦．

且有痛詆娛樂之不當．謂吾人宜遠避之而以尊崇貧苦爲要道謂吾人宜安處之者」此吾人之罪人而一部分人之功臣也．

然彼道德家又續言曰．「如君所言．世上固無善惡之可辨乎．」彼答曰．「君尙在五里霧中．請速降斗地．吾實告汝．惡者自有惡．而善者自有善．

人之生也．自給衣食．而與同處之社會中人相和協．且得其公認者．是爲善．因其爲娛樂快悅也．

人之生也．處於黑暗之中．戕賊其身體．且不得社會中人之公認者．是爲惡．因其爲憂患困苦也．福爲善．禍爲惡．而法律云云．妄言耳．

科學必能告吾人以眞善．其貌爲善者．惡而已矣．

世人多誤以毒藥爲療病良方．寧因小樂而受無量之苦．或覓幸福於不通之路．彼等無知．以至如此．

然吾今告汝時乎至矣．吾人皆可求得自己當有之幸福．此時對於廿自放棄避生就死之豫言家．將嚴格以試金石剔去之．

蓋若以長惡爲貴者．則犯衆惡皆歸之罪．而爲吾人所攻擊也．」

（第七章完）

通信討論欄

答敏公　（續廿四號論共產主義之沿革）

次復有摩利氏(Morelly, latter half of 18th Cent.)著「自然之法典」Corle de la Nature 及「巴士拉底」Basiliade 所據詩歌主張人類性善說謂吾人社會設不爲「人爲法」所擾亂本屬安全無少缺憾又謂吾人若不根據絕對的平等主義實行革命運動則新社會之建設無由實現故摩氏對於人類罪惡之起源亦以爲由於私產之占有及法律之庇護苟循人類自然之本能以行幸福自臻自道德法律論倡而人類始多事矣

摩氏以爲由私有所發生之吝嗇一念實爲萬惡之根源故其理想中之新社會有基礎之原則三事(一)社會內無論何種產物不能屬諸私有但直接用以充個人的欲望之實用品及每日勞動用所必須之器具不在此例(二)市民各以公民之資格同受公費之維持(三)各市民視其能力年齡之不一各執一業以服務於社會市民既生五年卽去家受公共平等教育十歲入公共勞動所爲業務之實習二十歲從事農業再歷五年是爲成年始享完全市民權利其政治組織分全國爲家族氏族邑郡四種家有長族有正邑郡各有議會更由此等議會之首長互選尤賢能者爲元老議會以爲一國最高之機關一切國政咸取決焉如是則事無不舉人皆得所社會罪惡庶可絕根云云或謂摩氏學說實巴波府黨宣言所自出爲法國大革命之前驅是或然歟

巴波符氏 (Francois Noel Baboeuf 1764-1794) 法人素服膺摩利氏之學說當法國第一革命之際主張以人類平等主義爲社會救濟之惟一手段並從事實際運動以鼓吹其共產思想其言論多發表於「官吏與人民」機關報中 Fribun dur peuple 又曾本其宗旨結合同志成一團體名平等社會 Societe des egales 其綱領在破壞現社會之秩序以輸入其共產主義因爲法政府所禁乃改爲秘密結社巴氏共產社會組織之意見曾發表於「巴波符黨」宣言書中略謂「人類既爲社會的生活應爲社會圖謀公共幸福犧牲各自之權利廢止私產承襲制國中一切產業爲一國之衆所公有市民分爲若干「欽民」Commune 更依生產勞動之種類細別種種之團體諸團體各有其選出之監察員及議會議會操中央之公權以職業分命於衆生產之

物公衆消費勞動之量視消費之多寡以爲衡農業之外副以工業商賈與共產制不相容自無存在之餘地云云巴氏爲人學殖行修聞望甚著以主張激烈故於一七九四年爲法政府殲於巴黎國人惜之

法國共產主義之實行家「巴波符」外以卡畢氏（Etienne Cabet 1788-1856）爲最著蓋亦急欲本所主張以見諸事實者也自「巴波符」之死法之共產主義雖若大受挫折實則其所下種子藉鮮血之灌溉潛滋暗長殆有一日千里之勢故每值改革一次此主義必褒然露其頭角一八零三年之役卡氏旣曾參與其事後十八年（卽三次革命之頃）法之勞動界崛起爲反抗資本制度之運動卡氏所著「衣卡利」icarie 旅行記一書適於是時發表故其所影響尤大卡氏主張雖不若巴氏急激至對於人類解放問題亦以爲今日社會不平之組織實與「天然原則」相悖若不從根本上推翻之則社會罪惡永無輕減之望故先哲如柏拉圖基督輩咸以改組共產制爲人類最適之舉而世人多以爲難行之空想故歷久不克實現爲最可惜云此書主旨在辨明博愛主義與平等主義乃人類理性所同認本諸自然不由外鑠惟必至共產社會實現後始得盡量發抒無所窒抑其他記述與上述諸氏所虛擬爲理想社會略同此可不贅

卡氏晚年曾赴美之「特沙士」州組織一共產團體以實試其共產理想卒以害於他故未克成功云

共產主義不獨上述諸學者各憑理想所虛搆之種種社會組織足爲後人取法上古西方民族且有實行之者如希伯來當平民革命之後史家多稱其經濟組織實已行共產制之「部而「克黎他島」Kreta居民之生活亦頗得共產制之精神或言斯巴達之「力苛高」Likurgos 社會改革政策卽從取法「力苛高」旳分土地於九千之市民牛馬車輛耕具皆屬公有市民得以自由取用食則就公衆之食桌息則入公衆之家屋盜竊絕跡人民康樂素爲史家所稱頌羅馬以降有「欽民」Commune之組織「欽民」者略具共產制之胚模爲地方自治制之一種中世歐洲之封建時代各國多仿行之而尤以法國爲著英國「欽民士」Commons之起源卽基於是云至於近世除法之「鶯山村」外尚有耐

意氏 John Hamphrey Noyes 於一八一八年在美國「坎尼提可」Connecticut 州「阿尼打」河畔所建設之「阿尼打共產社會」Oneida Community 不獨完全踐行各盡所能各取所需之兩根本要義。即家族組織亦且廢棄。惟實行三十餘年後以由外部發生種種障礙。今已失其本來之面目云。

(完)

本報啓事

頃於美洲桑港新中國少年報見有「社會主義同志會廣告」一則據稱「現據會員謝英伯君提議得民聲報社函稱。粤人師復病沒滬上景況蕭條請同志捐恤云云師復標揭社會主義而主張無政府主義。故於本會頗肆攻詆惟是非自有公論而生死乃見交情凡我同人及各界僑胞或悉其生平或憫其身後有願解囊周助者。請交由江亢虎君轉致其家屬收領可也」云云閱之不勝駭異師復君在日經濟雖窘仍拮据。然其所拮据者民聲之維持費耳。師復君既逝。同人之拮据如前。然其所拮据者亦民聲之維持費耳。至師復家屬。雖不富擁巨萬。然亦無須本報轉煩師復君之友如江君亢虎輩遠在美洲代向社會黨人搖尾乞憐之必要。故同人邇來通信各處吾黨同志。屬代籌畫經費。皆只以維持民聲爲前提。絕不涉及他事。至家屬云云周恤云云此種名詞尤未道及。關於此節。寓美同志彼岸君於該廣告發出後。經即就近登報辯正。並代鳴謝矣。惟本報仍有不得不再行聲明者。則以該廣告既明言「現據民聲報社函稱」此中底蘊無論是否出於私人冒稱抑該社有所誤會。惟實事既與本報無涉。本報自難默認。至該廣告中「師復標揭社會主義而主張無政府主義。故於本會頗肆攻詆」數語。同人尤不解所謂。夫標揭之與主張。其意義不同之點何在。江君未下定義。其心目中對此四字之解釋如何。同人無從明曉。惟就字面上言。則標揭云者。主張之復以表示於外之謂。而按之事實。復師未嘗預知死後須煩社會黨人周恤其身後。故對於社會主義。幷未預先標揭以爲依附社會黨人之地。抑不惟未標揭且極不滿足之者也。其言論散見民聲諸篇。而與江君論辯諸文言之尤爲透闢。江君既嘗與持辯至再。何竟於其意旨尙有所未明。旣明而故悍然爲此違反情實之言。豈不以師復已死。無政府黨之爲江君所甚不便者。已一往不復返。餘俱不足以介江君之意。而前此之爲師復所辟闢而無如何者。今得乘機報復。即加誣衊。而無與爲辯乎。獨不思師復雖死。而師復之言論具在。予人以共見。江君欲藉廣告片言之力，以掩盡天下之耳目。爲計不誠左哉。且前者師復與江君之辯難。亦祇討論主義耳。即云攻訐。亦攻訐江君一人耳。對於社會主義同志會。未嘗以隻字相訐隲。今謂「對於本會頗肆攻訐」。豈以攻訐江君者。即爲攻訐該會。如語所謂朕即國家者耶。誠如是。則同志會者。實江君之化身。師復前者既以攻訐江君者攻訐該會。今者師復雖死。而江君忿恚之念。未爲少釋。狺狺之態。情見乎詞。而謝君乃遽然向之提議捐恤其所以待江君。不寧太過忠厚耶。且江君既容謝君之請。慨然允爲盡力。且又登報爲之號召矣。而猶必爲「對於本會頗肆攻訐」一語。豈謂足以表張該會不念舊惡之美意。因以爲他人倡。而捐款易集耶。抑該會同人素悉「師復之平生」。挑撥其惡感。而無害其「生死之交情」耶。由前之說。江君律已何其嚴。由後之說。江君存心何其恕。但江君用心雖苦。其結果恐不如江君之所期。是則不免少爲江君惜耳。

民聲叢書第二集已出版愛閱者請付郵票五分當即寄上

本報印費樂助者　民霜星如疾侵愁影天哭各一圓　遂生灼煒漢夫各一盾　憲之十五盾　伍煥美金五圓　春晨五盾　雷金滋美金十圓　同仁九圓五角　法國勤學會十五法郎　劍公伍角　瀚泉二盾半　千秋二眉　謝聯棠伍圓　惜余重平桂耀應響瑞玲徐添各七圓　陳金容馬蔭非連顯純覺余各三圓　蔡錦陳志念鄧蘇鄺南海泉葉云彬麗南各一圓半　何寶耀四圓　鳳韶美金四圓

閱報者六盾半(漢夫經手)

本社月費樂助者　滾滾五圓

腦中之思想

鎗內之子彈

民聲

第二十六號

無政府主義之哲學（一）

克魯泡特金著
顧父譯

予今於演述無政府主義之哲學之際。不能無多少之躊躇。誠以方今目此無政府主義爲一片空想。祇足破壞現代之文明者不一而足。至如巴黎某報且云無政府主義之哲學惟有「破壞」。其論據惟有「兇暴」。此僅二三年前之事耳。今日欲於此有限之篇幅中。說明無政府主義之哲學。能毋益增讀者之疑惑乎。

雖然無政府主義之內容。於一方面已漸爲世人所了解。世人對於無政府主義。其態度亦漸趨於忠實。近頃以來。已得一小立足地。一部分之識者。至已認之爲富有確實的理想之主義矣。不過其中有疑此主義過於優美。其理想過於高遠。非此未達至善的人類社會得而實現耳。但今世大多數人。尙未知無政府主義之

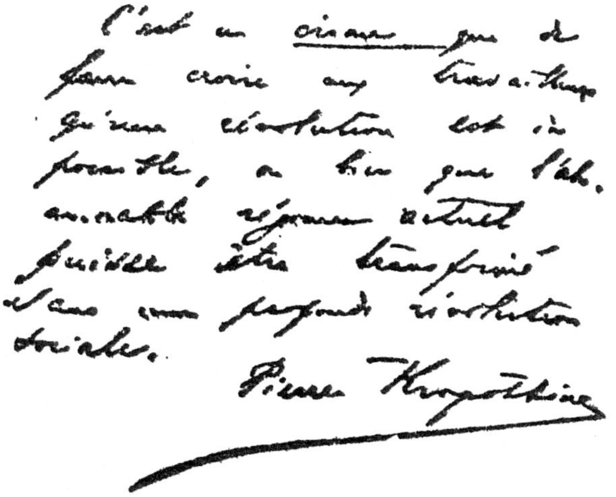
C'est un crime que de faire croire aux travailleurs qu'une révolution est impossible, ou bien que l'abominable régime actuel puisse être transformé sans une profonde révolution sociale.
Pierre Kropotkine

克魯泡特金先生之墨寶

科學的根據。則驟語以無政府主義之哲學。寧非虛誇之尤。抑當此社會主義尙易被人誤解之今日。又豈宜於大言無政府主義確具哲理之時乎。然吾則有說。

（二）

予今將援引自然科學之學理．以起予說．令其易明．然予非以此學理直接縝繹社會的理想也．不過就解釋無政府主義之理想而論．取科學所說明之諸現象．以爲言．較之人類社會之具體的事象爲說明之方便．計予以爲尤便利耳．

諸君試一觀古代所下宇宙之解釋．古代物理學者嘗以地球爲宇宙之中心．日月偕同無數星晨．皆環地球而迴轉．人類者實此宇宙中心的地球之代表．而爲其中萬物之最靈．天有所呈．地有所變．皆上帝對此類人之所設備者．如彼雷霆．即所以審判人類行爲善惡之具．徵之往史．初民之思想．固若是已．

至十六世紀初葉．開化人民對於宇宙之解釋．始爲一變．而知前此所假定爲宇宙中心之地球．不過日局中之一小游星．曩爾片土．其細已甚．即彼較之地球有無量大之太陽．亦不過太空中恒星之一．銀河中此類太陽．其數且難紀極．人類之在宇宙．較之太倉之一粟．猶且不足方．物然則以人類爲宇宙之中心．傲然自大．寧非可憫．自宇宙觀念既變．思想界遂起急激之動搖．而無政府主義亦於此新時代立其根荄矣．

不寧惟是．諸君試取十八世紀及十九世紀初期所刊天體學書而觀之．以地球爲宇宙中心之謬說．殆已無有矣．然其時猶以爲太空間諸遊星之軌道、引力．及秩序．皆受太陽之支配．始得定則可循．釐然無誤．一旦組織破壞．大環解紐．復有他之中心恒星起而恢復其秩序．然至最近科學發明後．此說亦經失敗．知宇宙中無數遊星間之秩序．組織．皆絕對的無限的．而爲一渾然之大調和．易詞言之．即支配宇宙主張而經緯之之中心物．實則無有．無量數之星晨．森然羅列宇宙之中．實有一自然之大調和．爲之調劑．自可幷行不悖．是故宇宙中心說．始而假定地球．繼而假定太陽．更進一步．則且歸諸無中心說矣．

（三）

此類思想之變化．不惟天體學說中爲然．現今所有科學．盡循此途徑矣．

昔之物理學者．以爲電氣磁氣之本質．存於該物體之外．其所以發生之故．乃由於一種物質．受外界加以一種不可思識之力而此種現象以生。今之物理學者所下解釋則異是。電氣及磁氣之爲物實因構成體質及其周圍之物之極小分子不斷向各方面爲非常急劇之運動。由此分子運動所生之衝突。即電磁氣光熱發生原因耳。

更進而觀生物學。昔之爲生物進化之說者。多著眼於「種族」今則個體之研究已漸重視。無論植物學家抑動物學家。對於個體之境遇與生活狀態。凡由燥濕冷熱之差別或食物之豐嗇所生之變化。必詳加考察。綜合而參較之。而後乃及種族進化之結果也。

更進而觀生理學。今之生理學者。對於植物或動物之生命。每不以一身或一木爲一既完之個體。知其中無量數極小分子之集合體。或身體之各部分如消化作用。感能作用。神經作用等。皆於內部以密接之關係而相聯結。各機關皆爲個個的細胞之集合。其細胞又個個有其生命。以自活動。而與他之細胞互相衝突以保其自己之存在。此等細胞。既各有生命。各能自由活動。而於其全體遂造出一完全之個人。此豈非可驚之一大調和乎。由斯以談。個人者體中各機關之調和所造成之宇宙也。各機關者。各細胞之調和所造成之宇宙也。而各細胞則極小原子之調和所造成之宇宙也。此固近世科學進步之結果矣。

（四）

此種學風之變遷。其影響於心理學。更爲重要。蓋近世以前。心理學家之以爲對象而研究者。僅渾然壹人類之個體。而貿然以善惡邪正慧拙智愚區分而類別之。即十八世紀之惟物論者中。尚認人類中心有恍惚靈魂之壹物也。

今日之心理學家仍持此種見解者。已無有矣。彼等皆以人類身體之中。有無算分離獨立各別自治的能力。此種能力互相調和。互相結合。而完全之人體以成。故人體者多數獨立生存之能力。如腦細胞。血液細胞等之所合成也。各部分雖互保其密接關係。惟又互相衝突。互相排斥。以行其活動。其間有平衡焉。有調和焉。至謂必有中心物如「精靈」等以爲之支配。而後調和乃生。必不然矣。

（五）

讀者由此三數科學上之實例。似可以推知自然科學之趨發矣。此趨勢云何。壹言蔽之。則昔之科學。但准據事象之結果或合成的個體而爲直接的研究。今之科學。必更進而研究組織個體之極小分子。故其方術不同耳。

今之科學家。就主張自然界之大調和一事而言。較之昔之科學家。初不小異。獨其所以異於昔之科學家者。則以今之科學家。對於自然界之大調和。初未嘗藉外界勢力如所謂「自然法則」等說以相解釋。蓋「自然法則」云者。不過橫於現象與現象間之壹種關係。於此關係。不能解釋明瞭。乃設爲壹種神秘的說明。強相附會。不知法則者。實於如何條件之下。若發生如何之現象。則必然的他之如何之現象以生。直言原因結果之關係耳。此本寓乎現象自身之中。非於現象之外。別有所謂神所設置的不可思議之力也。各現象自支配其所必然現實者。而法則又何能離現象以存在乎。

夫直接以因果之關係。說明自然界之調和。有所不能。遂乃於現象以外。夢想言神之法則。不知現象之調和。無論如何巧妙。以保其平衡均勢。惟此事象將建設及調和方繼續時期內。必有其「排斥」「衝突」。而後建設之事乃成。何者。現象之瞬間消滅者。亦以瞬間成就之。而萬年賡續調和之現象。亦足以表現其前此萬年不調和之鬬爭。例如今者太陽系中之游星。其保持其整然之秩序與組織。不知歷年億萬。然當太初此太陽系未造之前。未有不經過若干渾沌的之衝突(不調和)者。又如電光一閃卽滅。亦所以表電氣一瞬之衝突耳。

由斯以談。調和者。不過「全力」活動於或一定點時所生之現象耳。苟此力之一之活動被防害時。則調和以破。然力之活動雖被防害。其力實未嘗消滅。不過變爲潛勢力。既以破壞從來調和的組織。更入於新組織再造。將成之無秩序時代耳。讀者試觀「亞那」火山。其蘊蓄之力。足以發洩可怖之溶岩。所接之物。無不盡遭破滅。人類之革命。亦猶是矣。

(六)

更進觀乎歷史。前此歷史。有王朝歷史焉。有國家歷史焉。國民個性歷史。概未之見。而今日之歷史家。則不僅以歷史表面上之現著的事實及三數英雄豪傑之事跡。爲其研究之對象。必更就當日之戶口宗教生活方法理想及實現理想

所取之手段等而為精密之研究復以所得之結果以解釋歷史之事實焉

至於法律家則何如彼輩今日之所有事不僅專解釋成文法律必效彼人類學者之所為先著眼於原始的制度漸次以求其習慣的制度進步發達之跡故研究社會原始的習慣與制度為今日法律學家所最重要者

經濟學家則何如前此彼輩但以國富為其研究之對象今則進而究心個人之經濟狀況而社會問題亦所注意至國民外國貿易之盛衰非其重要問題矣故彼輩或叩巨室之門或造賤氓之室以探究個人生計之情形與貧困奢侈之程度而後乃及國家社會一切問題也讀者於此可知此三數科學之研究方法與前述之自然科學有同一之趨勢矣

(七)

由斯以談吾人之社會概念蓋迥殊矣無政府主義之理想實對於過去及現在之社會現象與以新穎之解釋更預告未來社會之生活狀態者也抑無政府主義者又根據新時代之新哲學以建立者也故此主義之理想於多數之方面言之與現代之大思想家大詩家之理想已大相密接矣

彼維持一已之權力到處皆欲繼續今日的社會組織之小數支配階級中人如僧侶軍人學者官史等所蠱惑於吾人之社會概念今已漸消滅於多數平民之腦中殆成事實矣於此新概念中「權力」「中心」等物已無存在之餘地吾人將於未來之社會中由共同之勞動蓄積共同之資本經營共同之事業矣以小數之權力階級為中心以組織社會之謬見吾人將絕之矣吾人將於社會中使各人之個性能力圓滿發達而為一翕然之調和矣無權力無服從無支配無制裁將得一優美之調和的社會生活矣

(未完)

吾黨所以失敗者安在倘欲成功其道何由？

(續)E. Recchioni著　若虛譯

今者德之無政府黨人或則公然加入各黨之「神聖同盟」Sacred union 以保護其祖國及共和政制或則退避一隅自認無力從事於各種運動即自已個人的革命事業亦且諉為無能為矣雖九月以來意大利之無政府黨人嘗為反

對戰爭舉動。且有三數星期報宣言反對軍國主義愛國主義。及民族主義。而吾輩同人亦嘗於各公開會議中反對戰爭矣。然各種組織未能完備。故不克如吾人之所期。以遏止戰禍之實現。獨年前「亞比先尼安」adyssinian 之役。無政府黨人曾掘斷鐵路以阻止兵隊之前赴戰地。斯亦可謂慰情勝無之舉已。

吾人前此行事之無當。可勿言矣。即此無當之舉。亦歸諸烏有矣。吝嗟痛歎。亦奚為哉。予之所為喋喋而所期望於予之同志者。不過欲其注意於前此之謬誤。庶可以避免之於將來耳。

夫吾人不能捨棄自由之希望也。對於身受虐政之人。不能恬然無動於中也。雖即失望之餘。足動吾人徒動無益之想。然吾人終不能自昧其是非之心惻忍之情也。吾人不能坐視兄弟之誘於陳腐謬悠之邪說。以致命於不干已事之戰爭。恝然若無覩也。故當此風潮未息之際。吾人宜熟審其制敵所需之武器。以備從事吾人眞正之戰爭。

吾不欲預言戰爭之後。景況奚似。與夫戰爭若何停止也。吾縱不能預決勝者為誰。然吾敢言敗者必平民耳。平民之損失不僅以其生命供戰場「摩洛克」Moloch 之犧牲。（按摩洛克為古代「腓尼西亞」人 Ph,enicia 所奉火神。每祭必殺人以為犧牲）及受戰時物質騰貴之影響。以凍餒而轉乎溝壑。將來國家威權。彌益橫厲。吾人事業。乃眞無望。斯其尤可慘痛者也。

以是之故。吾人益當聯合大羣。以相抗抵。凡足助吾人成功。而不與吾人宗旨相戾者。咸毋輕而忽視之。設必須與他之革命家相聯絡者。即當袒懷相示。急相提携。更不必互相猜忌以示弱於敵矣。

近者贊成開戰。且與政府協力之社會黨人。已漸覺悟。徵之各方面之現象。此種朕兆。已發現矣。俄羅斯波蘭布加利亞。羅馬尼亞及塞爾維亞諸國中倡言「和平將可克復」「遵守萬國協和之原則」之說者。已不乏人。而與大利之「德國社會民主黨」人。且宜言於勞動界謂「戰爭終止之希望。日近一日」。「萬國和平會員已出全力運動停戰」矣。其尤差強人意者。則德國社會民主黨之著名首領。頓生後悔

是不啻漫漫長夜忽發一線曙光也此種事實聞法國近亦不少矣

此曹意見不一瓦解之象漸益顯露則將來歐洲社會黨之分裂當與工黨組織之分裂無別此亦勢所必至無能逃免者也其一大部分必爲擁護「神聖同盟」而與「自由黨」「平民政治黨」「政府」聯合之人其中將有一改革急進派起於德國與法國而意國當尤盛彼「共和黨」「社會改革黨」及一部分之「信地嗒黎臣黨」(卽工團主義黨)人必將與此新派聯合無疑他一大部分則必爲彼墨守「階級自覺」之陳言繼續以與資本制度爭鬬之人惟至國會與法律的功用愈益失敗證據確作之後而此曹復能挾一誠心以將事則此曹必將改易其競爭之方針以贊同其平日所反對之無政府黨之方略矣(如吾人進行敏捷此曹或能偕同各國之商業團體進而實行工團主義革命)

今而後倘彼社會黨人翻然以工人之利益爲念承認其陳腐政策之迂闊而無當舍其扶植勢力於國會之妄想而親附吾人者吾人必樂與提携相與從事於各種激發工人革命精神之舉動是則各黨聯合一舉今日實爲最良之時機過是則難言矣試徵之事實「言論」「集會」「出版」三大自由者固名爲已與吾民者也其實則何如者蓋政府欺民已成慣技卽今日所許於吾民以誘之使盡力於戰塲者戰事已畢之後吾知必仍一具文而已抑此戰糜費巨億受其惡果者亦以工人爲最慘是不啻已與工人以向來所無之大激刺矣且此戰既造一大幸運以與政府中人之執財務者此曹將來必成一新階級而彼小資本家如製造家Manufacturers 販賈 Merchants 肆主 Shopkeepers等勢必降爲貧苦無告之小民可預知也然則處今之日吾向所言各黨聯合一致進行之說寧不足以解釋於戰塲中吾艱苦同胞之前令竭其權力之所能至以與吾各黨協力以變更吾人現時所居之地位哉

當大戰既息之後工人必皆曉然於玆役之徒勞無功而所爭之利復非一已所得與矣當是時凡以反對軍國主義爲職志者不已得一絕良之機會以致其力乎傳聞意大利各派革命黨已準備於戰事停止之時卽造一極堅固可恃之

機關。以擴充其反對軍備之事業。然吾人曷不聯合各社會黨工團黨從事一普及全歐之運動。俾工人皆知拒絕軍需武器之工作哉。

（完）

英煤礦工人之罷工

La movado de la kolakso striko

英政府擬設軍械法律。於工人多所不利。威爾斯省（英倫西部）之煤礦工人。乃相率罷工。卒獲勝利。此舉不特表示工人之實力足與資本家相頡抗。抑可垂爲各界工人之模範。蓋其所行。乃反對國家反對國際之戰爭者也。此次工人獲勝。果何所恃乎。恃「直接的行動而已」。一般勞動派之政治家。常譏罷工無濟於事。今乃何如。然苟一般熱心愛國之勞動政治家。力爲防範。又何至釀此驚天動地之偉劇。（罷工）雖然防止云云。又豈政治家所能爲力哉。於是所謂軍械部長之聿道喬治氏。乃出而調停於工人煤主之間。謂國是阽危。不應更有內亂。要之其所云云。不過爲資本家及政府之利益而已。

自是以後。工人之覺悟。當異常進步。彼資本家者。當戰事倥偬之際。竟利用此時機而爲空前之大劫奪。觀於下議院限制煤利一案。可以證之。雖云限制而煤價仍高於平時所定價格甚遠。欲減其利。而反益之。資本家攫利之慾。乃復益熾。商人本唯利是逐。一般所謂愛國之煤礦主人。申申詈工人以工團主義橫梗國中。爲無益。已則自誇以利益供奉其祖國。是亦無恥之尤者矣。

頃者英倫日報會載撒米爾君之言。（露昔曼君深信其說）謂煤價制定後。將來每年可多獲三千七百萬磅。而成全此美事者。則戰事也。暴露於外之兵卒也。吾意徵兵之日。必不令被徵之兵。與聞此事。不然。誰則願拋其身於「法蘭達士」Flanders「達旦尼里」Dardanelles 之屠場。以助惡人獲利者。

此次罷工。雖已經過。然必長留於歷史。爲勞動界爭戰之一大紀念。蓋其時國家岌岌自危。乃求助於工人。不料工人視政府之命令如土苴也。使各國皆如是。所謂國家者。豈尙有存在之餘地。則無政府而共產。當不一蹴而幾哉。礦工常號於衆曰。今吾人同盟罷工。政府當束手無策。彼與各國宣戰。必有賴於吾人之勞動。則我胡不以此要挾之。由是觀之。工人之覺悟愈大。政府之運命益促。如某報所載。謂工人此次獲勝。仍未滿意。蓋欲以工團主義行之國中。使知今之能工。乃無量數階級戰爭之一小影也。

此次罷工。固足爲訓于工人及資本主。一般國家社會黨。將亦由此而得最大之覺悟。彼社會黨者。無日不謀伸張政府勢力。主張一國之實業。概歸社會民主政府所有。就令此目的已達。資本家全數滅絕。國有之政策實行。然平民能獲眞正之自由乎。吾意亦依舊受制於中央集權之萬能政府而已。斯時之政府。與今日之資本家。豈有差別哉。故欲求自由必毀滅國家。一般社會黨。鑒於此次罷工。仍不醒悟。則是甘爲政府之奴矣。政府之深仁厚澤。不過如是。吾人胡不毀滅一切法律。復回吾人之固有資本乎。時至今日。一般社會黨有仍謂無政府黨爲危險爲瘋狂者。亦有謂其絕非危險者。要之各隨其見地而定。惟無論如何。請其一察工人資本家政府三者之關係。便知政府乃一種器具。其爲用無非剝奪工人之權利。并藉法律以鉗制人民而已。此工人所以起而排擊之也。

社會風潮 Socia Movado

▲上海。南匯。鬧荒。大風潮。　南匯縣禾稻迭遭風水。秋收歉薄。荒象已成。而官廳方面不予賑撫。又復加以清丈蘆蕩屯田。繳價種種刻剝政策。以致農民貧不聊生。時有鬧荒之舉。而各官紳復不善調停。動用强權以相抑制。往往激成極大風潮。近者南邑張江柵一帶鄉民。因天寒歲迫。無所得食。聚集四百餘人。先至御家橋紳董張雪舫家請求賑濟。當經張董按名散給銅元每大人六枚。小童三枚。始各散去。一月十六日上午十時。該鄉民等復至本鎮富紳錢子蔭家請爲接濟。並要求暫停屯田清丈繳價。錢紳答以清丈繳價係由官廳主政。無權干涉。接濟一層。亦峻拒不允。該鄉民等哀求不散。錢紳乃報告該鎮警察。由何署員帶同全班警察急到彈壓。並驅逐之。衆仍不去。警察遂開槍轟擊。致傷一年甫十九歲之災民。倒地立斃。受傷者亦三四人。各災民見之大動公

憤。遂羣起與警察爲難。警察以彼衆我寡。知勢不敵。紛紛逃竄。富被災民逐擊。愈益驚慌。致有巡長一人巡士一人跌落河中被溺殞命。錢紳父子見事由已起。業肇巨禍。相率逃避。各災民憤無可洩。遂將錢宅什物搗毀一空。被褥衣物。堆積焚燒。惟未搶奪一物。至已死災民屍體。由各災民即以錢紳預備之壽衣取出爲之穿著。並將錢之壽材（聞係楠木值價頗巨）爲之停屍待殮。該邑馮知事據報後。除派員前往勸導外。昨已將情飛報各上峯鑒核。聞尙擬詳請淞滬護軍使請求派兵前往鎮懾云。查該紳錢某于前清季年曾因抽收渡捐一事。爲鄉民反對。搗毀房屋。錢竟勒索該處富室賠償損失。以致良民因而破家傷命者甚衆。鄉人不服。赴而京控。纏訟多年。直至民國成立而後已。現又肇此巨禍。則鄉民之含恨於該紳者將益甚。而事端或自此多矣。

▲要求息戰者被戮。　勒水利通信云。該處人民要求停止戰事。前星期日社會黨組織反對戰事團。集於「佛丁南」王宮之前。聲勢甚盛。巡警欲驅散之。而不能。後調馬兵相助。遂起衝突。兩方面均有死傷云。

▲罷工一。　紐約製造童服之工匠一萬五千人。因要求每禮拜作工四十八小時。迭與童服製造業之資本家磋商數日。未得要領。故定十一月三十號舉行同盟罷工。以爲抵制。三十日晨五句鐘。即由工黨聯合會派出董事多名。前往各製造廠宣布罷工命令。查各廠工匠屬於聯合會者佔百分之九十。故此次罷工舉動。預備完妥。必無破壞秩序之虞云。

▲罷工二。　一月八日美國「哇海哇」省「東揚斯」鎮工人罷工。致生亂事。死三人。傷十九人。罷工者爲東揚斯鎮鋼廠之工人。先則縱火焚燬房屋。繼則大搶。事態頗爲危險。故官廳轟斷河橋。以免罷工者由東揚斯鎮過河而至揚斯鎮。有工人若干。奪得威士忌酒。痛飲之。醉後乃取炸藥轟毀房屋數處。目下揚言欲毀鎮中民屋。官廳已派兵至該地維持秩序。工人被拘者甚衆。

▲罷工三　十二月三日上海黃包車夫（卽人力車夫）以出租該項車輛之各公司。每日每輛遞加車租二角。（連前共取租一元）生計益將不堪。因糾集同業議決。卽行同盟罷工。以爲抵抗。復舉代表分赴各公廨。請予維持。公廨雖明

知此輩之爲難情形惟不但不爲設法反以爲擾亂秩序拘捕其首先提倡者百有餘輩加以禁錮或科罰金雖經衆車夫聯投道尹公署跪香聲訴情由仍不得直卒乃勉允各公司每日加租一角復行開工事遂以寢

通信討論欄

▲答宗寧 (續廿五期)

格氏謂生物進化有兩種原則一爲他發的 Heteroronomic 一爲自發的 Autonomic 所謂他發的原則者原因動於外(境遇)變化起於內(自身)者也所謂自發的原則者原因動於內變化起於外者也自發的原則基於生物之心理性固不待言卽他發的原則亦非機械的(物質的)作用所能盡蓋其中亦必有基於心理的作用者從來學者對於生物進化之理由不能爲允分之說明者則以祗知從事於機械的及他發的方面之研究而於心理的及自發的方面則忽略之也(格氏謂達爾文曾指出自發的原因一事卽雌雄淘汰是)

格氏謂種之起源由隔離 Segregation 所致爲多(格氏以爲 Segregation 與 Isolation 略有不同卽前者所包範圍比後者爲大)蓋一經隔離則隔離的交接及習慣以起而「種族的變化」Racial Varition 及「習慣的區別」Hab'tudinal Distinction 相緣而生而種族卽由此日趨於異也所以使之隔離者原因雖不一而起以於生物自身之「活動法變異」爲最要此種變異亦一自發的作用而非外境之所使然也

生物對於境遇有自由應付之能力者也故當欲達目的之際卽能將境遇支配以至適當之程度去就取舍得以任意決擇決擇者生物心理性之所自由非必然的機械的也生物之生死盛衰卽視決擇力之如何爲斷故生物進化之方向不定於外界影響之如何而定於生物所以應付外界者如何而已故境遇卽不少變然而生物所以應付境遇者因決擇而生變異時(此卽所謂自治的)則變化(或進化)自然發生生物程度愈高此種決擇力之効能愈大惟在下等之動物則此力比較的爲少耳

上述諸說。主張雖各不同。然各足發明進化原因之一端。則無疑也。而據第二說以觀。則競爭對於進化。不但不能爲益。反足爲害。而論者乃遽目爲進化之母。其所推論。寧有是處。今且退一步立論。承認競爭亦爲進化原因之一端。而論者之說、亦未始不誤。蓋既曰原因之一端。則此外尚有他之原因。而競爭不能爲進化之母可知。競爭既不能爲進化之母。則互助縱與競爭不相容。未必與他之原因不相容。卽未必與進化不相容。又可知。互助既與進化非不相容。則論者所定前提。其謬誤不辨自明。而所謂吾人主義必不可行云云。謂之爲駕空的臆說。又豈爲過哉。(此種謬誤論理學謂之大概念違法 IllicitMajor 如云「中國人東洋人也。日本人非中國人也。故日本人非東洋人也。」其大概念東洋人之外延 Extention 大於中國人之外延。日本人卽非中國人。未必非東洋人。猶之進化原因不獨競爭。互助卽與競爭不相容者。未必與進化不相容也。)

本報要告　(一)本報自前編輯師復君逝世後。經費益形支絀。會將向章改定月刊兩冊。然以種種窒礙。仍不能如期出版。致無以副讀者諸君之所期望。良用疚心。詎數月來爲本報肩任撰述諸同人。或游學外國。或就職遠方。所有徵集文稿。張羅印資。其困難較前加甚。則出板定期。勢將益難踐行。同人再四籌思。苦無善法。暫將本報改爲無定期雜誌。苟文稿印資一備。無論久暫。卽行發刊。報費概行豁免。祇徵郵費。外埠每冊二分。內國一分。乞先賜足。俾得奉寄。區區之意。讀者諸君幸垂察焉。

(二)本報前期所登平民之鐘一書。現經方君完全譯出。印作單行本。作爲民聲叢書第二集。此後本報不再續登。合並聲明。

(三)本報自本號起。謹託梹榔嶼協利隆號憤者君爲南洋總代理所。有英屬各埠定閱本報者。概由梹榔嶼就近分寄。庶免遺失。

(四)本報特約香港郵箱一一一八號無懷君爲香港廣州代理人。諸君欲閱本報。請向該處函取可也。

本報印刷費樂助者　梹榔嶼同志合助一百圓　愼初五圓　文幹五圓　翟炎五圓　何國基五圓　劍存二圓　寶山一圓　伯炎五圓　孟龍一圓　劍軍一圓　指明二圓　聯棠五盾　愛眞五角　忍媿五圓　問漁五角　顧公沐五角　憤世一圓　迦身二角　K. K. Veuold 一圓　福賢二盾　活生二圓　治青五圓　若鵬一圓半　夢覺五圓　劍農一圓　瀚泉二盾半　篤明一圓　漢夫一盾半　桐柏一盾

民聲

第二十八號

進行間之無政府黨

P.Y.

比年以來。世界各方風潮迭起。其勢則震天撼地。其事則蕩魄驚心。要不外平民與政客富人宣戰者近是。是不得不謂爲吾黨所傳播種子。由萌孽而滋長而收獲。顧所以培植灌漑。則純係政治的經濟的惡劣制度。日呈作用而不息。于以來此反響也。乃自世界惡魔。羣起競武。驅我無量數平民。喋血疆埸。于時毒霧漫天。舉人類之機體作用。盡失規程。而主張人道正義之無政府黨。遂無以禦此狂瀾。一若已斂其鋒銛。勢爲之也。如彼何耶。雖然。無政府黨之鋒銛。詎眞斂耶。當此虎豺張吻食人而肥之際。固猶是强聒不舍。誠懇無藝也。則行見其光大有日。使吾人類滌穢除垢。煥然成一新社會耳。蓋吾人主義。依于天則而立。趨善背惡。乃人類自然之進化。而善惡去取。一皆由于自覺。毋假人力以成其爲他動的者也。特有以促之。則感覺遲鈍者。亦變而爲速且銳。斯則培植灌漑。間接有資于政治的經濟的惡劣制度之作用者。惟惡劣制度之作用愈劇烈。斯反響愈宏壯。夫是以無政府黨運來似斂其鋒銛。而實際乃大不然也。戰事興于歐洲。其民咸受國家主義軍備主義之教訓。直覺虛無縹渺之幸福沓然。而飢寒孤寡之慘痛備受。此人羣先覺之無政府黨之大好機會也。譬之輪已入軌。略一推移。瞬息百里。英國非所謂人人愛國者耶。乃强迫軍役案。提議經年。朝通過于議會。夕騷動于遐邇。羣起反對。究其反對之理由。不特爲一國人利害計。直根本否認國家主義軍備主義者也。此誠人人自覺。即不啻頓增無限無政府黨之好現象也。西班牙僻處海隅。無與戰之資格。然已大受戰事影響。民困甚于常日。重以向爲無政府黨之活動場合。故年來大得展布于其間。遞入今年。勞動者資本家兩方面之血戰迭興。循至六月。全國鐵道工人大舉罷工。聲威不亞于戰塲狂熱不減于所謂死國之士。然後政府富人始恍然工人之不易與不得不俯首以讓最後之勝利于素所欺壓之工人。復次意大利者說者徒知其于法爲親于德爲盟。是以遲之又久始得參加戰局。而不知國人已積日感受無政府學說一以消極的冷態度抵制政府。實具絕大牽引之力于其間者也。(此說見澳洲某報)更越大西洋而論美洲。若合衆國若南美諸共和國。其間暗殺罷工之舉平均月見數次。不必皆出于無政府黨之所爲。而皆以無政府精神貫澈其中者。個中尤以墨西哥爲著。墨亂已互數年。政爭是其主幹。而無政府一派。實自張一軍。縱橫內部。(曩嘗函問澳洲一同志。略云支那農工類不識字。欲輸入道理而無由。將有何法以促其活動。復書言此正與墨國同一狀況。而彼中另有促進方法。今已收效。特介紹彼中同志某某。請直接與商云云。墨國無政府派之梗概。自是略有所知。) 最近則亞爾然丁之總統爲無政府黨人鎗擊重傷。美國陸軍會操。爲無政府黨人轟炸。以至于托辣斯大王之迭遭狙擊。禮拜堂之屢被縱火。神父主教輩之常遇毒殺。從前有之而不若今年之頻數。是尤可見其曾不以惡魔燄熾而稍戢鋒鋩也。故所謂沉寂者。惟東方信然耳。東方進步之遲緩。西洋同志恆欲扶助之。有志者不可以不與也。

要之無政府黨。聚無常所。舉無定時。一以正義爲同趨之鵠的。以強惡爲共擊之目標。以主義爲精神的聯合。同具此意志。同射此目標。同向此鵠的。則不以時限。不以地域。不問手段之若何。各就其所可行者行之。今日進行間之無政府黨直如是而已矣。故勿論局勢如何變遷。無政府黨決無有却步之時者。眞理猶日月。曾何有久于晦蝕而使大地黯黯者乎。

時事罪言

國成

革命之眞義。　人民之自覺心。　根本解決。

本報與諸君別久矣。上期出版之頃。此東亞之中華帝國方且聲勢赫赫。南北兵士交戰于敘州一帶。海內人民。咸太息痛恨于政府之無道。私自竊議。以爲帝制消則戰禍弭。乃無何而皇帝讓步矣。然交戰猶如故也。則又私自竊議。以爲袁氏退。則釁無自開。乃無何而袁氏斃矣。然稱兵猶如故也。則曰以藉口於內閣國會之故。乃無何而內閣成立矣。國會開幕矣。表面上似已平靜。然如廣州之役。湖南之役。蒙滿之役人民之水深火熱。猶如故也。說者曰是爲一時的非永久的。操政權者。自有深謀遠畧。以處置得宜。內外之政治家。亦自有監督之能力。以爲人民謀幸福。務使各得其所。各安其業而後已。此樂觀者之說。而亦大多數人民之心理也。

嗟乎。人民之所急者。生計而已。衣食而已。數年來困於虐政。苦於兵革。風聲鶴唳。一夕數驚。每當寢不安枕之時。恒疾首蹙額而相告。平居又習聞彼政客偉人之言論。必如何如何而後登吾民於衽席之上。恍如病危束手。一聞良醫。尚可救藥之言。則精神爲之一振。故不惜質衣典飾。以求彼良醫所示之藥餌。又聚精會神。以聽彼良醫之勸告。蓋命在頃刻。念惻隱之心。人皆有之。逆料偉人政客之必不吾欺耳。記者推已及人。故亦爲謀平民幸福最切之一分子。雖所抱之目的手段。與彼偉人政客所用者容有不同。然爲苟安旦夕。急則治標之計。又始終以君子度人。故亦隨大多數人民之後。引領遠望。曰庶可憐吾乎。然以二月以來之現狀測之。則記者雖欲覓一幾微細小之事實。以證實吾說而不可得。雖欲指一幾微細小之利益。以安慰吾民而亦不可得。而記者之希望。於是頓成泡影。記者之一團高興。亦如冰消瓦解。蓋非徒無益。而又害之。知向者之見解。爲不謬。彼先覺之言。豈欺吾哉。然猶恐人民之心理。不自知其希望之終絕。且爲偉人政客所賣而不自覺也。顯舉事實以詳釋之。

梁氏之詆袁也。曰強姦民意。蓋彼偉人政客。亦知民意之當尊。而不惜借此爲題目也。於是有民意報，民意機關，眞正民意等種種名目。出現於世。然試閱任何國之刑法。必曰。設法使婦女之知覺喪失。失其抵抗之能力。然後達姦淫之目的者。亦以強姦論罪。嗚呼。吾民之爲人玩弄也久矣。皇帝、官僚、軍人、匪黨、偉人、政客。莫不以民意爲護符。抑知吾民何嘗能自由發表其意見。吾民之意。豈皇帝官僚軍人匪黨偉人政客所得而代表之。民意云者。當於工人苦力間求之。當於田舍間求之。當於東奔西竄之被難人求之。當於拋妻棄子十室九空處求之當於呼號宛轉如大廉之一萬數千戶（見八月廿五日神州日報）中求之今不此之務而日聞帝意、官意、軍意、匪意、偉人意、政客意之叫囂於國哀哉吾民其終無噍類矣乎。

記者習聞勞動家及小本營商者平日恒痛心切齒於袁政府謂非革命不足以圖存然苟叩以政府之惡跡何在則曰增多惡稅也剝奪平民生計也軍隊騷擾閭閻也而一般偉人政客所揭示之大題目如謀叛民國解散國會總統專制混亂憲法等等皆不與焉蓋吾儕小民惟知日謀升斗恐救死之不贍奚暇治迂遠疏濶之政治法律爲又況所謂民國、國會總統憲法與吾小民曾無絲毫直接間接之關係者乎。謂余不信請畢吾說。

混亂憲法、謀叛國民純爲國法上之問題彼能行使其強權。無論名義上爲皇帝爲總統而直接間接之受害也則一所謂謀叛混亂專制又純屬權力行使上之問題強權者吾人所絕對的目爲仇敵誓與之不共戴天也無論在總統在內閣在國會在地方其爲害於平民同則平民當革而去之也亦同豈其在總統則可去在非總統則可留乎憲法爲一切法所從出法之爲吾民病癢不知之國會選舉以財產爲標準則國會云者平民之敵資本家之代表物耳是故平民而可欺也則爲野心家所利用而不自知亦不顧問平民而不可欺也將起而反抗彼偉人政客之目的物又焉得謂平民之熱心於國憲而發表其革命之意見也哉。

不甯惟是惡稅也平民生計也軍隊也將爲彼偉人政客所攖取所利用以保其行使強權之能力吾民雖欲去之又焉得而去之嗚呼此革命之結果也此生命巨萬老弱轉溝壑壯者散四方之所獲也革命革命幾爲不祥之名詞矣遠溯往事近觀痛史而知革命果自有其真義自有其手段在。

革命者權利之衝突也故二三人之權爲一人所獨攬則此二三人者必嫉妬而革命數十人之官爲二三人所撤消則此數十人者以不平而革命數百人之議員爲數十人所取消則此數百人者以忿怒而革命此主動者耳若其徒黨則無目的無宗旨迫於生計爲人雇用一盤散沙而已觀夫革命之人物如何所以革命之權利衝突如何而革命之究竟

及其結果。可以燭照而數計。故革命之主動人物。若爲二三之大官僚數十之軍官數百之政客。則其告厥成功者。必謂軍官可擁兵自衛。大官僚已有總統及內閣總理之希望。政客已爲議員及閣員耳。此各人之權利既得。革命之目的遂達。革命之事業亦於是告終。幸而天相吾民。此革命之諸元勳。不生內部衝突。軍隊亦稍稍歛跡。乃各協議所謂善後問題。一曰安插軍隊。二曰處置偉人。至片瓦無存。室家離散之小民。則命等螻蟻。死何足惜。僅供革命之犧牲。豈勞偉人之顧及乎。

閱報諸君。或疑記者哀民生之憔悴。故發爲是偏激之談。而不覺言之過當。抑知非也。平民之反對強權也。非反對行使之人。實以強權之直接加害於民也。故由一二人移於數十人數百人。行使之強權不特不減少。且益加甚焉。中央政府之作惡。原賴地方軍事民事行政官爲之爪牙。此官僚爲行使強權之直接機關。吾民之仇敵也。革命發於彼萬惡官僚。其事可羞。其志可想。而欲冀彼之造福吾民。與虎謀皮。不噬者幸耳。

至彼偉人政客之流。高車怒馬。鮮衣美食。富等王侯。天不雨粟。地不湧金。何自得之。蓋彼揮之若糞土者。實皆不明不白直接或間接以攫之於吾民。而吾民汗血勤勞之所得。欲以供婦孺老弱之衣食者。乃間接爲彼偉人政客樓臺珍錯妻妾玩好之資。聞者痛心。言者切齒。揚子雲曰。羊質而虎皮。見草而悅。見狼而懼。忘其皮之虎矣。正告吾民。照妖鏡不難覓在隨時運其敏銳之目光。以注視之而已。

今姑勿爲理論。而以事實證之。

(一)革命僅發於軍人。且報紙記事。必曰某人與某人有暗潮。某人獨立。(保全權力)

(二)某省發行債票紙幣。商會請免不允。(搜括現錢)

(三)運動借欵。幸得回扣以擴張黨勢。(此借款仍取諸我民以還之)

(四)雲南四川諸省。學校停辦。

(五)坐冷板凳之總是不願做。必得可以出賣官缺者而爲之。

(六)大開烟禁。廣種烟土。(蔡乃煌何罪)

（七）請酒宴客以冀疏通議員。（原來如此貪嘴之議員）

（八）陳樹藩湯鄉銘輩獨立時各處電賀取消時乃揭其大罪。（可知能獨立者殘民以逞在所不計）

以上所舉略見一斑記者本不欲寫此等齷齪事實以汚吾筆端。姑約述之以明革命後所得之結果在在與吾民一線之希望背道而馳耳。

然則革命諸偉人之志趣亦大可見矣。夫彼既以袁死黎繼爲中國郅底於安。則當其朝夕晤見之時。何不以一鎗一彈之力流血五步伏屍二人國內大定。人民安樂一舉手之勞耳。乃計不出此遠離北京數千里去極西南之隅聲言討伐冀席卷極東北之地幸而袁死。不然者度彼等之意豈不欲殘雲風卷直薄燕京舉中國而盡糜之乎。故一般良心未泯者必曰禍首禍首蓋淸夜捫心知貽禍於吾民者不渺特不肯以戎首自居耳。其一般天良喪盡者。尚自矜其功謂造福於吾民者已不少而欲食報於吾民者其願頣奢吾民有口難爭。有力難抗。其終爲俎肉而已。嗚呼成事不說既往不咎。今日之失吾民招之。於人何尤。吾民之爲人傀儡也屢矣一之不足。至再至三。卒之小民失業。盜賊充斥。財政竭蹶。惡稅增多。軍隊林立。寢食不安。多一度之斲喪。卽多一分之困苦。此中況味。諒吾民其知之矣。若猶未也。彼革命無已時。而吾民早已入枯魚之肆矣。

知之之道奈何。曰吾固曾言。革命者。權利之衝突也。彼偉人政客軍人以巳身權利之故。不惜挺而走險。以求一逞。宜也。然勿謂偉人政客之革命其應響能福利小民發展生計。蓋偉人政客之權利仍在在與平民衝突也。諺云種瓜得瓜種豆得豆。天下有不勞而獲安坐而得者。可偶而不可常。可幸而不可必。吾民欲求切身之幸福。乃一委諸偉人政客之流。旁觀袖手。冀其分吾杯羹。方法早已大謬。設猶常此不悟。使彼偉人政客喜其計之得售也。一試再試。非吸盡吾民膏血。寧有已時哉。

記者於是大聲疾呼。以告吾民曰。君等如願俯首帖耳。聽他人之刀俎吾乎。則默默焉可也。不然者。勿以君子之腹。度小人之心。而長彼偉人政客革命之欲。吾民誠欲求幸福。捨與皇帝戰、與官僚軍人戰、與偉人政客之戰全體平民革命外。

豈有他途哉。

萬國社會風潮 Socia Movado

最近風雲錄。

社會問題今世紀一大問題也。社會風潮者。求所以解決此大問題之騷動也。社會一日未改造。戰鬭一日不息滅。方今則酣戰時期也。故暗殺罷工等為吾人之戰略。而政府富人之抵禦亦未少懈。於以成其為風潮。爰輯譯最近發生者。分紀後方。

▲自由之賊　有政府。無自由。勢所必爾。英國大皇帝治下之民。尚囂然以自由民自詡。蓋其較諸他國。稍顯文明以塗飾觀聽。人遂多以為然。如宣戰以來。日報雜誌。尚多敢於軍法森嚴之下。恣其反對言論。人遂以英政府為真能尊重自由。不知此等報館類皆依付一政黨者。政府安敢動其毫末。若勢力孤弱。而但知主張真理者。未有能免者也。以無政府共產主義貫徹始終之報。世界上當首推倫敦所出版之「自由」Freedom 該報自戰事發生以來。仍抱定宗旨。一面反對軍備主義。一面力為平民呼冤。政府方中熱狂。其忌之也固然。而兩年來依然無恙者。則以該報在平民社會中。牢種勢力。苟加暴行。恐生內變。轉于戰事棘手。故忍而不發。近因鑛工罷工。愛爾蘭獨立等故。忍無可忍。於是僞尚自由之英政府。一但自揭其假面矣。頃記者接到五月號「自由」。重量甚輕。啓之僅得往常篇頁之半。方極疑訝。開篇則見首頁有赫然大字告白一則。譯錄如下。……寇掠！五月五日星期五日下午五句鐘。自由報社突被本區防衛部偵探五人寇掠。掠去鉛字書籍冊子共一大儎。鉛字中有自由報已排四版在內。已全失沒。遭此不幸。以致是期篇頁減縮。惟望讀者原諒……該報被寇掠後。五月號祇另於別地印行。而精神益覺恢張。其毅力至堪敬佩。抑此等戰鬥固吾黨刻刻所有事。吾故曰政府者自由之賊也。

▲製做革命　同志克理斯密君 Chris Smith 在英倫被捕。判決監禁六月。已紀四月號自由報。未幾君又被控第二罪。事緣散布傳單。鼓動罷工。以抵拒英政府所近施行之強追徵兵政策。君在獄中。毫不減其奮鬥精神。當君將下獄時

致書同志而該處同志及礦工等得聞君耗紛紛集資周恤其妻子自由報則任徵收致送之勞云君致同志一書照譯如下……親愛之同志—余因散佈一函反對徵兵於三月二十二日被警察逮捕拘禁七日旋又再押至四月十二以待陸軍搜檢吾書搜畢控余兩罪根據于區域防衛章程余允就法庭檢察官遂提訴極惡余絕不請求並不思及以法律手續為助而免行強迫軍役同人支會之辯護士則力為余袒又無法以阻止之余初無法律知識固不知辯護士代余辯訴反不能暢我欲言余對法庭承認發函及散布傳單並疾聲以告法官曰吾誠信能工以抗強迫徵兵乃吾工人惟一之權力法官強余宣誓余則拒之余供甚確毋須誓也謂余直接勸人勿行加入軍隊余則否認余特闡吾哲理以闢他人謬見而使各個人自行抉擇耳余自信吾言之效力足以使魄力弱者增強然究之仍聽其個人自決也此時余實無懼但言之不多實覺無用誠如獄官所言方吾問獄官誰為法官獄官曰「彼哉！蠢奴！彼曷不為審豬判官」官之大愚可知矣訊已官退堂可頃刻間復出言曰「吾人已深思汝案—六個月禁錮可」余之答詞則曰「官乎！吾以歷史的精神歷史的意義受此判詞且汝之施此判詞其恐怖較之吾受此判詞者為甚固也」其在裁判之先處余三週之禁錮裁判之後又復六月之監牢是適足以堅余疾惡軍備主義之心耳今而後益信我所抱持之眞理為較公道也些禮氏有言「權力所至輒用玷辱道德的靈魂則無所命令亦無所服從」余之監獄經驗益信斯言為確今余僅有一妻五兒繫慮余將以時行我人道的精神「自由」萬歲！「工人之聲」(倫敦工黨機關報)萬歲！同志猛進斯密白

▲大暗殺案　美國芝加哥省二月間發生驚人之大暗殺案蓋無政府黨反對宗教之所為也初「澳洲日報」四月十四日刊一電報誤傳暗殺者為德國人後紐約通訊員詳報其事無政府黨克朗尼斯 Jean Crones 者寄跡美境二月十日公讌加特力教大主教蠻達連氏 Rev. George W. Munderlim 於芝加哥大學俱樂部中主教蓋新從布蘭林來者是日來賓四百人克朗尼斯欲一網打盡行毒殺法畢

人僥倖獲免而罹病幾殆者一百五十人。此中有銀行主。有法官及數主教神父之屬。而本省巡撫本城陸軍軍官皆與其列。克朗尼斯乃該大學俱樂部副部長。此事發生後。彼逃匿他所。仍自投函報館。宣言伊最愛科學而惜宗教。苟能舉此議會中人而掃盪之。世界皆蒙其利云。據言以如斯毒藥。最少當死其百人。而竟幸免。至爲可惜。蓋伊曾以數百格違(英國衡名約當中國二釐)砒石投入重大盤湯中。旣投砒石後。伊卽離去。而湯隨變樣。令人可疑。俱樂部長果疑之。因棄去四盤。而以其餘未變之一盤。和入另製之四盤新湯中。故毒藥只留存原量五分之一。遂送入四百人之腹。後醫生化驗訖云。若食去原湯三盤。則至少亦要斷送百命。卽此一盤。亦已令醫生忙煞。于餐堂中奔走駭汗以搶救。亘數時始救生諸中毒者。斯時警察四覓克朗尼斯。蹤迹已渺。搜查彼住房。見化學器械無數。毒藥多種。炸藥一堆。無政府主義書冊一捆。克朗尼斯乃著名之函授學校化學科學生。該校總部乃在紐約。搜查住房時。發見書信之未毀者。證明彼及其同事之亞爾格理尼 Allegrini 同爲無政府黨幹事員。昔曾設計圖毀芝加哥省一切公共大建築物。該函又詳解炸彈之製法用法。一小者可以炸殺警察。大者則用於炸殺禮拜堂散會時大羣人。極爲有效云。昔年芝加哥各禮拜堂曾屢次被火。當時無由偵探放火之由。今可信爲克朗尼斯及其同黨所爲矣。此議會毒殺案發生後兩星期。金山又有基督教美以美會四十人食餐後大病。而克朗尼斯終未弋獲。伊尙致函紐約各報。言不久必返芝加哥。掃淸該處教堂云。該函之形狀甚怪。現查得伊居美國不過三年。且英文英語絕不純熟。又遺下論說稿一篇。中列化學公式。皆毒藥之配合法也。末復申明所以用此之原故。其下毒湯中。則純由疾惡宗教徒而思殺之。刻警察仍皇皇終日。究尋蹤跡。可笑也。(以上譯澳洲日報)又本年夏初。有無政府黨人謀殺美國富豪摩抵密華夫兩氏。當被發覺。美國司法界極力搜捕之。而此等無政府黨人實已滿佈世界各國。捕不勝捕。故一般富人如坐針氈而已。

▲如火如荼　勞動者與資本主戰鬪。率以罷工爲唯一戰略。比月以來。全球上東鳴西應。每一罷工。皆得最後勝利。而

事之起於支那者計亦數次。視昔奄奄。眞突飛進步矣。要亦屈久思伸也。今分誌如後。

(一)美國礦工共十七萬六千人聯合罷工。資本家惶恐求和。卒議定每日作工時間減爲八小時。增加工資亦如工人要求之數。現計每年共需增支工價美金一千萬元。　又裁縫工人油漆工人同時亦行罷工。先發難於金山一埠。計埠中約有裁縫工七萬人。油漆工二萬人。其所要求者(一)每日作工八時。(二)工錢畧增。(三)工塲宜合衛生。同時社會黨聯合工人約三萬名結隊遊街。表示反對軍備主義。當時並有無政府黨人執無政府旗加入遊行。而金山之罷工風潮。影響全國。必珠卜企李崙柯件地科路河芝加高均聞風而起。卒得勝利。

(二)歐洲人在中國所營航業公司甚多。就中以太古怡和兩號爲大。航行內河之船甚夥。船員皆屬歐人。五月間忽大罷工。其原因有二(一)船員自立一公所。要求公司承認。(二)增加工價。因此二問題。公司以其不利於己而拒絕之。遂有罷工之舉。其事則肇於上海五月二日各船員全體輟業。各公司乃集議對付。後因各船員要求過奢。拍電英國總公司請示辦理。因値歐戰。電報須按段拍發。久未接得覆電而各船主均已登岸。自兩公司輪船停班後。華洋各行商已經裝輪之貨物均未起卸。內有不能久擱之貨。恐日久霉蒸。暗受虧耗。故皆異常焦慮。兩公司損失固極大。即船主等之損失亦屬不微。但衆船員之心益堅。非罷工到底不可。況經費充足。儘可罷工一年。而兩個月無船行駛。商業所受影響已極大。因太古怡和兩家共被停留輪船一百零二艘。每船每日失英金一百五十磅。兩個月共須失九十萬磅。衆船員均謂能操必勝之權。非得公司將要求條件十款全行承認不可。且其初不過各船之船主大副罷工。未幾因公司不恤於是各船機關員決意罷工離船。機關員公所之要求。與船員公所之要求大致相同。以承認公所爲第一條件。其次要求加薪百分之二十五及百分之十五。雙方相持不下。卒至罷工將及兩星期。至五月十二日午後始行了結。所有議定條件。大致如左(一)要求承認船員公所一節。曾經船員退讓。公司依從。由公司釐訂管理公所之法。交由船員公所之幹事部核奪之．如幹事部不能同意．再由公斷者公斷．(二)船長薪水不拘等級．概增百分之二十五．一條均皆依從．加增百分之十．(三)船員要求加增薪水百分之十五．已允加增百分之五．至於第二三款．公司須於餘利項下允提給花紅．(四)要求設養老金之例．及第五條船長船員年滿六十歲須給以養老金一層．公司已允待有相當之時．卽設此例．至於領養老金年限．由公所幹事部議定．如有必要之時．由公正人公斷．(五)在公司辦事五年後．准給假九個月回國．並准領半薪．(六)船長給假回國．來回給以頭等郵船票一層．公司已允給以頭等散班船船票．(七)船員回國．來回由公司給以二等船票．公司已准．(八)船長船員自由選擇路程回國．回申之水脚領銀．以便自行擇路而回．已准．(九)回國從戎之船員．將來由公司復用．並予以高級資格之職一層．公司已准．至於機關船員要求條件．與船員者相同．故亦與船員一例．

(三)上海翻砂業工匠領袖王義傑江臨泉等．因工人生活困難．要求增資．突於五月間全體罷工．聲勢頗大．初一九一二年．徐企文氏曾組合各業工人．組織工黨．人數甚衆．翌年因政爭影響．此黨亦爲政府以暴力解散．於是王江等另立同義會．時有資本主力加抑壓．業已罷工一次．爭回團體．不至再散．此次則專爲增價問題而起．第二次罷工．資本主大受損失．則出其老手段．稟控二君於公堂．謂爲唆使鬧事．開審時各工人紛紛到堂承認．我輩爲爭加工價．自行罷工．並非受人唆使．問官只得調停兩面．卒之工人方面得占勝利而罷．

(四)各處罷工聲勢洶洶之中．忽又有北京財政部印刷局工人響應之聲．因該局工人所得工價異常微薄．而所有紅利又不均分．因而激成罷工．事起之初．官吏則唯有威嚇一法．時在三月四日午後也．當由四區派出警兵及馬巡警數十人．一同馳往彈壓．旣而步軍統領衙門軍隊及執法處馬隊．亦荷鎗實彈．相繼而至．分駐於該局四週．異常嚴密．吳總監亦乘電車赶到．卽有警兵拘去工人十餘名．陸續解往警所．始知工人要求加薪．約同罷工．而巡警上前彈壓．亦經工人毆傷數人．當時秩序紊亂．各處軍警飛集．後卽將爲首之

人捕去。但工人不服拘捕。與軍警抗拒。經警兵擊傷二人。始得鎮壓。安靖。卒之工人堅持達到加價目的而止

(五)上海浦東陸家嘴地方英商香烟公司所僱男工約有百餘人。每月工資向給十二元。近因新調之管理西人某甲。擬將該工人工資每月減少二元。以致各工人羣起反對。羣起同盟罷工。該公司經理恐滋事端。央人出作調停。勸令照常上工。而該工人等堅持不允。工人所要求條件兩則(一)工資照原定發給。(二)須將該管理四人撤換。否則決不上工。公司方面祗得應允而罷

(六)上海華商染織布廠因紗業認稅所迫。令加捐七成。方於六月一日起實行同盟罷工。旋開持別會議。互相討論對付方法。(一)公函南商會懇請代爲呼籲。以維營業而救民生。(二)罷業後同人恪守文明態度。所有對付手續。悉遵法律辦理。(三)同人爲保全大局起見。此事無論如何。誓必堅持到底。不得稍有岐異云云。後浦東洋經市面經董某氏。以邇自亞細亞美孚東西兩火油池停工以來。男工之失業者。不下千餘人。貧民生計已極困難。乃各布廠又行罷業。女工數萬人。勢必流離失所。地方之隱憂在在堪虞。故特邀集撫內各布廠經理人勸令照常營業。一面取銷加捐。其事乃了。

(七)農民以暴動要求減租之事。始於今年夏間。在哈爾賓東九里之阿什河農民等起而暴動。其數達一萬名。羣衆擁至阿什河城。形勢不穩。縣知事以下各官吏狼狽不堪。其暴動之原因在請減輕租稅。卒如願以償。事始息滅。

本報印刷費樂助者　魯直十五元　無懷二元　崇俠五元　瀞泉三盾　漢夫一盾　華慶一盾　蘋洲十元　高庸十元　聯棠二十盾　陳惟心六磅(英金)　李華熾一磅　景星四司令　壯威十七司令　樂從六司令　愼初五元　鴻一一元　劉警慵二元　聯棠又二十盾

介紹華星世界語報　此報爲世界語專門家盛國成先生編輯。內容以世界語與華文對譯。分通論文學初學讀本高等讀本研究資料問答紀事雜俎諸門。材料豐富。趣味盎然。凡已讀及未讀世界語者。均宜購置一份。至定價之廉。尤爲得未曾有(全年十二册連郵費共五角外國七角)第六期經已出版。發行所上海南成都路一百七十五號鐵心

最近出版之小冊子　無政府主義

民聲

第二十九號

議會政治之夢想

C. A. Laianst 原著　國成 譯

昔在法國革命風潮，屢起屢滅，距今百年矣，然此革命風潮所得之教訓，有應響於平民者至寡，豈惟法士，他國亦猶是也。

流如許之血，擲如許之生命，究其實不過一種迷信，雖百口莫能辯也，呻吟受治者困苦不行，且尤加甚，蓋世界生計之改革，實使之然，壓制示威，仍名亡而實在也。

獨夫專制，官僚政治，革而去之，取以代者，乃爲資本制度，實盡攫勞力所獲者而私有之，哀此小民，永爲人用，永爲牛馬，雖欲反抗，而恢復自由，前途遼遠，殆不可見，此無他，近世革命之原，乃實爲政治問題耳，一八四八年，法人獲普通選舉利，羣以爲理想的樂國，舍此無他，而自由公正小民康樂之時代，發生不遠，乃曾幾何時，又羣知向者所度之爲大謬，然夢想之雜入於腦者，終不能除掃淨盡也。

蓋風潮已過，制定新規，輒以舊規融化而改變其面目，其實質則舊規之劣根性，仍保持弗墜，此種融化之機關，即議會政治是也。

豈惟法國，舉凡共和國之議會，莫不欲取信於民，曰，議會萬能，賴自由選出代議士之力，可以收改革之效，夷攷其實，則足以左右政治者，恒爲一部分操縱財權之紳士，即利用小民勤勞之結果，而攫富源爲已有者也。

小民之權利，所謂至高無上者，僅四年一度，書某人姓名於紙片，舉而投諸箱中耳。

凡仰資本家權能者之鼻息，而願爲傀儡，則預布種種謠言，施恐嚇手段，或賄囑各報，殽亂是非，以冀當選爲代議士，若猶不足則用物質的舞弊之法如投票箱裝夾底或起千百之死者爲選舉人其一班也；卽或以投票選舉爲公正無弊試觀其後荒謬之事時日出而未已也及投票者必以選舉爲各人秉其良心下準確之評判所得結果確爲最大多數之公意於是羣注意物色相當之人才足以盡其天職發布一定之政見而不逸出常軌以外者洎夫循議會政治之元理一以立法權委諸各個人則其果能盡職與否無保證矣

彼議員者恃其縣河之口甘言誘惑或暮夜乞憐乃得多數票遂以當選四年之間從心所欲支分平民之資本嬌豬之生活制定各種法規如賦稅官制教育劇院農事宗教報紙商業之類其後且信任或打倒內閣等

內閣既被信任或打倒則必謂彼輩於此不知其所作所爲前有古人後有來者總是一邱之貉壓力而已反動而已他非所問也

何以故則恪守憲法之本分而爲高級經濟家所籠絡且爲其牛馬故平民之意初未能一伸於議會實際的舉動一秉紳士之意旨且藉口於維持秩序冀積極的保存一已威權不恤與社會進步相衝突蓋社會進步將縮小彼等勢力範圍而利用小民之勞動以施其至高無上之威權者將不若是其易易耳

平民者彼等不共戴天之仇敵也故眞正之社會革命彼等視之無異毒蛇猛獸改良云者卽剷除「社會秩序」之謂而「社會秩序」又種種不相宜之法規藉以成立也

法國平民賴此試驗恍然於心者在惡劣之公民共和成立後三十八年然近觀各國不恤出死力以爭普通選舉者正大有人其情可憫其志可嘉而不得不太惜於無數精力無數膽氣無數犧牲之終爲虛擲耳

人有恒言惟堅與忍事乃有濟當大施手段諜諜於平民之前謂君輩人數衆多可互相協議選出大多數代議士於議會且須誠實果敢者如此社會改革庶有豸乎

此其夢想無有是處夫紳士知大禍之將作預爲反抗之備一也平民選出之代議士行政官吏不實行二也議會則因設有上院真以消滅下院之爲難三也且平民一入議會則

鮑魚之肆、不復見掩鼻者殆十人而九、向者平民之所囑托、彼已置於腦後矣、當此之時吾民既不能責、又不可易、歷來如此、豈忘之乎、委托議士、確爲妄想、問題既廣、又不易明瞭、而處議場者、往往受議會機關之作用、爲其融化、改造、消魂、而不自知、遂日日出席於議場表決審查紛擾而畢選舉人亦覺詫問曰所選之人非普通人而政治家矣

閱者須知僕所以未言及議員程度之低、利己之重、壓制全院之野心者、非以在院諸人並無畏葸、竊取、賣友、辱身、種種惡德、特以爲代議士個人道德之敗壞、當不如院外人擬議者之甚耳、且(註)即假定爲議員人人一秉其坦白無惡之心、然議會組織、終足以妨害實際的改革、若議院全體有二三敗類雜入其中者、則不可問矣、

吾爲幻想、一旦吾民得以吐氣揚眉、舉行平民革命、幸而成功、仍設議會政治、則此次革命、毫無效果、姑設爲例、假如明日法國勞動小民團結一氣、發爲公憤、剷除此公民共和國、而立一社會政體、又假如軍士協助革命、閣員棄職逃、議員飛奔去上院液化、而平民盡爲各銀行各機關之主人、又假如大工廠、辦公所、忘其感情作用、而重復工作如前、然試思之、此戰勝者能保其不從歷史上之習慣、將革命政府移於公署、而通電其支部黨員乎、此革命政府、必將發施號令、其後必尊重民意、故召平民而與議焉、

於時昨日之公民、或明日之公民、高呼「社會革命萬歲」、自角門而入、以形成新議會、且喚起前日剷除之邪德、主人僅易其一部、昨日奴於人者、今日或翻爲主人、然其奴人之法初無二致、議會毒進行如故、議會政治之黑幕、重又起矣、

方約法之初立、率以爲可保其永遠公正循理、數千萬人不能相聚而議、則遣代議士以了之、議員既集、遇問題必侃侃置辯、有意見必滔滔不劣、其良心均澄清如水、遂以大多數表決、然果公正乎、循理乎、

此其理論也、欲知實際之爲何、則旁觀二三次議院之議事會已足、其感想令人念及組織不佳之學校、合諸不良教育之學生、聚於一堂、作鬼臉、發怪聲、無異動物院中之猿猴館耳、

是故議會之公理有二、其一則演說不能變更表決之結果

也其二則表決之主因不在所爭之問題而在夫問題以外之胡思亂想也議員有自問此總長之當否信任而不能自決者有專事吸烟者有呼其子壻爲某科長者尙有愛國狂過甚與人竊竊私議謂內閣朝倒則德軍夕侵者不一而足總是諸因故誠信之表決真正之代議實心之辨論都不存在僅見其爲點綴品展覽會留音機耳雖然其爲富豪公民之鷹犬而保持其壓制平民之能力則有餘也　(未完)

社會主義進化中之無政府主義

克魯泡特金著

渭聲譯

第一章

無政府主義何由發生社會主義之學派亦既不少又何必另標一義曰無政府主義凡人之在今日莫不有此疑問欲解釋之請申吾說並追述前世紀末之社會狀況

前世紀之狀況何如乎以言民智則突飛進步科學則蒸蒸日上一切虛僞成見漸失其依據前代遺留之政治制度非之審日衆自由平等博愛之思潮震盪於人心應時而起者則有根據科學攷究人類社會之新學說此皆一世紀之特點也雖以政治之專制階級之森嚴務排新而崇舊然水激波動穴空風生此一代新思潮卒爲人民義憤所推長乃轟然暴發法蘭西之大革命內外之障礙物千重一朝推倒此豈偶然哉

時至於今法國革命已成陳迹其思潮則永留不替且開後來無量數革命之先河蓋理想蓄於前斯實行隨其後綜觀十九世紀之歷史十八世紀之理想已在實行中矣法國革命所揭標對於政治則爲法律平等除貴族之强權廢獨夫之政治對於經濟則貿易自由促進商業積久流弊遂有爭地以戰鬪略奪新市場者糜費巨資開工業投機之局者先民因一時之疏忽遂貽後日之隱憂也抑所謂貿易自由者必起經濟之競爭其結果則富者佔優勝貧者千萬人盡歸失敗夫富者之資財何來乎豈其勞動之結果乎就令其一生勤勞則工人胼手胝足以操作何以衣食不贍富人乃腰纏纍纍盈千積萬此蓋由於工人出力其結果盡爲富人掠奪以自肥理至顯淺也

或曰以富劫貧不平已極而工人聽之此何以故曰現社會之制度如此工人其何能為此蓋無可奈何者也譬有城邑於此居民通力合作所得出產公之全體於是家給人足無衣食住之憂則有富人某氏者挾巨金來此其金耗而易盡也貯而藏之不能增益也欲建工廠招人為工量其出產日得八金而僅給四金之工資該城居民其肯為之牛馬乎吾意必厲聲向之曰「吾輩斷不為此公且他往他處工人之無衣食無生活者或能令其血汗就汝範圍去去餓人國貧民地皆汝攫利之場也」是故富者之資財即貧民之痛苦苟無富者何有貧民乎

當時之革命即取貧富兩等人置之陣地令其自由競爭貧民安有不敗者蓋彼輩一無所有徒具最寶貴之兩臂凡世上貨財莫不由此產出而此兩臂者又為富人所壟斷及後資本家之驕橫雖路易十四猶夢想不到而貧民之數日增富者因以愈富人民病之乃倡普及教育之說其結果則一般科學家仍不免為資本家之奴隸所發明之器械適為資本家利用於是人民不得不轉而談社會主義矣

先是社會主義之提倡曾借徑於宗教卒歸無效遂改其趨勢於政治謂政府有抑強扶弱之責宜可以助貧民以緩富者也而孰知政治即為凌壓貧弱之具於是近二三十年間萬國勞動大會既已成立談社會主義者遂莫不以平民為主體所發之意見今大概述之

一切貨財皆古今人民之合力產出譬如此堂（時克氏在此演說）因建在巴黎而巴黎經二十代人民之精力所整理以有今日之繁華富麗此堂適在其中遂覺可貴若一朝遷於西伯利亞之冰天雪窖中必失其價值矣又如發明之機器無不經五六代人民之心思才力所培養始克底成又以其能長十九世紀之文明遂覺可貴若送諸新堅尼之土人則又失其價值矣是故有人焉自謂有幾許才調對於社會有幾許勞積吾人必反對之彼之所謂才調彼所謂勞積必集數世人民之思想才力而成亦必因乎社會之進步而後能發展其受賜於群衆者已如許縱有功於社會亦群衆之功耳至若指定某項財物而謂其屬於誰某誰某者則尤為吾輩所反對蓋世間事物皆為群衆所產出宜與衆人共

之若必私為已有，則與封建時之地主，迫令佃戶完納租稅，其強橫無理，何以異乎。

世間事物宜為衆人所有！世間事物宜為衆人所有！人無論男女，宜各以其能力，產應用之事物，然後各取其所需要者。

第二章

如上所言，即所謂共產主義，以人民為主體，而棄絕政治宗教之意味者也。近五十年來，工人之覺悟，漸次發達，其對於工廠鐵道礦塲等，咸視為社會之公有物，不復認為資本家之私產。一朝革命暴發，工人必有要求解放而置工廠汽車輪船於公有者。

「各盡所能各取所需，」之格言，既深入於人心，萬物公有之思潮、復洋溢於各處，所謂自由共產主義者、即置世間所有物於公共，令各人量其需要，自由取之、壯者以其能事、宏生產之路、老幼衰弱，免其操作，此必至之途徑，無可逭也，然世間事物，林林總總，處理之法，則將如何、於是有主張有政府共產主義者，社會黨之各派紛爭，即由是起，欲從而判之，請追述前世紀之革命

當法國之革命也，君權既覆，民權大張，然國人不能為深遠之謀，其結果乃僅得一似是而非之代議政體，其本源實起自英國，後乃蔓延全歐，除俄羅斯一國外，幾無不參酌仿行之，謂設代議士，即可以代表民意，鞏固民權也，孰知有大謬不然者，譬一羣中執數人而語之曰，「吾人將以立法之事，寄托於汝輩，凡吾人所不及理者，汝其理之，若兵備，若狂犬，若學校，若煙筒，若教訓孩童，若播淨街道，凡茲等等，爾其制定法律，使措置有方，毋負吾人所望，因汝輩為被選者也，」如是言之，豈不噴飯，吾知稍有思想，意存忠厚者必答之曰，「承託之事，多為力所不逮，遑論為之立法，若放手造去，一如吾意，則有不利於君，必欲如君之意，毋寧召集會議時，一切問題，由君斟酌，斯時我已等於無用矣，倘君有所發揮，欲探他人之意，祇須派一代表，彼此接洽，最終取決之權，仍屬諸君，斷不任所派之代表，為君制定法律也，一般科學家及商人，當其磋議契約，莫不如是也，」如是言之，至公正也，然斷不見容於代議政體，時至於今，政治之弊病，愈覺顯露，民

智亦日日進步．國家對社會之關係．國家社會對個人之關係．已成研究之要點矣．

敎育兒童應恃政府乎．設工人而有閒暇．則爲父母者．與性近敎育者．一經磋議．千百學校．不難同時擲立．又使吾輩無租稅之苦．無富人之壓抑．無論何處有所建設．必勝於今日也．

保衛疆土．應恃政府乎．吾見夫木偶之軍隊．對外鮮有不敗．而能眞正抗敵以自保者．惟善良之百姓．徵之往史．比比然也．政府之保護資本家．誠最良之器具．而於貧乏無告之民．豈曾顧惜耶．政府抑貧扶富．以增益惡人．豈能遞減惡人之數耶．政府靡民膏．以興刑具．以培養人民之罪惡．使陷其阱而刑者．千萬人．豈非以怨報人民之德耶．政府迫吾民將應盡之職務．寄托於所謂官吏議員．豈非製造社會之罪惡．與吾人以不利耶．

今世紀之事業．如萬國之商業．發明之工藝．交通之機關．若一一探致之．其間無絲毫國家之力．卽以歐洲鐵道而論．由西班牙達聖彼得堡．鐵路綫孔長．成之者工人數兆．公司十餘．此合成力之結果．非國家之所能也．故收入之利．則由諸公司均之．路政之興革．則由諸公司議之．不必國家助力也．若望國家爲此．非誕生第二拿破崙卑斯麥．以鞭笞宇內．統一歐洲不可．如是．恐吾人生在今日．仍不能見縱橫全歐之鐵道也．

鐵道一事．卽可以代表人民由單純以趨於複雜之徵象．鐵道如是．其他事業．亦莫不如是．雖公司藉此以攫大利．此爲另一問題．然歐洲鐵道．不必有歐洲的中央政府之管理．彰彰明矣．

人而有此概念．引而申之．以觀察世間事物．則無數十運河也．太平洋輪船也．南北美洲之電報也．等而下之．如商業之組織．食料之供給也．凡諸種種．皆非國家所設也．雖偶有需要．必納昂價．此爲另一問題．然已足證明．飲食器用．吾人不必托賴政府矣．晚近社會之發達．屈指難勝．凡學術商業．遊戲．以至最單純．如世界語及速記術等．莫不有會社．其作用大者．且以籌防英國之海岸．調和人民之爭訟．此卽人民不須政府．而能自相聯絡．以維秩序之特徵也．國家職務之最重要者爲戰爭。然戰地之善後事宜仍。托之赤十字會國家之能事。如是而已。

他人縱有倡尊强權。(政府)的社會主義者。吾輩則以爲社會之趨勢。必與之背道而馳。將來之人民。必以自由意志結合無量數團體。以供應人類之需要。小者起自一室一街一區。大則一城一國。皆以自由之意志合羣力以產生人類需要之事物。如飲食服用科學美術遊樂等。然後與衆共之。此十九世紀之思潮也。吾人遵此大道。力謀發展。而不使政府有絲毫權力雜於其間。夆里亞曰「置石子於箱內。左右搖之。則石子自成整齊之秩序。雖有最妙之人工。莫能及也。」此卽個人自由。各個人互相團結。以成社會也。

(未完)

風雨雜聲錄

▲日本無政府黨一瞥　日本無政府黨如秋君篤守主義。奮力傳播。素爲政府所忌。時以偵探隨之。本年春間。君喬裝小販。日攜果子一筐。走向工場叫賣。乘間散布書籍雜誌及演說。不數日爲警探所知。將君捕去。拘禁旬日始釋。君仍不肯少戢鋒芒。警察行將再捕。不得已走上海。執文字役。鼓吹主義如故。日政府查悉。乃牒行該國駐滬日領事。設法逮捕。君暫居滬上。出入均爲偵探所隨。網羅高張。而吾黨方滋長無已。政府亦枉作小人而已。

▲倫敦無政府黨年會　狂爭蠻鬭之大戰中。倫敦無政府黨乃於耶蘇復活節日開會。討論進行方法。除附城數處黨員外。餘均到會。特以火車缺乏之故。除伯明罕布禮斯託及修丹三洲仍有人赴會外。餘各州人欲來不得。然已濟濟一堂矣。個中老同志及知名之士爲多。首由啓羅T Keell君宣布開會理由及過去事實。復提出今後進行者多端。俾衆討論。並言吾黨之無形勢力。繼長增高。最近政府壓力愈甚。而吾人收效愈多。卽「自由」報銷數大增。已足爲吾黨伸張之一證。而同志斯密Smith君因散佈傳單於礦工。運動罷工。反抗强迫軍役。致被捕判禁六月一事。(此案已詳記於本報前期中)衆人咸知敬憫斯密君。而洞悉政府之目的及詭謀云。次德維順G. Davision君言。吾人此時應視實行與言論並重。如何聯合彼勞動本諸經驗。已能自行辦到。

而屈純 E. Watson君謂組織無政府黨殖民地於澳洲西部之提議。是卽實行之初步。但須以猛烈傳播與彼方自治社會之勢力並駕齊驅。而後可。蓋彼中自治團體。固足以與其分子以自由發表意思之機會。然資本主義尙存。則眞正共產主義永難實見。且社會革命乃吾人正大明言之事。無所用其律師者也云云。次烏爾夫L. Waolf君報告機關報「工人之聲」The Voice of Labour之經濟狀況。謂各處捐欵源源而來。財政地位已極穩固。所經營之經濟來源。均極妥當云。於是討論議案。主要者爲此後傳播方法問題。此層當然係屬於反對軍備主義及國民主義性質。而吾人雖離處工人中而爲之辯護者。生產者管理者。於是大暴是卽隨三者而並與。如此方收大效。屈純君則以爲文字之關于闡明此主義者。須極淺明。現時所印行之冊子傳單。未免過于高深隱晦。更多人提議傳播方法均極有益者。而集中職工同盟 TradeUnion 成謂實力向此中傳播吾人革命之意想。霍布M. Kope君獨對於工匠同盟 Craft Uuion 爲激烈之攻擊。因彼實由勞動之貴族政治的蠱說所育成。遂分巧匠拙匠爲兩途。故舊工匠同盟必須改組。而同盟主義必須包含一切工人在內。並以萬國一致爲之基本。乃可。屈純君謂所謂向各同盟團傳播爲妙者。不過以各團分子已集實傳播之絕好機會。普魯粲斯其 Plaschanzky 君則謂於各同盟團中組織小羣。實有分成孤立之險。啓羅君言此則普及革命思想。較之組織機關爲尤要。麥克司術脫 Maxwhite 君則謂斤斤於同盟問題。究無着落。蓋一面爲無政府黨而一面又爲同盟黨。必難兩方顧全。司却披維 Schapiro 君申言英國職工同盟之行動與歐洲職工同盟之行動二者之間。須行分別。如西班牙職工同盟之進行則絕非官僚主義。爲無政府的全體皆信直接行動爲有效者。不啻無政府黨所統屬。吾人苟於此中進行。但嚴妨社絕官治臭味。可矣。吾甚不願見吾同志之隊入官網而失其作用。要之和約可爲。然吾人不已日日作和約耶。此實吾人以無政府主義敎育工人之絕大機會。然吾人亦不可不研究打破資本主義之方法也云云。於是此精神的辯論告終。議案旣決。德維順君復言。如司却披維君言。持此態度。是所以搖動無政府主義之根基。徒然辯正同盟團之面目。其效果則不過稍獲傳播於工廠礦塲間耳。普羅黎斯其君又言。吾人若反對同盟。是何異自殘其類。魯達民夫人Mrs. Ruderman謂吾最反對吾人但向一團中環行。須念吾人非獨無政府黨。吾輩乃是人類。故傳播之行爲。豈可限以嚴律。馬力司達 Malatesta 君乃自言其行動於意大利職工同盟團中之情形。謂常申說無政府主義而確有成效。要之其官味與形式則當反對。但可信此項同盟團將成一種勢力。吾人必須使平民急自聯合。不然則難奮力抵禦其統屬之勢力。然孤立何以能生發云云。綜合諸說。折衷衆意。乃決定無政府黨宜於同盟團中令工人益加進步。而除此以外。尙多用武之地也。烏魯夫君言今日對於反對國民主義問題。尙少言及。此物有如大石。戰局初開。社會黨率先爲所擊碎。此問題寧不重要乎。國民主義已用爲大職人民之慾。在所必當反對者也。霍君因同志反抗歷數復布強迫兵役之法而犧牲者。謂吾人當合各個人而增大反抗之聲勢。專爲一案而發之傳單。應即散佈。凡可戰之強權。應即挑戰。此事宜另組織一羣人爲之。願加入者可即署名。洛克亞M. Rocker君之意。則以爲此際吾黨正當孤立。宜加審愼。乃行。不宜自詡罪證於自己囊中。應聯合他機關爲之。普魯黎斯其君言俄國同志之在兵役年限者不久將被僱入軍隊。吾人當力爲援助。以反對此政府之新暴行。言次極形懇切。末復縱談。當極力抑壓戰爭狂燄。恢復戰時所喪失之自由。至於薄暮。乃舉行同志懇親式及跳舞。最後高唱革命歌及新譯之"Auld Lang Syne" 而散。

▲法文新世紀報之復活　新世紀(原名新時代 Les Temps Nouveaux)爲吾黨最有力之法語機關。前因歐戰原因材料昂貴交通阻梗。不得不暫時停止出版。玆接前編輯格拉佛君J. Grave來函。謂新世紀報不日重復出版發行處仍在巴黎。編輯者爲Neutsch 君。云想吾海內外同志。當亦樂聞此項新消息也。

▲大學校內之活動　北京大學校學生趙畸君。吾黨之熱心同志也。蓄意欲傳播吾主義于大學生界者已久。思灌輸新思想。借書籍之力爲多。擬在北京大學校內聯絡同志組

織一無政府主義圖書館不論何國文字凡關於吾主義者靡不搜羅而陳列之藉以介紹於全校學生此舉實行功不爲小大學學生爲全國學生界之領袖應響所及必有足觀者

▲民聲之洋溢　本社自於今年四月間在滬報刊登贈書廣告之後一時索閱者紛至沓來時適專制威嚴遍及郵局本社發出書報爲郵局檢出呈請查禁詎禁令一下索者更多近日通信自由索閱之函有應接不下之勢計先後發出民聲各期共一萬冊平民之鐘五百三十四冊無政府淺說五百三十四冊總同盟罷工七百冊軍人之寶筏五百冊無政府主義七百冊惟民聲期數不齊致閱者未窺全豹頗引爲憾事而亦無可如何者也

▲平民義學之成績　發展平民生計教育尙矣顧義學缺如多數貧人望門莫入豈非世上至不平之事而現世紀社會之汚點乎同志蘇愛南君實行家也在上海北四川路創設平民義學男女兼收來者有百人之多日前在廣肇公所開懇親會除本校學生外來賓亦百餘人座爲之滿頗極一時之盛云

萬國社會風潮 Socia Movado

▲奧國內閣總理之被刺　歐戰發生已過二年喪失生命達數百萬考厥原因不過一二執政之野心家糜爛其人民冀以鞏固少數人之權利傷心慘目罪不容誅人民忍無可忍乃有奧國總理大臣被刺之事兵然一聲民賊授首足以警其餘而促戰爭之速了歟未可知也茲將被刺詳情錄下某日下午一點半鐘奧國總理大臣往某飯店就餐一如常例同坐者有底樂魯知事陶根浦伯爵及前內閣總理兄弟愛倫他子爵諸人約至二點鐘時突有不知姓名男子亦來飯店就食坐於內閣總理之側三點以後該男子猝起立就內閣總理連擊三鎗一鎗中其額二鎗中其目內閣總理受此重創未及道一語而斃陶根浦及愛倫他覩此情形立起追捕及門刺客意圖抵抗發四鎗中愛倫他之足卒以衆寡不敵爲諸人所執卽送警署問之則曰吾刺殺內閣總理之原因非至法庭不能告汝等知也云云至刺客爲誰則夫甲

特其名亞得洛其姓乃奥國社會黨首領域多利亞得洛博士之子也現年三十二歲向充社會黨文牘主任社會黨機關報即爲該氏所主政云

▲紐約大罷工之聲勢　紐約鐵路工人因某問題發起罷工風潮後該工黨首領以府尹勿治氏願出調停特決議靜待解決方法如屆時仍無結果則一律罷工迨至九月廿五號該工黨府尹以調停無效遂決議九月廿七日聯同罷工而應響所及則不僅鐵路工人其他一切工黨如衣裳工黨印刷工黨鼓樂工黨無不躍躍欲動藉壯聲援而厚勢力九月廿六日工黨首領非雖氏宣言明日將有二十萬人大罷工紐約省議會聞之甚爲憂慮聞有議員提議請省長壞文氏招集特别議會擬授以特權治理此事云

▲上海漆藝大罷工　上海漆商原有漆業公所俗名大幇其後漆工另立一會名漆藝公所俗稱小幇秋間漆工以要求增加工資未達目的相率爲全體之大罷工其所持理由甚爲充足蓋漆商包工者每工領取工資約五角有零而給與漆工者祗有三百六十文後以材料飛漲漆商加價每工計六角餘而給與工人者依然三百六十文是以全體工人要求大幇加價改爲洋碼計三角六分必是大幇仍可安坐而向每人扣取二角大洋一日以較終日勤勞之漆工苦樂仍判若天淵也不料大幇各商貪慾無厭借官廳之助橫施壓力目小幇爲私立公所幾欲稱小幇爲大逆不道者然其罪可殺中有數家願意調停允改洋碼不料少數奸商決意不肯雖以工黨領袖韓恢君之調停勸告置若罔聞如是相持許久卒以小幇力薄退讓允增工資每日四百文照常工作云

投稿欄

政魔之末日

綠蕪投稿

今世一拓大之戰國世也講合縱說連橫爭奪土地擄掠民人生聚教訓以富財用而强甲兵尚軍功而治刑法者蝸與所圖者不曰報國仇雪國恥則取霸權而執牛耳也其精神上蓋無一不同晚周之七國者晚周則今日之世界也所謂列强者則七國也所謂列弱者則中山陳蔡之流也遠離則

澳美者則吳越兩學之類也所謂老大國者則宋鄭魯衞之徒也而物質上不同者則斥九州爲五洲易劍戟弓箭兵車甲冑爲炮火炸彈飛艇鐵艦如是而已矣

或謂五洲之大如何可比昔之九州種族風俗言語文字種種截然大殊昔之戰國世豈有此異乎不知以今交通之便游今之五洲易於游昔之九州遠甚則昔之九州其種種隔異猶甚於今之五洲亦可知矣人羣之起原數里一國雞鳴犬吠相聞民到老死不往來則雖今全地球人種族風俗文字言語之不同者胥縮入乎一縣治內可也況歐羅巴洲版圖本不過中華二十二省之大全洲人民猶不及中華一國之多而諸國林立犬牙交錯動卽相仇相殺者毫釐無異晚周諸國爭奪之現象者乎比利時者其晉楚間之鄭乎且昔之風俗言語亦種種不同若楚以虎名於菟之類而楚湘吳越閩粵川蜀黔滇以至幽涼諸地皆爲蠻夷戎狄蒙藏更無論矣然則昔於二十二省內之人類以今所謂黃白椶紅黑諸種之分別乎在黃人則自以謂華人而以白椶紅黑爲蠻夷戎狄在白人亦自以爲華人而以黃椶紅黑爲蠻夷戎狄如是而矣

四五月前偶見某西方人謂今日所憂者非歐洲之戰乃中華之戰也使中華之戰事一延長殺性一起則前此洪楊之事至可慄懼蓋一國內自相爭殺卽殺人至三千萬之多雖今歐洲諸國相戰數年之久亦無其可怖可不爲之寒心云云吾謂此眞丈八燈臺照物而不能自照者也不知統全歐之人無中華一國之多洪楊與滿清相殺十數年死人三千萬今歐人尙有未列入戰陣者相殺僅二年亦已幾近二千萬則亦延長十數年有不殺至斷種者乎此而不憂將何所憂斯誠逼歐洲平民速謀推翻政府打破國界解脫強權之驅殺覺醒愛國之迷夢者也

凡戰國之世局難得有數年平穩其勢必不能持久晚周時欲持其局之人者則孔丘墨翟之徒是也欲打破而改造之者則有二派(一)強權派則強制之法家若商鞅李斯韓非之軍家若白起秦政等是也(二)自由派則自治之道家若莊周楊朱自食其力之農家若許行等是也其後卒爲強權派占勝利遂盡剷除積數千年之遺體古國開秦一世統一

之局。使强權派不勝。則所勝必在自由派也。今之世局至久亦不能持至百年。其最後之勝利將屬於强權派乎。抑屬於自由派乎。則今之歐戰大有關係者也。三四十年來德意志崛興於日耳曼森林中。無異秦之得商鞅而忽强也。其婦女皆好武士。其男子最好色。因之全國有尙首功之風。而司戰大神之德皇。復有囊括全球之雄心。使此次戰勝而獨握世界霸權。則不久必混合全歐。進以統一全球。則强權派勝矣。否則今自由民之有無政府黨工黨。亦猶道家農家也。其勢日高千丈。必將以人人自治而無治人之生產而共產之道。代今日日殺人爭地之局也。然靜觀强權派已決無統一希望。故最後之勝利必在全體之自由民。百年中無政府共產必實行。而政魔之末日在卽矣。

國成售畫移助啓

僕不敏。亦嘗從師學西法畫。水油紛炭信手塗稿。自以爲是。然迄未以畫鳴。人亦無有以僕爲畫師者。則其畫之拙劣可知。比者本社經費異常支絀。僕無似。頗售小技將欵悉入本社。倘同志得畫。倘以爲不堪入目。則祇覆醬甕。悉君之賜。尤爲一舉兩得。凡百同志有成人之美者。平靜以待命。惟俗務倥偬。不能不限制。統希諒察

一水彩風景畫長七寸闊五寸以下者每幅二圓。長一尺闊七寸者三圓。長一尺者倍之（油畫炭畫及動物肖像等均不畫）

二水彩仕女半身長七寸闊五寸以下者每幅五圓（過大全身及細微之佈景不畫）

三十日取件。畫資先惠寄欵至上海美國信箱九百十三號佩剛或香港三達公司卿冠君

四畫紙由本社購備。來函須注明欲畫何種長幅或橫幅

伏虎集出版預告

是集係輯師復先生駁斥江亢虎之作而成。師復先生爲中國無政府主義之開山老祖。其文章久爲世人所仰慕。是集闡揚眞理。排斥謬說。字字精嚴。語語痛快。一鞭一條痕。一摑一掌血。遂令彼負隅之虎。身無完膚。不得不俯首就縛。誠有

新世紀二十一年六月一日出版

每册收回帋墨郵費（道林紙印八角 瑞典紙印六角）

國外寄費酌加

重刊者　K　G

校對者　默　人

發行者　平民書社

代售處　各大書坊

本報現已在廣州繼續出版由三十期起每月刊行一回頁數隨時增減遇有重要著述另出增刊愛閱者只寄郵費即有報奉寄

通訊處廣州郵局七十四號信箱何柏堅

民聲

第三十號

非賣品

克魯泡特金氏，已於一九二一年二月九日三時病終於俄國多米卓夫城敬刊遺像以誌悼哀

『民聲』小史

『二三人相聚讀書論道于一室名之曰晦鳴學舍；又聚其所讀所論者借鉛槧紙墨布之於外從而名之曰晦鳴錄；非在宇宙直微塵耳』。這是師復先生發刊本報時的第一句說話當時這一點微塵蕩漾了兩年多久便沒了踪跡了。再過上四個年頭，直到今日這微塵重復在太陽光線底下晃起來。或許有些讀者不狠知道他的來歷而且時間的經過，也自有他小小的歷史所以繼續刊行時，應要約略說說。

一九一三年八月二十日，『晦鳴錄』出現人間著譯，排版，印刷，裝釘等工作由學舍同人分任原定每週刊行一冊。版式和現在的沒大差異他的呱呱第一聲有說：『二三人之勢雖微苟能以正確之眞理爲準的，不啻于一家之學說，不囿于一黨之膂見獨立不倚以達吾良心上之是非，其所言乃往往足以代表眞理而爲人人心中所欲言；斯則所謂『平民之聲』矣。晦鳴錄既以平民之聲自勉，其言論即直接爲平民之機關』。往後他的言論精神都依據着這開宗明義，貫徹到底。

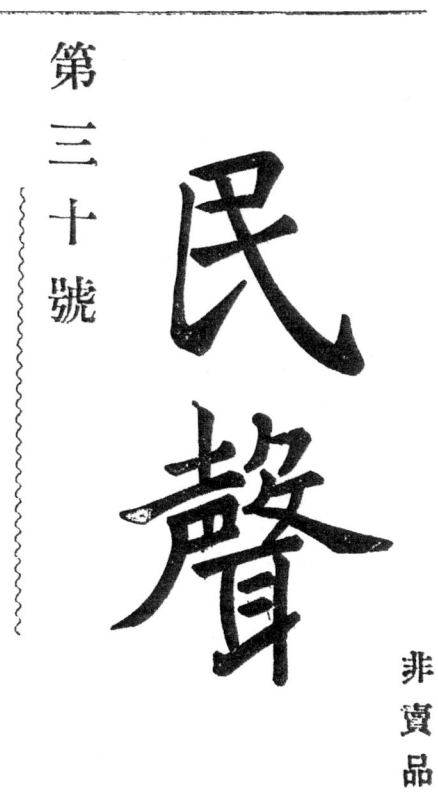

又當時所標揭的紀載綱要是『共產主義，反對軍國主義，工團主義，反對宗教主義，反對家族主義，素食主義……此外凡一切新發明之科學，足爲生活改良人類進化之母者，亦得附載，並以希望語言統一之故，特設『世界語部』一方面傳達世界語于支那，一方面披布支那社會之眞相于全世界。』往後他的言論內容，都是闡發這些主義的原理，介紹這些主義的學說；同時也就是他的主張，並且所討論的，就是這些主義實現的方法。

其時中國的政治革命，貌似成功，而些微的言論自由，還未爭得到手，晦鳴錄才出至第二號，所在地的廣州，白晝出現噬人的政治魔鬼，社中同人，幾乎都被吞了去，迫得避去葡人租借地的澳門，歷盡艱辛，才把第三號改名『民聲』繼續出世；而澳門仍是不能見容，同人復狠狽遷徙。流離顛頓之中，同人工作如故，『民聲』也得陸續出版；只不能夠公開，也沒一刻安全，而世界各處的同志，倒也直接間接出力維護。

『民聲』創刊的時候，世界各都邑的無政府黨的機關，世界語傳播機關，都嘗寄去；二三個月之間，用各國文字和世界語刊行的日報雜誌寄來交換的，計共有七十九種；加入本社爲同人的，除本國人不計外，歐洲和南美各國個人來函加入的共五十五人。

『民聲』顛危而猛進的當中，正是中國政治革命第一回試驗後至黑暗的時候，有些從政治舞臺弔了下來的政客，往往嘴邊掛些救濟民生的話頭，意思是要表明他們若得國民的抬擧，有日再得登場，我們便有這麼那麼的做作；頭腦單簡的，因此糢糢糊糊得着一點『社會主義』的影響。『民聲』特特揭明這些都是無聊的社會政策，並不是社會主義；於是羣衆的觀念，才得清楚了一點。

同時有一位時人號稱他做『四不像』的先生，摸竊了一些馬克斯的集產主義，連同他自出心裁的辦法，夾七夾八，制定幾條黨綱，立起一個『中國社會黨』來，胡鬧了好些時候，黨員號稱幾十萬衆。不多時，他內部自行分裂起來，另分出一個『社會黨』。再不多時，兩黨都被當時的狄克推多袁世凱解散了；然而他們的理論，總有多少流布國中，且狠爲無政府共產主義宣傳的障礙『民聲』對于這種岐說曾再三出力糾正他，經此之後，羣衆的觀念愈加清明視聽也略歸于一。

『民聲』刊行之第二年中—一九一四—上海廣州有『無政府共產主義同志社』之組織其宣言書即在『民聲』發表。同年八月二十九日至九月六日，萬國無政府黨大會開會于倫敦，上海同志社當時不能派人與會，僅致郵函一通于該會所獻議的是：(1)組織萬國機關；(2)注意東亞之傳播；(3)與工團黨聯絡一致進行；(4)萬國總罷工；(5)采用世界語；這書也曾發表于『民聲』，兼以『民聲』爲采集中國同志意見轉達大會的機關。不料戰端忽啓這回大會不曾成功。

世界的無政府主義者，原來並不規規于形式的組織，所以在宣傳運動期間但求有一交通機關就行了；如英國同志多假用Freedom.法國同志多假用Les Temps Nouveaux，又都是利用報社：所以當時安南同志某君提議幾項事的當中有一件是：『民聲』當爲支那全部的交通機關，並當互爲介紹同志，『民聲』依着這提議實行，往後國內外的同志差不多都聯絡起求。

歐戰鬧得最兇的時候，全球都被其影響，各部交通又多斷絕，各國同志的狀況怎樣，頗難知得詳細。即時荷蘭同志Kreu 君把荷國安士潭無政府黨大會的結果，錄寄『民聲』。該會以不出一人不出一錢以助軍備的人爲有參加的資格，會議結果，則決定以全力反抗這玷污文明戕賊人道的戰爭云。同時克魯泡特金氏的見解，以爲德國的侵畧政策假如得志，全世界至少有半世化的退紀，故以協國方面的抵抗爲不得已。吾國提倡無政府主義最早之李石曾君意見與克氏略同。『民聲』的批判說：克氏是從事實上判斷，荷國同志是從理論上判斷，總之戰爭的原因是資本和國家，根本解決當反抗一切經濟上政治上的壓力，廢除資本與國家……這是歐戰期間的『民聲』態度。而當這時期，吾們最著的友報法國的『新時代』，竟遭停版，英國的『自由』也爲着經濟困乏而岌岌。

以上撮記的都是『民聲』和世界及中國的關係；其他瑣

瑣，我以爲不必記念的了。

『民聲』出報之外致力傳播的，還有許多書冊。晦鳴學舍時代所印送的：（1）無政府主義粹言；（2）無政府主義名著叢刻；（3）軍人之寶筏以上三書初次印一萬五千冊。（4）明信片十種每一萬幅。（5）新世紀叢書若干以後集合『民聲』所載之譯本著本彙成書冊的數種，『民聲』未刊稿數種每年都有印行除流布南北各省外各處華僑所在的地方，也散佈不少。

自初刊以至二十二號，報社中自文字工作以至種種規畫，都是師復先生肩擔。至二十三號，遂有師復先生逝世的『哀啓』和『師復先生行略』刊在報上。這是『民聲』最凄皇的時期！也是世界無政府黨的凄皇時期！由今日想起當時，還覺得悲風襲人呵！

師復去世後，『民聲』努力支持至二十九號，——一九一六年十一月二十八日——而力竭告休。次年同人決議把長篇的譯著各印單行本傳佈，而以『民聲社紀事錄』作傳達消息的機關，於是在宇宙間不過微塵的民聲，從此隱沒。

我們總以爲『獨立不倚，達吾良心上之是非，其所言乃往往足以代表眞理，而爲人人心中所欲言』所以不管他微塵也，可微塵都不如也可，機會肯教我們使他出現，就應當使他出現。人類所賴以持續，只在于不絕的希望，我們記述了過去的『民聲』，了對于未來的『民聲』，也致其不絕的希望罷。

無政府共產主義之心理上的解釋

（一）

無政府共產主義之自由聯合的互助社會觀，有待心理上解釋的約有數端：

（1）人類的獸性，是否可以完全滅絕？

（2）人類個性是否可以完全改變？

（3）構成人類社會，最重的要素是不是情感？

（4）人類行爲是否有被理性管轄的趨向？

（二）

有多數懷疑無政府共產主義的，及比較略公平的批評家，有句很普遍，很有勢力的話，是說：

無政府共產主義者對於人性太樂觀了，所以他們的社會觀可以說是空想的。換句話說就是無政府共產主義者所持之社會觀，固然很好；但是不可能的：因爲人類的獸性，沒方法把他完全滅絕，或是逼近滅絕。

據這種議論來說是無政府共產主義的社會，能否爲圓滿的實現，尙有個先決問題，就是：

人類獸性，是否可以完全滅絕，或是逼近滅絕？

要明白這個問題，可分開說：

(A)什麼是人類的獸性？

(B)這種獸性的狀態是什麼樣？

(C)歷史的論証。

(B)將來的測算。

A什麼是人類的獸性？這個回答，似不容易明確。例如人有飲，食，衣，的欲求。別種獸類，如狠，狗，蛇，等等也有。這種人與獸類相同的欲求是不是就算獸性？又如人類占有性，重過獸類。如狠，虎，貓，狗，等類只顧目前，不知爲將來的儲蓄，人則積米想盈倉，衣服想盈櫃，不特爲自己計，總想有以留給子孫，這種性質，是獸性還是人性？又如戰鬥，獸類只知恃一已的爪牙，人類則刀，箭，槍，砲，炸彈，潛艇，比獸類精功多了！這與其說是獸性，不如說是人性。

總之，人性與獸性的分別，狠難得個絕對分明的確切的標準；或者就許沒有。因爲人類也不過是生物中之一種，與別種生物同受自然法則的支配。其發生成就及內含的本能，自然有許多同點。

還有一層理由，就是進化哲學家所主張的人類是低級生物漸漸進化來的。病理學上，又証出生物多受遺傳法則的支配，其最明顯者莫過於梅毒。那麼人性與獸性，不能求出個絕對的分別，是彼此還有血統關係呢！

由上所說，人性與獸性固難爲明確的分別。雖然，若爲比較的觀察，也不是絕對沒分別的。別種生物，於一切生活，多是一成不變的。人類則進化無停。別種生物受自然法則支配，是絕對的，盲目的，人類是相對的，瞭解的，所以惟人類能利用自然力，轉移自然情境。

這種進化的理解的性能，就是人性。其餘的就是與獸類所共有的獸性。那麼凡非進化的非理解的都是人類的獸性。

這種獸性的狀態是什麼樣？『性』是抽象的名詞，沒方法作具體的分析，只能就其表出的狀態行爲來觀察，所以前項結論，只說進化與非進化，理解與非理解。

批評及懷疑我們這種主義的，所謂人類的獸性，究竟如何，從來沒有分析的解釋。是否與我們見解一樣──化與非進化，理解與非理解──也無從知道。若自其所持的態度論，似乎說是這種獸性的表示，都是惡的可怕的！

人類的獸性，是否都是惡的，可怕的！也不可只作這樣簡單的觀察。衣，食，住，的欲求，在手術人類上固己進化了。若自本體上看則未進化。這種欲求是惡的嗎，可怕的嗎？又爲兩性間愛情的最始衝動，多是盲目的沒理解的，這個衝動，是惡的嗎，可怕的嗎？

又如占有慘殺等情形，人類有的，獸類也是有的，這不能不說是獸性了；但實際上還是不容納這樣簡單的斷定。狠最貪而狠！據傳說「他雖不飢餓，也要把所見着的生物，盡量殺死」！若以我的調查，確不然，蒙古地方多狠；但他只求一飽，有時將小豬殺死，或背走，從沒有將多數豬或羊殺死。狠在獸類裡是最貪而狠的，不過如此，其餘就可知了。至於人的占有與慘殺，也不是天性。人類中最富占有與慘殺性的，莫過於強盜。我們要自心理學上研究強盜的行爲，直可說是變態心理：因爲他所處的環境，都是逆的，他的占有與慘殺性能，是後天的，不是先天的。若是把他環境改變了，他的行爲自然會歸於常態，成个溫柔的馴達的了。故占有與慘殺，雖是人獸所共有；但都不是天性。

又如男女因戀愛而生了生理上的關係，有人說「這是獸性」這話固然；但是兩性的交構，是不是專限於獸類？是不是生物中一條自然法則？假若不認人類是生物，這條法則，當然不適用。不然，與其說是獸性，不如說是生物性。

兩性的交構，其動機大約有兩个：

一生理的動機，────傳種的要求。

二心理的動機，────愛情的表示。

這兩个動機，不只人類如此，各種生物都是這樣。所以兩性的交構，不是惡的可怕的，更不是醜的。但凡違背這兩個動機，既沒有傳種的要求，又非愛情的表示，如嫖妓女，置姬妾，才是惡的，可怕的！因爲他違反了自然法則。總之人類所未脫淨的獸性，不一定是惡的，可怕的。不過其中有些非理解的未進化的。

C 歷史的論証。人類性能中所含的非理解，未進化的地方，如今看來本是有些个；但能不能使非理解的而理解，使未進化的而進化？若自歷史上論証，確是可能的。

當我們讀各種歷史的時候，幾乎無處不發現人類『由非理解而入於理解，由未進化而入於進化』的事實。例如數十年前中國人看見西洋人，不期然而然的彼此起了一種惡感——歧視，至到現在，有一部分人尚是如此。至於學者團體裡，確早已理解了。

又如國界問題，在古代因生活方法的關係，國界看的很重要。到中古商業渙發，交通漸頻，國界觀念逐漸次輕了許多。及乎現在，直移生活觀點到國際上了，勞動問題，交通事業，資本發展，幾乎無事不在國際上立脚。這不是由未進化而入於進化嗎？

這類事實很多，似可不必繁徵博引了。

D 將來的測算。我們現在所處的情境，從歷史上証明，既是由全部非理解而漸次入於理解，由全部未進化而漸次入於進化的。那麽現在所未理解，未進化的部分，將來又如何呢？誰敢斷定今日不理解的，至終不理解，今年未進化的至終不進化，恐怕沒人敢這樣大胆罷。但是我們可以根據歷史的現象，測算現在非理解，未進化的種種行爲，將來一定會理解，會進化的。

更有一個根據，遺傳法則的反行勢力是遞減的。設某甲染梅毒，遺傳於其子。其子若不更染者，則某甲之孫，受毒自淺。自是而推，所傳者遞遠，其受毒亦遞減。

還有一個例，現在的警犬，或是軍用犬，其去母系及父系之愈遠者，其靈機愈充富。此是遺傳法則順行的勢力。

人類既受遺傳法則的支配，其反行與順行的勢力，當然也是一樣。由其反行勢上說，人性中所存之未進化，非理解的部分因去祖先愈遠，其進化與理解的程度愈高愈容易。由順行勢上說因繁殖力的增加去祖系日遠其靈機也愈充富。進化與理解力自然愈發達。

據上所說，以今日測算將來人類的獸性，無論是縱看，或橫看；都是向前移動的大可樂觀的！

綜上四層話說，可以得個結論來回答懷疑無政府共產主義者，是：

人性確都是向善的。就是你們所說的獸性也是向善的，必然的。不過中間有些未進化的，未理解的部分；但是將來可以進化可以理解的。換句說話，今日所謂的獸性，可以逼近滅絕或是完全滅絕的。至於所指出占有慘殺諸性能，乃環境的，後天的，所以更是容易改變。

如此說來無政府共產主義的社會觀，不只不是空想的，可能的，直是人性所必趨順自然法則而必然的。　（未完）

告非難無政府主義者

近日市上發見一種印刷物，名目是『共產主義與無政府主義及議會派之比較』，裏頭所講的一層是說明『共產制度怎樣立法』……『就是用無產堦級執政』……『由工人的激烈強硬政治』……『作出一個新權柄來』—『一個很強的權』—『也是一個行激烈手段的組織』……『共產黨是贊成工人有最強的權柄』……（以上數句是由譯本原文挖出來的）一層是反對無政府主義，說無政府主義不特不能行，並且阻礙人類進化。頭一層共產制度如何立法，原文說得很明瞭，讀者一看便知，用不着我的批評了。但是第二層對於無政府主義的非難，便有許多謬誤的地方，我不能不駁他一駁。

凡人欲非難一種主義，一種學說，他應要把這種主義這種學說的由來，成立的根據，他的理論，他的精要之處，一一研究清楚，方才可以論斷；這位『共產主義與無政府主義及議會派之比較』的作者，卻對於無政府主義的精要之處，不特毫無研究，連無政府主義是怎麼樣的，他也不曉得；所以他非難無政府主義，都是些隔靴搔癢的話，我駁他也覺得毫無意味。如今且把他最謬誤之點指出來。

這位作者最大的謬誤：第一是未曾知道無政府的學理；第二是誤認無政府主義尊重個人自由，便不能聯合；所以他說：

無政府黨團體，並不是大家同做的團體，不過二人以上的集合罷了。

又說：

他（指無政府）的制度是不但不教製造擴大同聚集，反倒教他分開，自然亦就減去了人勝於天然界的力量了。他既然沒有聯合的方法，又沒有大的組織，則無政府制度，大機器亦不能用了，鐵路亦不能建築了，池沼工做亦就難灌溉乾起來了。

又說：

若是按着無政府的小分團體以至於各不相關的團體的計劃，這是絕辦不到的；所以我們看來，組織出品製貨，按照着無政府制度去做，是絕不對的；並且令人的做工時候長，亦就是人力永要依賴天然物事；無政府簡直是阻止人類進行的閘機。

這位作者所攻擊的，並不是無政府主義，是攻擊他意想中的一種主義。無政府主義並不是如他所說這樣的。如今要解明他的誤謬，我便把無政府的眞義出來：無政府主義從前也有多少派別，但這種學理愈研愈精，到了克魯泡特金出來，集其大成，倡爲無政府共產之學說，學者奉爲正宗，所按現在各國的無政府黨，就是無政府共產黨，簡稱他就是無政府黨，所抱的宗旨是：廢除政府，廢除資本制度；一切生產機關歸公，力圖經濟上政治上的自由；依各盡所能各取所需的原理，組織自由共產的社會：在個體主張最大的自由，在群體主張最大的互助。至於生產分配的事，使有各處的「自由組織」來管理他。這些「組織」彼此互相尊重，互相協合，來發展工業上農業上及藝術上的事業，來求人類最大多數的最大幸福；這些「組織」是純粹由人以自由組織的。他管理生產分配之事，以我們想像中最完美的就是如管理公共圖書館美術院公園一樣，有絕好的秩序，最大的自由，無絲毫的强制。有人說：無政府社會無統一機關去調劑生產分配之事，是不行的。這話錯了。這個甚麼機關，將來是有的，不過他不是一個中央集權的機關，祇是一個總發行所，或總代理處罷了。凡屬交通利便的地方都要有一個發行所或代理處的。依上論結這位作者先生說『無政黨團體並不是大家同做的團體不過二人以上的集合；』是錯的因爲社會組織是根據着互助的原理，人民互相協合，相互尊重，將來人民的團結，必然比中央集權時好得多。那麼有人說『要自由便不能聯合要聯合便不能自由』，亦是錯的。這位作者又說：『依無政府的制度，便要減去了人勝於天然界的力量，大機器不能用了，鐵路不能建築了，並且令人的做工時候長，亦就是人力永要依賴天然物事，無政府簡直是阻止人類進行的閘機，』這話更錯的利害；因爲去了資本制度去了政府，社會組織又是根據着互助的原理，將來的農業工業科學美術文藝，必然是極端發達；的機器的發明，必然一天一天多的；人民工作時間，必然可以減少的。無政府社會是導人類於進化的，作者又說：『我們要教工業進步，不但不應當去平分我們從資本家得來的製造廠，反倒更重要自去擴展他工業的精神，愈聚愈好，這麼樣每人平均的工做時間愈少，他的工做餘暇愈多，所以他就可以多有機會去發達他的智育；然而無政府黨所要得的社會，跟以上這些大相反背。』這話又是大錯。無政府黨所要得的社會，並不跟以上這些大相反背；他所講的『工做時間愈少餘暇愈多，人民愈可以發達他的智育』，正是無政府共產社會的情形，他却說無政府社會與此大相反背，可就不對了。又『平分從資本家得來的製造廠』凡屬稍稍了解社會主義的，都不會有這種拙劣的主張，而他却說無政府黨主張如此，可見這位作者，完全不懂無政府主義的學理。所以他又說：

在俄京一個小團體名字叫被壓五人聯合會，要按無政府黨思想說起來，就應當有被壓二人聯合會了。我們想：如果每五個人或兩個人獨立的組織起來，要求徵發自己單獨做工，成個甚麼樣子呢？俄國裏頭有一萬萬能工做的人，如果五個被壓的人就組織聯合會，那就有二千萬聯合會了。做若這二千萬小團體獨立的組織起來，那應當怎樣雜亂呢？這樣的情況這樣無政府，老天救人吧！再者，如果這些小團體各自的平分從富人奪來的財產，還是如上邊我們談過的，必還有資本統治勞工被壓被虐的結果。

這話更是錯到無以復加，他妙想天開，想出一個『被壓五人聯合會』說便是和無政府黨一樣，下頭還說各自平分從富人奪來的財產，必還有資本統治之一日，這種無政府學說，眞不知他是從那處讀得來的。他認定無政府是目標，而他放的矢却不射在無政府主義身上，却射到別的地方去，綜合他全章『無政府黨與共產制度』所講的，無一是處，無一不錯，這實在可以代表今日一般非難無政府主義的人。他對於無政府主義本來不大了解，他偏要罵他不好，我只好勸他們以後把學理研究清楚，才來非難罷。主張無政府主義的很歡迎有理情性的論斷，不像這位作者所說的，『你們要是大聲急呼的反對工人用激烈對待中等社會的思想。你們頂好藏在廟裏或庵裏罷。』主張無政府主義，的斷不會如此强硬專斷，因爲無政府主義的妙理，就是自由兩個字，人家辯難，是他思想的自由，萬萬不能叫人藏在廟裏或庵裏的。

無政府共產派與集產派之歧點

從來盛行于德國的社會民主派，是認國家，是認政權，是認議會制度，專門致力于選舉，謀占議會裏頭多數議席，以實施其社會政策。這一派的過去事實，已經給世人評定他的價值，可勿置論。方今實行于俄國的集產派，在他們的元祖馬克斯時，也號稱共產主義。按其實際，是對于生產適用中央集權的一種主張，所以實在是集產主義。他們推翻了貴族的政權，仍然用一黨來握着政權。政權就是自由的魔敵，無政府黨對政治要求自由的主張，和他們擁護政權的主張，根本不能相容的。世人每因彼此同以滅除資本制度爲目的，遂誤認爲終底相同。吾人用是急急于說明其終底岐異之點。

由這一點，以反証而得一確當的判斷：無政府黨對于政治之終極目的，是廢除統治權，消滅無論甚麼形式的政治；對于經濟之終極目的，是由生產者以自由組合的種種團體機關，直接處理產物，依公道的法則而分配之。集產派對于政治之終極目的，是保留統治權，變更貴族式的政治為平民式的政治；對于經濟之終極目的，是取所有屬于資本主的生產機關，而盡屬于國家，由國家强迫人民從事于生產的勞動，而給以相當的工值。

最大的主張和最終的目的，判別個狠為分明，世人當不致于再有誤認。至于顛覆現在的政治組織經濟組織，無論用勞動者團體的勢力，用一般平民種種組合的勢力，乃至不得已而用武力，都可認為暫時適用的革命手段，如俄國之破壞事業，世界無政府黨未嘗以為不對的。但集產派所采用的政治曰平民專制政治Dictatorship of the Proletariat無產階級推翻資本階級和保障資本家的貴族階級之後，自己即躍登政治臺上，行使政權，這時候至尊無上的執權者，Dictator 其實已經不是平民了。無政府黨之所期，是一個無統治的自由社會，雖也許用種種手段——或者與他們同一的手段——來顛覆現世的政治組織經濟組織，但顛覆而後，斷不容政權存在，以人治人的制度一日不消滅，即一日未盡達其目的，這是無政府黨最大的決心。

紀事

克魯泡特金之死耗

克氏死耗，前年已經誤傳過一次，後來証實不確，世界人士，咸為慰幸；可是俄國交通，迄無進步，克氏的消息，外間所得仍狠有限。本報同人發信歐洲去問，尚未得覆。

去年十一月號倫敦自由報，載有一則紀事說：克氏近來狠感受缺乏衣食的痛苦，所以還想離開俄境，出遊瑞士或意大利；但必要勞農政府給他一張護照，才能行動，護照討得討不得，還沒知道。

再不多時，克氏的死耗就傳遍了歐洲，更轉傳到東亞；而且這一回說來較確實，大家都相信克氏已長辭人世了。

在這死耗喧傳的當中，又有一度莫斯科電報說：克氏的病症是右肺發炎，心臟擴大，體溫至俄溫度表八十八度零，脈搏每分時至百四十次。這病狀報告，曾經一位教授四位大醫簽名云。

至二月十日莫斯科來一電云，無政府主義大家克魯泡特金氏已於本月九日上午三點零十分逝世，此間各報極有熱誠之悼詞，並於第一版登載克氏之傳略與軼事，黑線爲廓，表示哀忱，莫思科蘇維埃議會現正籌備葬儀，特派專車赴多米宣夫城運其屍骸來莫思科，停放於同業公會會所，定於本月十三日在諾峨迪威寺舉行國葬禮，該寺卽爲大著作家之墓地云，

又電克魯泡特金之屍骸，現仍停留於本人臥室，克氏生平作工，未嘗僱用書記，一切著作由自己手錄，歿後容顏如生，毫無改變，現有無政府黨代表四人每日看守，將於星期四(卽十日)運克氏遺體赴莫斯科，同行者有莫思科蘇維埃議會，俄羅斯共產黨同業公會及其他團體之代表云

意國無政府黨二次大會之經過

意國無政府黨第二次大會，是去年七月一日至四日，在意大利博浪納城舉行。各處到會的代表，共有三百多人；代表的地方有一百八十多處城邑。第一日，由薩典納君舉行開會儀式，對於各處代表表示一番歡迎之意；然後由年高望碩的無政府健將馬拉鐵達君將大會的宗旨述出來，他講的話很長，撮他的大要就是：

『我們要剷除以人制人這種掠奪行爲。我們主張人類當以覺悟的和互助的實力去自由工作，謀全群的幸福。我們主張社會組織要使人類全體都可以得到最大量的發展，最高度的道德上和物質上的發展。我們要的是：麵包，愛情，自由，科學普遍到全群去。要想達到這個目的，便要把現有的生產機關拿來公於衆人，並且使到一個人或一黨一團的人，不能拿甚麼權力來專制別的人。我們主張的是：土地資本歸公，廢除政府。這種目的，可以達到的用宣傳的方法，人民結合的方法，不斷的與政府和有產堦級奮鬥，以求達到人類最大的幸福。』

因爲在塲的除了意國無政府黨之外，尚有個人主義的，無組織的共產主義的無政府黨，所以關於上述的問題，有許多詳細的討論，商量一致行動的方法。

第二日討論的第一是工團主義因爲『意大利工團組合』是工黨中最猛進而又最有實力的此時極表同情於他其的工人團體願爲一致的革命運動及反國家的運動，所以希望各工黨對於工團組合的行動亦表同樣的熱情，肯聯爲一氣。第二是各工黨聯合的問題意國有好幾個工黨；其中有和平如議會派的有急進如無政府的但爲實際的運動起見大會主張他們都聯合起來爲實際的共同的，一致的直接行動。

第三日討論的是勞工運動的問題。大會相信工廠裏頭的『工團』是必要的固爲未來的很近的革命及革命後將土地資本充公收回各項工業必有工業的組織；此種工團，更是不可少的。大會認定工團的能力，可以組織體力的和腦力的勞工，根據着無政府共產的原理和精神來維持及繼續生產的事業。此種工團是純粹無國家的組織，並且是將來農工生產事業的原素；所以大會勸告各同志都應該幫助各工廠的工人，成立工團來造未來的建設事業。

第四日討論的，是國際的問題。國際無政府黨第一次大會，是一九零七年在荷京安士潭舉行，第二次大會決定一九一四年八月廿九日至九月六月在倫敦舉行，由德意志無政府黨聯合會，法蘭西無政府共產黨聯合會，倫敦無政府黨聯合會三個大團體發起世界各國的無政府黨，都舉定代表準備赴會，不意還未到八月，歐洲的大戰已經爆發，苦戰四年，這個國際大會於是成爲泡影。此時由曼桑尼君，重復提出這個問題，他的意思是不滿意於莫斯科共產黨的第三國際，所以無政府黨此時有召集國際大會必要；他相信最後的奮鬥，就是强權 Authority 的原理，和自由 Liberty 的原理之奮鬥。邊納斯君發表意見，亦以爲國際大會，有復活的必要，應該由意國無政府黨擔任籌備此事。

大會通過的議案很多；其中最重要的，第一關於俄國革命的問題，由大會發表宣言，贊同俄國革命，反對各國政府向俄國用兵，拒絕一切對俄的陰謀。第二關於莫斯科國際共產黨第三次大會的問題，大會對於第三國際，是取懷疑的態度，因爲從各方面探得消息，這個第三國際無非强權的及議會派的共產黨之結合，無政府黨是斷然不能加入的，但各處工黨，爲行事便利起見，不防與他聯絡。第三，關於無政黨府國際大會的問題，通過由意國無政府黨趕速籌備此事，遇便宜時，卽行召集。總之，他們打的旂幟是要堂堂正正實現那純粹的優美的自由共產主義 Libertarian Communism 的。

熱鬧的懇親

信守無政府共產主義的人，十幾年以來在中國裏頭究竟有多少，却不會有確實的統計。一九二一年歲首，在廣州的偶然碰合着四十六个人，共同尋了一天的娛樂。那天大家携手出了北郊，談談笑笑，找着一所建在山坡上的破廟，零落凋殘，却別有他的趣致，大家就在那裏圍成一个圈子，說了一會子話，末後撮了一幅影片。黃昏將近，大家同在寶漢茶寮用了些酒食，把酒懷人，各各憶起同志的人，而今日未得同遊的，每人總得有幾个，那廣約略算起來，我們所識的都至少有幾百人，那不相認識的就無從知道了。

兩個和强權奮鬥的

黃藝博君，是廣東花縣人，在東京留學，去年橫濱華僑小學請他教授國文。黃君在他的講義上介紹了些克氏學說，意思好叫學生懂得一點道理。那一班校董們就老大不高興，暗裡知會日本警察，竟將黃君拘捕下獄，現在牢裡過了一個多月，也不審訊，也不裁判，不曉得那虎狼懷什麼鬼胎。東京學生總會共同担任黃君在獄的膳費，而律師訴訟在在要錢，還等着各地同志捐助。

朱謙之君，福建閩侯人，在北京大學念書，今年元旦，在北京散佈傳單，促起北京市民社會革命的決心，警察就把他拿去，監在牢裡兩个多月，也不審訊，也不裁判。朱君平素對于人生問題，抱極端的懷疑態度，常有自殺的念頭，這回在牢三月，愈感痛苦，便實行絕食自殺方法。這消息傳到外邊，激動起全國人士的悲憤，紛紛打電詰責政府，要求釋放朱君。聽說警監知道抵不住輿論勢力，已將朱君送內務部，轉送教育部，然後送還北京大學。

兩位對强權的奮鬥者，也可算是奮鬥的前驅，有了這種精神，早晚總要做成功一个『公理世界』。

廣告

1 本報至一九一六年十一月止，出至第二十九號，遂不復出，現在接駁從前由第三十號繼續刊行，但以前各號，久已無存，容當擇取精要印成彙編，以餉讀者。

2 本報自第三十號以後，定每月刊行一冊，篇幅多寡不定，儘可隨時增減。一月之間，遇有重大問題或文稿多積，同人認爲必要時，可以隨時印發增刊，散張成冊不定。

3 本報定爲非賣品，不收費，愛閱者投函索取，當印寄奉；但須隨付郵票。

4 本報由同志者自行認定擔任編輯，共若干人組成編輯會議，凡文稿之去取，以至報務之處理，均經編輯會議通過，然後執行，即以編輯會議全體公同負責，與个人絕對無與。

5 同情者捐助印費，不論多少，交收清楚，必於報上刊佈，(須用別名者請先函告)未經刊佈者，即非直接收到本報，不負其責。又消費只有印刷郵費兩宗，皆有支銷憑據可稽，無據者由經手支銷人負責。

6 投稿定閱及一切郵件，統寄廣州郵務局郵箱第七十四號何柏堅君收。

捐助本誌印費者

依收欵的先後刊佈

梅九君二十元　千里君二百元

青年俱樂部誌謝

廣三鐵路圖書館贈商務館書券值洋九元二角　中華書局書券值洋五元二角

1914.—Reappearance of La Voĉo de la Popolo, secretly published in Shanghai.
Formation of Shanghai Anarchist Communist Group.
Formation of Canton Anarchist Communist Group.
Formation of Changsu Anarchist Communist Group.
A report made by the above three Groups to the International Anarchist Congress in London.

1915.—Sifo died.

1916.—Suspension of La Voĉo de la Popolo. a weekly bulletin being issued in its stead.

1917.—Formation of "Shi Sha", an Anarchist Group, by Peking Students.
Formation of "Chun Sha", an Anarchist Group in Nanking, having an organ, "The Social".

1918.—Formation of "Pin Sha", an Anarchist Group, by Students in Shansi, having "Peace" as its organ.

1919.—Publication of "Evolucio", an anarchist journal, suppressed by Peking Government in its third issue.

1920.—Publication of "Liberty", an Anarchist Journal in Shanghai.

All communications, exchanges, ect., to be adressed to

Mr. HOPOTKIN

Post Box No. 74

Canton, China.

12.—The World's Revolutionary Movements.
2000, 1917.

13.—Trade Unionism.
2000, 1917.

14.—A talk about Anarchist Communipm between two workers.
2000, 1918.

15.—Selections from La Voĉo de la Popolo. First Volume.
2000, 1918.

16.—Selections from La Voĉo de la Popolo. Second Volume.
2000, 1918.

17.—Modern Science and Anarchism.
1000, 1919.

18.—On the theory of Anarchism.
5000, 1920.

19.—Selections from Sifo's Works.
1000, 1920.

20.—Kropotkine's Thought.
3000, 1920.

Anarchist Activities 1907—1920.

1907.—Publication of the first Anarchist Journal, "La Novaj Tempoj," by Chinese Students in Paris.

1908.—Formation of the Chinese Socialist Group in Tokyo, Japan, for delivering lectures on Socialism and Anarchism.

Publication of "Tien Yi", a journal on Socialism and Anarchism; the first paper advocating the emancipation of women.

1909.—Publication of "Hang Pao", an Anarchist Journal in Macao.

1911.—Sifo founded The Fuj Min Group in Canton.

1912.—Formation of the Conscience Group.

1913.—Publication of "La Voĉo de la Popolo".

Suppression of La Voĉo de la Popolo, the same year in autumn.

Suppression of Fuj Min Group.

Removal of Fuj Min Group to Macao, and afterwards to Shanghai.

"La Voĉo de la Popolo" which after having struggled for a few numbers succumbed to lack of funds and deficiency of staff.

Now that the problem of Social Reconstruction has become the topic of the day and that the number of people in our country who are anxious to study Anarchism is daily increasing, the want of an organ whereby we may express our views and advocate our principles is keenly felt. With the revival of "La Voĉo de la Popolo" we now hope to supply the want, and through its columns we hope to attain our aim. Contributions from the pen and from the purse are cordially solicited. Let us pray that with the assistance of our comrades our organ may enjoy a long existence.

Anarchist Publications in Chinese Language

1.—Selections from La Novaj Tempoj.
5000 Copies, printed 1912.

2.—Declaration of Principles by the Conscience Group.
10,000 Copies, 1912.

3.—Masterpieces from Anarchist Writers.
5000, 1912.

4.—Selections from Anarchist Literature
5000, 1913.

5.—Soldier's Gospel (on Anti-Mitilarism)
5000, 1913.

6.—Post cards, with portraits of Bakounine, Tolstoj, Kropotkine, and scenes in Colome d' Aiglemont, and Chateau du Peuple.
50,000, issued 1913.

7.—Anarchism, explained in simple lauguage.
10,000, 1916.

8.—Erangelism.
5000, 1916.

9.—Anarchism.
5000, 1917.

10.—The Social General Strike.
5000, 1917.

11.—Criticism on State Socialism by Sifo.
2000, 1917.

LA VOĈO DE LA POPOLO

15th March 1921 No. 30

EDITORIAL

On the revival of "La Voĉo de la Popolo" we beg to give our readers a short account of its struggle for existence under the tyranny of the Chinese Government:.

Before the Revolution of 1911 the Chinese students in Paris who held radical views on political and social questions started a periodical under the name of "Nova Tempo" with a view to introducing the principle of Anarchist Communism to the educated class of China. As a result they succeeded in securing a number of subscribers, among whom were many extreme revolutionists.

After the Revolution having attained its aim in 1911, which was signified by the overthrow of the monarchy and the establishment of the Republic, revolutionary ideas quickly spread far and wide among the people, and from some of the seeds of knowledge disseminated by the "Nova Tempo" green spouts began to shoot up. Socialist societies and anarchist groups were founded everywhere, and in 1913, "La Voco de la Popolo" appeared, with Sifo as our chief editor. The same year in autumn, "La Voco de la Popolo" was suppressed, and in order to continue its publications we had the press removed to Maeao where it only enjoyed a short period of existence, as it was soon terminated by the Portuguese Government. Not discouraged by the repeated pressure from above we again removed to Shanghai, and here it was run almost single-handed by Sifo who played the parts as editor, compositor and printer in one person. Thus he carried on his work till his health failed in 1915, and in the same year he died. The irreparable loss in the death of our energetic pioneer was a fatal blow to

Pri la politika punkto ni celas renversi lr registaron, kaj reformante per la libera organizajo kaj libera unuiĝo; pri la ekonsmia punkto, ni celas, ke la lando kaj kapitalo apartenas al la asocio de la produktantoj, kaj oni laboras laŭpove, uzas laŭbezone, La komunisto, pri politika punkto, ankaŭ volas konservi la registaron, sed nur sanĝante la aristokratan registaro per proletaria registaro; pri la ekonomia punkto, ili celas prenas la produktilojnel la monoj de la kapitalistoj, kaj transdonas al la s'tato, ciuj popoloj estas la sklavoj de la s'tato, kaj laboras por gi kiel por la kapitalisto.

Nia celo estas tiel klara kiel superskribita, oni devas qone kompreni, sed renversante la mentempan politikan kaj ekonomian organizajon, oni povas uzi ĉiujn metodojn: propagando per broŝuroj, gazetoj kaj flugfolioj, sindika movado, aŭ per forta potenco, dum la revolucia periodo.

Sed ni ankau devas plu klarigi pri la komunisto, kies politiko estas "Diktataro de Proletario", kiam la kapitalista kaj aristokrata faliĝis, la proletarioj tuj prenas politikan potencon al sia mano, team ili estas aristokratoj ne proletario. Ni nur celas konstrui socion sen registaro, ni povas uzi ĉiujn metodon,—sed post renversigo de la nuna politika kaj ekonomia organizajo, ni ne konservas la politikan potencon. Se la registaro ne falos, la homaro ne estas felica!

Vinu Anarkiist-komunismo!

Avizo de redakcio.

Ni volas intersanĝi nian gazeton kun tutmondajn anarkistajn, socialistajn kaj Esperantajn gazetojn.

Adresu al: "La voĉo de la popolo", Sinpak. 50 Ping Yeung Li Str. Fat-shan, Canton, China.

LA VOĈO DE LA POPOLO

15a. Marĉo 1921 Ciumonata Numero 30

Avizo

Nia gazeto, post kiam No. 29 aperis, pro multaj kaŭzo, estas devigíta dormi jam 5 jarojn. Nuntempe cieaj samideanoj kunvenis en Kanton kaj decidis reaperigi gin. Eldonante Ciumonate kaj presante per Esperanto, Angla kaj hina lingvoj, akceptante · la manuskrípton pri anarkismo, Sindicalismo, Kooperatismo kaj laborista movado el la tuta mondo. Se oni helpos, ni sukeesos.

Kio estas Anarküst-komunismo?

Anarküst-komunismo estas renversanta kapitalistan socion kaj reformante komunistan socion sen registars. Unuvorte por la libero de ekonomis kaj politiko. Jen estas ĝia doktrino. Per tiu spirito ni unuigas la tutmondajn samideanojn por batali kontraŭ la malbona organizajo de la socio, sed pri plibonigo de la socio ni devas elekti la plej bonan metodon.

La "Socia demokrato" en Germanujo, kiu konservas la staton, registaron kaj parlamenton, ili nur volas sin okupi pri deputato por efektivigi la socian politikon.

Tiun metodon oni scias bene estas malbona kaj ne dirinda. Nuntempe la komunismo efektivigis en Rusujo, sed ĝi ne estas komunismo nur kolektivismo, ĉar ĝia potenco nur apartenas al la ĉentra aŭtoritato. Kuankam ili renversas la aristokratan politikon, sed ankaŭ transdonas la politikan potencon al unu partio, tio estas la malamiko de libero. Ni petas politikan liberon, sed ili konservas la politikan potencon, tial ambaŭ ne povas harmoniĝi. Oni opinias ke ili estas tiel sama kiel ni por renversi la kapitalismon, sed ne estas tute sama, Jen estas la diferenco:

非賣品

民聲

通訊處—廣州郵務局信箱第七十四號何柏堅收

第三十號之增刊

增刊說明

本報自第三十號以後每月刊行一冊，篇幅多寡不定，儘可隨時增減。一月之間，遇有重大問題，或文稿多積，同人認爲必要時，可以隨時印發增刊。

本屆編輯會議有人提議印行第三十號之增刊，經衆公決，如議執行。

無政府主義者對于同類異派的眞正態度

一九一二年一月江亢虎氏創立起不驢不馬的『中國社會黨』，是年十月，其內部分裂，更跑出一个『社會黨』來。前者固爲稍知社會主義者所齒冷，後者雖已較善，畢竟紕謬還是不少，無政府主義者對他尤其不滿然，而當時吾輩未嘗加以一詞，直至次年八月（本報第二號）該黨久已被政府解散之後，師復先生始略爲批評，又次年五月（本報九號）才更指摘其謬點，何以不批評于當時，却必待至一二年後黨已久散才來非議他呢？吾人實具有深心：以爲在憎勝的中國裏，這時但有人嘴邊能掛社會主義四个字，管他如何，總算是好，何況居然結黨做事呢？這是我們無政府主義者過去七年前的一宗小事，也就是無政府主義者對于同類異派所持之態度。

李寧拿馬克斯的集產主義，在俄國實施起來，弄出勞農政府，歐洲美洲的無政府主義者，三年來曾對他發了多少攻擊的言論，而克魯泡特金氏却未嘗有過責言，克氏難道怕了他們的權威嗎？哥爾基有說：『我固然惱他們了；但更惱反對他們的人們。』克氏也不過如此用心罷。這又是無政府主義者對于同類異派所持之態度。

意大利無政府黨大會，議決發表宣言，贊同俄國的革命，反對協約國對俄之一切陰謀。本來李寧所采用的馬克斯的集產主義，無政府主義者決不能與之並容，然事實上暫時却不能不贊同俄國的革命，因爲反對他們的協約國和資本家等更可惱。這又是無政府主義者對于同類異派所持之態度。

近時在中國內，也微微有俄式革命的呼聲，無政府主義的同志們一致以爲在革命運動期間，勢力合則厚，分則薄，故於同類異派，協同進行，並不是舍已從人，却是因乎時勢，先求達目的之一部分也好。這又是最近無政府主義者對于同類異派所持之態度。

我舉出四个例証，我們無政府主義者—各國的和中國的—還可以說是度量褊狹麼？還可以說是專門排除異已麼？還可以說有『包辦』的卑劣性麼？

我絕對的沒有誇大，而事實逼到我說一句類似誇大的話：道在中國裡頭十幾年來，拿一種有系統的主義，不絕的宣傳，不絕的運動，却只有一班困窮，老實，堅定，世所謂『好好先生』的無政府主義者罷。廣州是這一群人的老熟地方，又比別處加一點純而不雜，事實確是如此。近兩年來，才有馬克斯派出來宣傳，一年來才有他們實地運動的踪迹，我們素來所感的苦痛，最是枯燥沈寂，果然有了人高彈別調，雖則別調也許『異曲同工』，我們在感情上總有了『空谷足音，蛩然可喜』之感，—這還是感情的作用，理性却不許的。

可是外間不察，疑心我們不容異派的主張，不容拿異論去宣傳運動的人，可不大錯了麼？

陳獨秀君來粵，以種種原因，惹起種種人的反對，而無政府主義者也被人列在反對各派中之一派。—見三月十九日廣東群報釗君投稿之『從無政府主義的眼光批評反對陳獨秀君』。

我們對于這種論調—以釗君一文作代表—試揭出我們的意見：

第一、無政府主義者本來沒有黨，而處理一事，却有一个自由聯合的組織體，先定了一致的意見，然後共同執行或委託若干人執行。若是公佈的言論，必由我們的言論機關—現在的是『民聲』—發表。此外則爲个人的行爲，个人的言論，由个人負責。

第二、陳獨秀也罷，李獨秀也罷，有反對無政府主義的言論，我們必定『據理駁他』；無論是陳是李有阻壓無政府主義的事實，我們是不是一定『用一種直接行動簡單手段對付他』我們未曾有過這條議案，大約眞有此等事實時，我預料我們全體也一定會采用這樣的辦法。

第三、我們要把事情分得淸淸楚楚，一件了一件；（一）反對馬克斯的集產主義（主義）（二）反對陳獨秀宣傳馬克斯的集產主義（事務）（三）反對陳獨秀（人）；（四）反對陳獨秀辦敎育（人和事）；四件不能含混的。（一）是我們的天職；（二）他儘管宣傳，同時不妨害我們的宣傳就罷，否則………（三）（四）我們絕對的不管，這些範圍外事，个人的行爲，个人的言論，由个人負責。若是這个『个人』又是主張無政府主義的，仍然主義了主義，他的行爲言論了行爲言論。

第四、『推倒資產階級，破壞現社會不良的組織，』兩派的人應該在這共通點上通力合作，一齊去打破黑暗的舊勢力，』劍君拿這話責備無政府主義者，是局外人最公允的良心話。然若果他一方面的人硬不肯如此，劍君又有什麽辦法？

第五、前月有一个同志從遠省特特跑來廣東，向我們道：『馬克斯派囂張極了，你們還是靜默默的，豈不可怪？』我們說：『我們固是懸着最大目的，努力向前，不達不休的；但同時人家主張甚麽，如其澄淸無滓，不含別的作用，我們何必管他？況且在了無人氣的中國，多一个主張共和的，總較主張復辟的好；多一个主張馬克斯主義的，總較死力保持現在的政治制度經濟制度的好。』那朋友又說：『各行其是，這又何妨？可奈陳獨秀，若從上海到廣東，不知在無政府主義者頭上敲了幾十百次，我們終守着托爾斯泰的無抵抗主義嗎？』我們說：『我們所不知的算了罷，我們所知的，如在廣東法政學校演講詞中，有直接抨擊無政府主義的一段。我們對于他這般言論，也不過如劍君所說『據理力駁』再不會有別的甚麼辦法。』

第六、有人說那自詡馬教信徒的研究馬克斯學說尚未清楚，還是一榻糊塗的……我們高搖兩手道：『比方一个基督教的牧師或是佛教的和尙管他神道學和佛學有多高深或竟不識丁東我們不信基督教佛教就是了，還有工夫理論到這些麼？

以上把我們的眞意表明，往後我們還是永遠如此。

區聲白致陳獨秀書

先生前天在法政學校講演對於無政府主義批評、弟有很多懷疑的地方，茲特列舉出來望先生指教。

1……先就經濟而言，現在工業發達、一架機器用數十百人，一個工廠用數千數萬人；而無政府主者，要保護人人絕對自由，不許少數壓多數，也不許多數壓少數，九十九人贊成一人反對也不能執行；試問數千數萬人的工廠事事怎可以人人同意，如不同意，豈不糟極麼？

據我所知到無政府主義的社會，是自由組織的，人人都可自由加入，自由退出，所以每逢辦一件事，都要得人人同意，如果在一個團體之內有兩派的意見，贊成的就可執行，反對的就可退出，贊成的既不能強迫反對的一定做去，反對的也不能阻礙贊成的執行；這豈不是自由嗎？若照先生說『九十九人贊成，一人反對，也不能執行。』就是以少數壓服多數，無政府黨人是絕對不敢贊成的。但是先生所批評的，不知是那一種無政府主義？如果是個人的無政府主義者，無抵抗的無政府主義，我們共產的無政府主義有組織的無政府主義者，也是極端反對的，我很希望先生聲明一句。

2……那知一面贊成絕對自由，一面又贊成聯合，是不對的，也不能成功的，我敢說要絕對自由，就不能聯合，要聯合，就不能絕對自由，是不易的道理。

我現在舉一個最簡單的例証，中國有一種舊習慣，每逢一地方遇了火警，各地方的居民都很踴躍同往救援、無論在冬天雪夜，一聞警聲，即爭先恐後，跑到患災的地方救災的時候，無論怎麼危險，亦沒有畏避的。患災者對於他們、亦沒有什麼酬報，社會亦沒有替他鑄銅像，大總統又沒有給他一個嘉禾章，又沒下過一度命令各地方居民如不聯合救火的就殺無赦，法律又沒有規定不救火的罰一年以上五年以下的監禁，如果是鄰近的尤可說是恐怕連累，但是很多在城中由極東跑到極西的，因一處地方的災難，各地方的居民竟能以一最短促的時間自由聯合起來，可見聯合與自由是完全沒有衝突的。又如五四運動，一天之內，而聯合數萬的學生齊集天安門舉行示威運動，更聯合全國之學生各地方之工商各界舉行罷課罷市罷工，以對抗北京政府，這都是自由聯合的。法律沒有規定，如不聯合就要處無期徒刑，又沒有軍隊來强制他，如不遵從就格殺勿論。不特是這樣，能够以法律綑人軍隊壓人的北京政府，竟要屈服。於此更可証明法律之無用，軍隊之無能，而自由確可以聯合，有聯合就不能自由一言之不足信，至於不顧社會的福利，祇要個人有絕對的自由，這是個人的無政府主義者所主張，共產的無政府主義者所不敢贊同的，我很願意先生把無政府主義各派別分清一下，再下批評。總之無政府黨人所持的態度，是科學的，進化的，即如巴枯寧之主張由未善而至於較善，克魯泡特金之主張由較未幸樂而至於較爲幸樂，亦即是由最不自由而至於較爲自由。若是先生所說的『絕對的自由』不知是那一個無政府黨人之所主張，還望指敎。

3……再就政治方面而言，他主張不干涉人，要根本上廢除法律，這件事也是很錯的。因爲我們固然不滿意現在的法律，但將來只可以把他修改，不能絕對的廢除，如果絕對的廢除，便發生種種困難。但凡有社會組織，必有一種社會制度，隨之亦必有一種法律保護這種制度，不許有人背叛，就在無政府時代也，必須是如此，如發癲的人任何時代都是有的，我想不會有人主張放任發癲的人去殺人放火，倘若干涉他，把他拘管起來，便是壓制他的自由。不過發癲是極端的現象，由發癲以至最輕的精神病者或强漢，都應該受法律之制裁。又如自由戀愛，以兩男而戀一女，或二女戀一男，彼此便會發生衝突，衝突的時候又怎樣裁判呢？

再從事實上着想，像中國人賭錢吸鴉片烟這等惡習，是不是應該有法律禁止呢？

無政府黨所不干涉的人，是善人，不是惡人。如果無論善人惡人都不能去干涉他，那麼無政府黨人之暗殺官僚，推翻資本家，是什麼意思呢？先生所批評的想必又是無抵抗的無政府主義，我們主張反對强權的無政府主義者，也不敢贊同的。至於先生恐怕法律廢止之後，如有發癲的人就怎麼辦，這是很容易的事，把他送到癲狂院醫治便得了，因爲發癲是由於生理上的關係，沒有甚麼罪過，若果疾病都要受法律制裁，雖民主主義的國家亦沒有這種的法律。至於强漢之殺人放火，我們儘可以善言勸導他，並拉他到學校去教訓他，使他悔悟。假使先生問這時沒有政府沒有法律，怎能夠處置他呢？人類是活的，不是死的，不是沒有政府，沒有法律，便連飯不會吃的。我舉一個例，比方五四運動後，北京大學有少數不良分子，想破壞大學，後來經共同的意見，把他拘禁起來，這是不是法律？總之無政府主義的社會，雖然沒有法律，但是有一種公意，凡事皆由公衆會議解決，公意是因事實之不同，而可隨時變更的，不像法律是鋼板鐵鑄的，由幾個人訂定，不管他人如何，一定要他人遵守的。且訂法律的時候，也沒有得遵守法律之人的同意，這是不對的。由此可以證明無政府之不難實現，若果依照自由自立自主的原則，向前進行，沿途都是康莊大道，除了盲目的人外，斷不致撞得頭崩額裂的。

區聲白答陳獨秀書

1 來書云『有條大街住戶一百內有數戶的住屋，因公共利益的關係，必須拆毀，而此數戶的住民，因爲他們自己交通或職業或特別嗜好之關係，決計不願遷移；這時候，若不拆屋，那主張拆屋的多數人之自由在那里？這時若竟拆屋，那不願遷移的少數人之自由在那里？無政府主義既不主張多數壓服少數，更不主張少數壓服多數，請問上列的這件事如何辦法呢？』

我前次不是回先生說過嗎？『至於不顧社會的福利，衹要個人有絕對的自由，這是個人的無政府主義所主張，共產的無政府主義者所不敢贊同的。』巴枯寧說：『人之窮居獨處，不得謂自由。人之自由，乃衆人以人視之以人待之，故自由非獨處乃連合。自由者乃人權也，人將來不維持以强力而維持以協約。』我們籍社會方能生存，個人爲社會之分子，故欲求個人之自由當先求社會之自由。來書既云『因公共利益的關係』便是社會的自由。又云『因爲他們自己……之關係』便是個人的自由，我們自然贊成社會的自由而反對妨碍公共利益之個人的自由，這種個人主義的頑固派施之以善良教育，達到無政府共產實現的時候，一定很少很少。假使遇了這種人，我們儘可用誠懇的態度把正當的理由告訴他，主張折屋的多數居民可因他們的需要而互助他，如因交通上之關係，附近熱誠之居民，如不與交通上有重大之關係，可自行遷移而讓與之；至於職業上之關係，則共產之世，人人共同工作，相同的工作，無論什麼地方都有，爲什麼一定要住在這一條街纔能夠工作，遷移了後便不能工作嗎？至於特別嗜好不知指什麼，建築好麼？同一的建築一定很多，空氣足麼？那一處沒有相同的空氣，如此仍不遷移，便甘與羣衆爲敵，雖爲衆人所屏斥亦奚足惜。有人難我說：『你們主張自由，這豈不是侵犯他人的自由嗎？』不知這種不顧公共利益的個人的自由，並不是自由，而且是自由的大敵。資本家何嘗不自由，我們爲什麼反對他，就是因爲他奪大多數工人之自由以爲一己之自由？官吏何嘗不自由，我們爲什麼反對他，就是因爲他奪大多數人民之自由，以爲一己之自由？總之無政府之世，衆人協約而爲群，既志願而爲一群，則必共守信約（自由契約是共同訂定共同遵守的，與幾個人訂定强他人遵守之法律不同）共同工作互相協助，出之於感情，其中之人，亦恐爲衆人所不諒，或衆人之干涉，即設有不肖，斷不敢犯衆怒！若有不踐行信約的，可爲衆人所屏斥。總之無政府黨人既然能推翻政府和資本制度，那麼遷移的小事是很容易解決的，我們何必過慮呢？

2 來書云『我現在假定反對的不取消極的退出手段，而取積極的固執主張，兩派的意見絕對不同，而兩派都不肯退出，請問先生無論何種事業在這狀態之下，依無政府主義如何處置呢？』

我們如何能够合起來做事、台起來做事的時候是不是有一個共同的目的，既然有了共同的目的便可共同訂定一種契約，如果違反了契約的當然要退出此方我們欲組織一個大工廠，我們就找一班人來彼此相約說『我們每天作工四小時，如果贊成的就請加入，以後如有不踐行信約的應受衆人所屛斥』他們既然能合起來做事焉有不履行信約的，且這種契約是共同訂定的願意的自由的，不是强迫的，那麼先生所憂慮紛擾的現象，斷不發生的，一團內各人之聯絡是這樣，一社會各團之聯絡也是這樣，更何紛擾之足云，

3 來書云『我們要明白，我們無論如何反對我們所生存的社會制度，在我們未曾用我們的力量把現存的制度推翻以前，我們仍舊必然爲現存的我們所反對的社會制度所支配，除非自殺或是單獨一人逃到深山窮谷沒人跡的地方，絕對沒有方法可以自逃出…………因此我們應該覺悟，我們唯一的使命只有改革社會制度，否則什麼個人的道德，新村運動，都必然無效果的？因此我們應該覺悟，非個人逃出社會以外，決沒有絕對的自由，決不能實現無政府主義

先生以上所講這一段說話我十分贊成，但是不免有點誤會，我所講的自由，是指推翻了現存的制度而說，不是處於現存之制度就能够實現自由處於各種惡制度之下，一舉一動都不能自由，所以欲得自由就要推翻現存的制度，至於『個人的道德，新村運動』這種消極的手段，斷不能有達到社會改造的目的，我也不贊成的，所以共產的無政府主義者，多置身於工團派的運動，且用革命的手段，以撲滅現存的制度，實現無政府主義，斷不是想個人逃出社會，以實現無政府主義，先生請勿誤會。

4 來書云『先生反對個人的無政府主義，又反對無抵抗的無政府主義，我以爲無政府主義已經由先生打的粉碎了。因爲我不相信有人人同意及可以自由退出的社會，我更不能相信有不用强力及『絕對不贊成多數壓服少數或少數壓服多數的』抵抗的無政府主義。

我確是反對個人的及無抵抗的無政府主義，但是我不反對一切的無政府主義，然先生竟說我把無政府主義打的粉碎，於論理上實在講不去，比方袁世凱是人，我反對袁世凱，然不是反對人，先生竟因我反對袁世凱，便說我反對人，我是不能承認的。先生既不相信有人人同意及可以自由退出的社會，我沒有强力一定要先生相信，先生亦沒有强力使我不信，但是如果做事不必人人同意，那麼陳獨秀可以和王敬軒合起來辦雜誌，康有爲可以和孫中山合起來組織政府，眞是妙極！既然意見不同，還不許人自由退出，你想他人服從你，他人也想你服從他，相爭不下，必至於殺戮，這種悲慘之現象，吾實不忍言不堪言。至於先生不相信『絕對不贊成多數壓服少數或少數壓服多數的』無政府主義，我也不能不懷疑，因爲先生在女子師範演講（演說辭見正月廿四日群報）先生說『我的意思，以爲物質上的生活，能够做到平等自由，便是正當的人生，因爲人人都是人類，不應該受他人的壓迫，如果我壓迫人，或人壓迫我，都是不正當的人生，』又說『正當的人生，就是不施壓人，亦不受人所壓』這幾句話眞可爲無政府黨人的格言，我請問先生物質上的生活和政治上經濟上的生活有什麼分別？爲什麼『物質上的生活能够做到平等自由』政治上經濟上的生活，便不能够做到平等自由，『不施壓於人，亦不受人所壓』和『多數壓服少數或少數壓服多數』又有沒有衝突？

自由之與聯合絕對的沒有衝突，我前函已經證明了，但是先生還沒有十分明白我的意思，今再爲之說明。克魯泡特金在麵包畧取第十一章自由契約說『吾人自由團結，做共同的事業，其結果很是莊嚴，比方歐洲十七萬五千里鐵路縱橫如網，四通八達，自馬得利地到彼得堡，自加立師到君士坦丁，不停留也不換車，更便宜的，是旅客如有携帶的零碎東西，僅用一方紙片，寫明去處，投於車站，再不費什麼手續，就可給你帶到目的地了。建設鐵路的方法，就是依自由契約互相討論，使各路線彼此聯絡，這不是政府的命令，也沒有政府的監督，和與什麼道路大臣，獨裁官，大陸會議，調理委員會，都不相干的，萬事全由諸小社會的契約，就成功了』克魯泡特金又在無政府共產主義他的根據和原理說：『十九世紀還有一個令人驚異的狀態幫助這同樣的無政府趨勢他就是自發的力量逐漸擴大大的組織，一天一天發達結果便全用自由的契約歐洲蛛網一般的鐵道，始初是由各處自己建築後來才聯絡一氣運載搭客和商品，直接經過許多路線却未嘗有一個歐洲鐵路的中央部去管理他。這是那些以契約而做出來的最動人的實例。如果五十年前有人敢預說那怎麼多的分立公司所築的鐵道，最後能措成一個完全的網形，如今日一樣他必定被別人目爲獃子了。』這是自由聯合適宜於大規模的生產事業的鐵証既然有了一種自由契約那麼如果兩方合意，便可聯合。聯合一年也可兩年也可，何得云東挪西變一堆散沙，如果他違反了自已承認的契約便失信於社會不用你去懲罰他他自已也站不住，就現在而論凡經營商業的人，全靠契約來維持，很少有敢胆破約的。所以維持社會秩序最好的東西是『信權』不是『法權』中國的孔老二也知到『民無信不立』這是一個例呵！然且自由乃相對待的名稱，巴枯寧說『人之窮居獨處不得謂自由』必要以一己之自由尊重他人之自由方得謂之自由。所以人與人相交你不侵犯我的自由，我也不侵犯你的自由便是眞自由；個人與個人結交互相敬重其自由便是個人的自由；團體與團體相聯合互相敬重其自由，便是社會的自由；所以孤立便不能自由。以上反覆申論自由與聯合不特沒有衝突，我可簡直說：『惟聯合才能自由惟自由方能聯合』這是一定不易的道理！

5 來書云『五四運動發生之前，各校各班的學生是否有組織，組織時是否人人同意？……五四運動後的學生聯合是否人人同意是否有多數同意用法律的形式懲罰少數不同意的事？

總上幾句說話，先生都以爲無論做什麼事都是斷難得人人同意這也是我所承認的，但雖然不同意有一部分能够願意犧牲自己的意思以就他人不用武力，也不用法律，這是自由的同意。我見五四運動的時候，各幹事都是自由認定的，如果不幹又沒有人用法律懲治他的，這是我親眼的事實。至於學生聯合，確是人人同意，如不同意就不能聯合，所以去年廣東就有兩個學生會。

來書云『先生既不贊成這種個人的無政府主義，但不知在先生眼中不顧社會福利的少數人與不顧社會福利的個人有何分別。依先生所謂共產的無政府主義，對於這不顧社會福利的個人或少數人一概給以自由還是加以裁判呢？』

凡是祇享權利而不盡義務，或是祇顧一己之自由而侵犯他人之自由，都是叫造個人主義。凡是主張個人主義的是個人主義者，並不是指一個人而言，無論他是少數人或是多數人，或是一個人都不贊成。如資本家掠奪工人之幸福以爲一已之幸福，如官吏掠奪人民的幸福以爲一已之幸福，這都是個人主義。我們之反抗他，並不是干涉他人的自由，因爲他們侵犯他人的自由，就是自由的魔敵，我們之剷除他就是爲自由之保障。至到無政府共產之世，雖然不能說是絕對的沒有，雖有亦是很少很少，我們儘可用善言勸導他、說明個人主義不能生存的道理，如果仍不覺悟，我們就可對他說『朋友，我們知你作事的，然而你常不盡責任，且常侵犯他人的自由，我們和你共事的人因此不能不和你分開，去罷，去找尋那不管你偷閒及受得你氣的人去罷；』先生一定問我，如果他不肯去就怎麼辦？我以爲人人都有廉恥的，斷沒有受人驅逐還不去的道理。

來書云『自古以來，無論如何專制暴君時代，也未曾訂過一條法律要干涉善人，我們所以不贊成絕對的廢除法律，也正爲要干涉惡人；先生既不反對干涉惡人，可見也不是主張絕對廢除人干涉人的法律，彼此意見相同，便不須討論了。』

我確是主張干涉惡人，惡人不過是侵犯他人自由之人，我們之所以干涉他，完全是正當之防衛，斷不能說是干涉他人之自由，但是先生竟因我主張干涉惡人而說我不主張廢除法律，未免近於武斷。法律不過是一部份之人要來壓制他部份人之一種方法，未必能夠干涉惡人，有時反侵害善人，是不公道的，不平等的，所以無政府黨人主張廢除法律而代之以自由契約，必要共同合意才訂立的。因爲將來之社會團體，如蛛網之密布，各團體均有一種自由契約，由各會員共同訂定共同遵守的；不像法律是一部分人訂立要他部分人去遵守的。法律禁止姦淫，而執立法者可以宿娼納妾；法律禁止搶掠，而官吏可以大扒特扒。陳獨秀反對安福部要受法律制裁，吳佩孚反對安福部則可領大功。張勳反對共和而主張復辟，而可以逍遙法外；陳獨秀主張共產，就要被逐出境；約法上大書特書人民有言論出版集會之自由，而政府可以隨時干涉人民言論出版集會之自由；照此看來，政府之法律，可謂一點的價值都沒有，我們斷不可再作法律萬能的夢想罷。

來書云『五四運動，我們固然可以說是善的，但義和拳和荷蘭市民迫害斯賓挪薩，巴黎市民殺死柔勒，以及歐洲中古虐殺異教徒，像這類群衆心理所造成的公憤，未見得常加於社會上惡人，若照先生主張用這種盲目的群衆心理所造成之隨時變更的公意來代替法律，實在要造成一個可恐怖的社會。』

先生所舉出的幾個例，皆由宗教迷信迫之使然，科學進步，便可消滅，在近日已經很少見，何況是在科學昌明之無政府時代？因為無政府黨人所提倡的是科學真理，所反對的是宗教迷信，所以無政府主義進一步，科學也進一步，到了實現的時候，盲目的群衆心理，斷沒有出現的，而先生拿宗教迷信之群衆心理，比方科學昌明之群衆心理，未免時代錯誤了。

區聲白再答陳獨秀書

前兩信經載羣報，這一篇是未經刊過的。　編者識

1 來書云「你說施以善良教育，達到無政府共產實現的時候，一定很少很少；我請問照你的說法，善良教育未普遍以前，無政府主義是不能實現的了，那末在私產政府之下，有何法何人施行善良教育呢？這才真叫做走途無路了。」

無政府共產實現，是不是要等到善良教育普遍之後，我雖不能斷定；但是在無政府共產實現的時候，假使善良教育還沒有普遍，我們對於不良好的份子，就要請他去受善良的教育，因為用教育來訓練他，使他悔改，使他覺悟，總比

用法律懲治好得多；但是施行善良教育，現在就要去做，這是教育家之責任，不必要等到私產政府傾覆之後。即如蔡元培陳獨秀胡適之處在最腐敗頑固北京政府的底下，都可以施行他的善良教育，不必要等到蔡元培陳獨秀胡適之一班人通通做了大總統閣員後，纔能夠施行善良教育。假使他們做了大總統閣員，一班教育家的頭腦還沒有改變，也是沒有用的。即如處於現在私產政府之下，就要去宣傳社會主義，不必要等到社會主義的政府成立後纔去宣傳社會主義。若果說處於私產政府之下，不能去宣傳社會主義，一定要等到社會主義的政府成立後纔能夠宣傳社會主義，等到無政府共產實現後，方能夠施行善良教育，這才眞叫做走途無路了。現在各國的無政府黨社會黨，車載斗量，這都是人民宣傳的力量。各國私產政府沒有設立幾千百個社會主義學校無政府主義學校，製造出來的；施以善良教育，也都是我們人民的責任，不必倚靠政府的。

2 來書云你說假使遇了這種人，我們準可用誠懇的態度把正當的理由告訴他；我請問照這樣告訴他，他仍然固執，那便怎麼樣呢？即以你對於嶺南學生而論，你總用過誠懇的態度把正好的理由告訴他們，效果如何呢？

人之所以固執，皆因沒有知識，和不知合羣的道理的緣故；如果與公衆沒有妨礙的，準可聽他自由，但是如果與公衆有妨礙的，就拉他到學校去教訓他，對於羣育上更要加倍的注重，不過三兩個月他便不固執了。至於我對於嶺南學生，用誠懇的態度把正當的理由告訴他們，總比用武力強迫他們信從我的主張效果大得多；因爲我對於他們用一種誠懇的態度，他們對於我便有感情，既有感情，那麼我所講的說話他們便可相信，若果我對於他們怒目相視，他們對於我必發生一種惡感，那麼我無論講什麼他都不聽了。

3 來書云『先生所謂信約，也可以說就是法律，不過是名稱不同。但先生說信約是共同訂定的，法律是幾個人訂定的，這種全稱肯定，在邏輯上殊欠妥當，因爲自來共同信約不見得盡是全體共同意思，並且有時還是一二人煽動群衆盲行的；反之自來法律底實質多牛根據全在社會的習慣及心理底基礎上面，至於成立法律底手續幾個人訂定法律底時代不用說歐美，就是中國和日本也過去數十年了．

信約(或自由契約)和法律完全不相同，斷難混合爲一：信約之英字爲 Contract 他的定義爲（an agreement between two or more persons 兩人或多數人的合意）法律之英字爲 law 他的定義爲（a rule of action, prescribed by the superme power of a state 國家最高權力所制定的行爲規律）所以信約一定要經過守約的人之同意，法律是沒有經過守法的人同意，如果法律有經過守法人的同意，爲什麼守法人未出世以前法律已先他而存在；至於信約一定要經兩方同意方能訂立，斷沒有一方面可以訂立的；如果祇有一方面的創制權，這就是法律不是信約了．先生說我說法律是幾個人訂定在邏輯上殊欠妥當，我請問先生立法權是不是放在幾個代議士之手中，抑或在於人民全體，先生既說『法律底實質多牛根據全在社會的習慣及心理底基礎上面，』更要使各地方及各團體自行訂定自由契約，好過定一種全國死板板的法律，因爲各地方的社會習慣常有相差很遠，若强一地方以從他地方之習慣實爲人生之最大苦事，如不遵從，就要受法律所制裁；且各地方的人民常因天時氣候地理之關係心理也不一樣，以心理不一樣的人民，一定要遵守同一樣的法律，汝說有道理沒有？至於先生說『幾個人訂定法律底時代不用說歐美，就是中國和日本也過去數十年了．』我請問先生滿淸的法律是誰人定的，就是現在的中國和日本是不是代議制度？代議制度是不是議員才有立法權？幾個代議員能夠代表人民全體否？不知代議制度在二十世紀已經破產，先生反去崇拜謳歌，我實在不敢附和．我更問先生中國和日本的治安警察法是不是政府幾個人訂定的，抑或人民全體定的，治安警察法有根據於社會的習慣和心理的基礎上面沒有？可知政府所制定的法律，都是保護政府治安罷了，什麼保護人民，都是欺人的說話．

4 來書云『若是不履行信約，怎麼辦？若是取退出的辦法，那末一箇家庭一箇學校一箇工廠還可以退出試問社會如何退出？』

無政府的時代沒有法律維持社會的秩序全靠信約，如果有人一旦瘋狂起來破壞了他們自己所定的契約，若是出於不得已的我們準可原諒他但是如果有意的，我們就可以宣布說某人破壞契約以後大家請勿上他的當便得了。因謂現在之不顧廉恥甘犯衆怒者，皆因私產制度迫之使然，到了共產之世，這種人—除了瘋狂的—當可絕跡，縱有亦居極少數，斷不能與大多數的人爲敵的，萬惡的資本制度都可推翻，少數之破壞份子，亦何難解決，如果他一定要甘與社會的幸福爲敵，極其量我們就用對待資本家的手段對待他便得了。先生又問社會如何退出？凡是合一群人而有一種共同的目的共同的契約不論人數之多少，都可叫做一箇社會，不必要人類全體纔可叫做社會，如果社會不能退出，我請問先生社會是不是一箇地球抑或一箇監獄？

5. 來書云『我們還以爲工團派的組織不適於革命；然在無政府主義看起來，工團派已不免有權力集中的傾向，其實權力集中是革命的手段中必要條件。

我看法國『勞働總聯合會』會章第二十七條本會（總聯合會）以聯合主義及自由底原則爲根據，保險及尊重加入各團體底完全自治權（見新青年八卷四號）與權力集中完全相反，先生所說不知何所據而云然，至工團派的組織爲什麼不適於革命，和爲什麼權力集中是革命的手段中必要條件？先生沒有說明理由，我不明白，還望指教。

6 來書云『先生一方面不贊成箇人的無政府主義，一方面又贊成人人同意及人人可以自由退出的社會；一方面不贊成無抵抗的無政府主義，一方面又贊成不以多數壓服少數的社會；請先生想想矛盾不矛盾，一切無政府主義都已經打碎了沒有人人可以自由退出社會這是何等極端的箇人主義！

箇人的無政府主義是主張箇人絕對的自由不承認有所謂社會，更不承認有他人的意見，我既說人人同意可見得不是以一人之意見而侵犯他人之意見，又有社會可以自由退出，因為個人主義是不加入社會的，所以沒有社會可退出．可見得我所主張的是有社會的無政府主義，不是箇人的無政府主義；反之以一方面之意見，不許他人自由退出，如日本之不許朝鮮獨立，祇顧一己之權利，以侵犯他人之權利，方算個人主義，無抵抗的無政府主義，是任由他人壓服，都不抵抗的，我不贊成多數壓服少數的社會，所以我就不贊成無抵抗的無政府主義，請先生想一想，何嘗有矛盾，何嘗把一切的無政府主義打碎．

7 來書云『抵抗主義中是否含有壓服多數人或少數人的意思？我原文是我更不能相信有不用強力及絕對不贊成多數壓服少數或少數壓服多數的抵抗的無政府主義』先生改為『不相信絕對不贊成多數壓服少數或少數壓服多數的無政府主義』刪去抵抗的三字，語意大不相同，請再細心看一下』

先生原文確有『抵抗的』三字，一時忽畧，很是抱歉！但是抵抗和壓服完全不相同，抵抗是把被人奪去的權利取回來，壓服是要把他人的權利據為己有．即如朝鮮現在為日本所征服，他們一旦起革命，脫離日本而獨立，也不過是取回朝鮮的自治權，何嘗有壓服日本的意思．又如一個盜賊把我的東西奪去，我祇要奪回自己的東西，豈有把賊所有的東西都要奪為己有的道理．一方面反對人做賊，一方面自己又想去做賊，這種以暴易暴的辦法，實在不敢附和．

來書云『為一群或團體之意見無法一致，而又當不能分裂或不宜分裂的境況，不得已只有少數服從多數的辦法；』又云『為會社公共利害，不得不壓服少數頑固派，甚至於有時還要壓服多數的頑固派』

不知先生說『人人都是人類，不應該受他人的壓迫，如果我壓迫人或人壓迫我，都是不正當的人生』先生之所謂『人』是全稱的，不是特稱的，斷沒有一群或團體以外之人，纔算是人，一羣或團體以內之人便不算是人，凡是二人以上之集合，都可叫做一羣，如果除了一羣之外，便祇有一箇人，一箇人怎能彀說『不施壓於人，亦不受人所壓』可見得先生之所謂『人』，是指一羣或團體以內之人，並不是指一羣或團體以外之人，我請問先生『不施壓於人，亦不受人所壓』和『多數壓服少數或少數壓服多數』有沒有衝突?至於在一團之內因意見之不同有時我犧牲意見來就你,有時你犧牲意見來就我,這都是很平等的,如果講到壓服,祇可有一部份人的意見,不管他部份人的意見怎麽樣的了,比方一學校之內校長發表强迫學生遵守的命令,這可算是壓服,如果學生自治會的決議案學生大家去遵守,這種便不能叫做壓服,因爲討論的時候各各人都可參加在內,沒有指定那一個應該服從那一個,所以犧牲一已的意見以就他人也是很公道的,因爲今日我可以犧牲意見來就你,他日你他可以犧牲意見來就我,沒有壓服與不壓服,至於校長的命令便不同了,因爲他祇有一己的意見,沒有經過學生討論過,且學生一定要服從他的意見他可以不服從學生的意見,這方算是壓服。至於對待少數頑固派的辦法,我上文已經說過了,若社會上還有多數的頑固派,則社會革命斷不能成功,所以社會革命以後,祇有少數的頑固派,斷沒有多數的頑固派.

9 來書云『先生所引克魯泡特金的兩段話,僅是說明『聯合』之可能,未曾說明『聯合而且自由』之可能,歐美各國間在資本家管理之下大規模的生產聯合很多,試問其中辦事都須得人人同意嗎?都是自由而無强制執行的事件嗎?倘然能够這樣,便不必無政府主義,就是資本主義也足令先生謳歌崇拜了!』

克魯泡特金所引出各種的聯合都是以自由契約而聯合的,既以自由契約而聯合便可依照自由契約而行使他的自由,這是人人都曉得的,比方我說『把東西放在口內吞落肚下去』我雖不說明『吃』字人人都知到是吃了,先生既承認這種聯合有聯合之可能,便可以不必再行討論了,我不過証明自由聯合之可能,並沒有說過惟資本家方能够聯合,至於處在僱傭制度的資本主義之下,勞働者不滿意於其主人,都可以解辭職務,到了共產主義時代各團體之份子反不能自由退出,先生想必以爲現在僱傭制度的資本主義罪惡未深嗎?

10 來書云『廣東有兩個學生會,是好的現象嗎?是正是自由便不能聯合底好例,多謝先生舉出一切社會一切生產機關如果都像廣州學生會那樣不同意便自由分裂大團結大聯合如何能成立呢?』

先生既多謝我把兩個學生會不能聯合底例舉出，但是有一件事先生還要多謝我的，就是這兩個學生會沒有經過武力現在因得兩方的同意，又自由聯合起來了(見三月四日羣報)可見得大團體大聯合一定要同意及自由纔能夠成功的，如果祇有一方面的意見，怎能夠聯合呢?若不是自由的聯合，如日本之併吞朝鮮，英國之滅亡印度，陸榮廷之掠奪廣東，這是好的現象嗎?那麼軍國主義帝國主義先生以爲如何?

11 來書云『先生說人人都有廉恥，受人驅逐的必定走，我要請問倘若他不顧廉恥堅不肯去，怎麼辦?我還要問驅逐他到什麼地方?』

我又請問比方先生在北京提倡新文學的時候，被惡氣所壓迫，爲什麼先生又肯去呢?姑退一步講，祇是先生纔能够有廉恥心，在別人一定堅不肯去，我們就用幾個人抬他出去，誰人抬呢?阿保，阿勝，阿茂阿壽抬到什麼地方?就是抬到出於和他有關係的人之團體外頭便得了，如果他再來，就給他一個閉門羹.

12 來書云『各團體內雖有自由契約的裁制而無關係之各團體間及個人之於其他團體抵觸時法律的需要便發生了.』

個人與個人間既以自由契約集合而成小團體，團體與團體間也是以自由契約集合而成更大的團體，無關係之各團體及個人於其他團體有衝突時，就可找第三者之團體出來就理排解，如有恃強欺弱的，我們就可聯合起來干涉他，像協約國之對待德國一樣便得了.將來各地方各團體之聯合，也如協約國一樣，不必要有一中央統治機關來干涉他的，所以不必要一國壓服那一國，一地方壓服那一地方，如果自由就不能聯合，爲什麼英法日都能够聯合呢?可見聯合是不必要武力的，祇求兩方的契約便得了.

13 來書云『群衆心理是盲目的，無論怎樣大的科學家，一旦置身群衆便失了理性，這是心理學說及我們眼見的許多事實可以証明的，用一二人可以利用的群衆心理一時感情所造成公衆意見來代替那經過長久時間理性的討論及多數議決之法律不能說不是無政府主義最大的缺點之一。」

先生所說的一二人是什麽人？爲什麽一二人可利用群衆，大的科學家就不能利用羣衆？反要置身羣衆便失了理性？未免自相矛盾了。總之我主張固定的事，就用一種自由契約來維持，一時的事，就由公衆的意見來解決。法律是死板板的，不能更改的，如果隨時都可以由人民自己修改，這就成爲一種公意，不是法律了。天下之事，千變萬化，定法律的人怎能够有預想的天才，知道將來有什麽事情發生呢？這又不能不藉公衆的意見來解決了，此又不能說不是無政府主義最完善的地方。

來信

民聲編輯會議諸君：

我七八年以來，信服了無政府主義之後，總未得有令我滿意的反對論；連一些近理的批評也沒有，眞是憾事。近月在羣報上見陳獨秀先生在法政學校演說，居然向無政府主義攻擊了，可是說的一發糊塗。往後和聲白先生往返辯駁許多話，也不能叫人折服。

總觀陳先生的根本錯謬，却是以現世的頭腦去考慮進化的無政府社會；以現世的眼光去觀察無政府社會。他所預防的弊病——不可能的証據，完全是被現世的景象駭昏了所致。

他死命反對自由聯合說，死命要保全法律，這種荒謬見解，聲白先生已經駁得很透徹，我也不必累贅了。我只從反面一想，他所以這樣頑鈍，無非要伸張他所宗仰的馬克斯主義；但馬教教義，就現在俄國所已奉行的情形，好處又在那里？法律軍備政府議會應有盡有，最合陳先生的胃口了；而俄國人民的呻吟，比尼古拉斯時代何如！若如李寧說：這不過是革命期間不得已的過渡辦法，由此以達共產主義完全實現爲止。我想到了那時候，就是我們懸想之無政府社會罷，所以陳先生若說如要達到無政府，應要以俄式革命爲手段，那麼我還認爲可以姑備一說，他硬說無政府是永不可能，這眞狂妄武斷不可理喻，我勸諸位留點精神幹正經事罷，不必再費口舌去和他辯論了。

依仁　十·四·二·

按本社收到關於這番辯論的來函甚多，固不能有許多篇幅一一發表，而且多是按不住火性，往往說出題外。本報同人絕對的不取謾罵，所以只將右函附載這里。

記者

廣告

克魯泡特金追悼會收支數目

涓聲二元　秋霖三元　鳴謙三元
植棠二元　德軒二元　談道二元
瓦勞二元　石心三元　振英五元
施畸五元　作英二元　聲白五元
公博三元　雁聲五元　仁軒五元
石龍一元　應時一元　昌仁二毫
潤波一元　旅業工會二元　紅一一元
警秋一元　三郎四元　高師同志四元八
香山同志十元　千里廿元　秉彝二元
漱生二元　氣含一元　佩剛一元
濟美一元　華山二元　紀五仲青三元
夢奇五元　子仁五元　紀彭五元
立三二元　企平五元　勵齊二元
漢聲五元　森甫二元

共進一百三十六元

支印書四十一元　印像片二十一元　花架三元
鏡架一元八毫　電版二元一毫　郵票四毫
寫大字一元　茶會四元五毫　紙墨六毫
劇團雜用三元三毫　聽差工銀三元五毫

共支銀八十二元二角

除支存銀五十三元八角(此款捐助民聲印費)

通訊處—廣州郵務局信箱七十四號何柏堅

民聲

第三十一號

非賣品

正名

主義 Ism 是一個抽象的名詞：凡社會間起了一問題、理論上的解決方法比較圓滿的，經多數人是認的，於是就成為……主義。甲主義和乙主義分別的地方在乎他的終極目的；甲的希求和乙的希求不同，各將他的理論綜合起來，就分成甲主義與乙主義。結合多數信守同一主義的人合力以圖其主義之實現——由理論進到事實——這就是黨。自從社會主義輸入中國以來，名詞上的糾紛理論上的混淆，——向來令人頭腦昏亂。本報創刊時——一九一三至一四年間——曾把社會主義的派別，反覆宣明：對于政治的處分，有無政府主義和國家社會主義兩派；對于經濟的處分，有共產主義和集產主義兩派；此外主張以工團組織代用國家組織之工團主義，與無政府主義絕不抵觸，而今日已儼然自成一派的，是為工團主義派。

如上所言，主義有因于政治而生的，有因于經濟而生的，但兩者因緣至密，從不分離，故必政治制度和經濟制度同時改造，方足以完成全社會之改造。所以無政府主義者同時必主張共產主義，國家社會主義者同時必主張集產主義。

社會主義史中，有名實混亂垂至今日而益滋亂的，就是馬克斯的『共產宣言』。方今根據馬氏立名，承着俄國革命而膨脹于世界裏的，都稱做『共產黨』。這共產黨人所信奉的，完全是集產主義，完全主張對于生產適用中央集權，對于分配則論工酬值。他們的祖宗是馬克斯，他們的希求就是現在俄國的政制。

俄國在革命運動期間，原有社會民主黨，由這黨分出布爾色維克(多數)和曼扎維克(少數)兩派，以至于革命成功現在執政的却是布爾色維克派。這派人現在四出宣傳，到處結合，都用『共產黨』名目。那麼現在報紙上常常觸目的共產黨，也可以說就是布爾色維克黨。

集產主義和布爾色維克的優劣，另是一個問題，我們要明白時下的所謂共產黨，却與期求『無統治的自由社會各盡所能各盡所需的共產制度』的無政府共產黨完全不同，那就是我這篇短文的責任。

無政府主義與布爾札維克主義

譯自Freedom第三十四卷三百七十八號

無政府黨人現在因為誠實的要求，明白表示他們對於俄羅斯蘇維埃政府的態度。列寧是一個很坦白的人，他曾說過：他一個獨裁政治的健將，是與無政府黨人主張以自由及相互的協合來處理人類生活的事是不對的，無可調和的。他是一個最堅的馬克斯信徒，是一個信仰集中權力者；而我輩過去一世紀已經倡言世間一切苦痛，都是因為有少數人，拿得一種特權，來管治多數人。

凡曾稍稍涉獵過無政府主義的人，都不能否認我們這一說。即如愛伯采氏所著『無政府主義』一書，已經流行很廣，他舉出七個人來代表無政府主義者，并選錄他們許多著作，絕不參以已見。這七個著作家所主張的意見，有許多是不能一致的，如托爾斯泰，巴枯寧，克魯泡特金，是共產主義者；蒲魯東，高德文，斯梯恩納，都克是獨產主義者。但他們却有一個共同之點，就是無論甚麼形式或是暫設的國家，他們都認定是暴虐的霸者，無論以甚麼代價，人類必須要由國家解放出來纔得。惟其如是，所以無政府主義能夠確立成了一種思潮。反之社會黨之活動，就是認定國家為將來獨一之勢力的大僱主，個人生活之運用者。

此二種學理是反背的，社會黨則主張用強力來造成一種制度，然後方有自由之可言；無政府黨則主張自由愈擴大，秩序愈好。此兩種信仰，實在可以聽人自由，社會主義家不妨以一切事權，盡量委於國家，來增加國家的權力；無政府主義家不妨把國家的事權，逐層剝去，使之等於零度。

無政府主義與社會主義都各向相反的方面進行，不斷的進行，好比一個人走南，一個人走北，自然不能說這兩個人是走同一的方向，凡志意稍堅定的，斷不肯糊糊塗塗的囫圇過去，即如斯賓塞爾所下的公例，他說：人類能擺脫國家的羈絆，而以相互的協合來替代由上臨下的政治權力，便是人類脫離野蠻而進於文明之一個明証。他擺脫國家之能力愈大，他的文明程度愈高。斯氏又謂社會主義認國家爲萬能的，實在是人類之大不幸，比歷史所載的戰爭飢饉厲疫更爲不祥。我雖是淺陋不學，但我却服膺斯賓塞爾之說，在三十五年前，我已覺得斯氏所羅列之種種証據，是無法可以推翻的；其後年事愈增，我對於他的信仰亦愈堅定。以我所知，世界上最不好的，最苦痛的，無有過於政治，而美洲合衆國現在所達到的民治程度，則爲尤甚。即以行政而論，教育而論，凡是由國家施行的，都是不良的，蠢笨的，乏正義的。我又嘗觀此戰血腥中的世界，所謂列強者，各有各的劫掠，掠奪，欺凌弱小，一代的文明竟被國家屠戮淨盡，人類最大的汚辱，實在無過於此；而社會主義者，猶倡政府萬能的學說，實在不能不任其咎。

以上就是我個人的意見，我當然是與列甯不對的。列甯是國家社會黨最剛强的一個模型，他亦自已承認，並宣言他是最崇拜紐約城丹尼爾氏的一個人。丹氏已死，我無爲對於死者加以譭謗，但要知丹氏是個甚麼人，他便是社會黨的黨魁，而最恨無政府主義，有如聖經所載的魔鬼最恨聖水一樣。

列甯於近三年內，創立一種獨裁政治，蓋自一百二十年前法國雅各賓黨人執政以來所僅見，而以我詳細觀察所得，則其專權殘酷，不勝任，實在比雅各賓黨人更甚。列甯是一個最醉心於雅各賓的黨義的，試一翻『俄國之平民革命』一書，裏頭載的，都是列甯與托洛斯基之言論，第二七○頁有說：說法國革命所以有重要的價值，就是由於雅各賓黨人之獨裁政治；如此遂成其爲『大革命』。又三九五頁有說：『獨裁政治 Dictatorship 是一種鐵的治法，拿革命的冒險精神又爽快又殘酷來壓制一般富豪巨憝。但我們的治法太溫和了，往往似鐵而不似鐵。』

不用說那個蘇維埃政府自一九一七年十一月七日二次

革命攬得大權之後，時時都要爲生存而戰鬥：一方面聯盟國把他四面封鎖，要絕他的糧食，在我看來是一件絕無人道而又最蠢的事；但資本制度當中的所有大敵都向着他來攻擊，他是要抵抗的，一方面他又要妨備內部的敵人。所謂內部的敵人，照一九一七年四月列甯所講的，分爲以下幾種：一是封建的地主和紳士社會；二是立憲民主黨，此類代表中等社會，卽資本家及中產階級；三是社會革命黨及孟失維克黨人，此類代表一般之小資本家小企業者及地位較優之農民和傾向資產階級的工人。而同着以上三種人對抗的，列甯便舉出他那個共產黨，卽布爾札維克黨出來。照他的意思，共產黨人便是有階級覺悟的工人，終日勤勞的勞動者，和農民中之最窮苦者；他統列入平民那一類。

看他的言論，便知列甯類別人物，解釋事物，往往好援引馬格斯，恩格爾斯，及法國的革命，一八四八年的革命來作佐証；但以我所見，世間之所謂先知先覺，無有更謬於馬格斯恩格爾斯二人者。若以其所定之方法，拿來論証事物，則尤爲不妥。馬氏與恩氏當時曾預言中等階級必會自然絕跡的，將來不可免的大革命，必由工業最發達的國家爆發出來，然後及於工業較退化的國家。此兩種預言，社會主義根據着他來定他進行的方略，已經有半個世紀；但時候久了，我們便覺得此兩種預言是錯的。自一八四七年馬格斯恩格爾斯發表共產黨宣言書之後，中等階級不特不會消滅，他的人數財富勢力，却日日的繼長增高；而反對資本主義的兩個大革命，先後的在墨西哥俄羅斯爆發，兩個都是工業很退化的國家！

俄國的社會革命黨及孟失維克黨，同是社會黨人，不過不是列甯式罷了。一九〇五年之革命，他們的男女同志，不知犧牲了多少性命。列甯亦曾說過他們是革命的先河。一九一七年三月革命之所以能成功，都是他們賜的；沒有他們第一次的奮鬥，第二次的革命，是斷不能以數日之間便可以傾覆皇室，大告成功的。列甯這幾句話，我也是很佩服的；但我不解何以俄皇一倒，列甯便把社會革命黨及孟失維克黨拿作讐人一樣對待？

內訌這件事，本來是有的，加以外患又劇烈，所以國內恐慌和亂象，不可紀極，我對於這些事，亦無爲深究；但我信得過的是三年來之所謂平民專政已成爲確立不移的個人專政。莫斯科第三國際所傳出來的話頭，已有許多專制的意味；又有人述列甯最近之言論：如果國民中有百分之十五屬有覺悟的共產黨，便可以統治這個國家而無礙。此話實作何解？

又如威爾司君H. G. Wells是極愛慕列甯的，特訪之於俄皇故宮，見列甯前後左右都被威武的兵士擁着。又據羅素遊俄錄所記，托洛斯基到莫斯科劇院，邁步入前俄皇的御廂，雙搅着手站着，全場對他大歡呼，托洛斯基乃以簡銳之詞，作勢向衆人揚手呼道：爲我們前敵的勇敢將士三歡呼！於是全場立時作三歡呼，其應聲而發，有如倫敦市民於一九一四年秋天歐戰初起時，向着英皇歡呼一樣。羅素又說，獨裁政治 Dictatorship 一個字在俄國共產黨用來，是照足這個字的意思，但平民 Proletariat 這個字便不然了，他所謂平民者，即指平民中有堦級覺悟那一部份（共產黨）而言，列甯趣卓林之流本來不是平民，但他的宗旨是對的，遂亦把他包括在內；至於眞正依工錢爲生的勞動者，如果宗旨不對，便不算他是平民，把他當造中產堦級的附屬物。

以上所述，是不是眞的呢？在我個人，我便信得過他是很的確的，我在各處所讀關於俄國的事情，都差不多和上述的一一符合，並且有很多很可靠的人，對於上述各節，肯保証他是眞確的，此外還有許多有力的証據。從這個地方看來，上頭所述的，不能說是盡假的。

上頭所述的，如果是眞的，便發生兩件事。第一，這囘的大變化，是緣於政治之思想，而不屬於堦級戰爭之經濟方面。凡人無論他的經濟地位社會地位如何，如果有共同的意志，便可以很和洽的共同作事；反之意志不同者，雖在同一之經濟堦級，有時亦如貓狗之爭鬥。希尼 Heine 說得好，思想之爲物，是把我們佔領着，把我們驅去奮鬥，以其無窮之勢力，潛伏於我們之內，我們無法可以脫掉的，而此潛伏於我們之諸種勢力，個人之經濟利益佔有其一，但非最强者。換一句話說，就是馬格斯之經濟史觀及堦級戰爭是不對的。第二，我們如果要用語確，當與起正確之思想，我們便不應該說『無產階級專政』Dictatorship of the Proletariat，應該要說『共產黨之領袖專制無產階級』Dictatorship over the Proletariat by leaders of the Communist Party，因爲第一句是意思錯誤的，第二句的意思才是與事實相符的。

在我看來，列甯斷未必是習於作僞的，他所高唱之經濟政策一定也是很坦白的。他第一次宣布他對於土地問題之政見，曾說過：『我們必須要求把土地收歸國有，即是把全國的土地都輸送與中央政府一個機關。』過了些時，他又說：『我們一定要發達及整理我們已經設立的國家專賣事業（如穀米皮革之類），並預備把對外貿易都收歸國家專賣……………大概而論，我們徵收稅項實在是退步得很，而於財產稅所得稅則爲尤甚。』

此種議論斷不是憑空可以亂講的。一個大總統宣布他的大政方針，不過如是；而今一個最剛勁的國家社會黨發表他的意見，也是如是！他不信任國家麼？他不滿意於政府少數人壟斷中央的大權麼？殊不知他躊躇滿志的正是如此如此！我眞是有點難明了。

如果這個列寧國發達起來，這是很可以的，將來他的武力統治益發擴大，再加上已經施行的許多國家社會黨的政策，恐怕這個專制政治的威權眞要大到無以復加，那時俄皇從前所有的大宗天然的富源，他可以自由處置；自然便可以把人民昔有而今非的很遼闊的土地任意讓與人或送與人，有如凱撒之驕橫恣肆了；又可以如專制魔皇把人民之生命自由任意賣去，好像墨西哥的戴亞氏一樣了。像這種的政府，他的威權是絕無限制的，而今又與我們的政府（英國）及美利堅的資本家商量買賣的事，凡人都可以看倒他向絕路上來走了。

下一期我還要發表一篇文字，說明俄國的所謂蘇維埃政府何以會失敗，如果有人能夠指出我所講是錯的，我便很感謝他。在我，我以爲第一要緊的是把門子扳了，把窗牖洞開，把陽光空氣透入來，把說謊的氣壓冲散了，才可以得因爲自大戰起後，我們一路被謠言來蒙蔽住啊。

譯者按世界的無政府主義者對于蘇維埃俄羅斯的態度，大約可分爲兩派。一派主張同他携手；占極少數。一派表同情於俄國革命，而極端反對他那種集中的高壓的武力的獨裁的政治，此派佔最大多數。著者W. C. O.君亦是此派中之一人。今把他此文介紹出來，作一個蘇維埃政治的旁証。本報對於俄國初不敢贊一辭，此文亦是一種介紹的性質。至於文中所用『社會主義』，是專指馬格斯及德國社會民主黨那種國家社會主義而言，與統稱的社會主義當然有別。克魯泡特金曾說過『無政府即無統治制度的社會主義』可見無政府主義亦可以稱造社會主義，不過社會主義一個名詞已經被馬格斯及德國社會民主黨習用了一百幾十年，每每爲世詬病，所以純粹一點的，都不肯自認爲社會黨。著者所以反對社會黨，亦是這個緣故。

著者尚有『布爾扎維克主義之失敗』一文，下期譯登。

無政府共產主義之心理上的解釋（續）

(三)

懷疑及批評無政府共產主義者，又有个普遍的論調，是：無政府共產主義者主張絕對自由，所以他們反對國家，政府，法律，軍隊，警察，種種可妨得自由的東西，舉而棄之！這樣辦法不只作不到，或作到人類也就無安寧之日了！所以他們的社會觀，不過是个烏托邦。

這種論調，可以說是完全錯了。但不是推論與斷案錯了，是前提錯了。無政府共產主義若果如論者所說的那麼簡單，則無政府主義的社會觀，也眞許是烏托邦；并且也許就不能存在於人類，因爲他與人類毫無益處。

此所謂前提的是什麼？就是所說的『絕對自由』。無政府共產主義的唯一法則是『互助』。互助的裡面是什麼？是『情感』。沒有同情，愛情，或他種情操，互助作用將何由而起？既以情感而行互助了，那麼自由又怎能够『絕對』？又何必求其絕對？知道這一層，則所懷疑，所批評者，無論怎樣得當，怎樣合理，也是完全錯了。

我爲讀者諸君設想，此處先爲明白的簡括的，正當的，提出我無政府共產黨對於人類互相間之自由的意見，是：

相對的自由。

要明白吾黨如此主張的理由，就得先要一考慮人的個性，是否可以完全改變？假設他可以完全改變，則個性不只可以蔑視，幷且任何專制制度，都可以永保其生命；不然，他若是分毫不能改變；那就要主張絕對的自由，我無政府黨的義旨，就算對了，是眞理了。爲什麼要從這地方——個性——考慮？因爲自由的裡面，只是個性的活動罷了。

人的個性如何？可分作三節說：

A，什麼是個性？

B，人類個性的淵源安在？

C，個性活動的形式如何？

A，什麼是個性？若爲廣義的解釋，就是：宇宙間各現象之特殊的表徵。同是水，井水不同於河水，或海水。同是山，泰山不同於羅浮，也不同於高加索。同是正午，今年今天之正午，不是昨天；或任何天之正午。這種不同，不是論理的，是物理的。物理上有此現象，則與其以外之任何現象，絕對不能分毫不差。這種差別，就是個性。

通常論個性，只承認是心理的。故非有精神作用者，不能謂之有個性。但在科學上，則不能如是解釋：因爲以科學的知識來觀察，無物不具精神作用。石子，煤塊，水，我們從前以爲是物的，——沒有精神，——若自新物理學來觀察，論斷，確各有各的精神作用。不過他與人類有些不同罷了。

宇宙間各個現象，既各具有其精神作用；他的形式，又因時間的，空間的制限，也各自不同，以各具的精神作用，合於各自不同的形式，結合而表現的，就是個性。所以說，個性，是各現象特殊的表徵。

B，人類是什麼？我們假使把虛驕的，狂妄的偏見除去，自物理上來設論，則必承認『人類也是物理界中一種現象』。所以沒時候能逃出物理法則之外。但人與非人，究竟的分點安在？簡單來說，就在乎個性。凡種類族等等分別，都以個性爲標準。

人類個性既是順從物理法則而來，所以他個性的淵源，也是在物理界中。換句話說，就是在構造人類最低度的原子裡。

C，構造人類的是生物細胞。把這種細胞若更加以分析，分析到最低程度，以我們現在所知道的，確是電子。電子是動的，是相對動的。他一方面任自已的動而動；一方面又與其他電子聯合而活動。他自身與聯合體之間，不只沒有衝突；并且非自動不能聯合，更非聯合而不能自動。此即相對運動論之一種。

綜合此三項——A，B，C，——就可歸納出個人的個性概念是——

人的個性乃物理狀況順應物理法則之一種特別表徵，所以有時受環境的制限，稍變其形式；其質點則終老仍舊。譬如削木成器一樣。

人的個性既然如此，所以人類社會組織的自然法則，也就根據這點而來。用名詞來表明，就是『互助』；或是『相對自由』。其例証詳見克魯泡特金的互助論第四第五兩章，

以此為觀點，試看國家政府法律軍隊警察種種作用，有一樣不戕削人類個性的嗎？我們要發展我們的個性，求那自然生活，能不能不反對他，把他減至最低限度，致於沒有？再則戕削我們的個性，我們是不是感着痛苦；是不是時時要解免？這兩種要求，能說不是事實，不是普遍的嗎？那麼我無政府黨所主張的，怎能夠說是烏托邦，怎麽說是無安甯之日呢！

據此推論，無政府主義的社會觀，乃自然法則的社會。不只是順應心理的，徑直是根據物理的。雖然由各個的特性作用，怎能夠聯合成團體；或至最大的團體，而不生衝突，以享受所謂自然的生活？此節確未解釋得清楚：因為這層事情，另具特點；故分在下節專說。

總之，人的個性，是不能完全改變的；環境的勢力，只能改換其表面。個性的原子，既是相對的自由運動，所以組織社會的原動力，仍是个相對的自由運動。如今社會的組織，十分七八，反背了這種法則。所謂無政府黨者，只要破滅這種反背的勢力，歸入到正軌去罷了；并沒有什麽特別的見解。

(未完)

紀事

一個自殺的青年

俄人布爾扎維克黨而信守無政府主義的V. Stopani君，精通世界語，年來獨居上海，專以傳佈世界語為事。自從他住在中國，常和無政府主義者交好或通信。本社前月還接他一封討論的信(已經譯登本號通訊欄)信中絕無尋死念頭的影兆。三月杪忽然接到上海又一同志寄來很簡略的一張郵片，說：『同志斯篤本力君突用手鎗自殺，有遺書一封給他的父母姊妹。在他獨居的寓所突起此變，很有些疑點，但已葬靜安寺路坟山。上海同人擬日間追悼。』斯氏年才廿七歲，大有可為，竟辭人世，是感情的衝動呢？還是別有緣故呢？死後情形，上海各報記的稍詳，轉錄于下：

僑居上海東西華德路二千零九十八號華屋內，年二十七歲，向為新聞記者之俄人司篤本力，忽於三月二十七號清晨，用六響手槍自向右太陽穴轟擊腦部，中四彈。當經匯山捕房西探，將該俄人車送公濟醫院，醫治無效，延至二十八號斃命，由醫院稟報駐滬俄總領事格羅斯君，飭將尸體棺殮舁至匯山掩埋。三十日由公廨中西官升座第三公堂，先由捕頭譯稱：得到匯山捕房報告，俄人司篤本力用槍自戕，尸體由醫院車往驗尸所，故已預備報請蒞所相驗。今晨見西報載云：該尸體未經官廳檢驗，昨已掩埋，致用電話詢問驗尸所，當據衛生局答覆：已得俄總領事簽出字據，擅將尸棺掩埋，殊不合法，要求公堂主持，將尸掘起檢驗，或將尸骨焚燬等語。繼據西探稟稱：此案發生，得報後，當即前往該屋，見被告臥房內床舖地板，均有血跡，當在檯上查見六響手槍一枝，彈壳四枚，我即拾起，並將附送上車，送公濟醫院，當經醫生驗得：死者右太陽穴受槍彈創孔有四處，其子彈均在腦部未出，故由西醫將其割破，銜其槍彈，無法施救，至次日午刻身死。惟在死者臥房內查見其親筆所書寄伊父母兄妹信函一通。至此將信函及手槍彈壳呈案，請察中西官協議，據捕房稱：該俄人係用手槍連擊右太陽穴，因傷身死，有死者生前親筆信函作證，蘖經殮埋，訊無別情，應免詣驗，惟醫院驗單未經呈核，展期將醫院單驗送廳再核。

又一消息云：僑居上海之俄人司篤本力，乃世界語學者，其生平對於無政府共產主義甚有研究；而於傳播主義，尤屬熱心。青年學子受其感化者，良匪鮮淺；今忽毅然自殺，實我輩青年學子之大不幸也。聞其自殺之最大原因，便是精神上之痛苦，受環境的壓迫，乃于煩悶終極時，方下此決心云。

向光明的前路進！

日本東京帝國大學教授森戶辰男君，去年因爲介紹克魯泡特金學說給學生們，政府以野蠻手段拘他入獄三月，革掉他的教職。期滿出獄之後，森戶君就受大阪大原『社會問題研究所』底資助，往德法各國攷究社會主義的學術。三月一日在神戶搭船，所以二十七日就從東京乘車起程了。當時到東京驛去送他的，有各大學教授和社會黨員，並有東京帝國大學底男女學生，約共千餘人，眞是熱鬧。他底夫人和大內兵衛君（和森戶一齊出獄的）在他未起程以前，已先到神戶等候。森戶此行，與他自已終身事業的無政府主義學術，一定大有所得，才能回來。

强毅奮鬥的大杉榮

日本無政府主義大家大杉榮，因患腸窒扶斯病入醫院療治，經一週多。前有說他病勢危篤的話，但現在已經大好了。他底『勞動運動』已有人代他編輯，出到第四期。他在病室裏雖人事不省，而室外仍環侍警察無數，去防衛他。他們亦絕不入病室煩擾，不過去看他的人，都被警察們嚴重監視罷了。

『勞働運動』復版

『勞働運動』本爲大杉榮君所編輯，去年僅出五期，後因某故停版數月，近以同志和田久太郎伊井敬等的助力，再行復版，每星期發行一次。他的宣言說：『我們站立於勞工自治的底下，勞工解放，乃勞工自身的唯一的大事。我們舉起眞理的旗幟，而爲勞働運動之前鋒』云。

羅素先生病耗

英國大哲學家創說『基爾特社會主義』的羅素先生，去年由蔡子民先生聘來中國講學，我國人遂得飫聞他的學說，並已多譯他的著作。前月羅素先生患很輕的感冒，却因爲不肯失約，扶病依期講演，遂致釀成肺膜炎重症，送入北京醫院，已陷危境了。旬日以來每日去探候的千數百人，醫生都拒絕不許入視，只由看護士傳述病態。國內外各日報，每天都有專電傳告消息，不幸消息總是日惡一日，現在全世界人士都抱着大憂。至快活的只有智識等于類人猿或澳洲野番的北京政府，因爲羅素先生是主張無政府主義工團主義的，反對俄國現行的集產主義的，而北京政府夢中說夢話，硬說他是「過激黨」，剛剛想下令驅逐他出京，羅素先生却先被病魔驅入醫院了。我想全世界人士都禱祝他更生，而北京政府却默默詛他快死。記者執筆時，還不知全世界人士得遂願望呢，還是北京政府得遂願望呢。

通訊

德國同志 Walter Rieger 來函

……共產黨人的目的志在得倒政治上之權力，高呼「勞工專制」萬歲，但他們不過實行一黨專制罷了。而且紅衛軍有莫大之威權，他們名則爲勞工專制，實則以一黨專制勞工。他們又主張在國會當議員，我們所不敢贊同的。我們既然反對軍國主義，赤色的軍閥我們也要反對的。共產黨欲借軍備以奪取政權，我們則要用總同盟罷工怠工以撲滅資本制度。我們不過是要把所有生產機關奪回來，不是想得政治上之權力，……在此間無政府黨人之運動比他們進步速得多，因爲他們仍然站立於國會及改良之地位。最近萬國無政府黨工團黨在此間開大會，到會者共有八國代表一百三十萬的工人，最抱恨的就是西班牙和意大利之代表因於獄中不能到來列席。在西班牙和意大利同志很多，且傳播亦很普遍。我有一同志在俄國住過九個月，他說在俄國無政府黨人被共產黨殺死的很多。報紙也不能出版。這不是共產主義，不過卽國家資本主義罷？

法國同志Louis Bostu來函

我個人的意見以爲無政府黨和共產黨在宣傳和革命時期都可以合起來做事，但革命成功以後就應該分離，因爲共產黨是主張『勞工專制』和『紅禍』的，反之無政府黨則主張自由。至於無政府主義是否在現在時期卽可實現，我都不管，我們祇有盡力養成無政府黨人，我們的主義便可早日實現了。……(下畧)

美國同志 L. H. Roueche 來函

此間之所謂布爾扎維克黨人多從事於議會運動，祇有『世界生產者同盟 i. w. w.』是主張革命的眞正的共產黨僅居少數。在我意見以爲無政府黨和布爾扎維克黨都可以聯合起來的，但是有一條件，就是無政府黨人要承認當中產階級的政府仍然能發生危險的時候，勞工專政是一定要的，雖然馬克斯和巴枯寧所採用之手段畧有不同，但求達革命之目的則一。在本國無政府黨和布爾扎維克黨想大部份都已聯合起來了。我們的同志米那 Robert-Minor當他初到俄國的時候，覺得專制 diktaturo 是魔鬼的事業，後來他和烈寧辨論之後，他回到美國到各地方講演，都說勞工專政爲達到我們目的的一種有效力的方法，無論布爾扎維克社會黨無政府黨都是一樣。美國近來因爲失收，小資本家多因此而破產，工人失業極衆，大資本家又不出而援救，工人因此多有革命的思想，但仍多迷信國家和上帝各種無知識之舉動。

『撲滅一政府以建立一政府，無論什麼形式的政府，無政府黨人都不敢贊成的，因爲一有政府就發生少數人專權之弊病，卽如現在俄國名爲一階級專政，其實不過一黨專制罷了，我們無政府黨人一定要等到宣傳普遍大衆起來革命，這時候信從眞理的已經占大多數，雖有少數亦無難以理勸服。但是言論與事實往往相反，假使能够以少數黨人撲滅政權，這時候敵黨仍衆，則不能不以武力維持；但是我們要免除少數人專權之弊病，首先要打破中央集權制度，使各地方各工業都有自治之全權，得以自由發展，不致陷於一人或一部分人專斷之危險，但是我們現在第一之任務就是從事於主義之宣傳，組織勞動團體，以待時機既熟的時候，看看事實如何，方可決定採用什麼方法，現在是斷斷不能武斷的』以上是覆信的話，摘錄于此。

俄國同志V. Stopani來函

……我極端贊成無政府主義，我相信無政府實現纔能夠有真正的幸福和自由。但是我黨現處於金錢制度之下，人類利己的思想這樣堅固，和智識這樣缺乏，一時尚恐難實現。所以無政府是我們的目的，但欲實現目的，不能不從事於各方面之運動，必要經過無數之曲折，斷不是一跳可以達到的。我是一個布爾札維克黨，布爾札維克主義不過是要來達到我們的目的第一級罷了。中央集權斷不是目的，不過一時經過的階段能了。列寧也不反對無政府主義，而且很信仰他之能夠實現。不過無政府主義祇適宜於宣傳和叫醒醉生夢死之人民，但不甚適宜於革命，所以我們欲求無政府主義之成功，不得不要用種種的方法。

『最近的共產黨宣言他們的目的與無政府主義大約相同，他們之所以採取平民專制之一種手段，實因俄國人民多數還沒有覺悟，而竟能以少數人僥倖奪得政權的緣故，所以我們斷不能批評俄國革命之不對，但是以少數人握政權，且所有產業均握於操政權人之手中，很容易復行產生新資本家之危險，所以無政府黨人對於革命之方法，首要得大多數人民之同情，至於組織秘密機關，以從事於革命之職務，無政府黨也贊成的，如巴枯寧之『公民會』是。但是無政府黨所要求的就是必要地方的和職業的有自治之全權，使各地方及個人的精神得以自由發展，以建設一種自由聯合的社會組織，而反對中央集權化的國家，這是無政府主義和布爾札維克主義最大差別的地方』以上是覆信的話，摘錄于此。

廣告

捐助本誌印費者

依收欵先後宣佈

郭尚同十二元　浪鷗一元六角　養能十元

某君十元　朱平子二十元

介紹定期出版物

『平民』地址：——山西太原橋頭街振新派報社

『新少年』地址：——天津東馬路甲種商業學校宋卡均

different occupations———all in a hall. The meeting was solemnly opened by one of the staffs of "La Voĉo de la Popolo"; the band of The Public Orphanage followed; the biography of P. Kropotkine was read; speeches deliverd; students of the Girls Normal School sang a song of condolment; and all the eight hundred guests rose, shouting "Vivu Anarchüsmo" with cheers. Lastly, the guests were entertained by a short play of two acts, in which the students of The High Normal College took part, winning great applause. Four thousand pamphlets and five thousand post cards with portraits of P. Kropotkine were distributed in the hall, and The Canton Morning Post, a radical paper, issued a supplement devoted entirely to Kropotkinism; and this, together with the pamphlets and post cards, were given away to the guests as a souvenir.

All communications, exchanges, etc., to be adressed to

Mr. HOPOTKIN

Post Box No. 74

Canton, China.

LA VOĈO DE LA POPOLO

15th April 1921 Monthly No. 31

Meetings in Condolence of P. Kropotkine.

News of the death of P. Kropotkine was once reported in the spring of 1919, but this was afterwards proved to be untrue. Since then, nothing could be heard about the conditions of our comrade. In the November issue of Freedom, it was stated that P. Kropotkine was in absolute want of food and clothing, and that he asked for passports for himself and his daughter to go to Switzerland and Italy, as, a warmer climate would be a necessity for his health in.winter. Not long after the November number of Freedom reached us, Reuter reported his death, and so did Russta and other news agencies, the truth of the death of our comrade being thus confirmed.

So express their heartfelt sympathy, Chinese comrades have held meetings in Peking and Shanghai in condolment of our great pioneer, but none of the above meetings have been so sensational and sympathetic as that held in Canton. It was 20th of March. At the Hall of the Provincial Normal College, in the middle of the platform, hang the portrait of P. Kropotkine, decorated with wreathes. On its two sides, the following maxims were written, with big, bold types: "Mutual Aid," "Free Federations", "Free Groups," "From each according to his ability," "To each according to his need" Over eight hundred sympathizers attended. Besides the students of various colleges and girl schools, there were representatives of the Engineers' Union, Railway Workers' Union, Barbers' Union, Tailors' Union, Sailors' Union, Shoemakers' Union, Hotel and Restaurant Waiters' Union, delegates from Hongkong Unions, ladies, gentlemen, representatives, senators, officials, merchants,———people of different dialects and

En Anglio de li estis eldonitaj kelkaj verkajoj pri anakiismo kaj ankaŭ skribita la libro "En rusaj kaj francaj malliberejo" En Parizo de lia amiko E. Reklju estis eldonitaj aroj da liaj verkoj sub la nomo La diroj de la ribelulo" La plej eminentaj verkoj de li, defendantaj anaküsmo de la filozofia, ekoonmika kaj soeiologia vidpunktoj estas: "Almilito da pano," "Industrio, terkulturo kaj metio" "Anarküsmo kaj nuntempa seienco" Kunhelpado, kiel la faktoro de la evolueio" kaj vieo ba eeteraj malpli gravaj artikoloj kaj brosuroj.

Li kontraŭas leĝon, éar la lego estas farita de la perfortuloj, tial gi nur defendas la rajton de la perfortuloj, post senigo de lego oni laboras kaj organizas per la libera interkonsento. Li kontraŭas kapitalismo, ĉar ĝi nur donas profiton al la onalmultaj kapitalistoj, tial li eelas renvensiĝin per la komunistan soeion, en kiu oni laboras laŭ sia ebleeo la prenas laŭ sia bezono. Por sukeesi sian eelon tial li sin okupis pri socia revolusio gis la onorto.

Post la rusa revolucio li revenis Rusio, sed pro onaljuneco li ne povas partopreni la revolucian movadon. Li estas aprobanto de la Rusa revolucio, sed li ne kontentas la eeutran aŭtoritaton de la sovieta sistemo kiu estas la rezulto de milito, tial li aspirio,, ke la Rusaj proletarioj frue forpelio siaj malamiko, por ke ili povas esti lilera.

Kvankam la korpo de Kropotkin jam onortio, sed ne mortis lia spirito, kiam la popoloj vekigis, lia eelo tuj sukeesis. Vivu anarküsmo!

Avizo de la Redakcio

ni volas intersangi anarküstajn, socialistajn kaj Esperantajn gazetojn kun tutmondaj kamaradoj, kaj ni akceptas manuskripton per Esperanto kaj angla lingvo pu anarküsta, Sindikalista kaj Esperantista movado en la tuta mondo, lion sendu al; Sinpak, 33. Sai-chuk Str, Fat Shan, Canton, Hinujo.

LA VOĈO DE LA POPOLO

15a. Aprilo, 1921 Ciumonata Numero 31

P. KROPOTKIN (1842-1921)

Nia Kamarado P. Kropotkin mortis la 9an de Februaro en apud-moskva vilaĝo. Li estas naskita en moskvo la 1842 jaron en rusa aristokrata familio. Dum la infaneca periodo li jam aspiras al la libereco kaj malamas ĉiujn perfortoj, li ĉiam verkis revolucian literaturon sekrete senditan al sioj kunlernantoj. La finiĝo de la kurso en aristokrata lernejo, li sin okupis en Amura Kogaka Regimento, sed baldaŭ li rifuzis la oficon, per kiu li bone scias, ke la milita vivo estas malbona.

La 1867 jaron, reveninte Petrogradon, li iĝis la studento de la fizik-matematika fakultato de la universitato, samitempe estante la sekretario de Geografia Asocio. 1871 fininte la kurson en la universitato, li veturas al Svisujo, kaj post boldaŭ li aliĝis al Internacio, sed poste li fariĝis membro de la "Jura Federation," kiu kontraŭao la centran forton de la internacio, tiom li jam profunde studas anarküsmo.

Reveninte Rusio, li oferis sin al la propagando de anarküsmo, kaj ĉiam parolas kun la laboristoj, dissendas revoluciajn librojn al la rusaj popoloj. Post du jaroj, li estis arestita de la registaro. Pro malsano oni sendis lin al hospitals, per kiu li forkurio, tio ĉi okazis 1877 jaron.

El la malliberejo li forkuris al Parizo, tie li eldonas la gazeton "La Revolte" kun sia kamarado Reklju sed boldaŭ li estis arestita pro la suspekto ke li estis getinta la bombon en iu kafejo, kvankam estis klare, ke nek li, nek liagazeto estis kulpaj je tio. Per la helpo de iu eminentaj seienculoj li estas liberigita de la Franca registaro, sed ne estas permesita ankaŭ laĝi en tiu lando, tiol li veturio al Belgìo kaj baldaŭ translogis en Anglion gio sia reveno en Rusion.

通信處　廣州郵務局信箱七十四號何栢堅收

民聲

第三十二號

非賣品

評平民的獨裁政治

暴力的獨裁政治與革命

平民的獨裁政治在俄國實現了，日本人也有種種贊否的議論。當民衆的解放運動正盛的時候，我們若把這問題不愼重地解決一下子，恐怕將來有漫然模倣或排斥的毛病。

列寧主張這平民的獨裁政治，便是馬格思主義的正當解釋。列寧第一批評馬格思一八七五年五月所著的『哥他』綱領，在一封信裏講；『在資本主義社會和共產主義社會的中間，由前者移到後者，這革命的過渡時代，有一個政治的多數派那樣成了政治的形式，由平民一個黨派施行專制，剝奪一切反對者的政權，禁止那些出版或團結的自由，和馬氏說的不一樣。這是科氏反駁的話。

但是我們看起來把馬氏的獨裁政治用那一種的解釋，都沒有甚麼大問題，就是怎麼樣都可以的。因爲許多社會主義者把馬格思作爲偶像的樣子去崇拜的緣故，實在是沒道理。馬格思怎樣說的，或是用甚麼意思說的，都沒有拘泥的必要。馬格思若有防礙，便把蹴開了完事。我們總是排斥偶像的。

我們現在實際看俄羅斯好了。在那裏施行的多數派獨裁政治成了我們的問題。雖說是平民的獨裁政治，實在多數派一黨的獨裁政治，並且是一黨中少數指導者的階級，就是平民底革命的獨裁政治。』他便根據這文句，建設多數派獨裁政治。所以多數派主義，便是隨着馬格思主義的眞髓去行平民獨裁政治的。科特克——力ツオ——等所以罵列寧完全割竊馬格思，就是『馬格思主義底滛賣婦』。

然而科特克又說列寧把馬格思說的平民獨裁政治誤解了。依科氏說，所謂獨裁政治實在有兩種區別：一種是作爲政治形式的獨裁政治，一種是作爲狀態的獨裁政治、馬氏所說的獨裁政治就是後邊這一種，不過狀態上指爲獨裁政治罷了。平民趨向資本主義制度爛熟一方面，其數漸次增加，從政治上德模克拉西得了優勢，自然成了平民獨裁政治的狀態，便是馬氏的意思。列寧的獨裁政治便是多的獨裁政治，就是權力集中的意思；在那裏出現的東西，就是權力國家。

列寧夢想這平民獨裁國家，便像恩格爾斯說的『自睡死』又『自絕息』就是『自滅亡』，這是何等偉大的夢想噓！

權力集中的國家，果然有自滅亡的時候，那眞算世界開闢以來的奇蹟。由專制國家到平民獨裁半國家，一下子便會滅亡，這是國家進化運命的法則，這是馬氏唯物史觀所示的豫言。果然經過這樣階級能達到最後的理想鄉，就使人類流血爭奪政權，也很可以樂觀的。但是一回粘着權力的人，對于權力便生執着心，很不容易去離開權力了。譬如有人說教他發一百萬元的財他便死也願意，慢慢地發到一百萬元的財，越覺着世間很有趣，生了執着心，到底死不下去了。却是損失百萬元的人，還容易自殺。列寧自己雖不愛權力，一回拿權力作成堅強的國家組織，到底拿自己力量也沒法弄了，代多數派再起的，或是社會革命黨，或是甚麼東西，握政權都不一定，然而依然接續着是國家。

有人說，平民握了國家權力，把生產要具完全作爲國有，國家已經成了，無用的長物，就是國家的統治被廢了，不過是生產行動的指揮。但是指揮這生產大組織的，果然不能作權力者就完事麼？指揮生產者都是官吏，官吏便有職務，職務有時便成了權力。就是選舉出來的官吏，也沒有兩樣。于是乎單調的無生氣的機械的消極的這些生產狀態便接續起來了。追赶那一切民衆，永久的去作賃銀奴隸，就完了。便是柏洛薩說的奴隸國了。俄羅斯革命取這般方向前進，自然比較沙爾(皇帝)的壓制政治高出萬萬，但倘在中途半端便停止住，成了固定的東西，是狠可惜的。

單純革命

革命除了政治革命就沒有別的麼？雖叫社會的革命，也要帶政治的革命色彩，這是甚麼道理？革命越是政治的越暴虐。打倒敵人更弄權勢自然要壓制了。要打倒敵人單把他打倒不好了麼？若是甚麼制度阻碍了我們進途把他除去不就好了麼？這是極單純的事情。自然不能但靠平和的手段，就是要用甚麼力也須由極純粹的熱情迸發出來。譬如我們孩童時代常常地投石相打，叫做『石戰』完了時單責罰敵手，或使敵降服，便算完事。以後又成了友人關係，在單純行動裏便解決了。就有被投石犧牲的，也作爲不得已的事情，沒有甚麼不了。

無論怎樣的血戰，決不可作殘酷的事。不是政權的爭奪，單是實力的競爭。經濟上人民解放的戰爭，千萬不要帶政治的色彩。把在支配階級上的人從他們支配地位拉下來，致他們和一般人民立在同一平面上就好了。再沒有進一層弄甚麼支配的必要了。千萬遠離開復仇和憎惡的心。若像多數派的樣子，拿平民獨裁政治爲目標，進行階級戰爭，便使革命不純粹且促成對于權力的貪愛；這事在將來社會建設上成了大障礙，狠難除去的。所以科氏說階級能够支配也不能够統治，統治歸到少數手裏去了。我們不喜向這方面進行的革命，革命要像梭路爾所說『純粹的單純爭鬪的行爲』那樣極單純的東西才好。單除去我們面前的障碍物就是了。這就叫單純革命。若是和權力的政治慾交雜起來，却便成了殘暴的哪。

英雄主義

平民獨裁政治實在是少數者獨裁政治的實現，所以近來日本也唱起英雄主義來了，或多數派主義，或工團主義，都有英雄崇拜的共通點，這是米留柯夫指摘的，一點也不差。然而這個英雄主義有引來少數統治的惶恐。我們不取工團主義中這一方面。少數自覺者牽領多數無自覺的進行運動，說起來好像很對的，但這裏便伴着非常的危險。——就是少數者的壓制生出來了。少數者立在羣衆運動的前面，取牽領前進的態度是不大好的，千萬要防備爲扶植自已權力弄種種手腕的野心家混進來。就是威林克的那樣，有一個人背負革命軍的思想雖是夢想鄉也要排斥的。

民衆的解放運動要不教民衆自身去做，完全沒有意味了。少數自覺者要置身在後面推送民衆運動才好。眞民衆運動仍不外出行伍引起來。在英倫看見的罷市運動的形勢，我們狠可取法的。總要從下面起來運動方可信賴。所以少數自覺者但燃起熱情來，喚起民衆多數便算了事。眞進行運動的是在民衆自身。我們依這理由反對多數派的獨裁政治，像科氏，米氏，室伏氏等立在德模克拉西方面，非難平民的獨裁政治，和我們完全沒有關係，

從上邊給與民衆甚麼制度呀，組織呀，都很不好，勉強制成機械的共產主義決不生好結果。使民衆自身任意組織建設一切罷！用國權去干涉總是壞事。眞正自治是由民衆任意建設來的。總而言之：俄羅斯革命對破壞是成功的，對建設是失敗的。

排斥集權

取集權傾向的社會主義，當然是國家社會主義和集產主義。有人說馬格思主義不是國家社會主義，但總是和他相近的。國家社會主義便是國家資本主義。于是勞動家不過變成了附屬國家的賃銀奴隸。社會主義把我們結束在機械的生產組織下面，于是乎眞政治和眞自由都沒有。社會主義談政治，談自由，全是自相矛盾。實在說起來，若是社會主義的社會出現，我們狠難堪那樣單調生活的。

社會主義成了抹殺人類開發精神的東西。社會中沒有活潑潑的生氣，消極的沈滯狀態現出來了，不冒險便沒有人生的眞興味。社會主義失却個人的冒險心，僅在消費者需要的支配下面去實行生產，這生產便完全是機械化了。不錯，社會好像整然的統一了；但一面完全成了死板板的東西。我們所以到底要反對這機械的組織。

我們的原理很是單純明了的。排斥所有的壓制和窘迫，向自治方面進行的，就是企望自由社會的實現。取集權方向的，不過造出國家社會主義底窘迫機械的社會。在俄羅斯主張民平獨裁政治，建設集權的組織，那些社會主義者，狠努力的使那樣社會出現了。並不是馬格思唯物史觀所

示的『順着資本主義制度必然的過程移向社會主義的社會』。實在是由人努力創造的東西，我們看歷史的發展比較馬格思所解釋的更是進一層的創造。若是多人希望自由社會眞正努力去佔優勢，那定別有一個好社會出現囉！

科氏曾引列寧一九一八年八月二日在莫斯科的演說中『勞動者保持工塲，百姓勿還土地于地主』的話說『工塲歸勞動者，土地歸百姓』這個標語，不是表明社會民主主義的，乃是無政府主義工團主義的要求。雖然這不過捕捉列寧的話頭加以曲解罷了，列寧是固持工塲及土地歸國有的社會主義，這是無疑的。現在列寧還是要把土地作爲國有，但是遭遇農民反對，不能徹底去做。最初在『工塲歸勞動者，土地歸百姓』的標題下面，遂行革命，這不過是政略上的東西，決不容這樣去妄想的。說列寧有『建設共產的共和國』的理想，是不錯的；但要在平民專政的强權下面建設共產的共和國，那完全和自由社會反對的權力國家便要出來了。

無政府共產主義之心理上的解釋(續)

(四)

在這一節裡，要討論『構成人類社會，最重的要素是不是情感？』換句話說，就是要問『由各個特性作用，怎能够聯合成團體；或至最大團體，而不生衝突，以享受所謂自然生活呢？』我們若不把這一點，尋出源委來，也許那自由的聯合，聯合的自由，受人始終的懷疑啊！

以通常見解，論人類的聯合作用，總以爲其中最重的要素，是——『法律，强制』。

雖聰明如盧梭，尙且認定要有個契約。但這契約的原始，雖經後來的學者修正，至終也沒能說淸楚，幷且考驗我們日常的行事，交接也不是先有契約，然後纔行動。那麼，盧梭這一說，恐怕太靠不住，能去事實太遠罷？以此則今日盛倡的民主憲政，已根本不能成立；或是根本錯誤了罷！盧梭這一派學說，制度還是如此，其下於盧梭派的，更無足道了。但人類的聯合作用的原動是什麼呢？要求這個答案，仍須分開說：

A　什麼狀況是聯合作用？

B　聯合作用自什麼時候起？

C　爲什麼會生了這種聯合作用？

A，什麼狀況是聯合作用？若用簡單而明瞭的話來說，就是：一個單獨的人與第二個人；或第二個以上的人生了任何種關係；這種關係也許是極輕微的間接的，如一見面一點首聽說未見面都算在內。若是這樣廣泛的解釋起來，全人類都是相聯合的。但是沒理由說：那關係輕微，或間接的，就不算聯合作用。

這種直接或間接；與重要或輕微的種種關係，其間是不是含着法律，强制的性相？我們無論用外觀法；或內省法，去考驗人類行爲，從不見其間有法律，强制的性相。就是權利，義務等屬的行爲，也不過是個空名詞，在實事上并不見得有價值。我們常常爲捐助，或贈與的行爲雖可說是權利的轉移；但沒有義務可說。就是這權利的轉移也不是强制的；或法律上任何項作用所使。

試更從反面來觀察，凡屬乎法律，强制的聯合作用，總免不了破裂；或一部分人感着痛苦。這感着痛苦的，每成爲其破裂的原動。這樣狀況，我們於國家，社團，家族，都隨時隨地可以見着。我們若把成見，偏私，減到最低程度，爲較公平的判斷，自不能說那心存破裂的分子，都是惡的。他是一種痛苦的反應，發洩。這種痛苦，從何而來？那就不能說不是法律，强制的逼迫！

由此証明凡聯合作用，不容有法律，强制，契約等等觀念。他是很自由的。其有法律，强制，契約等作用而聯合的，那破裂的機會，也就同時并起了。所以這種聯合作用，是排斥法律，强制，契約等狀況的。

B，這種聯合作用，自什麼時候起？以前項的解釋，我們可以知道，這種作用，未必都起於意識；或知覺健全之後。其中很多是無意識，不理解的。很小的孩子，——自將生了到滿月——也會利用肌肉，聲音，肢體，表示他容納與拒絕。那麼我們可以說：人類自出生就含着聯合作用的蓄能與活動。換句話說，凡俱感覺作用，也就有聯合作用了。

不只由小孩子方面看是如此，成人也是這樣。凡是感覺所及的，就會起聯合作用。所以維對不可知之火星上的動物，每作遐想，就是因憑着望遠鏡，他感着了我們的視神經。總之，感覺與聯合作用，是同時幷起的。如此說來，聯合作用的原動，就是感覺嗎？或者不能這樣說罷。

C，聯合作用雖與感覺同時幷起；然其擴大與成就，乃感覺的回應——情感。所以回答第三項問題，——爲什麼會生了這種聯合作用——就是因爲彼此既接之後，生了情感。於是自兩個人推至無量數的人，遂能結合成爲一體。人不能無所感覺，自然不能無感覺的回應——情感，於是也就沒方法不相聯合。雖然，此種理論終不免有人懷疑，茲先解釋之如次：

情感是變更很快的，是隨着感覺變更的。人類的聯合作用，設其根本於情感，那麼，其聯合豈不時散時合嗎？這種懷疑，是起於不瞭澈情感之性相。情感雖變更很快，然其變更乃持續的，非片斷的。故人類之聯合，雖不能長久保其平穩；但能斷其無時破裂。

次則情感本具兩面。有愛則有惡，有喜則有憂，有憐憫則有狠戾。我們沒方法與機會，去其一面，或强留其一面。人類的聯合作用，設眞根本於情感，那麼，不是時時藏着暴亂的危險嗎？這種危險是固然有的，在史事與現狀上，都能够指証。但人類是不是進化的？所謂進化者，是不是理性作用？理性是不是能減少這種危險？我們由歷史上考察，可以說是『是』的。這一層讓在下節詳說。

除此兩種懷疑之外，若更爲積極的証明，則莫明顯過國際關係。更莫過於中國與西洋各國。現在多數人心中，都有了西洋各國，於是有的憎惡，有的羨慕，有的怨恨，有的愛戴，表現出種種『情』的狀態。這些異樣情的狀態，都是因其個人所接觸的不同而生。但無論如何，總是向着聯合方面去走。就以現在論，於物質上，精神上，都漸漸逼近了融洽。其最顯著者，莫過於商品，學說，救災，習慣等類。假使將來大的融洽機會到了，那大的聯合作用也就隨着擴大了。但是我們由傳說上，歷史上，考察二百年前中國多數人不聽見，不看着，有西洋各國時候的民情，又是如何呢？勞工的聯合，救災的聯合學術的輸送商品的交換，可曾有嗎?致於現在的國際上種種運動，更是想不到罷。

不只國際上的聯合是如此，國內也是如此。親族朋友間，也是如此。聯合體雖有大小，其聯合量則同，視乎情感的濃淡而輕重。所謂美醜是非毀譽，莫不視情感而轉移。所以說因爲彼此生了情感，纔起了這種聯合作用。由上三層解釋，就可以得個結論是—

聯絡單個的人類成爲團體的線索，是情感。這種情感是相對自由的。

這種線索在經濟上，就是互助。在道德上，就是同情。在藝術上，就是美的情操。在學問上，就是知的情操。在社交上，就是愛的情操。總之，人類社會不過是些情絲的聯綴。有一般宗教徒，偏偏要去情克欲，真是大背人性啊!致若宋儒的學說，更是荒謬無極了!

據此而論，則我無政府共產主義之自由聯合的互助社會，不是順乎自然，而本乎人性的嗎?其以法律爲人類社會之線索的，不覺着太錯嗎?唉!讀者諸君何妨以此兩項理論，——情感與法律——考察自己的行爲，我想便馬上知道我無政府共產主義的價格了。（未完）

傳記

近世女無政府黨傳畧

1 梅曉若 （Lovise Mickel 1836—1906）

梅曉若女士乃法國著名女無政府黨，生於千八百三十六年，卒千九百六年，初爲小學教師，後研究社會問題，從事平民革命，被逐於澳洲。千八百八十年復歸巴黎，鼓吹無政府主義甚力。因在巴黎率衆威脅政府，再受監禁二年。後既出獄，勇氣益加，運動革命不少懈。最後因至亞爾伯山中傳道，因太寒凍染疾而死。其著述有『新年』『困苦』『被侮者』『民女』『人類的微生物』及『平民』等書，皆痛擊現社會制度的不合，而以伸張真理爲職志。世人多受其感化。

2 蘇菲亞 （P.Sophia 1853—1881）

蘇菲亞是俄國的女虛無黨，生於千八百五十三年，卒於千八百八十一年，其家系出大彼得，世爲達官。女士年十七，與虛無黨員某締交，其父怒將女士嚴爲監守，使不得自由行動。女士旋私自逃走，出外研究虛無黨學說。那時女士爲社會謀幸福而犧牲的志念益堅，做小學教師及看護婦的時候，皆實行從中鼓吹革命。千八百七十三年被捕，旋得釋，從此遂爲警吏所監制。後五年，又以黨案入獄，定流罪，得脫於發遣的途中。千八百七十九年，謀炸俄王於莫斯科，未遂，再過一年，卒被舉爲指揮員，振香巾發號令。一八八一年，轟殺俄王亞力山大第二，女士旋被捕，宣佈處梟首刑。這年才二十九歲，世稱爲女革命實行家。

3 嘉利 (Voltatine de cleyve1836—1913)

嘉利女士以一八六六年十一月十七日生於美國密執安省(Michigan)的列斯里城(Leslie)。女士生了方一歲，他的父母因爲貧窮所迫，遷居聖約翰城(ST. John's)。到四歲，他父親送他入學校，十二歲畢業於小學。他的父親乃研究哲理，酷愛自由，富於超人出世的思想，深痛人間世的艱難困苦，故送女士於安他魯省(Ontarus)沙尼亞(Surnia) 某菴中做尼，使免受紅塵的浩劫。但女士固不甘處這迷信岑寂的境地，未幾即逃走，爲其父所知，復强女士返菴中。噫！彼爲父母者濫用親權以專制其子女，剝奪其人格及自由，而處以不合人生的境地，吾不知其何居心？女士以妙齡之年，纖弱之軀，那堪受此荼毒，故在菴中大病，適值假期，菴吏送女士回家，且囑人監守女士。苦痛異常，頻死者數次。後女士自已蓄有些少金錢，决志脫離菴中監獄的生涯，回家依其母。母固甚愛女士，凡事皆能順從其意志的自由，所以女士如再出生天。

女士天資很聰明，思想很活潑，見天主教的專制，心竊非之。一八八七年，詩家谷 (chicago) 工黨首領五人因運動罷工事受絞刑；女士深痛政府的橫暴，又加以受社會上種種不良制度和不平等的環境所刺激，遂决然有改造社會的志願，乃信奉無政府主義的眞理，日以摧翻强權爲懷。一八八六年，黨人謀起事於海馬加市(Haymarkel Square)抛擲炸彈，天地變色，不幸黨人多數被捕，皆受梟首之刑，女士獨幸得脫，然女士猶以不得與黨人共死爲憾。

女士精研社會主義和無政府主義，故對于惡濁的社會，能得精神上的安寧者實基于其改造社會心的懇切和眞理的信仰所致。女士甚信奉托爾斯泰(L. Tolstoy)的人道主義，常主張以德報怨，使世界早得和平。然讀者幸勿以女士爲服從强權，脫有侵及女士的自由，女士必挺身拔劍以抵抗强暴。女士尤善于文學，生平著作甚多，詩爲最，文次之，小說劄記又次之。女士的詩，皆以人道主義爲主，存悲天憫人的福音。其著名的如下：1自由思想家的不平鳴；2黑暗中的一線光；3上帝與平民；4猶太人的飄泊；5自殺的辯護。女士最着的論著如下：1優勝的理想；2無政府主義、3·美國故事與無政府主義；4文學上的無政府主義！5墨西哥革命論；（這是女士從事於墨西哥革命運動所作）6，近世教育改革論。女士的小說與劄記如下：1少年的勝利；2肉體的煩惱；3寂寞；4鎖練黨。這等都是一時的傑作，

女士一生多居於美國腓力特力腓亞城，(Philadelphia) 憐猶太人亡國的慘狀，善與相處。一八九七年以演說事渡英倫(England)一九〇二年北遊挪威(Norway)。後因經濟困難和疾病頻侵，加以社會惡環境的刺激，艱難愁苦，以癆而卒於詩家谷，時一九一二年六月六日，年四十七歲，

4 米雪爾 (Milser 1836—?)

米雪爾女士以千八百三十六年四月二十日生於法國布朗古爾 (Blanclins) 幼時從祖父讀書，千八百五十年與其母親往受女教師的試驗，得及格，在個一村裏頭設立一間女學校，母女日夜辛勤從事教授。五十六年乃至巴黎(Paris)得爲校長。因見千八百七十年的共和政府，多行暴戾，頗懷不平，深痛人民受苦，然慨有改造社會的志願。五十七年五月哥木雲的革命事起，女士與謀，頗能盡力奔走籌畫大事，因而被捕。十二月由軍法議會宣告流刑，囚居新加里多列亞(New Caledonia)十年，至千八百八十年，得放免。後，爲『社會革命』報館主筆。八百八十三年巴黎革命事起，女士亦爲主謀的一人，又被政府處以監禁，定期八年，後又被釋放。女士避居倫敦(London)，因倫敦乃各國無政府黨的逋逃藪，克魯泡特金(P. Kropotkin)巴枯甯(M. Bakunin)等皆曾避難於此。女士在倫敦創立『國際

婦女覺醒會』發刊機關報，鼓吹女權著有『新世界』『憶舊』『貧困』等書皆力描寫現社會的罪惡而發揮眞理，主張改造以建設新世界女士又精通歷史反對宗教力主無神論，思想高遠意氣雄厚而尤富於犧牲的精神，熱血的感情，以謀大多數人民的幸福，盖近世社會改造家中的女傑也，

5 沙蘇麗支 (Vera Sassonlitsch)

沙蘇麗支女士乃俄國的著名女無政府黨其生世不得而考，某年因革命黨起事謀推翻俄皇一黨人某被總警察特累苛夫 (Trehoff) 將軍的虐待，女士本不與此黨人認識因見被爲國人謀幸福而被害大抱不平，奮然嘆曰『彼男子是我國的志士而我的同志也醜哉彼官吏乃凌辱於此子是可忍孰不可忍我誓必報此仇』遂隻身刺殺特累苛夫，卒被捕，刑訊時意氣軒昂侃侃不屈曰『我乃憑良心上來刺殺暴夫爲萬民除害吾以身殉主義死安足畏但求吾血能換得自由則吾靈魂永不滅矣，』皇廷聞之大驚卒釋放之女士乃逃於瑞士 (Switzerland) 女士謀殺將軍的事發生後俄國人心大震，雖鄉村的父老里巷的兒童莫不嘆惜女士的勇敢，按俄國革命黨人暗殺官吏資本家屢有所見，何獨女士殺一將軍而舉國震動這裏可見人情的趨向，以婦女的從事社會改造比較男子尤易且影響大，按當時革命黨人聞女士暗殺事，遂皆慷慨激昂曰『彼女子猶能如是，我輩若不能盡殺國中的獨夫民賊，不如自刎而死，』於白晝橫行大殺政府的官吏，梅審特碎夫(Merensseff)將軍，親王克魯泡特京 (Kropotkin) 查叩夫(Charkoff)總督，得崙吞 (Drenteln) 將軍等及其餘官吏皆被殺無數，後復刺殺皇帝亞力山大第二 (Alexander II) 是皆女士一擊的影響，亞力山大第二的被殺，也是死于一婦人的手，即蘇菲亞是也，時專制魔皇既去，而人民的幸福日有進步，社會革命家益奮勇，遂有今日一九一七年十一月的革命，爲世界上放一大光彩，

(待續)

紀事

克氏喪葬記

死時的真況
出殯的盛儀
身後的紀念

克魯泡特金先生之死，莫斯科無政府黨首先有電向西歐報告，那電到得很遲，自由報待至三月號方才刊出，其文云：

倫敦 Daily Herald報轉Treedom 及Workers' Freind兩報：彼得克魯泡特金患肺炎症，歷三星期後，乃於二月八日星期二早三點十分很和平地溘然長逝了。他的死是因心搏停息。臨終時尚保存充分的知覺，光明，和情性。俄國無政府黨聯合機關已經擔任佈置一切，並籌設克氏博物院。葬儀將在二月十三星期日舉行。請通知各無政府黨和工團黨機關報。——莫斯科無政府黨機關 Golos Truda.

下文報告葬禮的電報係案給俄羅斯貿易委員的，由Daily Herald 主筆轉送自由報文云：

莫斯科，二月十三日。——本日由俄國無政府黨聯合機關佈置的克氏葬儀擺成很感人的行列，使人永久不忘的。這是一個最大聯合的表示，從來不曾在那一國得見過的。由同盟會所起克氏屍體停放過三天的會所，排出長行的無政府黨機關人員工人團體科學及文學的會社，學生團體，一直行至墳塲，計相距七俄里遠，行了兩點多鐘之久。Grand Opera Chorus樂隊二百人齊唱『永久毋忘』之安魂曲前行的都是學生行伍，將各無政府黨團體工人團體，社會黨團體及各科學的團體所送的花圈傘着燦爛的冬日陽光照耀着幾百枝深黑色的無政府黨旂幟，間以猩紅的閃光。又有一種無政府黨聯合機關的紅旂，遮蔽着成數英里長的行列。當大隊行過那幾點鐘之久，紅軍的兵士絕迹不見，也不要他完全的秩序都由這大羣人自己保守住，大隊分成數行，而學生和工人却在兩旁排成兩條『生活的鍊子』。那紅的黑的大大小小的旂幟上面的銘語都說出極大的愛和讚美於那無政府主義大家——個人自由不要政府說和自由的共產主義下之社會的幸福說之導師克魯泡特金氏。

許多位演說者給那科學大家革命者，無政府主義者，人類之至愛者克魯泡特金氏以最後的貢獻。其中六位是無政府黨，其他則爲多數黨，社會革命左黨，社會革命黨，孟扎維克黨，布爾扎維克黨，及第三國際之代表。代表外國的則有法國工團黨羅斯馨氏，美洲無政府黨高爾曼女士，他二人在這當兒並代表瑞典那威和丹麥的無政府工團黨。

夕陽已在天際線下，此無政府共產主義大家之會葬典禮於焉告終，送殯的人唱着無政府歌進城而歸了。——無政府黨葬禮委員電。

又 Manchester Guardian 報載稱：克氏葬在燕子山 Sparrow Hills 對面近河的墳塲。又說，當日有兩面無政府黨的旂，上面寫道：『無政府黨向社會主義的監牢裡要求自由 Anarchist demand liberation from the prison of Socialism』及『有政權處便無自由 Where there is authority there is no freedom』

二月廿二日，倫敦無政府黨人在South Place institute, Finsbury 開克氏紀念會。堂裡滿滿的都由倫敦各方到來的同志。表他們最後的敬意。演說的有潘德爾文，孫陶澤鐵歐，文和戴勒五人。所有的人都宣明他們的所事決爲無政府黨，亦如不堪各國虐待者之毅然獻身。爾氏及陶氏則追述克氏生平軼事。歐氏則重申他的課本，謂『國家』永不能由專制和特殊權利之弊害解放我們的，必要掃而清之，我們才得自由。

自由報之克氏紀念號及克氏所著書籍和冊子銷甚多。

我們對于同志們所下的最好批評是：他們把克氏的工作做主，把無政府概念向羣衆中廣遠地傳播，這麼一來，大有裨助于眞知灼見克氏夢想的自由男女的社會。

支那同志之舉動

聯合大會

社會革命團

『社會運動』報

北京，漢口之同志因爲吾黨在中國言論鼓吹，已近十年，表同情的日見加多而世界革命潮流，直捲東亞將由言論入于實行時期了；可是同志散處各地事實上有一面大規模的聯合之必要因定于本年八月間舉行聯合會議開會的地點，或在武昌或在廣州，在八月初決定與會人數，每地若干人。此會專爲決定進行方針而設吾人但祝他有良好的果出來！

同志在黑暗勢力下之北京者益發活動，這是强權沒用之一証。最近北京同人大有坐言起行的趨勢了。他們決定『目的不變而手段則因時制宜』的大方針，徵求各地同人意見，一致贊同，遂本這意見組織一个『社會革命團』大會之後，複正辦法，就全體加入，以實力求達目的了。

北京同人又刋行了一个週刋名目是『社會運動』。這報短小精悍，把懷疑無政府主義的羣情解釋，又把社會革命的理論充分說明。這報已經出了一號大受社會歡迎，北方革命之急先鋒當讓他獨步。『社會革命團』的宣言刋在該報第一號。愛閱的請函致北京大學第一院魯德君或 Mr. Rood. Natianal University, Peking.

報告

捐助本報印費者

以收欵先後刋佈

天研五元(郵票)　倪隱一元(郵票)　元玄一元(郵票)
撫西一元　螻廬五元　愛眞四角
志川二十元　蔭棨一元　加拿大焯元等三君共十元

▲附白　郵票而聲明捐助印費者，不論多少均刋佈，其只作寄費者不列。

SOCIAL AND PERSONAL

We regret to announce the sudden death of U. Stopani, our Russian comrade, who, deeply sympathyzed with Anarchist Communism, had recently shot himself with a pistol in his residence in Shanghai. According to a letter from comrade Lu, U. Stopani was on no account a pessimist. He was a Bolshevist; he spoke Esperanto fluently, and was a happy young man. Investigations as to the cause of his death are being made.

Mr. Wong Yipoh, who was charged by the Japanese Government for dissenciuating anarchist thoughts in a Chinese School in Yokohama, has returned to Canton after having been imprisoned one hundred and fifteen days in the Yokohama gail. Comrades are glad to see their friend back again.

In memory of the death of Sifo, our great pioneer, a gathering of Comrades was held in a monastery of The White Cloud mountains on March 27th, the day in which Sifo died, about forty comrades were present, and many had a sigh when they thought of the days of "The Conscience Group" and "Fuj Min Group".

We are glad to announce that Professor Morido, of the Imperial University, Tokyo, after having completed his term of three months' imprisoument, has sailed for France and Germany for further researches on the theories of Socialism and Anarchism Hundreds througed the station as he was about to depart, including many of his brother professors, students, and socialists, We wish him a successful career

---

All communications, exchanges, ect., to be adressed to

Mr. HOPOTKIN

Post Box No. 74

Canton, China.

LA VOĈO DE LA POPOLO

15th May, 1921 Monthly No. 32

MAY DAY IN 1921.

There has been a large awakening among the labouring class in China at present, and all are striving to elevate themselves in society and demand their rights. There are thirty two labour unions in Canton, twenty six in Swatow, while a hundred or more have been well organized in Hongkong. Over two thousand labourers joined in the parade in Canton on May 1st, headed by scholars and members of the Young Men Socialist League, and each of them carried a flag bearing the inscriptions "Holiness of Labour", "Equality of Classes", "No Rice, Clothing and Shelter without Labour", etc. Printed pamphlets explaining the history of Labour Day and other labour subjects were distributed to tht people along the way. In Shanghai, Swatow, Changsintien, and other places, unsual enthusiasm was shown by the labourers toward the significance of Labour day, and students of Peking High Normal College had a grand meeting on that day, inviting prominent persons to give speeches on Labour questions. Peking University Students have also prepared for a meeting, but the Hall was suddenly on fire so that they were obliged to stop their work. We hope something new will occur in 1922.

Since the suspension of "La Voco de la Popolo", Anarchist journals have repeatedly appeared at home and abroad. The most popular of these are the "Evolucio" and the "Libereco", but all of them have been stopped shortly after their publication, and now there exists in China the revived soul, "La Voco de la Popolo", the only anarchist paper in Chinese language, and also the sole organ of Anarchist comrades in this country. We desire to exchange with Anarchist, Syndicalist, Socialist, and Esperanto papers, and will be glad to receive books, articles and news items, We hope comrades all over the world will help our proganda.

esti libera kaj feliĉa, Krom anarĥismo oni ne povas savi la popolojn el la mizero. Gia programo estas: kontraŭmilitarismo, kontraŭ familiismo, kontraureligüsmo, kontraŭkapitalismo progresigi universalan unuigon kaj propa gandi Esperanton.

Sro Bertrand Russell, kiu estas angla filozofs, kaj estas gilda socialisto. Lastan jaron la prezidanto de la Pekina Nacia-Universitato venigis lin al Ĥinlando, tial Ĥinoj povas aŭdi lian doktrinon. Pro propagando de Socialismo, lastan monaton là registoro petis la anglan ambasodoron forpeli lin. Poste Sro B. Russel pro malsano eniris en hospitalo, nun ni aŭdís, ke li jam plisaniĝis.

(Sanĥajò) Sro V. Stopani, kiu estas Rusa Bálsevisto, kaj tre entuziasma propagandi Esperanton, venis al Ĥinujo je 1919 jaroj, Li ĉiam amikiĝio kun anarhüstoj en Ĥinlando, Sed la 26an de marto 1921 li sin mortigis en la dormejo, ni tre dubas, ke li estas mortigita de la malamiko.

(Japanio) Nia kamorado Von Ni Pok, kiu studis en Tokio, sed boldaŭ li foriĝis instruisto en iu lernejo, kiu estas fondata de Ĥinoj. Kiam li instruas, li parolas pri anarhisom por vekigi la Studentojn Bedaŭrinde la oficistoj la lernejo scügis al la polisanaj, tial K-do Von Ni Pok estas malliberigita en malliberejo dum Kelkaj monatoj, nuntampe li liberigis kaj antaŭ kelkaj tagoj li revenis al Ĥinlando.

"Laborista Movado" antane estas redaktata de k-do Osugi, nur aperis 5 numeroj, pro ia kaŭzo ĝi ĉesis, Nuntem pe ke li kun Kelkj Kamaradaj reaperigi ĝin, eldonante ĉiucemajne, Ĝi deklaras: "Sub la aŭtonomio de laboristo, liberigi la laboristojn estas la afero de la laboristoj mem, ni levigis la Standordon "Justeso" por la pioniro de la laborista movado:

AVIZO.

Ni akeeptas manuskripton per Esperanto kaj angla lingvo, Oni sin turnu al: Sinpak 50 Ping Yeung Li St. Fat-Shan, Canton, (Ĥinujo)

LA VOĈO DE LA POPOLO

15a. Majo, 1921 Ĉiumonata Numero 32

KRONIKO

(Kanton) Anaĥiist-Komunismo estis propagandita en Ĥinujo jam pli ol 10 jarojn, sed Kiom da kredantoj nuntempe ekzistas, ni ne havas precizan statistikon. Lastan monato niaj kamaradoj subite kunvenigis en Kanton, promenante al la norda Kampo por kunfratiĝi estas pli ol 40 partoprenantoj, sed ankaŭ multaj Kamaradoj ne partoprenas, ni opinias, ke en Kanton ekzistas Kelkaj centoj da Kamaradoj.

La 20an de marto ni kunvenis en la Supera Normala Lernejo por Kondolenci Kanraradon Kropotkin, pli ol 8 centoj da kunvenantoj. Krom la gestudentoj de ĉiuj lernejoj, ankaŭ partoprenás multaj delegitoj de laboristaj asocioj ĉe la kongreso oni dissendis 4 miloj da pamfletoj pri la doktrino de Kropotkin, kaj 5 miloj da poŝtkortoj kun portreto de Kropotkin. Tiu kunveno estas efika propagando por la Kantonanoj.

La 1an de majo pli ol dek mil laboristoj promenis en ĉiuj stratoj por rememori la Sanktan tagon, akompanate kun multaj Socialistoj kaj anarkistoj dissendas propagandiloj en publiko danke la movado oni scias ke la kapitalino estas monstro de la mondo.

(Pekin) Kamarado Ju him Ĝi pro propagando de anarĥismo, estas arestita de la policano, kaj sendita al la malliberejo pli ol Kvar Monatoj. Kamarado Ju him ĉi volas sin mortigi en la malliberejo, pro tio la popolo tre tumultas, kaj telegrafe malbenas la registaso, danke al tio la registaro tuj liberigi Kamaradon Ju him Gi.

ĉitieaj kamaradoj eldonas duonmonatan anarĥistan gazeton nomaton "Socia Movado", ili diras, ĉu la registaro apartenas al la kapitalisto aŭ al la proletario, la popolo ankoraŭ ne povas

民聲

通信處　廣州郵務局信箱七十四號何栢堅收

非賣品

第三十三號

『自由社會』的宣言

『自由社會』Free Society 原來是美洲無政府黨的出版物，始初每號不過一張小小的傳單式的小報罷，今年擴充篇幅，改正名義，自由贈閱，大受黨人非黨人的歡迎。

這篇宣言，是說明他們改正名義的原故，而區區的名義，關係都很重大，讀者不可粗粗看過。

同志諸團體發刊這一張報，從前是用『無政府黨蘇維埃公報』"Anarchist Soviet Bulletin" 的名目流傳的——和那許多時下問題的傳單一樣。

自今以後，這報並所有的傳單出版者的名義，改用『合衆國和加拿大無政府黨人團』代去舊時所用『美洲無政府黨聯合市蘇維埃』這名義，而報名則改『自由社會』

改易名稱的主要原因，却是爲着『蘇維埃』這一個字。

我們並不反對蘇維埃，當他於一九〇五至一九一七俄國社會革命暴發時起而存在；也非反對當英國資本家想對革命的俄國從新作戰時工人階級發起的『實行議會』Council of Action。亦並且——我們常常喜歡那平民委員，像巴黎市府時代所與的。換句話說，我們絕不反對所有的平民組織之起于革命時期的，倘使他們眞個是代表那些由經濟的政治的奴隸而奮爭自由的全體平民。

爲着這個原故，無政府黨本來力助俄國的蘇維埃的直到如今，方才確知俄國的蘇維埃除了做共產黨（布爾扎維克）亦即俄國政府手中的器具之外，再沒有別的了。

無論何人理論着或談及現在的俄國，就說他是『蘇維埃俄國』。在我們無政府黨，依然用蘇維埃這個字就意思只是幫助世界的布爾扎維克黨扶搖直上，亦卽令他表見着我們是助俄國的現政府，可是我們却不如此。

蘇維埃也好，實行議會也好，平民委員也好，凡是已經變做政黨手裏的工具的，這時候他們代表全體平民之組織體的存在權已經停止了，新的組織體就必要起而代之。那麼我們更易名稱，那麼更見得我們的自由—無政府主義的理想和概念。至論到我們這報的政策，我們願意使他有鼓吹的和教育的價値。

按『自由社會』在政治高壓之下，在所謂德謨克拉西充分發達的新大陸，仍然不獲出版自由。我們翻他紙上，除『美國及加拿大無政府黨人團出版』及『自由散佈』字樣之外，並不將地址刋出，後來從倫敦自由報上說明他還是秘密印行的，大地茫茫，無一寸乾凈土，這也常事啊！

無政府黨人！尤其是中國的—可以不可以應該不應該采用俄式革命做手段呢？如其有人走這道路，又該不該協合進行或是相助爲理呢？這些問題，同志們曾經兩三年的考慮，便覺得這問題不能如是簡單的，當得要分析來研究。大低俄國革命是一件事，俄國革命後的制度是一件事；制度好不好和施行得法不得法又是一件事；而從流溯源，歸總于馬教教條的「階級戰爭」「平民專政」對不對，這是一个先决問題。

馬教教條，却不止無政府主義者所反對，就是工團主義者也贊同一半反對一半的；自從獨拉會分裂以來，從學理上的判定，至今豈復能成問題？至于俄國革命這回事，在這沈沈黑暗中，霹靂一聲，曙光初露，凡是人類，初無不表熱烈的同情；又凡是在革命期間眞正的平民組織體，我們正與美洲的同志一樣最表歡迎。我們考慮結果的反對態度，只用在做了一黨手裏工具的蘇維埃，仍與美洲的同志無殊。至于革命手段應如何，這純是做事的方法，絕對的無關于主義的本身，做事的人有幾分要受時勢的支配，那麼，向所考慮的問題，可不煩言而解了。

參合各國同志的意見，我們這主意似還不遠于事理，特乘便披露一點。—記者

『階級戰爭』和『平民專政』果適用于社會革命嗎？

我們第一件要請問社會改造家的話就是：爲什麼要改造這社會？無非是大家見了社會中的不平痛苦危亡的現象，漸漸的向死亡方面進行，不得不設個法子來補救。換句話說，就是救『社會死亡』。

社會改造的動機既是這樣來的，那麼改造的目的，一定也是向救死亡的方法上去要求。這也是一個不可移的道理。

現在我們就各派改造家所用的手段看起來，雖各有不同，然總沒有像馬克思教條裏的『階級戰爭』『平民專政』這兩句話的容易使人迷惑而易生危險；所以我覺得凡是研究社會問題的人們不可不詳細審慎。

我們現在先把那階級戰爭的實在考究他一下，到底他的名實相符不相符，然後再定他能用不能用。他們所謂『階級戰爭』就是有產階級與無產階級的爭鬬，馬克思自已及馬教門徒都以爲這一個歷史上的調查總算是一個千古不變的定律。其實我們稍一留神，就覺得有產階級與無產階級兩句話，到底以甚麼程度爲界限，實在不易劃分。還有他們說社會過去的歷史，都是階級爭鬬的歷史。這話恐怕也未必盡然。我們就國際的戰爭來說，例如這次的歐戰，何嘗是有產無產的階級戰呢？明明的是各個強權家，要想發展他們的野心，用種種方法，挑撥彼此民族的惡感，平民殺平民，這算是什麼階級與什麼階級戰爭呢？其餘還有從前所謂氏族戰爭，這姓與那姓的子孫，互相殘殺，甚致築台駕炮，打了幾世也不罷休，現在中國各地仍然常有發見，尤以兩廣之深鄉爲最。請問這又算什麼階級的戰爭呢？就這兩種戰爭，已是出乎階級問題以外，我們就原諒些說，階級爭鬬雖不能包括全人類的過去戰爭的事實，但有時或者也會發生這種事情，所以馬派門徒，以爲階級戰爭是惟一的社會革命的手段。我們粗粗一聽，好像是簡直不錯，因爲這句話在歷史上似覺又有些根據，加之他的刺激性大，在實際運動的時間，易于使那班被治的無錢無勢的朋友們發火，所以在一般熱心社會革命的人們，因爲方便上的關係，很容易被他的字面迷惑過去的。其實我們向精密一點去想即刻就知道這個名詞是十分的不妥當因爲照我所考他的歷史上的證據已經是很欠圓滿。既說歷史上無充分證據，何以又能使那被治的無錢無勢的朋友們，發起火來呢？從這一點就可以看出他無理由而能刺激人性，就是帶着有挑撥人性惡感的効力，換句話說就是利用人類的固有短處(野蠻性)；所以他的作用上好像効力很大。但是我們要曉得今日社會必要改造，就是因爲人類的短處太多，要設法增進長處(文明)，或者才能補救這社會的死亡。鼓舞鬬爭，在事理上已經講不過去，在實事上還可以證明他的不行。小事免講，試看十三世紀宗敎戰爭就可以明白了。

依照各派宗敎的原義，雖是各有各的主張，但是他們全有改善人性的意味，何以又會弄出死亡的戰爭出來呢？他們的立意是不錯，就是因爲手段上利用人類的短處，不談理解，叫人一味信從。

我們講到這裏，並不是批評宗敎的好壞問題；我們是要說明那時他們裏邊發生戰爭的理由，請讀者不要誤會。最初是你信你的主，他信他的主，弄到後來，相持不下，你護你的主，他護他的主，于是就各人爲各人的主的犧牲，才弄出那一場大戰，倒把他們自已的本身打翻。

另外還有那國家主義，也是如此：你愛你的國，我愛我的國，本來這個辦法也就不好，到後來，又變爲你要你的國伸張，我要我的國伸張，就如這一次歐戰，死掉了幾百萬，大家才知道他的危險；現在總算是『臨時抱佛脚』的來改造社會，若是還不能明白這個利用人類短處的可怕，有了這些前車可鑒，我們想改革社會制度的還不覺悟，那就不是救社會死亡，直是促社會死亡罷了！

至于說到那『平民專政』格外帶着危險的，欺騙的性質了。我們就從他極善的方面說起：就令是因爲剛剛革命後，恐怕資本家與貴族復活，所以不得不用平民專制來壓迫，在利用階級戰爭的人的心理，或者以爲設一個平民專政的制度，作爲社會革命的誘餌，似還可以原諒；不過他的危險也要顧慮呵。在革命未發生以前，不能把社會改造的理由十分討論清楚，就利用了幾句挑駁人性惡感的話說，乘着烏合時候的橫暴，又無法將固有的資本勢力以及階級的根本取銷。硬想用壓力的平民專制來强行，這比現在的政治革命，及軍隊戰勝占領土地的蠻行，所高又有幾何？馬派的人們，還說「人性並非盡善，所以不能不用專制」其實眞是矛盾的非常了！你想若是認定人性盡善，那末還要來改組這社會幹什麽呢？而社會也不致有死亡的現象了；若是人性全惡呢，那麽專政的幾個平民，如何能證明他們是絕對的善人呢？縱或人類裏頭會有，又設有好方法選了出來，若說選舉法改善，恐怕在二十世紀，格外用不着提平民本是平民，一經專政，魔皇立現眞形了。甚麽『階級專制不同一人或一部分人專制』這些話，事實上已經告訴我們是僞的了。試問這種制度下的社會，是生發的還是死亡呢？

末了，我有還有一個比方，假如有人也照共產黨宣言裏的三條辦法，另外擬出個革命方法是：（1）糾合世界的女子；（2）顛覆現世男子的政治組織；（3）女子專政。簡單些說，就是『男女戰爭，女子專政』，他們也說是社會革命的手段，到共產世界的過渡時期，試問我們社會革命的手段，用前一個（馬格思）呢？還是後一個（女子的）呢？還是不談理由的各做各的，惟力是從呢？我們想無論如何，這種理論是人所不願聽的，說是太近滑稽麽，那就其實馬派的手段也與之一樣，不過他的含義較隱罷了。

總而言之，我們要記得的，就是要救社會死亡，一定不能用死亡的方法去救就是了！

無政府共產主義之心理上的解釋（續）

（五）

現在還有一些認識不明瞭的學者，便著書立說，來批評無政府共產主義是『空想』的，他們的意見大略是——

無政府主義者，以爲社會組織，應當順着自然法則。現在的社會，是違背了這樣法則，所以要改造。改造的標準，就是要順應自然法則，因爲這些自然法則，都是理性得來的，都是逼近眞理的。所以他們都非常尊重理性。他們不認道理以外，還有什麼力量。人類只要從理性的引導，和道理的命令而行，就很好了，社會自然會變成合理的善美的了。他們照這樣想；幷且照這樣作。但是人類絕不能依照無政府黨理想中那樣生活，那樣乾枯；幷且很多時候理性是無能爲的。如兩性的戀愛，貪財，好名之類，所以無政府黨的主張，竟成了鏡花水月的空想——，

假使這派人曾忠實的讀過克魯泡特金的一兩種著作；或是小心一點考慮過我無政黨的理論，必不肯發這樣不切於事實的議論。因爲克氏的著作裏幾乎沒有一本不有『尊重同情的論斷』。他　部互助論的最精簡的結論，就是『同情』兩個字。他解釋道德的原理，也是『同情』兩個字。我無政府黨的主張，自然也看重了這兩個字——同情。那麼說：『無政府黨純尙理性，理性之外，不更承認有何種力量維持社會，』豈不是認識的不明瞭嗎？

雖然，這種批評，反顯出無政府主義的半面眞理，我無政府黨雖認定人與人之間的組織是情感；但我們以精確分析人類心理的結果，知道情理是時時趨於中和，他們倆有一種自然調中的儲能。所以我們雖認人類社會的組織力是『情』，但也同時承認理性的重要。其理由大略有下列幾個：

(A)情理是人類行爲的兩大要素。

(B)理，是情經過的記憶比較。

(C)人類的進化，是理性發達的結果。

A我們以外觀法研究人類，或其他動物，在任何場所的行爲，其內涵都是情理兩方面。例如小孩子玩火，這是沒理性的，是情的驅使；但是他知道避着風，以防他滅了，同試着點別的東西，這不又是理性的色彩嗎？又如鼠類，或是很小的昆蟲，如螞蟻，蚊蟲等等，他們因饑餓的情感去尋覓食物；但是他們會避着險，理會着那方或者有食物可食，這不又是理性嗎？人類的行爲，也是如此。無論在什麼狀況之下的行爲，情理總是相伴的。所以那沒有情趣的純理性生活——如宗教的修道院——是人類所不能堪的！——那少理性的恣情生活——如嫖，賭，吸鴉片，貪財，飲酒，——也是很

受痛苦的！所以人類最適宜的生活，總向着情理并行而調均的方向走。我無政府黨主張改造成的社會就是這樣的。

B凡人類以致普遍動物其行爲的最始之一點，多數；或可以說全是『感覺』。隨感覺而起於主觀的便是『感情』故可以說感情是感覺的回應。舊心理學家，以爲『意識是精神作用的惟一存在』已不能成立了。

行爲的最始點是感覺，但也可以說感情的表出，就是行爲。如喜，怒，愛等等的明白表出，則無一不是行爲了。所以舊說：以爲『行爲一定起於意志』也是靠不住的。據此，則行爲中不一定都含着理性。這個結論是不錯的；但須說最始的行爲不一定都含着理性。可是除去未成年的小孩子之外，若於成人內尋一種純乎感情而元始的行爲，確非常困難。就是因爲我們的感情是時時繼續的前進，他的經過，已入到記憶，而成意識的材料；於是理性也就隨之而繼續的前進了。所以理性，仍是隨着情并行。

人類行爲原素——情理——既是如影之隨形而生的。那麼任是偏了那一樣，也不能够。所以我無政府黨主張情理并重的社會，不只不如批評者謂『單重理性』并且不是認『情』爲組織的原動，便任其所之而無所約束，如現在一般人誤解自由戀愛者似的那樣沒軌道。

C我無政府黨所以并重理性的，不只僅如上述理由，并且因以種種觀察，承認人類進化，是必然的法則。進化的裏面，是什麼東西？不是理性嗎？不是因經驗而加以思考所得來的嗎？這些疑問很普通，所以不加解釋了。

於此有一問題，即富於理性之進化的意識，是不是有指揮『情作用』的威權？我們只要略一用心觀察社會上的實事，便能立刻回答：他是有這樣威權的。例如嫖，賭，兩件事，他的魔力很大。假設有一個人處在這種魔力之下，而竟不嫖，不賭，我們要分析這個人的行爲去，一定不是平常道德觀念所能抑制。必是理智力的作用。又問貧富誇榮的魔力，也是很大，但是巴枯寧，克魯泡特金，托爾斯泰一類人，都能勝過他了。這也不是道德觀念所能爲事的，於是我們可以斷定：『人類進化一步，理性的威權大一分，情感則屈伏一分』。這就是我無政府黨所以謀擴大理性最重的原因也就是不怕毀滅法律，軍隊，警察，宗教，種種現存的毒物之後，而人無所歸束，成了繼續擾亂的狀況，換句話說就是不怕情的恣肆啊。

於此有一層易招誤解的，就是理性的威權既日擴大，豈不『情』要被他漸漸剝削嗎？這確不然，所謂指揮的威權，只是引掖的引掖『情作用』逼近於理性，不是壓制『情作用。』不容他自由活動，換句話說就是理性時時的指導引掖『情作用，』逼近於善眞啊。

以上三段話，就是我無政府黨所以認理性與情感有一樣重的理由，於是第四節上所存留的疑問——感情性的危險，可以不費力而解決了。且他之一面又可解釋我無政府黨所以尊視理性，并非一偏之見，如認識不明瞭的學者那樣批評，正是為調劑情的過量，纔這樣主張的。總括的說一句就是『人類行為有漸漸被理性管轄的趨向』啊！

（六）

綜合以上的解釋，可以回答出幾個問題來，就是——

A『自由的聯合聯合的自由』是永續的存在，沒有破裂的可怕。

B沒有法律，軍隊，政府，不會發生危險的事情。

C沒有宗教聖人，人類的道德更要日日進步到最高度。

若是總起來說，就是『無政府的社會觀，不是空想的，沒有危險在裡邊。』他是根據群衆心理之必然的軌道來立目標。』所以無政府的社會之實現，不過時間遲早的問題，我們相信一定會實現的。這似乎是我們的偏見，其實讀者諸君假若能分析自己的行為，求其因果，再推演到社會上去，也就知道這個結論，不是我們的偏見了。我希望讀者諸君，皆能精確的試驗一下，好證明此說之不虛，也許藉此而無政府主義的社會早些時實現，我們也好早一日得着人的生活，

（完）

傳記

近世無政府黨傳畧（續）

6 高路曼(Emma Goldman)

高路曼女士原俄國人，生於美國，為美洲一個著名社會

改造家。他年幼就很聰明，思想很活潑，長大後因與社會接觸，深感社會制度的不良，貧富懸殊，苦樂不均，大多數人受制于少數的手中，全不合人生的生活，遂起改造社會的志念。女士很喜歡研究社會主義和無政府主義，因他相信非將世上的一切強權和惡制度摧翻，不足以謀大多數人的幸福。所以女士常與革命黨人來往，以研究學理及討論進行方法。女士常鼓動女製衣匠的罷工，有一次其力夫倫黨人開會請女士演說，有一黨員名梭谷遂(Czolgosz)聽女士演說後，乃曰：『余聞高路曼女士的演講，滿身熱血都為之沸騰，遂以刺殺大總統為余一生的責任』。後一九〇一年九月六日梭谷遂刺殺美大總統麥堅尼(Mc. Kinley)于巴復路城，可見女士口才的鋒利，至情的動人！女士曾因吉士罷工(Gebs Strike)致受七個月的監禁，出獄後，飄然往歐洲，後因法政府驅逐其出境，乃再回美國。

一九〇七年八月，無政府黨在Planouis Hall開國際大會，女士做美洲出席的代理員，討論無政府的組織，女士發表意見，最為要肯。因為許多人誤會無政府是無組織的擾亂的，殊不知他是最有組織最有秩序的。女士力闢世人誤認國家是社會的組織，因國家是由專制主義所產生，及武力所維持的組織；又否認學校為教育的組織，女士以為現在學校都是一種兵營式的訓練，只教人服從惡社會偽道德的迷信，及容易使永遠繼續現在私利的社會組織。女士以為組織是一種天然有機的生長，此種組織，必要增進及解放我們自已的人格，由各個人的自覺及自力自由來組織，故無政府是集合一羣的個人，在這情形之下，沒有一個人能命令他人的志願和限制他人的意思，他的目的在變更所有現在社會的道德和經濟情形，最後從事求全體人類的幸福。

一九一八年，女士與碧民(Berkman)因反對徵兵，于六月十五日被囚在紐約。女士入獄後，尙致書勉勵其同志，使勇猛從事于革命事業；可見女士的志氣堅毅威武，亦不能屈，其革命的精神，眞令人可佩服。

女士在紐約創辦一個『母地雜誌』(Mother Earth)以鼓吹革命及女子解放。女士生平著作甚富，其著名的如「

愛國主義，』『工團主義，』『安那其主義，』『結婚與戀愛』等。女士又善于劇曲，近著有『近代戲曲的社會的意趣』（The Social Significance of the Modern Drama）一書。女士深痛現在婚姻制度的不自然，故在『結婚與戀愛』（Mrariage and Love）一書中，力斥金錢勢力法律習慣才能的結婚爲不合眞理及人生。女士極主張自由戀愛（Free Love），以爲愛情乃神聖之物，有最高尙純正不受一切外物的限制，循自然的生理和自由的心理而發生，這才是眞正戀愛的道德。女士于『愛國主義』（Patriotism）一書力斥愛國之非，以爲愛國主義乃是殺人的利器，乃是少數奸雄野心家，想保存其自私自利的產業，所以創立此主義以欺騙一切人民；須知人類祇有互相親愛，互相扶助，自由組織，各盡所能，各取所需，求其眞正人生的生活，在地球上共同生存，那有什麼國不國？更何有于愛不愛？故愛國主義不打破，人類互相殘殺不絕，就永無和平幸福的一日。女士的社會改造的思想大概如此；熱心革命的精神，尤其不可多得！女士前因反對美國加入戰團，被監禁兩年，于去年出獄，又被遣送回俄國，現爲勞農政府衞生局委員。

紀事

遠東運動會場上之黨人運動

我們記得一九二十年四月二三等日福建漳州開學生聯合運動會時，那裏來了數十個江蘇，浙江，直隸，湖南，廣東等省的無政府黨人，盡力宣傳其主義。那時會場上散佈了册子（內容就是師復遺著的『無政府淺說』和『無政府黨之目的及手段』）十萬本，傳單（一篇是某君著的『救命』，一篇是朱執信著的『令子令孫不怕沒有飯吃』）二十萬張，另外福州學生紅旗隊數十人分頭演講，結果有兩同志被兵士打了一頓，而閩南遂滿了安那其的空氣。

今年六月四日，上海開遠東運動大會，萬國的人士上千上萬聚在那裏，同志們復利用機會，極力宣傳。

運動後五日，此間接到上海同志的報告說：

六月四日午，同志百餘人出發，先印備中文册子三種，英文一種，日文一種，共數十萬册，另傳單數十萬張，又預備旂子數十面手槍數枝。

同志們勻配會塲同時散放，約半小時，傳單冊子散完了，人人正在那裏誦讀忽地空中起了幾響鎗聲羣衆都大驚愕。

同志們四面遙應高唱『無政府歌』聲聞遐里人人感憤極了。

放鎗的同志，不過向天轟發，意思是喚起大衆注意罷，忽來一日本人要將放鎗的人毆打，這人與之相持，其時一西人醫生，上前制止奪去那人手鎗巡捕趕至便將這人拘去同時並拘三人。執去旂子傳單冊子各數件。這時各國訪員都立刻拍電回去了。

回到捕房之後。上海租界政府已經嚇到魂飛天外，立卽下令大索結果又在法界拘得二人。

現在這幾位同志還押在牢裏聽候裁判，每日各國新聞記者到探的不絕。

這百餘人都是江蘇，浙江，安徽，山西，湖南，等省某某等校學生，以無政府主義結合成一有力團體的這次激烈傳播，不過小小一試大家的手腕罷。事起三日，全球報紙都有了電報。

我們除得這報告之外，再把美國人在上海設立的大陸報新聞譯之如下。

六月四日，上海虹口公園遠東運動會塲人山人海之中，有青年者多人散發無政府主義之傳單，並在人衆中開槍，當塲拘獲發槍者四人，後查出同黨住址，又拘二人，搜出急進印刷品數種。放槍之華人連發多槍，均未中的，卒被同仁醫院馬里士醫生拘住。彼自認發四彈，但查出之空彈殼有七枚。彼云放槍爲自衞，因有一日人攻擊彼身，及馬醫生拘獲該華人，奪其槍後一日人上前緊捉其喉際，同時中日人圍困欲打該發槍者。巡捕卽來解圍，將人押去，始無意外發生。查開槍地點，在大觀台南端之蘆荻棚附近，該華人放槍後，卽拋棄其手執之傳單數束，而向池旁短林中逃匿，但馬醫生在後追及，馬氏先以爲槍聲乃童子軍操練。據馬氏云：彼發槍者向人衆瞄準，及見一童子軍仆地，避彈，醫生始追逃者拘之，奪其手槍。同時觀客在發槍地附近者云：

該華人乃欲擊一童子軍，馬氏奪槍，卽交與旁立之西人，未幾管園西人克路克氏與童子軍多人及捕數人在場內四處查有無他人散發無政府傳單，結果拘獲五人，卽押至北四川路捕房。該人等有傳單數千張，無政府字句之旗七八面，其中一旗色紅如血，一角繪一手槍，一角一子彈，餘旗之色皆藍，上書『推倒政府』『永久無政府』等字樣，且有一旗將無政府主義直書英文。所發傳單有五種，三種用中文，日文英文又各一種。其中一種勸遠東運動員努力推倒政府與資本家，實行『大遠東革命』，包括東方各國，伸張其勢力至於泰西各國。又一傳單鼓動工人主張合力撲滅資本家，將各項工業奪佔公之社會，其中文傳單之措辭極激烈，執筆者多引最初俄國急進派之言論。日文傳單略云：歡迎日人之參與運動會。又希望若輩贊助無政府之運動，推翻帝制，使人民皆自由。英文傳單之文曰：歡迎親愛朋友，自由爲吾人所欲，但君有眞自由耶？誰奪君之自由耶？君向權力與金錢勢力告不平有益否？今有人可奮起担任此大事乎？祇無政府派之人爲之。無政府主義，乃一不變之眞理，請來與吾人共進！

場上所拘之六人，皆少年，其歲數最長者，自認爲二十四云。六人皆曰係學生，非上海人，衣服半似學生制服。其放槍之一少年，自云係廣州人，前夜甫抵滬，但試以粵語詢之，彼並不能了解。彼又云正散發傳單時，有日本人忽來攻擊，彼此抽出手槍自衞，彼亦認曾向日人放彈。後查出該人乃居於法租界者，其餘被拘者之供詞，大致相同。捕房照六人之供詞，卽在法界又查出二同黨，其人現押在法捕房，當查時發現一中文小冊，中載克魯泡特金與巴枯寧之小照，及二人之言論。

續據滬報，此案已經判決，並錄如後：

本月四號午後，虹口公園遠東運動會會場內，有人分發無政府主義傳單，並開放手槍，當經公共捕房派往會場照料之中西包探與西醫克羅克(卽馬立師)拿獲開槍人張正國(卽許持平，別號愛眞理)及其同伴李光學（別號良心）陳唯奇，羅卜德(卽蕭華清)，曾友，張仁本等六人，連同手槍一支，槍彈七粒，以及上書『一拳打碎資本制度』『一腳踢翻政治機關』等旗幟傳單，一併解送公共公廨中西官訊與張仁本無干，判先開釋，餘人押候查明澈究。會審官忽於前日接得郵遞信函一封，畧云：『中西審判官鈞鑒，唯奇持平等六人，均熱心志士，素以人類全體幸福自由平等為念，此次因散發傳單，為鼓吹人類自由平等和諧人類全體解放而被捕，苟非喪心病狂，諒表同情，貴審判官素明大義，夙所欽佩，此次被捕諸君，請速釋放，恢復自由，否則此間吾黨同人義憤所迫，决即來滬，誓以炸彈手槍飽饗諸君。同人等為自由而戰，甯為玉碎，不為瓦全，自身生命，早已置之度外，至不得已時，雖炸毀一切，亦所不顧，諸君明達，實利圖之，此頌公綏，北京無政府黨同志社憤啓。六月十號』。判官關君閱後，遂繙譯英文，飭知捕房，於本月二十日將以上五人解送公廨，即由關君偕英副領事包君升座第一刑庭，命將各人帶案，先由包君將譯成西文之信函閱看後，堂上遂將來信交與第一被告許持平閱看，詰問該信是否爾黨北京總機關所遞？許略看一過，答稱不知，此次係與李光學（即李光宇）由重慶來滬讀書等語。據李光宇供稱，此項傳單，係在漢口所印，惟旗幟係在滬上所製是實。又據陳唯奇供稱，傳單係由李光宇交我至會場分發。又據曾友投訴來滬讀書，傳單係許持平交我分發。訊之羅卜德（即蕭華清）供稱，於二月初二日由長沙來滬，曾在成都高等師範學校讀書，傳單一張，係第二被告給我。關包兩君核供，諭謂：被告均係擾亂治安份子，而北京該黨羽膽敢投恐嚇信函於本公堂，實屬擾亂租界治安。諭畢，磋商之下，包君以許持平不應分無政府派之傳單，並開放手槍於西文案由單上簽判，許押西牢十年。關君以會審公堂無判押五年以上之罪犯，簽判許押西牢五年，期滿帶堂再核。着陳唯奇、李光宇、曾友三人各押西牢半年，期滿均逐出租界。蕭華清驅逐出境，手槍子彈沒收，旗幟傳單銷燬。

平民之聲

（一）

惡濁的空氣，瀰漫着地球，而中國部分，却特別的濃厚！社會間起了問題，理論上的解决方法，比較圓滿的，多數人是認的總合起來才成其為…主義；主義是主義，雖不強人從同，而主義的自身却永不可變；信守的人忽然變了，是他自絕于主義，而主義的自身仍不變。

忽保皇，忽保清，忽革命，忽立憲，忽開明專制，善變的文妖——梁啓超——二十年來已把中國的空氣攪得昏濁不堪了；不圖剿襲的學問，銳利的眼光，狡獪的手段，在在遠不及文妖的小妖，也想追踪學步。可是他所拿來做武器的主義，雖不良，其自身也不因人之變而變的，那就恰恰賠合『子之矛攻子之盾』這一句話。

小妖不足惜，可是思想界破產的病徵大著，而空氣的惡濁愈甚，細菌橫飛，無辜慘受傳染的不知多小呢！

(二)

『高談主義，會不按切時勢，求所以解救人類中一部分而又自己格外切近的中國，究何補于國人？』這泒話充滿了國中，也許博得多數人點頭稱是。

我以爲這些話，在提倡玄渺主義的人們，大可奉爲座銘，刻刻反省，從抽象的說理，求具體的辦法。

然而發這些話的，雖則『垂涕泣而道』，我先從好意方面承認他，他們却也要知道：欲『有補于國人』，究竟要怎麼樣？要怎麼樣？要怎麼樣？連續考問下去，我還是走回我的道兒罷了。

主義不是供人『高談』的。誰叫你端坐着只是高談？誰許你光是談不去做？然而做的好，談的也比不談的好。

報告

(一)

捐助本誌印費者

依收欵先後列佈

太一一元　憫生五元　浪鷗一元　克强一元　慕岳廿元　怡萱廿元　哲民二元　一鳴二元　協力三元　絕政一元　平心二元　覺眞二元　平等一元(郵票)　卓羣八分(郵票)　Nilsson 1 Krone　亞魂一元　阿蕖五角(郵票)　佩玉三元　子英二元(郵票)

(二)

同人百忙編撰的工作，未免遲慢，這回出版過期，致勞讀者盼望，謹此告罪，後當力戒。

因遲滯，故六月號闕了本號作爲七月份的。

LA VOĈO DE LA POPOLO

15a. Junio, 1921 Ĉiumonata Numero 33

LA VOĈO DE LA POPOLO

KRONIKO

Anarkista kongreso:

Ĥinlanda kamaradoj, kiuj laĝas en urboj Pekin kaj Hankaŭ opinias ke anarkismo estas propagandita en ĝinujo jam pli ol dek jorojn. Niaj samideanoj de tempo al tempo multiĝis, kaj la Socia Revolucis iom post iom proksimiĝis al la orienta Azis, Jen estas la bonsanco por praktikigi nian sanktan aferon. Sed niaj kamaradoj loĝas en diversaj lokaj, tial ni devas fondi federacion, nun ni decidis kongresi en Kanton aŭ Mŭchan je aŭgusto, por diskuti la Revolucion rimedon, ni esperas ke ĝi donas bonan frukton.

Socia Revolucüsta ligo.

Sub la kruela regado de la Pekin'a registars, niaj kamaradoj en tiu loko antaŭenpasis tre rapide, Jen estas la senutilo de la aŭtoritato. Tli decidis ke nia celo ne povas esti ŝanĝa, sed la rimedo devas ĉiam ŝanĝa laŭ la ĉirkonstanco, Kun la mterkonsento la ĉieaj Kamaradaj ili fondis novan geupon sub la noms "Socia Revolucüsta ligo", klopodante por la Socia Revolucio, Ĝi deklaras: Niaj karaj kamaradoj, en proksimaj jaroj ni profunde suferas la subpremadon de la militistoj, kruelecon de la ŝtatoficistoj, trompon de la politikistoj, kaj ĉiujn formoju organizitajn kontraŭ justees. Ni estas tiel suferaj kiel ni estas subfalitaj en la profunda maro, kaj bruligita de la fajro! Karaj kamaradoj, se ni ankoraŭ no volas morti, ni devas unuigi por rekonstrui la socion, ni atestas ke, la stato kaj ĝiaj akompangojn estas la barilo de la libers por la homars, ni bone scias, ke la demakrata forms de la politiks nur estas ekspluata de la malmultaj ambiciulaj kaj la barils de la "granda feliĉo por granda multo". Ni bone scias ke, la reprezentanta sistemo nur donas profiton al la burĝa klaso, ĝi ne povas reprezenti la publikan opinion de la plej multo. Ni bone scias, ke la kapitalismo estas la malamiko de la tuta popolo. Se ni volas senigi ĉiujn barilojn de la homa vivo, ni devos detrui ĉiujn formojn perfortajn kaj reformi por la libera unuiĝo aŭ asocio sen raslimo kaj landlimo. Komunismo estas efektivigata, ĉiuj produktiloj kaj produktaĝoj apartenas al la tuta popolo, ĉiu laboras lau la eblo kaj Ronsunras laŭ la bezons. Jen estas la vera feliĉo por la homaro, kaj estas nia lasta cels. Tiam ĉiuj pekoj de la homs malplüĝâs al la nuls, kaj la vera egalees, libers kaj beliĉo naskiĝas, Amiks, Se ni volas alisi al la feliĉa socis de tiu ĉi malbona, socia revolucio estas nia vojo. Pro tio, ni tuj unuigū grandan rondon por la Sankta afero de socia revolucis. Ni celas tuthomaran feliĉon, se nia celo ne povas atingi, ni ne povas haltigi nian laboron. Vivu Socia Revolucis!

Aprilo 14 1921. Peking.

Nia movado en Ŝanhajo.

Malproksima Orienta Olimpa Asocis ludas en Ŝanĥajo, Multaj studentoj de diversaj lokoj kunvenas En la kunveno multaj anarkistoj dissendis propagandilojn kaj broŝurojn, kiuj estas presitaj en ĥina angla kaj Japana lingvoj. Konsilante la kunvenatojn okupiĝi al la socia revolucio. Baldaŭ elili kvin Kasmaradoj estas arestita de la registars, kaj sendita al la malliberojo.

Inĝeniera strikas

La Inĝeniera laborists en Kanton (ĉinujo) laboras ĉiutage pli ol dek du horojn kaj la salajro estas tre malkara. Antaŭ kelkaj tagaj ili faras strikon por peti mallongigon de la laborhoro-okhora labortag -kaj altigo da la salajro. Nuntempe la kapitalistoj nur respondas naŭhoran labortagon, dimanco estas libertago. Antaue la salajors estas 50 Sd, altiĝante ĝis 70 Sd, po ĉiutage. 1.20 Sm por la 1.00 Sm antaŭs, tial ili nun jam laboras. Se ni ne senigi la salajuan sistemon, la laborists ne povas esti libera.

"Laboristo" aperis

Niaj Japanaj kamaradoj nove eldonas la revuon "Laboristo", ĝi deklaras: "Labaristoj en la tuta monds unuiĝu, renversu la malbonan socian organizaĝon, socia revolucis estas la sankta afero de nia laboristo, laboristoj de la tuta lando, Se ni volas havi la feliĉon de la homa vivo, kaj eliris el la sklava situacio, ni devas unuigi por revolucio kun energis, liberigi la laboriston estas la afero de la laboristo mem".

Lasta leters de Sro Stopani al ni

Tiu ĉi leters de Sro Stopani estas sendita al ni antaŭ ses tagaj de lia morts.

Ŝanhajo, la 20. 3. 21

Kara Amiko,

Mi tre ekĝojis, kiam ekseüs, ke "La Voco de Popolo" aperos post kelkaj tagoj. Certe mi kun plezurs partoprenos vian laboron, kvankam mi ne estas anasküsto. Mi tre aprobas anarküsmon, kaj mi ne dubas, ke anarkis certe venos kaj ke obsoluta feliĉo kaj libereco estas ebla nur dum la anarkis.........
Por mi anarkio estas la celo al kiu ni devas moviĝi, sed ni ne povas atingi ŝin per unu salto, sed per kelkaj paŝoj. Mi estas ano de bolŝevismo, ĉar ĝi estas unu el la ŝtupoj alproksimigantaj nin al la cels—sed nenicl la centralions povas esti la cels—ĝi estas nur proceso.........

Frate Via

V. Stopani

LETERKESTO.

Oni korespondu kun ni per Sro Sinpak, 50 Ping Yeung Li Str. Fat-Shan, Canton, China.

Declaration of The Social Communist Revolutionary Group.

Our dear fellowmen! Dūring the last several years we have been suffering terribly from the tyrany of the militarists, the exploitation of the officials, the deceptions of the politicians and all sorts of unreasonable treatment by the authorities. Now that our sufferings have reached a point almost unbearable, it is high time for us to co-operate for the re-construction of society, instead of waiting for the worst to come.

We deeply realize that the so-called republican form of government is but a cheating in its essence; it only affords accomodation for the exploitation of the few ambitions; it does not adopt the "greatest happiness of the greatest number"

We deeply realize that the parliamentary system only affords advantage to the middle class or "bourgeois" and fails to represent the will of the majority of the people.

We deeply realize that capitalism is an instrument whereby the majority is exploited by the minority and serves as a hindrance to the well being of the people.

We deeply realize that private property is the source of all evils and the starting point of all conflicts and miseries in society.

In order to rid the world of all these sufferings involved in capitalism and authoritism we have to abolish the present obnoxions system of society which allows one class of men to exercise power over the rest, and let it be substituted by the spontaneous free unions of the people of all races. anarchist-communism should be applied: All instruments of production and things produced should belong to all, and provided that men and women contribute their shares of labour for the production of necessary objects they are entitled to the share of all that is produced by the community at large.

This is the true well-being of the Society which we desire so much. It is our final aim. We shall thus be led to arrive at a state of things in which all evils will be reduced to zero; and equality, liberty and true happiness will be enjoyed by all.

In order to pass from the present obnoxious system to the ideal society our purpose cannot be accomplished if the Social Revolution is to be avoided. We should all then with one accord to bring about the desired Revolution.

Our group has for its aim the minimization of pain and maximization of pleasure. For the present it is obliged to devote itself to the former of these objects.

It goes to the root and deals with the conditions and causes of the evils of the whole world.

It attempts with all efforts to introduce revolution that will prevent existing evils and render their recurrence impossible.

Socialists In Tokyo.

According to the Japan Chronicle the second general meeting of the Socialists' Union, which was held at the Tokyo Y.M.C.A. Hall, Kanda, on the afternoon of the 9th May was broken up by the police. The meeting place was guarded by a police force of over 300. The meeting was timed to be opened at 6 p.m. and when Mrs. Sakai, the wife of Mr. Sakai, the well-known Socialist leader, and Miss Sakai, in company with Mr. Iwasa, arrived at the place, they were taken into police custody. In spite of the elaborate police precautions, there was an immense audience, one paper computing the number at 3,000. All the prominent Socialists were either taken into police custody or obliged to stay away from the meeting, fully anticipating their fate if they put in an appearance. Mr. Takatsu who was in the chair, declared the meeting open, but no sooner did ho finish his announcement than the police ordered the meeting to be dissolved. This peremptory police order throw the whole hall into great confusion, and conflicts with the police took place. In the disturbance, some thirty persons were arrested, including Mr. Kato Kadzuo and Mr. Eroshenko, the blind Russian poet. At this time, a member of the Gyomin-Kai, named Hasegawa Tatsuji, hung a big red flag with the inscription "Revolution" in Japanese, from the gallery and for this offence he was immediately arrested. Another member of the same Socialist association, Nakasone Genjo by name also waved a red flag and fell into the hands of the police. Mr. Osugi, the well-known Socialist, who had suddenly disappeared the same morning, did not put in an appearance, but Mr. Sakai, according to the Jiji, attended the meeting in the attire of a labourer. He was detected by the police, but before they could lay hands upon him he nimbly made himself scarce.

The meeting broke up in disorder at 8 p.m.

It is said that the number of the men and women who were arrested is thirty-one. After examination at the Nishikicho Police Station they were sent on to the Metropolitan Police.

All correspondences, exchanges, etc., to be addressed to
Mr. HOPOTKIN
P. O. Box No. 74
Canton, China.

民聲

數位重製・印刷 / 秀威資訊科技股份有限公司
http://www.showwe.com.tw
114台北市內湖區瑞光路76巷65號1樓
電話：+886-2-2796-3638
傳真：+886-2-2796-1377
劃 撥 帳 號 / 19563868 戶名：秀威資訊科技股份有限公司
讀者服務信箱：service@showwe.com.tw
網 路 訂 購 / 秀威網路書店：https://store.showwe.tw
國家網路書店：https://www.govbooks.com.tw

2022年8月
全套精裝印製工本費：新台幣3,000元

Printed in Taiwan ISBN: 9786267088869 CIP: 570.5

本期刊僅收精裝印製工本費，僅供學術研究參考使用

ISBN 978-626-7088-86-9
9 786267 088869 03000

讀者回函卡